本书为国家社会科学基金项目"中国特色社会主义文化发展中的生态文化建设研究"（项目编号：13BKS039）研究成果。

江西理工大学清江学术文库出版基金资助

中国特色社会主义
生态文化建设论

赖章盛　胡小玉　著

中国社会科学出版社

图书在版编目(CIP)数据

中国特色社会主义生态文化建设论/赖章盛,胡小玉著.—北京:中国社会科学出版社,2018.11

ISBN 978-7-5203-3324-5

Ⅰ.①中… Ⅱ.①赖…②胡… Ⅲ.①文化生态学-研究-中国 Ⅳ.①G12

中国版本图书馆 CIP 数据核字(2018)第 239507 号

出 版 人	赵剑英
责任编辑	梁剑琴
责任校对	季 静
责任印制	李寡寡

出 版	中国社会科学出版社
社 址	北京鼓楼西大街甲 158 号
邮 编	100720
网 址	http://www.csspw.cn
发 行 部	010-84083685
门 市 部	010-84029450
经 销	新华书店及其他书店

印 刷	北京明恒达印务有限公司
装 订	廊坊市广阳区广增装订厂
版 次	2018 年 11 月第 1 版
印 次	2018 年 11 月第 1 次印刷

开 本	710×1000 1/16
印 张	23.25
插 页	2
字 数	386 千字
定 价	98.00 元

凡购买中国社会科学出版社图书,如有质量问题请与本社营销中心联系调换
电话: 010-84083683

目　录

导　言

　　在生态环境保护过程中，人们逐渐认识到生态环境危机的实质不仅是技术、经济的问题，更重要的是文化和价值的问题。近年来，中国共产党将中国特色社会主义文化的发展、繁荣以及生态文明建设上升到前所未有的战略高度：十七大报告提出"推动社会主义文化大发展大繁荣"战略目标，并首次提出"建设生态文明"，要求"生态文明观念在全社会牢固树立"；党的十八大进一步提出"建设社会主义文化强国"，"必须走中国特色社会主义文化发展道路"；同时，对生态文明建设战略任务的阐述更加深刻，提出经济建设、政治建设、文化建设、社会建设和生态文明建设"五位一体"的战略布局，并呼吁全体人民"更加自觉地珍爱自然，更加积极地保护生态，努力走向社会主义生态文明新时代"。与此同时，生态文化逐渐成为我国的学术热点，生态文化理论日趋丰富。但是，已有研究成果较少将生态文化放在中国语境下加以研究，尤其是缺少将生态文化建设纳入中国特色社会主义文化发展的研究。因此，如何在中国特色社会主义文化的主导下，构建具有中国特色的生态文化，并使生态文化、生态文明意识化为全民的共识与实践，以推动生态文明建设，是走向社会主义生态文明新时代的新课题。

　　我们的研究要解决的主要问题是：在生态文明视域下，如何加强作为中国特色社会主义文化重要部分的生态文化建设，在中国当代应当建设什么样的生态文化以及怎样建设生态文化，才能为我国走向生态文明新时代提供坚实的文化支撑。本课题围绕着中国特色社会主义文化与生态文化有什么样的关系和互动作用—建设中国特色社会主义生态文化应遵循哪些原则—中国特色社会主义生态文化应具有哪些禀赋与规定性—如何在中国特色社会主义文化发展中建设生态文化—构建什么样的中国特色社会主义生态文化体系这一主线展开研究。

　　按照这一主线，本书分为五个部分。第一部分包括第 1—2 章，主要探讨文化与文明、生态文化建设与生态文明建设的关系。第二部分为第 3—4 章，主要探讨中国特色社会主义文化与生态文化的相互关系和相互作用等。第三部分为第 5—6 章，研究中国特色社会主义生态文化建设如何坚持马克思主义的指导地位和社会主义先进文化方向、坚持中华民族生态文化的主体地位和大众化方向。第四部分为第 7—9 章，强调中国当代生态文化要突出民族特色，必须传承中国优秀传统文化的基因；进而揭示中国传统生态智慧的基本精神、独特魅力和当代价值，并探讨怎样实现中国传统生态智慧的时代转换和创新发展等。第五部分为第 10—12 章，探讨如何对中国特色社会主义生态文化体系进行系统构建。

　　本研究的主要建树体现在如下几个方面。

　　1. 综合运用马克思主义辩证唯物主义和历史唯物主义、生态哲学、哲学理性追问和调研分析等方法，深刻反思生态环境危机的实质不仅是技术、经济的问题，更重要的是文化和价值的问题。提出生态文明建设必须建立一种能与其相适应并成为其坚强支撑的主导性文化模式，而生态文化就是生态文明社会形态的主导性文化模式。并对生态文化、中国特色社会主义生态文化的内涵进行了界定。

　　2. 提出了生态文化研究的新视角：一方面将生态文化建设放在中国特色社会主义文化发展的视野下，从繁荣发展中国特色社会主义文化的角度揭示生态文化建设的重大意义；另一方面，又坚持社会主义先进文化方向来探寻生态文化建设的路径，提出将生态文明理念融入社会主义核心价值体系和核心价值观，是中国特色社会主义生态文化建设的重要途径和举措，也是生态文化建设的"重中之重"。由此出发，阐明社会主义核心价值观中应当蕴含的生态文明理念，这也是对社会主义核心价值观的一种新解读，同时也丰富了社会主义核心价值观的内涵。

　　3. 强调我们建设的生态文化，必须要有中国特色，体现民族文化的自我和自主地位。阐明了中国特色社会主义生态文化之"特"，在于坚持马克思主义为指导、坚持社会主义先进文化的前进方向，既继承优秀传统文化，又要实现"三个面向"，还要坚持大众化方向；其中特别强调要坚持文化自信，一定要找到中华文化的"根"和种子，传承民族文化的基因。为防止我国生态文化研究成为西方生态文化的摹本的偏向，澄清了一些模糊认识。

　　4. 运用哲学反思和比较研究方法，从两个维度揭示中国传统"天人合一"生态智慧的独特魅力和文化优势：一是在同时态上与西方哲学世界观相比较来发现它的独特优势，二是从历时态上看到这一中华古老智慧与当代科学世界观和生态伦理观有许多本质上的一致性，从而体味这一古老智慧高超的体悟力。

5. 运用马克思主义实践观，提出中国传统生态文化的创新发展，建设中国特色社会主义生态文化，更需要立足我国生态文明建设的伟大实践，不断总结和吸收人民群众的创造性成果和实践经验。

6. 拓展了传统生态文化的内涵和外延。针对学界研究中华民族传统生态文化仅仅探讨作为大传统的儒、道、释中所阐述的生态文化的现象，提出还应该挖掘作为小传统的民间文化中的生态意识资源。并提出：根据大传统与小传统的辩证关系，当代作为大传统的社会主义生态文化，只有通过各种各样的民间的小传统的形式，才能让民众真正从心理上接受和认可，形成对社会主义生态文明理念的价值认同，为生态文明建设凝聚力量。本研究还以客家文化为例，探讨民间文化中的生态意识及其当代价值，并提出对民间传统生态文化必须正确分析和评价，取其精华，去其糟粕，进行改造和提升，增强民间生态文化的时代适应性，促进民间传统生态文化向现代化转型。

7. 运用系统观的原则和方法，对如何建设中国特色生态文化，从指导思想、构建原则、规律特点和路径举措等方面进行了较全面的研究和探索。特别是将构建中国特色社会主义生态文化体系看成一项复杂的社会系统工程，提出需要立基于人与自然和解的思想原则，形成具有中国特色的生态文化话语体系，构建保护自然的制度体系、强化社会主体自我约束的行为规范体系。

本书从我国生态文化建设的实际需要出发，将生态文化建设置于中国特色社会主义文化大发展的语境中进行研究，有助于在生态文化及中国特色社会主义文化研究中开拓新的理论空间；将生态文化建设视为中国特色社会主义文化发展的本质要求和重要维度，对于丰富中国特色社会主义文化理论具有重要价值。将文化建设与生态文明建设有机融合，有助于中国特色社会主义事业总体布局的全面推进；强调中国生态文化建设必须突出民族特色，关注我国现实的文化基础和社会心理基础，使其成为我国大众易于接受的价值观念，有助于提高公民的生态文明意识，为生态文明和生态文化建设提供理论支持和对策参考。

第一章

文化：具有价值内核的人类生活方式

　　人文世界是由自然世界发展而来的。人是自然的产物，人产生后，却仍然离不开自然界。人为了生存，就要对环境进行改造，对自然物进行加工，这样就形成了人文世界。人所接触到的人类自己所创造的这个世界总体，就是文化。人是文化的人，人的世界是文化的世界。文化与文明表现的是人文世界不同的层次。文化是人类和人类社会生活的深层结构，是人类历史和人类社会最深层、最重要的内蕴和制约因素。所以文化概念主要或侧重于指谓人文世界中内隐的、深层的方面，它是无形的、不易感知的内在机理。文明的概念则主要或侧重于指谓人的创造活动及其结果的外显方面，它是有形的、较易感知的表现形态。人类文明经历了不同的形态，人类的任何文明形态都包含着文化精神和文化模式。人类文化上的变化使得人类文明形态出现相应的变化，不同的文明形态有与其相对应的文化精神和文化模式。

一　文化的内涵与特征

　　人的生活，是处在文化之中的生活，人的世界，文化无处不在，无处不有，人们每时每刻都生活在特定的文化之中，即使是衣食住行等日常生活，也都无不蕴含着特定的文化内涵。因此，人是文化的人，人的世界是文化的世界。正如美国人类学家克利福德·格尔茨说："我们是通过文化来使自己完备或完善的那种不完备和不完善的动物——并且不是通过一般意义的文化而是通过文化高度特殊的形式。""我们的思想、我们的价值、我们的行动，甚至我们的情感，像我们的神经系统自身一样，都是文化的产物——它们确实是由我们生来俱有的欲望、能力、气质制造出来的……每一个人毫无例外都是文化的作品。"① 文化是人类在客观世界中编织的一个意义网络，一个象征系统，人类的生存、生活、观念、情感都是由文化塑造和决定的。文化"是群体、人民、社会的整体性生存方式……是使人们凝聚为一个共同整体的一系列共享的意义、信仰与价值"②。

但正如人无时无刻不在呼吸着氧气，却并无意识去感知氧气的存在一样，人往往也对文化因习以为常而无所觉察，因为文化是人类和人类社会生活的深层结构，是人类历史和人类社会最深层、最重要的内蕴和制约因素。这种处于文化又对文化视而不见、漠然置之的状况，直到出现了专门研究人类文化的科学——"文化人类学"才有了改观，但这门学科才只有一百多年的历史。

（一）众说纷纭的文化定义

对于什么是文化，因其内涵的深广似乎很难捉摸和界定。斯宾格勒认识到了文化因素对于生活的重要性，在他看来，离开活生生的文化，无论"人类"还是"历史"都成为空洞的字眼，并说"文化是纯化了的生活精髓"③。他对文化作了生动的描述，但却不是对文化的规定性作理性的说明，也不是对文化概念的精确的界定。

我们说的文化相当于英语 Culture 一词，它来自拉丁语 Cultura，其原义有神明崇拜、土地耕作、动植物培养和精神修养等意义，到了 18 世纪，在西方语言中，这个词逐渐指谓个人素养、整个社会的知识、思想素养，良好的风度，艺术、学术作品的汇集。到了 18 世纪末，特别是在 19 世纪，文化在接近文明的含义得以运用，有了它的现代意义。"人类学之父"泰勒在 1871 年发表的《原始文化》一书中第一次对文化作了定义："文化或文明，就其广泛的民族学意义来说，乃是包括知识、信仰、艺术、道德、法律、习俗和任何人作为一名社会成员而获得的才能和习惯在内的复杂整体。"④ 此后，研究者们纷纷从不同的角度、不同的侧面对文

---

① ［美］克利福德·格尔茨：《文化的解释》，韩莉译，译林出版社 2002 年版，第 62—63 页。

② ［英］迈克·费瑟斯通：《消费文化与后现代主义》，刘精明译，译林出版社 2000 年版，第 186 页。

③ ［德］奥斯瓦尔德·斯宾格勒：《西方的没落》上卷，齐世荣等译，商务印书馆 1963 年版，第 39 页。

④ 庄锡昌等：《多维视野中的文化理论》，浙江人民出版社 1987 年版，第 99—100 页。

化范畴的内涵进行揭示，对文化的规定性加以界定，有关文化的定义层出不穷，花样繁多，让人眼花缭乱。美国文化人类学家克罗伯和克拉克洪在1952年出版的《文化——关于概念和定义的评论》一书中，对1871—1952年的80多年间的有关西方的文化学概念进行搜罗和评析，就列举出了164种文化定义。当代中西方学者也从未停止在文化定义上的努力。

尽管文化定义众多，文化学者认为这些定义还是有规律可循的，并对其定义方式进行归纳和分类，如当年的文化人类学家克罗伯和克拉克洪就对他们列举的164种文化定义大致概括为描述性定义、历史性定义、规范性定义、结构性定义和遗传性定义等几种。我国的文化学者在此基础上也对几种常见的文化定义方式做了归纳：一是现象描述性定义，其特点是将文化内容进行罗列，如前面提到的泰勒给文化的定义。我国学者梁漱溟也认为文化不过是民族生活的种种方面，包括精神生活方面、社会生活方面、物质生活方面。二是价值认定性定义，如英国功能学派代表人物马林诺斯基（一译马林诺夫斯基），就是从文化的意义和功能的角度对文化进行定义，认为文化是"一个满足人的要求的过程，为应付环境中面临的具体、特殊的课题，而把自己置于一个更好的位置上的工具性装置"①。三是社会反推性定义，用人类现有文明去比照历史上存在的形式，说明不同时期有着不同的文化和文明，如古代文化、社会主义文化、玛雅文化等。四是结构分析性定义，认为文化是一种具有特殊结构的体系。英国学者奈杰尔·拉波特和乔安娜·奥弗林将文化界定为："文化指的是系统协调的整体，是由信仰、知识、价值观念和实践构成的一个稳定共享的体系。"② 美国社会学家T.帕森斯，也认为文化是复合的、内部有所区别的体系。需要在四个范畴内（提供知识的象征、道德评价、表情象征和制度性象征）对行为体系的四个根本职能进行分析。此外，还有行为取义性定义、历史探源性定义、主体立意性定义等。③

在文化定义中，常见的还有把文化分为广义与狭义的两种。如《辞海》就是这样给文化定义："从广义来说，指人类社会历史实践过程中所

---

① 庄锡昌等：《多维视野中的文化理论》，浙江人民出版社1987年版，第371页。

② ［英］奈杰尔·拉波特、乔安娜·奥弗林：《社会文化人类学的关键概念》，鲍雯妍、张亚辉译，华夏出版社2005年版。

③ 参见胡潇《文化现象学》，湖南出版社1991年版；陈华文《文化学概论》，上海文艺出版社2001年版。

创造的物质财富和精神财富的总和。从狭义来说，指社会的意识形态，以及与之相适应的制度和组织机构。"① 《社会学简明辞典》也具有相似的定义："从广义来说，文化是指人类在社会历史实践过程中所创造的物质财富和精神财富的总和。从狭义来说，文化是一定物质资料生产方式基础的精神财富的总和。" 苏联 1973 年第三版的《苏联大百科全书》给文化这样定义："文化，是社会和人在历史上一定的发展水平、它表现为人们进行生活和活动的种种类型和形式，以及人们所创造的物质财富和精神财富……'文化'这个术语从较狭义的意义来看，仅指人们的精神生活领域。"② 从上还可以看出，广义的文化定义中，包括了对文化的结构的分析，即把文化分为两大方面：物质财富与精神财富，也有学者称其为物质文化与精神文化。

当然，无论是对文化定义本身，还是文化定义方式的分类，都是纷繁多样，见仁见智，很难简单地去做出评价。诚如奈杰尔·拉波特和乔家娜·奥弗林所指出的："从一开始，人类学就处于对文化一词含义的争论中，近年来关于文化一词的用法的争辩不断激烈。因此，当前，即使站在最为'包容性'的立场上，这一词汇依然十分复杂，以至于无论我们单独采用哪种文化'归类'方法，都会成为交叉火力下的靶心。"③

（二）文化的内涵及意义生成

在对文化的定义中，还有一种是高度概括和抽象的对文化的广义的界定。马林诺夫斯基认为：人所接触到的人类自己所创造的这个世界，也就是文化的总体。④ 美国文化人类学家克罗伯和克拉克洪在他们出版的《文化——关于概念和定义的评论》一书中把文化界定为："外显的和内隐的行为模式。"⑤ 我国学者钱穆即说："我认为文化只是'人生'，只是人类

---

① 《辞海》（缩印本），上海辞书出版社 1979 年版，第 1533 页。

② 中共中央党校科学社会主义教研室：《文明与文化：国外百科辞书条目选译》，求实出版社 1982 年版，第 45 页。

③ [英] 奈杰尔·拉波特、乔安娜·奥弗林：《社会文化人类学的关键概念》，鲍雯妍、张亚辉译，华夏出版社 2005 年版。

④ 参见费孝通《文化与文化自觉》，群言出版社 2010 年版，第 158 页。

⑤ 参见傅铿《文化：人类的镜子——西方文化理论导引》，上海人民出版社 1990 年版，第 12 页。

的'生活'。"① 胡适曾把文化定义为"人们生活的方式"②。梁漱溟也认为："文化并非别的，乃是人类生活的样式。"③ 辜鸿铭在其《春秋大义》里即主张文化就是人格，就是道德。费孝通赞同其老师马林诺夫斯基对文化的定义，也把文化称为人造的人文世界："文化，就其广义而言就是人造的世界。""文化，我叫它是个人造的人文世界。"④

无论是把文化看作人造世界的总体，或是人类的生活、生活的方式（样式），我们还是难免要问，这些为何要用"文化"二字来定义？或者说，人类世界或人类生活，为什么要以"文化学"的视域来关照、来研究？是一种什么样的根据，使得人类世界和人类生活，获得文化的意义？笔者以为，这是文化的本质问题。

认为文化就是"人生"或"人类的生活"的钱穆在其《文化学大义》中是这样理解的："惟此所谓人生，并不指个人人生而言。每一个人的生活，也可说是人生，却不可说是文化。文化是指集体的、大群的人类生活而言，在某一地区、某一集团、某一社会，或某一民族之集合的大群的人生，指其生活之各部门、各方面综合的全体性而言，始得目之为文化。""文化是指的'时空凝合的某一大群的生活之各部门、各方面的整一全体'。"⑤

在这里，钱穆还指出了文化在两方面的超越：一是对每一个个人人生的超越。个人是在文化中生活的，而这种文化在个人出生之前，就已经存在了，因为文化具有"传统性"。文化犹如大流，个人人生则只是这一大流中的一滴水。大流决定了水滴的方位和路向，而水滴不能决定大流的方位和路向。文化在每一个人人生上表现，但个人人生却无法超脱其当时的集体文化而存在。文化规范着个人人生，指导着个人人生。此中的文化，是超越于每一个人人生之外之上的客观存在。二是对人类生活每一部门、每一方面的超越。比如，建筑、语言、宗教，这些都是文化中的一个部门、一个方面，但文化是一个综合体，要把各个方面相互搭配、相互融合、相互渗透，相互凝成一个整体。文化是一个综合体，包括了各部门、

① 钱穆：《文化学大义》，九州出版社 2012 年版，第 4 页。
② 《胡适选集》，天津人民出版社 1991 年版，第 188 页。
③ 罗荣渠主编：《从"西化"到现代化》，北京大学出版社 1990 年版，第 58 页。
④ 费孝通：《文化与文化自觉》，群言出版社 2010 年版，第 87、223 页。
⑤ 钱穆：《文化学大义》，九州出版社 2012 年版，第 4 页。

各方面，但又超越了它们。因为，各部门各方面的交互相连，具有内在意义。对此，费孝通也有明确的说明："人文世界有许许多多组成部分，但不是各自独立的零部件，而是在相互联系、配合、互动中构成一个体系的整体。"①

文化的意义，就在这两个超越中生成。

费孝通也对社会现象与文化现象作过区分。他把社会看成一种群体生活，人类有群体生活，有些动物（如蚂蚁）也有群体生活，即有社会生活。他认为，有文化的地方，固然有社会存在，但有社会的地方（如蚂蚁的世界），却不见得有文化。动物的社会生活是靠先天的生物遗传的本能，是本能性的生活。而人类固然也有生物本能，但重要的是依靠学习得来的社会遗传、靠后天学来的本领而生活，这种经学习而得来并累积而成的、有时间空间性的生活，就是文化。因此从范围来说，社会现象的领域比文化现象广。从发展的层次来说，社会是基层，文化是上层。从内容来说，社会是群体生活本身，文化是群体生活的一种方式。社会和个人是可见的实体，文化是看不见的抽象的生活方式，是一种看不见的力量。②

不同地域、不同民族、不同国家人生的总体、生活各部门的交联，会呈现出各种不同的特点，不一样的行为模式，即不同的生活方式（样式），所以文化也就是人们行为的模式和生活的方式。

（三）文化的内核与特征

那么，不同的人类生活世界为什么会有不同的行为模式或生活方式？或者说文化为什么会有多样性？形成不同文化类型的机制是什么？

人文世界是由自然世界发展而来的。人是自然的产物，人产生后，却仍然离不开自然界，因为人的身体依然是生物体。人为了生存，便对自然物进行加工，这样就形成了人文世界。费孝通认为："一切事物都在一定的条件下存在的，如果条件相同就会发生相同的事物。相同条件形成的相同事物就是一个类型。"③ 不同地域，会有不同的地理环境即自然条件，在最初的条件下，自然环境、自然条件的不同，就会有不同的对自然物加工的方式，即不同的生产方式，以此为基础，引起了不同的生产关系、社

---

① 费孝通：《文化与文化自觉》，群言出版社 2010 年版，第 160 页。

② 同上书，第 34 页。

③ 同上书，第 176 页。

会制度、意识观念，即形成不同的生活总体——文化。这大概就是不同文化的起因。

而文化又有传承性。一代人创造的文化，会传承到下一代，"文化是历史的遗业，每一代人都继承了前人所创造的文化"①。人类不同文化类型在源头上最初的差异也许很小，是一种"微小的波动"，但尽管小，却有其坚硬的内核，以此为源头，在传承发展中，到了一定的阶段，即所谓历史和文化的"轴心时期"，这种"微小的波动"会被放大，其内核的作用会进一步强化，造就方向不同、差别鲜明的不同文化特点，形成不同的文化类型。

这个坚硬的并会被不断强化的内核就是文化所含的并不断被强化的传统价值观。

克罗伯和克拉克洪在《文化——关于概念和定义的评论》一书中指出：

> 文化是由外显的和内隐的行为模式构成；这种行为模式通过象征符号而获致和传递；文化代表了人类群体的显著成就，包括它们在人造器物中的体现；文化的核心部分是传统（即历史地获得和选择的）观念，尤其是它们所带的价值；文化体系一方面可以看作是活动的产物，另一方面则是进一步活动的决定因素。②

克罗伯是最早从事现代文化学理论研究的，从上面的论述可以看出，他认为文化是一种构架，包括外显的和内隐的行为模式，而文化的核心是价值观念。因此，他认定有必要建立一门独立的学科——文化学来研究人类的这种独特的文化现象。他后来还认为，一切文化都是由它的原型文化所决定的，人类的创造性行为无不受给定文化系统的制约。这就是他提出的"文化决定论"。

文化发展的决定因素就是价值。"一方水土养一方人"，价值观就是一方水土中的主导元素，就是文化的 DNA，它通过教育、学习、集体生活经验、社会制度、行为习俗等方式被传承着，并规制着人们的行为和生

---

① 费孝通：《文化与文化自觉》，群言出版社 2010 年版，第 166 页。

② 参见傅铿《文化：人类的镜子——西方文化理论导引》，上海人民出版社 1990 年版，第 12 页。

活的方方面面，化育着"一方人"，并造就不同的文化类型。所以有人说文化既是"人化"，也是"化人"。

正如费孝通所说："在人文世界中所说的'整体'并不是数学上的一个一个加起而成的'总数'。同一整体中个体有点像从一个模式里刻出来的一个个糕饼，就是这个别是整体的复制品。"① 在社会里生活的个人，他们的行为以至思想感情的方式是从先于他存在的人文世界里学习来的，学习就是模仿。再就是教育，即社会力量对个人发生的规范作用，社会用压力强制个人的行为和思想纳入规范中，一个社会的文化就是形成个人生活方式的模子。人文世界这个模子对于满足个人生活需要上是具有完整性的，能使每个人生活需要的方方面面都得到满足，所以人文世界不能是不完整的。而这个人文世界的模子又是由其内核——价值所决定和塑型的。"人类是认得价值的动物。这个基本事实是推动文化的迫力。"②

钱穆也认定价值在文化中的重要作用，甚至干脆说文化学就是研究价值的："文化学是研究人生价值的一种学问。价值便决定在其意义上。""文化学是就人类生活之具有传统性、综合性的整一全体，而研究其内在意义与价值的一种学问。"③

因此说，文化的内核就是价值观。文化是具有价值内核的生活方式。

经过上面的一番梳理，笔者也冒昧地在前人基础上给文化下一个定义：

> 从广义来说，文化是有着内在机理和价值内核的人文世界群体的生活方式。
>
> 从狭义来说，文化是在满足人的需要的创造活动中形成的观念形态的价值体系。

在这个定义中包含着文化的下列特征。

1. 文化即人文世界是人为性与为人性的统一。我们通常说"文化就是人化"，说的就是文化的人为性，即文化是人的创造物即人文世界，人文世界具有非自然性，是对自然性的超越。人类依赖自然界而生活，但自

---

①　费孝通：《文化与文化自觉》，群言出版社 2010 年版，第 176 页。

②　同上书，第 32 页。

③　钱穆：《文化学大义》，九州出版社 2012 年版，第 7 页。

然界自然存在的事物和形态不能完全满足人类的需要，所以人必须改造自然，改变自然的状态，改变自然物质的形态使其能够适合人类的需要，这样，人给外在世界打上了自己思想和意识的烙印，即自然界被人化了。人类这种改造自然的活动就是生产实践，在生产实践的基础上，必然又会同时产生生产关系和其他社会关系，以及观念的东西，并发展出其他实践活动。这也就是马克思所说的，劳动或生产实践立即"表现为双重关系：一方面是自然关系，另一方面是社会关系"①。其中，人对自然的作用和影响所产生出的是自然关系，人对他人以及社会的作用和影响的过程中产生出的是社会关系，这两方面关系又是相互联系且不可分割的，它们的总体就是文化。文化的人为性，就是指文化在实践中产生和发展，自然事物经过实践的改造被打上了人的印记，是人的本质的对象化，是对自然性的超越。"社会生活在本质上是实践的"，实践是理解文化的产生及其本质的钥匙。从中还可以看出，人是为了生活和更好的生活才创造文化，文化是满足人的需要的创造价值的活动，所以，文化也是"为人的"，是为了人的生活，是生活得以运行的手段。

2. 文化具有整体性与内在性。文化作为人类超越自然的创造物，内容是纷繁复杂、多种多样的，即人类创造的一切都可以纳入这一范畴，如经济、政治、科学、技术、艺术、宗教、语言、观念、知识、信仰、规范、价值等，大而概之即包括了物质生活和精神生活两大方面。从社会生活的各个方面可以投射出文化，但文化并不是与这些具体方面或部门相并列的，而是社会生活的总体面貌与共同的倾向。按照辜鸿铭在其《春秋大义》中的主张来说，文化不是房子、不是道路、不是器具、不是制度、不是科学、不是艺术，而是他认为的人格、道德，这里就包含着文化是一种共同倾向的旨意。所以文化的特性在于，它有着内在于人的一切活动之中并影响和制约人的行为方式的深层的机理，文化弥漫并渗透于社会生活的各个方面，无处不在。社会生活中，显性的是经济、政治、器物、制度、习俗等，内隐的是文化的机理，其中起决定作用的是价值。价值是文化的内核，它对文化起统领和规范、规制作用，是文化最深层的机理。因此，文化只有在社会生活的各方面的联系中，在社会各部分有机结合的整体中，在生活的外显与内隐的统一中，才能把握其意义。

---

① 《马克思恩格斯选集》第1卷，人民出版社1995年版，第80页。

3. 文化具有群体性与民族性。文化的群体性是指文化是被群体共同认可并遵循的共同的行为模式，对个体具有强制性。每一个人和每一代人降生后，都面临历史积淀下来的行为模式，对于这些个体来说，这样的行为模式具有先在性、外在性，是历史地凝结成的非个体性习惯，但却要求每个个体的行为和思想必须与其保持一致。即对个体来说，文化存在于个体之外，而又对个体有着强大的制约力量，这就是文化的强制性。正如美国学者 C. 恩伯和 M. 恩伯所说："如果只有一个人在想某个问题或做某件事，那么这个行为代表的是个人的习惯，而不是一种文化模式。这是因为，一种被认为是文化的思想和行为必须被一处居民或一群人所共同享有；即使不被共同享有，如果大多数人认为合理，也可以被视为文化的观念和行为。"① 文化的民族性，实际上也是文化的群体性的表现，是指以民族为群体单位的文化，即各民族的文化各有特点，形成不同的文化体系。我国学者梁漱溟就提出了文化体系论，并认为由于人生态度的不同，西方、印度和中国存在着三种不同的文化体系：不断追求人生欲望的西方文化，否定欲望、回头向后看的佛教文化和肯定人生、调节欲望的儒家文化。而美国人类学者鲁斯·本尼迪克特（Ruth Benedict）在 1934 年提出了"文化格式"（一译"文化模式"）的概念，认为文化是一个各部分有机结合的整体，不同的整体各具特性。一个民族有它的民族的特性，一个国家有它的国民性。文化在本质上是趋于整合的，各种文化特质形成一种具有内在统一精神和价值取向的文化格式或模式，这种文化格式（模式）把每一个体的行为包容于整体中，赋予它们以意义。她与梁漱溟从人生态度上寻找根源不同，她从人的心理基础找原因，认为人的心理基础原本是相同的，但各个民族集团依自己历史条件从这基础里各取所需地发展它的格式。而且一旦形成了独特的格式，也就会按这格式去挑取和吸收外来的东西，排除其不相适应的东西。② 不同的民族的文化各具特性，使人类文化呈现多样性。

4. 文化（的发展）是继承性与创造性的统一。人创造文化，又将这种文化一代代地传承下去，累积成传统与历史。每一代人一生下来，承接的就是前人所创造的传统文化，他们也只能在前人留下的传统基础上展开

---

① ［美］C. 恩伯、M. 恩伯：《文化的变异》，杜杉杉译，辽宁人民出版社 1988 年版，第 29—30 页。

② 参见费孝通《文化与文化自觉》，群言出版社 2010 年版，第 47—49 页。

自己的历史活动。这是文化的继承性和制约性。但人类生活却又不因此而止步不前，每一代人在前人留下的物质和精神成果的基础上进行新的创造，人类发展的历史就是文化创造与发展的历史，没有文化创造，历史就停止了，人类发展的进程也就消失了。文化是满足人的需要的创造价值的活动，人不仅创造文化满足衣食住行、饮食男女的生存需要，而且超越了基本的生存需要的层面，又产生了新的需要，如交往、合作的需要，由此结成生产关系与交往关系，并分化出精神需要与精神生产领域。这种种新的需要不断推动人在更高层次上探索更好的满足需要的方式，这种需要与需要的满足是没有止境的，它们相互交织，文化则在创造中不断丰富和发展。

二　文化与文明的关系

文化与文明表现的是人文世界不同的层次，都是"人为""人化"和"人为""人化"的结果，是人的本质力量的对象化，都指谓的是非纯自然状态即超自然状态的人的生活、人的活动及其创造物——人文世界，包括物质生活世界和精神生活世界，也包括创造活动的过程和创造活动的结果，它们都统一于人的本质的对象化活动——人类的社会实践活动。区别于动物本能活动的人类实践，是文化与文明相统一的深刻的基础。文化与文明虽然都是表征超自然的人文世界的概念，但角度和层次以及侧重点是不同的，所以在严格意义上，文化与文明概念的内涵是有一定区别的。如果对历史作文化的透视，可以看出人类文化上的变化使得人类文明形态出现相应的变化，也说明在历时态上，不同的文明形态有与其相对应的文化模式。

（一）　文化与文明的异同

文化与文明，是两个纠缠不清，难分难解的概念。它们就像一对孪生的连体甚至连心的兄弟，相互交融，相似，相同，只有深察细辨才能看到其细微的区别。

我们这里说的文明，是对应于英语中 Civilization 这个词来说的，Civilization 又是从 Civilize 这个词来的，而 Civilize 又是从 Civil 这个词来的。Civil 含有文雅、政治、城市与市民等意义，而文雅、政治、城市与市民等字眼，从人类社会生活的发展来看，被视为进入了较为进步和高雅的阶段和状态。到 18 世纪启蒙运动阶段，欧洲许多学者以"文明"来区别未开化的野蛮状态，表达对人类社会历史不断进步的信念。到 19 世纪，随着社会学、人类学等学科的兴起和发展，"文明"概念具有了相对独立的意义，意指一些先进民族一定历史阶段社会生活所呈现的总的特征，来区别那些原始民族的野蛮状态。后来，在摩尔根和马克思、恩格斯的著作中，"文明"指的是人类脱离野蛮状态的社会历史阶段。

在世界文化研究史上，曾经发生过一场关于 Culture 和 Civilization 的词义之争。法国、英国、美国社会学家常常使用 Civilization 这个词来指称文化，德国历史学家在指称文化时则常常使用 Culture 这个词。这场看似是咬文嚼字的争论，却体现了西方起支配作用的两种对立的文化研究传统：一种是英、美传统，即实证的社会学传统；一种是德国传统，即思辨的历史哲学传统。英、美传统的文化研究者将文化理解为既定事实的各种形态的总和，即将文化视为人类创造的物质和精神成果的总和，而德国传统的文化研究者则将文化理解为一种以生命或生活为本位的活的东西，或者说，生活的样态。在德国传统的文化研究者看来，文化的形态化、制度化、模式化正意味着文化的死亡，因此他们有文化是活着的文明、文明是死了的文化之类的观点。①

在一般人眼里，文化与文明这两个词是没有什么区别的，甚至包括一些学者，也在同一意义上使用，比如泰勒在《原始文化》一书中对文化的定义，同时也是对文明的定义，即把文化与文明两个词并列混用或兼用，就是表示出文化与文明的意义是相同的。但在大多数学者那里，文化与文明虽然有密切的关系，但两者还是有区别的，至于区别何在，却众说纷纭，且常常意见相左。有的说文化是偏重于精神的，文明是偏重于物质的；有的恰恰相反，认为文化是偏重于物质的，而文明才是偏重于精神的；有的说文化先于文明，有的则说文明先于文化；有的说文化的内涵广于文明，文化涵盖了文明，有的说文明的内涵广于文化，文明涵盖了文化；等等，莫衷一是，直到现在，依然是争议不断。

法国《世界百科全书》第四卷 1961 年版对文明的多重含义作了说

---

① 参见张岱年、和宜山《中国文化与文化论争》，中国人民大学出版社 1990 年版，第 1—2 页。

明："一般地说，可把该词的明意和暗意分为三大类。首先，在通常的语言中，文明与价值判断相联系，用以确指开化的社会。它从反面意味着有不文明民族或野蛮民族的存在。其次，文明是社会生活的一个方面。集体存在的某些表现可被称作文明现象，如果其他表现显然不配列入这个范畴。最后，文明一词还适用于民族群体或社会群体。文明意味着社会的高度发达，换言之，它具有一系列特征。具备这些特征的社会有其独特的个性，因而在历史上或在各民族中占有特定的地位，这就是不同的文明形态。"[1] 日本《世界文化大事典》1973 年版对文明的界定是："文明是指一个社会或国家的精神的（艺术、宗教、道德、科学、法律等）和物质的（产业、技术、经济等）、生活的总体而言。狭义的说法，也有对前者的精神产物称文化，后者的物质产物称文明，把两者加以对比而言。"[2] 我国 1979 年版的《辞海》将"文明"界定为："①犹言文化，如：物质文明，精神文明。②指人类社会进步状态，与'野蛮'相对。"[3] 我国的教科书一般都把文明界定为人类在改造客观世界的实践活动中所创造的物质成果和精神成果的总和，是社会发展的程度和进步状态。总的说来，文明就是人类文化发展的成果，是人类改造世界的物质和精神成果的总和，是人类社会进步的标志。

诚如我国学者何兆武所说："什么叫作文明，什么叫作文化？要是翻字典的话，你可以找到各式各样的定义。如果一定要根据字典来抠字眼的话，就不免有点书呆子气了。因为没有一个定义是绝对权威，是不可改变的……其实这些名称主要看你习惯上怎么用，并没有一个大家一致的意见。"[4] 正是本着这个态度，也是研究的需要，笔者对文化与文明的关系的主要方面作如下理解。

首先，文化与文明，都是"人为""人化"和"人为""人化"的结果，是人的本质力量的对象化，都指谓的是非纯自然状态即超自然状态的人的生活、人的活动及其创造物——人文世界，包括物质生活世界和精神

---

① 中共中央党校科学社会主义研究室：《文明与文化：国外百科辞书条目选译》，求实出版社 1982 年版，第 1 页。

② 参见中共中央党校科学社会主义教研室《文明和文化——国外百科辞书条目选译》，求实出版社 1982 年版，第 43 页。

③ 《辞海》（缩印本），上海辞书出版社 1979 年版，第 1534 页。

④ 何兆武：《文化漫谈》，中国人民大学出版社 2004 年版，第 151 页。

生活世界，也包括创造活动的过程和创造活动的结果。这是文化与文明的统一性，它们都统一于人的本质的对象化活动——人类的社会实践活动。区别于动物本能活动的人类实践，是文化与文明相统一的深刻的基础。

其次，对文化与文明概念的内涵做出差别性的界定是必要的，是使理论研究更好地揭示事物的本质和规律的需要。即使是同一个事物，它都有不同的方面、侧面、层次，人们从这些不同的方面、侧面、层次去看它，就会出现"横看成岭侧成峰，远近高低各不同"的状况，才能看清这个事物的全貌以及这个事物特征的丰富性。文化与文明虽然都是表征超自然的人文世界的概念，但角度和层次以及侧重点是可以不同的。这样来看，在严格意义上，文化与文明概念的内涵是可以有一定的区别的。

关于文化与文明的区别，斯宾格勒曾用生动的语言作过论述。他把文化看作活生生的有机体、活的精神，代表着历史、生长、生成、创造文化。"伟大的文化是起源于性灵的最深基础上的原始实体"，而把文明看作完成的、新的无机体，代表着非历史、终结、完成、结束、僵硬、死亡，"文明是一种发展了的人类所能做到的最表面和最人为的状态"①。他主张文化形态史学研究的是文化有机体和文化形态这一"活生生的自然"。他还对人类高级文明历史分为八大文化形态：埃及文化、巴比伦文化、印度文化、中国文化、古典文化、阿拉伯文化、墨西哥—玛雅文化和西方文化。而这八大文化形态中，除了西方文化之外都已死亡，因此变成没有历史的僵死的文明。这个结论当然是个谬论。但他对文化与文明的区分对我们认识两者的区别是有启发意义的。

笔者尝试对文化与文明提出以下几个方面的区别。

区别之一，文化与文明表现的是人文世界不同的层次。文明的概念主要或侧重于指谓人的创造活动及其结果的外显方面，它是有形的、较易感知的表现形态。文化概念则主要或侧重于指谓人文世界中内隐的、深层的方面，它是无形的、不易感知的内在机理。我们容易看到的是人类历史中众多的文明形态，它们在空间上并存，在时间上继起，构成了活生生的人类历史的悠远且壮阔的画卷。而支撑这些众多且历时久远的文明形态的，是深藏其中不易觉察的内在的文化机理、人文精神。费孝通对此也有过论

① ［德］奥斯瓦尔德·斯宾格勒：《西方的没落》上卷，齐世荣等译，商务印书馆1963年版，第306、54页。

述，他认为："所谓客观文化特质，不应该只限定于那些可以看得见的特质，如语言、服饰、风俗习惯以至于体质特征，我觉得把'文化'限定在可观察的特质是误解了'文化'，'文化'应该也包括很多看不见'不可观察'的思维部分，或者就是人类学家所说的'文化的文法'那一部分，例如一个民族的价值观、宇宙观、人观，甚至于逻辑架构等等。这些抽象不可观察的文化特质经常是难变化的，却也是一个民族的文化核心，实在是不可忽略的。"①

区别之二：文明主要是指人类创造活动的产物或结果，文化则是文明发展的决定因素与动力因素。文明是人类在创造活动中所取得的物质财富和精神财富的总和，是社会进步所达到的一种状态，所以文明是表征社会发展程度的一个范畴。所谓"原始文明""农业文明""工业文明"就是来表示社会不同发展程度的称谓。而文化，正如克罗伯和克拉克洪所说："文化的核心部分是传统（即历史地获得和选择的）观念，尤其是它们所带的价值；文化体系一方面可以看作是活动的产物，另一方面则是进一步活动的决定因素。"② 文化所带的价值，是在人类实践活动中所获得的，是集体生活经验的提炼、升华和凝聚，一经被同一共同体大多数人所认同，就成了这个共同体的人们共有和共享的意义倾向，就会成为强大的制约力，影响人们的行为模式，也成为这个共同体"进一步活动的决定因素"，成为文明前行的推动力，并产生新的文明成果。所以文化是包含价值取向的行为模式，不同的文明类型正是由不同的文化模式来支撑和推动的。

区别之三：文明形态的外显是易变的，但文化更具持久性和顽强的生命力，不易改变。即使是同一文明形态在不同的历史时期也会呈现出不同状态，使其在历时态上表现出阶段性来，如不同的文明都会经历古代文明、近代文明、现代文明这样一些阶段，在这些阶段中，生产工具不同，生产方式不同，社会制度不同，人们生活的具体方式也会不同。但渗透其中的文化机理、人文精神是不易改变的，会贯穿于同一文明形态的各个阶段。决定某一文化精神的内核即价值是坚硬的、不变的，具有顽强的生命力，而它决定着它所支撑的文明形态的内在性质。即使那些如斯宾格勒所

---

① 费孝通：《文化与文化自觉》，群言出版社 2010 年版，第 240—241 页。

② 傅铿：《文化：人类的镜子——西方文化理论导引》，上海人民出版社 1990 年版，第12 页。

认为的历史的已死的文明，其文化却并未死亡，会被传承，会有再生。如古希腊、埃及文明不存在了，但其文化却在传承。

文化与文明的这些区别，在许多学者那里都有论述。陈序经在其所著的《文化学概观》一书中，介绍了几位外国学者在这个问题上的观点。如张伯伦（H. St. Chamberlain）在其《十九世纪的基础》一书里，以为工业经济、政治、教会，属于文明，而世界观（包括宗教与道德的观念）与艺术，属于文化。马其维（R. M. Maciver）认为，凡是人类努力设法以统制其生活状况的一切机构与组织，可以叫作文明，而凡是人类努力设法以满足自己的内在的结果，可以叫作文化。质言之，文明是利用的东西，而文化是自足的东西。文明是工具，而文化是目的，是价值，是时款，是情绪的结合，是智识的努力。同时他认为文明具有普遍性，而文化具有特殊性。文明像电话、汽车，很容易从一个地方传到别的地方，至于文化，如文学、哲学，这是一个国家或民族的内心表现的东西，不容易从一个地方传到别的地方，是一个国家或民族独有的东西。故文明是发明的，文化是创造的；文明是易于变化的，易于进步的，而文化却不是这样；文明是易于传播和模仿的，而文化却不是这样。因而文明是具有普遍性的，而文化是具有特殊性的。[①] 我国的胡适之 1935 年在《东方杂志》上发表的《我们对于西洋近代文明的态度》一文中，说文明是一个民族应付他的环境的总成绩，文化是一种文明所形成的生活的方式。

（二）文明形态与文化模式的划分

人类的任何文明形态都包含着文化精神和文化模式。正如汤因比在其《历史研究》所主张的那样，每一种文明的起源、生长、衰落和解体，其深层内涵都与文化、精神或人的自由状态密切相关。例如，他认为文明的起源在于"挑战与应战"，文明生长在于"精神的自觉与自决"，文明的衰落在于"自决能力的丧失"；文明的解体在于"社会体的分裂与灵魂的分裂"。[②] 他认为，历史研究的视野不能只局限于一个民族国家，而要放眼于一个更广大的整体关联中去。但历史研究也不应泛泛地指向人类全体。社会的不同层面在全球化的程度上是不同的。经济层面容易趋同，政

---

① 陈序经：《文化学概观》，岳麓书社 2010 年版，第 38—43 页。

② ［英］汤因比：《历史研究》（下卷），曹未风译，上海人民出版社 1997 年版，第 365 页。

治层面也会走向世界化，而文化层面则是各个文明形态保持区别的根本内涵。因此，历史研究的单位是特定的社会，即文明。他与斯宾格勒把文明形态分为八个不同，而是分为二十多个。

　　而存在主义哲学家雅斯贝尔斯在《历史的起源和目标》中建立了一种基于文明形态分析的历史哲学。他相信"人类具有唯一的共同起源和共同目标"，并以此为出发点是，提出历史研究的目的是"获得一个关于人类历史的统一完整的总观点"①。雅斯贝尔斯曾把人类历史分为史前、古代、轴心期和科技四个时代。古代历史最早的文明主要有三个，几乎同时奠定于公元前三四千年，它们分别是苏美尔—巴比伦、埃及和爱琴海世界所代表的西方文明，雅利安印度河文化，古代中国文化。古代文明是人的生成的真正开始，但古代文明时期人类文化精神还没有真正达到自觉。今天人类的几种主要文化精神或文化模式是从公元前 800 年至公元前 200 年之间的所谓"世界历史轴心期"开始的。这一时期，中国的孔子、老子，印度的佛陀，伊朗的索罗亚斯德，巴勒斯坦的以利亚、以赛亚、耶利米，希腊的荷马、巴门尼德、赫拉克利特、柏拉图等众多思想巨人都先后出现，并分别在中国、印度和西方奠定出三大人类精神，形成三种根本不同的文化模式。其不同在于：西方形成了理性的具有极大历史感的文化精神，中国和印度则形成了"总是在延续它们自己的过去时"的文化模式。轴心期所奠定的这三种不同的文化模式，至今还在影响人类历史的进程。无独有偶，我国的著名学者梁漱溟似乎也持相同的观点，在他的《东西文化及其哲学》一书中也区分了西方、中国、印度三种文化模式，认为它们的文化作为"生活的样法"不同，即所谓"人生的三路向"：第一种是生活本来的路向，"就是奋力取得所要求的东西，设法满足他的要求；换一句话说就是奋斗的态度"，这是西方的文化模式；第二种是持中的路向，"遇到问题不去要求解决，改造局面，就在这种境地上求我的满足"，这是中国的文化模式；第三种是转身向后去的路向，"走这条路的人，其解决问题的方法与前两条路向都不同。遇到问题他就想根本取消这种问题或要求"。②

---

　　① ［德］雅斯贝尔斯：《历史的起源和目标》，魏楚雄、俞新天译，华夏出版社 1989 年版，第 4、6 页。

　　② 参见徐洪兴主编《二十世纪哲学经典文本——中国哲学卷》，复旦大学出版社 1999 年版，第 457 页。

　　上述两位学者的观点影响至今，以至现在人们习惯把人类的主导性文化模式区分为：以中国为代表的东方文化模式、西方文化模式。

　　以上都是侧重于横向的文化模式的划分。我们所要探讨的是，在纵向上，即人类社会发展的历史长河上，在历史演进的相同阶段、相同时代，是否存在着一种占主导和支配地位的文化精神或文化模式，由于历史世界化的进程，因其向不同的文明传播，使得不同文明都因这种文化精神的"感染"、笼罩而出现大致相同的特征，经历同样的进程，因而包含着统一的文化模式，使社会文明形态出现趋同性（当然不排除不同文明在文化上还有自己的其他特征，以及这些特征与这种主导的文化精神的融合仍然保持其独特性）？由此，不同历史阶段因有不同的主导文化精神或模式，这些文化模式是否在历史演进中呈现一个先后依次进替的序列？对此，中外学者都存着很大争议。

　　但思想家们还是从历时态上对不同文明历史进程的统一性及其阶段性进行着探索与划分。

　　例如马克思在研究社会历史时，对社会时代和形态的划分就有多种。有以生产关系、生产方式性质为标准的划分：马克思在《德意志意识形态》中，就是按照这一尺度将人类社会区分为几种所有制形式的。在《〈政治经济学批判〉序言》中，马克思又对此作了经典性的概括："大体说来，亚细亚的、古代的、封建的和现代资产阶级的生产方式可以看作是经济的社会形态演进的几个时代。"后来发展为"五种形态"论，即原始社会、奴隶社会、封建社会、资本主义社会和共产主义社会。也有以生产工具即生产力为标准的划分：在马克思看来，"各种经济时代的区别，不在于生产什么，而在于怎样生产，用什么劳动资料生产"。从生产工具来把握社会时代，大致可判定一个社会处于何种发展阶段。"按照制造工具和武器的材料，划分为石器时代、青铜时代和铁器时代。"[1] 而且生产工具对社会性质起决定作用，"手推磨产生的是封建主的社会，蒸汽磨产生的是工业资本家的社会"[2]。还有以人的发展状况及其相对应的经济形式为标准的划分：马克思在《资本论》的最初草稿中这样表述："人的依赖关系（起初完全是自然发生的），是最初的社会形态，在这种形态下，人

① 《马克思恩格斯全集》第23卷，人民出版社1972年版，第204页。
② 《马克思恩格斯选集》第1卷，人民出版社1995年版，第142页。

的生产能力只是在狭隘的范围内和孤立的地点上发展着。以物的依赖性为基础的人的独立性，是第二大形态，在这种形态下，才形成普遍的社会物质交换，全面的关系，多方面的需求以及全面的能力的体系。建立在个人全面发展和他们共同的社会生产能力成为他们的社会财富这一基础上的自由个性，是第三个阶段。"① 这三个阶段相对应的是三种经济形式，即自然经济、商品经济、产品经济。

从马克思的分期方法可以得到方法论的启示：人类社会这一复杂的大系统，由多种因素和关系所构成，其展开的样态并非是单一的，而是多样的，人们可以根据这些样态对社会历史进行不同类型的分期。这些不同的分期都是对复杂的人类历史进程的某一方面的揭示，不能相互取代，因为任何一种分期都无法把历史进程的复杂的内在联系全部反映出来。相反，只有对历史进行多方位、多角度的透视，才能达到对历史进程较全面、具体的把握。

因此，我们同样可以选取人与自然关系这一线索、视角对社会历史进行分期。这是因为：首先，自然界是人类社会生存发展的基础。马克思在谈到人与自然关系时，首先强调的是"人靠自然界生活"，"人是自然界的一部分"。他还说："自然界，就它自身不是人的身体而言，是人的无机的身体。"② 正因为人靠自然界生活，所以人必须在自然界中才能展开自己的物质和精神生活，因而自然界便构成了人类社会产生、存在和发展的最重要前提。其次，人类社会是具有内在机制的"自然—人—社会（狭义的）"的大系统，自然因素支持着社会历史和文化的创造，从而获得了社会历史意义。社会和文化是人文系统和自然系统的整合体，既包含着人与人、人与社会的关系，又包含着人与自然、社会与自然的关系。因此，"人与自然的关系，是人类及其文明必须面对、不能摆脱的基本关系。文明始终反映并体现着人类与自然的矛盾的相互作用及其结果。正是这对矛盾，推动着社会文明的演进，推动文明不断更新其形态"。③ 从人与自然关系这一线索或视角对社会历史进行分期，可以把人类社会历史的发展阶段分为哪几个时期，也即哪几种文明形态？学界比较一致的观点

---

① 《马克思恩格斯全集》第46卷（上），人民出版社1979年版，第104页。
② 《马克思恩格斯选集》第1卷，人民出版社1995版，第4页。
③ 赖章盛：《关于生态文明社会形态的哲学思考》；《云南民族大学学报》（哲学社会科学版）2009年第5期。

是，划分为原始文明①、农业文明、工业文明、生态文明四个阶段。这是从人类社会不同时期人的生产力水平不同，以及生产活动对自然的影响所造成的结果不同，以及人与自然的关系状况不同来划分的。从文化学的角度来看，也是从文化模式的不同来划分的（这一问题放在后面来阐述）。

这一划分方法与其他划分法虽然依据的标准、视角不同，但它们并不是相互排斥、彼此孤立的，而是相互联系、彼此互补的。

首先，以人与自然关系状态为线索的划分方法与以生产关系为标准的划分法，并不是两种外在的划分法，而是对同一人类社会生活不同方面的划分表现；前者着眼于人与自然的关系，后者着眼于人与人之间的关系，而人与自然之间的关系与人与人之间的关系是相互联系的。人与自然矛盾的解决，必须在一定的生产关系下进行，以一定的生产方式为条件；反过来，人与人之间矛盾的解决，也必然要以人与自然的关系为前提。更进一步分析，人与自然的关系后面隐藏着人与人的关系。如生态危机的原因，不单纯是在人与自然的关系中造成的，或形式上是人与自然的问题，但根源是人与人的关系中的问题，是生产方式与生活方式的问题，人和自然的矛盾掩盖着人和人的矛盾。例如当我们用工业文明来表征人与自然关系的对抗阶段时，工业文明对应的就是工业社会，马克思在著作中常常用"现代工业社会""工业社会"等概念来指谓"资本主义社会"，有时候干脆将这些术语作为同义语来使用。恩格斯也说得很明确："我们建议用'资产阶级社会'和'工业和商业社会'这样的说法来表示同一个社会发展阶段，虽然前一种说法更多地是指这样一个事实，即资产阶级是统治阶级。"② 工业文明所造成的人与自然关系的对抗，其根源是资本主义的生产关系。资本家生产的目的是利润，生态危机的本质是资本主义追求利润最大化的内在必然，是根本制度的结果。而生态文明是对工业文明的超越，要实现这种超越，在生产关系上，必然要求对资本主义实行扬弃，社

---

① 严格来说，这是人类文明的萌芽阶段。文明仅是文化在一定历史阶段上的产物，这个阶段始于阶级的产生、文字的出现，一部文明史，亦即文字记载以来的历史，是一部阶级斗争的历史；文明同蒙昧与野蛮相对立，它反映着人类进步的程度，它是人类创造的积极成果。摩尔根的《古代社会》、恩格斯的《家庭、私有制和国家的起源》，都是从最后一种意义上论及文明的。因此按照摩尔根和恩格斯对文明的界定，原始社会包括了蒙昧时代和野蛮时代在内，后阶段只有阶级的产生、文字的出现才是文明时期的开始。

② 《马克思恩格斯全集》第28卷，人民出版社1973版，第139—140页。

会主义与共产主义生产关系的建立便也就顺理成章了。正如马克思认为的，共产主义是"人和自然界之间、人和人之间的矛盾的真正解决"①。

其次，以人与自然关系状态为标准的划分方法与以生产力、生产工具为标准的划分方法也是紧密联系的。生产力本就属于人与自然关系的范畴，是人与自然物质交换的中介，是人改造自然的能力。在历史现实上，以手工工具进行生产的阶段，是较低水平的生产力，对自然的改造和影响较有限，保持了人与自然的相对和谐，对应的是原始文明与农业文明；以机器为工具进行生产的阶段，是较高水平却带有征服、掠夺性质的生产力，对自然界造成了极大的破坏，对生态产生了严重的危害，对应的是工业文明；未来的生产力，应是更高水平但却与工业时代的生产力性质不同的新生产力，是协调人与自然关系、实现人与自然和谐共荣持续发展的能力，有人称之为"生态生产力"，它所对应的就是生态文明这一文明形态。

最后，以人与自然关系状态来划分文明形态与以人的发展状况及其相对应的经济形式为标准的划分方法同样存在着相互对应关系，因而在本质上是统一的。原始文明与农业文明对应的是人的依赖性社会或自然经济社会（包括原始社会、奴隶社会、封建社会）；工业文明对应的是物的依赖性社会或商品经济社会（主要是指资本主义社会）；生态文明对应的是个人全面发展的社会或产品经济社会（指共产主义社会）。这种对应关系正好表明人的发展离不开对人与自然矛盾的真正解决，表明必须通过实现人与自然的和谐才能推进人的自由发展与全面发展。② 从文化学、文化哲学的视域来看，对文明形态划分的不同标准都有文化模式的意义。生产工具和生产力标准属于或侧重于物质、器皿文化（模式）的意义，生产关系、生产方式标准具有或侧重于制度文化（模式）的意义，而人与自然关系的标准具有较广义文化（模式）的意义。（但我们要记住文化是一个整体，上述的文化方面与文化的其他要素及其整体是紧密联系的。）这正说明不同的文明形态都有其相对应的文化形态或文化模式。而文明形态的历时性的阶段性质变，即从一种形态跃进到另一种形态，是根源于文化及其模式的深刻转型。而且，"在较大的历史尺度上的每一较大的文明时期，

---

① 《马克思恩格斯全集》第 28 卷，人民出版社 2001 版，第 279 页。

② 赖章盛：《关于生态文明社会形态的哲学思考》，《云南民族大学学报》（哲学社会科学版）2009 年第 5 期。

总会有一些基本的、本质性的自觉或不自觉的文化精神特征，代表着这一时代人的基本行为方式和发展程度，我们把这种基本的文化精神特征称之为这一时代的文化模式；而各个较大的文明时代的文化模式中，所包含的人的精神状况的觉醒程度，人应答问题和解决矛盾的基本方式所构成的历史系列，从总体上展示出人的基本的进化和进步历程"①。当然，探讨和指出文明形态和文化模式的进化的这一特征，并不是像泰勒那样想要揭示出所有文明和文化都会严格遵循单一的、线性的、给定的铁的规律，也不能否定文明与文化的多样性。也就是说，各个民族并非都同步经历着这些文明和文化模式，或者说并非毫无例外步调一致地依次经历着这些文明和文化模式。实际上，各个民族在文明形态、文化模式的演化上是存在差异或有着交错过程的。正因为如此，人类文明和人类文化才有着多姿多彩的丰富内涵，这也正是不同文化相互交会、相互冲突、相互融合的基础。

（三）历时态的文明形态的文化模式内涵分析

对历史作文化的透视，可以看出人类文化上的变化使得人类文明形态出现相应的变化，也说明在历时态上，不同的文明形态有与其相对应的文化模式。

雅斯贝尔斯在《历史的起源与目标》一书中，曾把历史划分为史前、古代文明、轴心期和科技时代。此外，他又从另一个角度，即着眼于人类文化精神或文化模式的特征，把历史分为史前、历史和世界历史三个阶段。他还对这些阶段的人类文化特征作了分析，指出，史前是人由于自身生物学结构的"非特定化"而作为文化的存在物逐步生成的时期，人虽然开始超越自然，但仍处于一种自发的生存状态，"一种近似于无意识的自然过程"。"人虽然已经成为人，但仍紧紧地附属于自然。"② 到了"历史"阶段，人有了意识，并"通过历史，人类变成了努力超越自身的存在……只是随着历史的开始，人才真正成为人"③。但在这个阶段，人类文化的发展是有限的，少数主要文化得到发展，且齐驱并进，却又彼此隔

---

① 衣俊卿：《文化哲学》，云南人民出版社 2001 年版，第 113—114 页。

② ［德］雅斯贝尔斯：《历史的起源与目标》，魏楚雄、俞新天译，华夏出版社 1989 年版，第 51 页。

③ 同上书，第 58—59 页。

离。只有人类从历史进入世界历史阶段，才获得了"伟大的飞跃和突破"，通过交往，"整体的统一开始形成"。但他也认为，"由于空间的明确封闭，超越这统一的整体是不可能的。整体统一的前提是如今已实现了的世界交往的可能性。这个阶段尚未达到成为历史现实的程度，它仍然只是一种未来的可能性。因此，它不是经验调查的对象，而是一种形态。我们可以通过把意识变成为我们自己的处境和现存来勾画它"①。如前所述，我国许多学者较倾向于把迄今为止的人类历史划分为原始文明、传统农业文明、现代工业文明和正在生成的生态文明四大文明形态，相应地存在着四种主导性的文化模式。

1. 原始社会的文化模式

人类的原始时代的时间跨度，从考古资料分析和估计，至少延续了300万年左右。与3000年前后有文字记载的文明时代相比，显得十分漫长。原始社会的物质生产是与满足人的生物性需要的消费直接交织在一起的活动，用自身的体力，以简单的石器为主要工具，起初是对天然物的采集和渔猎，后来慢慢发展到原始畜牧和原始农业。人们的交往基本属于典型的血缘性、自在的日常交往，即严格局限在血缘家庭和依血缘关系而组成的氏族之中。原始氏族制度并非现代意义的社会组织，只是血缘家庭的自然放大。原始人无论是生产还是生活，都同动物一样服从自然节律、生态规律，完全受着自然条件的制约。在意识上，原始时代的人尚未形成自我意识，即自身与自然在认识中是混沌的、未分的，缺乏对类本质的自觉意识。原始人的思维与现代人的抽象思维和理性逻辑是不同的，前者是"前科学""前逻辑"或"原逻辑"的直觉思维，往往只停留在"是什么"，而不再追问"为什么"和"应怎样"。精神分析学家荣格针对原始文化的这种自在、自然状况，用了"原型""原始形象""集体无意识"等概念来描述。原始人的世界观，通过原始巫术、图腾崇拜、原始神话和原始宗教等交织呈现，其核心观念是"物我不分""万物有灵"和"天人感应"。正因为那时的人类生活，完全是自然和自在的，与自然融为一体的。人的自然生存，依赖自然、顺从自然、恐惧自然、崇拜自然，呈现为一种自然性，所以人们称之为自然文化，或自然主义的文化模式。②

---

① ［德］雅斯贝尔斯：《历史的起源与目标》，魏楚雄、俞新天译，华夏出版社1989年版，第87页。

② 衣俊卿：《文化哲学》，云南人民出版社2001年版，第117—118页。

2. 传统农业文明的文化模式

大约一万年前，人类从旧石器时代过渡到新石器时代，人类告别原始"史前"时代，开启了农业文明时代，也开始了真正意义的文明时代。一直到奴隶社会和封建社会，都属于传统农业文明阶段。这个时代开启的重要标志之一是金属工具（青铜和铁器）的发明及其广泛使用，生产力大幅度提高，以薪柴和畜力为主要能源形式，大规模开发土地、生物等自然资源。另一标志是文字的发明和使用，以及精神生产与物质生产的分工，出现了相对独立的精神生产领域，有了哲学、文学艺术等理论和作品的产生和繁荣。在生产关系的变化即是出现了私有制、阶级，由此导致氏族组织的解体和国家的产生。尽管如此，人又主要生存在由宗法关系维系的自然秩序之中，人们进行着基于宗法关系和天然情感的日常交往，在整个农业文明中起着决定作用的是宗法制度，以及由此为基础的人身依附关系。因此人际关系主要表现为宗法关系和伦理关系。因此，农业时代的文化"与过去重视自然的自然主义和自然文化的主要区别是，重视人伦和人事，古代光辉灿烂的农业文明主要是人文文化的成就。中国从西周到春秋战国，《周易》、道家（老子、庄子）、儒家（孔子、孟子）、管子、墨子、孙子等，开创了古代人文文化的高潮，达到当时世界最高成就。古希腊罗马哲学、佛教、基督教和伊斯兰教也是人文文化的伟大成果"[①]。农业文明的经济是自给自足的自然经济、分散的小农经济，一年四季按照自然节奏进行着周而复始的自发自在的日常生计活动。在这种活动中，"人已不知不觉地融入大自然之中，对土地的依赖、对家庭的眷恋，使得农业文明条件下的大多数日常生活主体始终没有超越日常生活的阈限，没有进入非日常生活领域，更不必说进入非日常的、创造性的、自觉的境界或生存状态之中了"[②]。农业文明虽然有着独立的精神生产领域，但这种自觉精神生产活动及其成果只局限于少部分人的狭隘领域，且与现实生活世界相对隔离，因此农业文明的文化是人们在生产和生活中自觉或不自觉地形成并积淀的，表现为经验、习惯、习俗、常识、传统、情感等，故具有既是自然主义的又是经验主义的文化特征。余谋昌曾将其称为"人文主义"的文化模式，[③] 笔者认为这种概括容易与西方启蒙时期的人文主义相混

---

① 余谋昌：《生态文化是一种新文化》，《长白学刊》2005 年第 1 期。

② 衣俊卿：《文化哲学》，云南人民出版社 2001 年版，第 120 页。

③ 余谋昌：《生态文化是一种新文化》，《长白学刊》2005 年第 1 期。

渭，故将其概括为"人伦主义"的文化模式。

　　3. 现代工业文明的文化模式

　　18 世纪，工业革命发生，人类进入工业文明时代，人类的生存方式发生了本质性巨变。工业文明时代出现了机器，并发展出机器系统，其生产是以机器为生产工具的社会化大生产。随着科学技术的发展及其在生产中的广泛应用，再发展到电器化和自动化、信息化、网络化生产体系，开发出煤、石油、天然气、核力等组成的能源系统，大量利用化石资源，生产自然界不可能出现的人工产品，人类开发和利用自然的能力达到空前的水平，创造了前所未有的巨大的财富。在精神生产领域，科学、哲学、艺术等的生产也空前发达和繁荣，并利用现代媒体工具迅速向大众传播。社会化大生产，商品经济的形成，还开辟了日益拓展的市场，传统农业文明的自然经济的封闭状态被冲破，人类的交往领域和方式也发生了巨变，交往的空间大大拓展，并形成理性、契约、自由、平等的交往关系，人身依附关系、封建等级和血缘宗法关系土崩瓦解。随着全球化浪潮的漫卷，无论是经济、政治还是文化的交往，都成为世界性的了。支撑着工业文明并极大地改变了人的生存方式的是两大主导精神，即技术理性和人本精神。工业文明的这两大主导精神，高扬人的主体性，强调人对自然的技术征服。"具体来说，以飞速发展的科学技术为依据的科学思维和技术理性强调行为决策的理性依据，强调行为目标的合理性和行为过程和行为结果的可预测性和可精确计算性。以技术理性为基本素质的现代主体所创造的成就是传统社会中以经验、常识、习惯为基础，处于日常生存状态之中的主体所根本无法比拟的。而体现在现代艺术和哲学中的人本精神则强调人的主体意识、参与意识和创造性，它以人的自由和全面发展作为人的活动的目标和历史进步的尺度，从而赋予人的活动以自觉和价值内涵。"① 这一文化模式把人的生存基础从对自然的依赖转变为对人的理性和创造性的依赖，把人对自然的顺从变为对自然的对抗和征服。这一文化模式固然推动了生产力的飞跃性发展，使物质成果大大丰富起来，改变了人的生存条件，也充分展现了文化的力量，但发展到 20 世纪，这种文化模式却陷入了深刻的危机之中。对自然的理性把握和技术征服，并不是如人们期待和希望的那样，会将人们带到完美的自由的王国，反而导致了人的自然生存

---

① 衣俊卿：《文化哲学》，云南人民出版社 2001 年版，第 124 页。

危机。技术理性、意识形态、官僚政治也成为人的异己的力量，人的自由自觉的创造性文化活动变成商品化的、以消遣和操纵为宗旨的、非创造性的"文化工业"（法兰克福学派语）。

而且，人本主义突出人的主体性，又导致了人类中心主义，即认为人类是地球的中心，只有人有价值，而其他自然物是没有自身价值的，只有被人类利用才会有工具价值。"人类中心主义认为，道德关系只是人与人之间的关系，人与自然物之间没有道德关系，人类道德与自然之整体秩序也没有任何关系。"人类中心主义的实质是个人主义，并导致物质主义。"个人主义使人们重视个人权利，却使人们比较容易忽视对他人、社会和世界的责任。实际上，个人主义严重遮蔽了人们的视界，使人们无法认清人类应对地球生物圈所负的责任。快乐主义、经济主义的实质是物质主义。快乐主义要求人们把感性快乐当作人类追求的终极的善，经济主义要求人们把经济增长当作社会追求的最高目标。物质主义则要求人们超越基本需要的界限，以无限追求物质财富的方式追求人生意义。"① 工业文明的技术理性和人本主义的文化精神，及其内蕴的并导致的科技主义、人类中心主义、个人主义、物质主义、经济主义、享乐主义等，构成工业文明文化模式的内涵，笔者认为可以集中概括为人类中心主义的文化模式。这种工业文明的人类中心主义的文化模式在达到它的最高成就，同时也带来严重的危机并普遍出现的时候，就成为一种不可持续的文化模式。工业文明必须转型，这将是世界历史的一次重大转折。文明转型必然首先要求并呼唤一种新文化的出现，这种新的文化就是生态文化。

关于生态文化这一生态文明社会形态的主导性文化模式的内涵，将在下一章阐述。

---

① 卢风：《论生态文化与生态价值观》，《清华大学学报》（哲学社会科学版）2008 年第 1 期。

第二章

生态文化：生态文明的文化模式

人类产生后，要从自然环境中获得生存能力，适应自然，就要向自然学习生存，增加对自然的认识，增加适应自然的本领，这就产生了人类最初的生态智慧。但由于人类有了文化，而文化具有积淀性、传承性与创造性，其力量终究会变得强大起来，人类就慢慢增加着超越自然的力量，人类文化也逐渐发生了转向，即由原来的适应和顺应自然的文化转变为征服自然的文化。这发生在工业文明时期，并造成了严重的生态环境问题。生态环境问题由局部扩展到全球，造成整个地球生物圈的危机。面对全球生态危机的严峻挑战，促使人们对生态危机的根源进行反思，其中最深刻的反思是对文明与文化的反思。人们逐渐认识到：生态环境危机的实质不仅是技术、经济的问题，更重要的是文化和价值的问题。这种反思过程也是促使人们的生态意识觉醒、环境保护运动兴起的过程，人类日益清醒地认识到，必须重建人与自然的关系，形成一种新的价值观。其中最重要的成就是生态文化的形成、人类文明的生态化转向。

文明形态的转型必然要伴随文化模式的转型。甚至可以说，只有文化模式转型的先行，才会有文明形态的转型。其中，文化模式中的价值内核的嬗变，是文明形态发生重大转变的先声。因此，从工业文明转向生态文明，必然要以生态文化的构建为先导。生态文化就是适应生态文明建设的需要而生成的文化模式。生态文化作为生态文明的主导性文化模式，是生态文明的灵魂，为生态文明形态的塑造提供了生态世界观、生态价值观、生态伦理观等一系列人类的生态生存生活方式的重要观念、原则和规范。生态文化是当代文明生态化转型的先导，也为生态文明建设提供精神动力与智力支撑。

一　生态文化产生的背景

人与自然的关系是人类文化最基础和最根本的维度。人在改造自然的过程中创造文化，同时也使自己超越动物性，成为社会的人、文化的人，并继续用文化的方式去适应与改造自然，创建起人文世界。也就是说，文化作为人类的一种生存方式，本质上体现的是人类对自然的适应与改造，表达的是人与自然的一种关系，亦即是人类与其生存环境的关系。

人必须利用和改造自然才能创建自己的文化，文化正是在利用和改造自然的创造性活动中形成的。从这个意义上，文化与自然，具有天然的对立性，文化本身就是从这种对立性中产生出来的。文化与自然有着天然对立性的含义，一方面是自然界不能完全满足人的需要，即天然的自然物质形态不能成为人的生存生活资源，自然与人是对立的。因此就有另一方面，人必须去改变自然，即改造天然的自然物质形态使其成为适合人的形态以满足人的需要，即以文化的方式让自然适合自己——因此说文化是人类的生存和生活方式，这也是文化的最原初的意义——人对抗着自然，人与自然也在对立着。

因此，即使是在人类的原始阶段，人、人的文化就与自然相对立：一是自然界并不能提供人类所需要的所有生存条件，即自然是人的对立面；二是人的行为、人的文化生存方式破坏了自然界的原有面貌，具有反环境性，即人是自然的对立面。

如果从第二种含义上说，在原始社会，人与自然保持着一种原始的和谐关系。这个时期人类认识和改造自然的能力十分低下，人类以采集与狩猎为主，利用原始工具获取基本生活资料的生产方式、仅能维持个体延续和繁衍的低水平物质消费方式，以及以家庭与部落为主的社会组织方式，人口数量与平均寿命都很低，只能被动适应自然界。人类活动的结果，并未给自然环境带来危害，即或有，如过度的捕猎导致一地的某些动物数量的减少等，但人类会以迁徙他方的方式，让这个地方的自然界依靠自身固有的再生能力，实现自发调节和恢复。

若考虑了第一种含义，原始社会人与自然不仅谈不上和谐，而是处于尖锐的对立之中。我们可以想象，仅掌握低下水平的原始工具——木棍、石器、骨针，最先进的武器也就是弓箭罢了——的人类，在强大的自然面前，在各种自然灾害（酷暑寒冬、狂风暴雨、大雪冰雹、洪水猛兽、火山地震、森林大火、疾病瘟疫等）构成的恶劣的环境中，其处境是怎样的凶险！其生活是多么艰难！因而那时人们的寿命很短，更有许多人夭折。据考证，距今一万年前后，全世界的人口最多只有 800 万。人类在恶劣的环境中艰难地生活，在异常强大的自然界面前，人们表现出对它的恐惧、崇拜心理，因为对人类来说，自然永远是一个巨大的神秘的存在，由此自然的力量被异化为统治人类的神祇和精灵。这样的状况，怎么谈得上人与自然的和谐？

但毕竟因为人类拥有文化，文化成为人类既适应自然又对抗自然的力量。在很长的一段时期里，人类从恐惧自然、崇拜自然，慢慢到学会适应自然。人类要从自然环境中获得生存能力，适应自然，就要向自然学习生存，增加对自然的认识，增加适应自然的本领，这就是人类最初的生态智慧，这种对于自然的最初的认识，都是人类生态智慧的体现。这样的状况在人类漫长的历史中占有了很长的时段。但由于人类有了文化，而文化具有积淀性、传承性与创造性，文化的力量终究会变得强大起来，人类就慢慢增加着超越自然的力量，并不断超越自己，改变作为一个生物物种对自然的那种完全顺从、适应的关系，并逐渐开始了对自然的改造与征服。特别是近代以来，随着人类科学技术的不断发展，对自然的改造和支配能力逐渐加强，人类对自然的欲望也膨胀起来，随之自然也发生了根本性的改变——自然已经不是原生的自然了，而成为人类满足无穷欲望的巨大的资源库、种植场、加工厂、垃圾场。

雷蒙德·达斯曼将这种人类与自然的关系的变化，称为是人类文化的根本性转变，即由"生态系统文化（族群）"向"生物圈文化（族群）"的转变。

雷蒙德·达斯曼认为，今天全球的生态危机可以追溯到 5000 年前贡赋文明的崛起，甚至 500 年前资本主义和殖民时代相联系的"居所感"的丢失。达斯曼在其重要著作《环境保护》一书中这样解释，在大部分人类历史进程中，社会是以"生态系统文化"的形式来组织的，在这样的社会形态中，某种特定的生态系统或最多几个密切相关的生态系统成为人类生存和居住条件。这种生态系统文化"可能以狩猎、捕鱼和食物收集为基础或者以移动和永久农业为基础，也可能以游牧田园式的生活方式为基础。但所有这些生活方式都涉及文化与自然紧密而又复杂的关系"①。

达斯曼所说的生态系统文化（族群），是指在单一或至多在两到三种相邻的生态系统中生活的人们，采用手工方式和自然的方式生存，"靠山吃山，靠水吃水"，在就近的生态系统中获取他们生存与发展的全部资源。前工业社会以及至今仍然保持传统的、非工业社会的人们，都属于生态系统文化（族群）。

而所谓生物圈文化（族群），是指在更大范围甚至在整个生物圈中获取资源的社会。早期的生物圈文化社会形态，如美索不达米亚和罗马这些古老的贡赋社会，当其占据了整个地区后，形成了利用多种生态系统资源与文化的世界帝国。它们能够比先前生态系统文化以难以想象的程度摆脱自然限制，形成的经济网络覆盖生物圈大部分领域。

随着 15 世纪末资本主义的崛起、全球殖民时代的到来，一种规模更大、破坏力更强的生物圈文化出现了。这种社会形态不但摆脱了特定生态系统的束缚，而且还摆脱了特定区域的束缚，形成了当代资本主义世界经济，大大加快了在全球范围内获取资源的速度。在人类历史上，完全彻底的"支配自然"第一次成为这个文化系统的原则，在现代科技和 19、20 世纪工业经济扩张体系的支持下，又在社会的方方面面形成了制度。达斯曼写道："由于自然力量的控制，有可能出现巨富，也有可能彻底失败，在更大的范围内给地球造成破坏。"②

这就是现代的生物圈文化（族群），其生活方式由于与"全球技术系统"紧密联系在一起，因此他们能够利用整个生物圈中的资源，包括美洲的粮食、阿根廷的牛肉、巴西的咖啡、印度的茶叶、日本的电器、沙特的石油以及法国的轿车等。现代工业社会的人们，都属于生物圈文化。

生物圈文化从一开始就具备了"超越任何单一生态系统控制的特征，所以比任何一种完全依赖某种特定生态系统的族群（文化）造成的危害更大"。早期的诸如美索不达米亚、罗马和玛雅文明这样的生物圈文化，通过大规模剥夺人类和自然资源保持了数百年的繁荣，但最终衰落了。衰落的部分原因就是它们破坏了自身生存的生态条件。南部意大利和北非生态系统的破坏导致了罗马的消亡。唐纳德·休斯在其重要著作《牧神潘

---

① 转引自［美］约翰·贝拉米·福斯特《生态危机与资本主义》，耿建新、宋兴无译，上海译文出版社 2006 年版，第 77—78 页。

② 同上。

的辛劳：古希腊与罗马人和环境问题》中认为："环境因素虽然不是导致希腊罗马经济与社会衰落的唯一原因，但的确是重要原因，而其中最重要的是人为因素。"①

　　现代的生物圈文化对生态系统的危害就更加严重了。加里·斯奈德指出："达斯曼关于生物圈文化的概念有助于我们认识生物掠夺也是帝国主义的重要部分，此外还有物种灭绝和森林砍伐。"② 生态帝国主义仅在几个世纪的发展进程中就制造出全球性的生态环境危机，还将地球生态置于危险可怕的境地。这种对自然和人类的掠夺式的关系模式，导致了 20 世纪初美国社会批评家索尔斯坦·维布伦所称的地球和生产场所的"不在所有权"。生态帝国主义的发展始终伴随着人们把地球作为人类居所的那种感情的破坏；"居民"或生态系统居民被现代意义的人口取代，贝里将其称为"流浪的君王"。③

　　人类处在生态系统文化阶段，整个生态环境基本上是能够承载人类对资源的生活需求的，人类对于物质的需求和消耗有一定的限度，也是地球所能承受的限度。虽然人类的活动也会对自然环境产生某些方面的影响甚至破坏，但并无生态危机的出现。当人类获得了超强文化能力时，生态环境开始发生根本改变了，这发生在人类由生态系统民族过渡到近代开始的生物圈民族后。"殖民扩张和工业进化的历史可以说也是一个生态系统民族向生物圈民族转变的过程。"④ 生物圈民族靠科学技术的力量，可以利用大范围中的各种生态系统来满足其需求。由于科学与技术的进步，现代工业的崛起与发展，全球化体系的建立，资本极度的扩张，人类欲望的膨胀，物质主义享乐主义的滋蔓，人类进入了对自然无度占有和掠夺的时代，自然环境的面貌发生了根本改变，已经不能承载人类无限膨胀的欲望了。正是由于生物圈民族对自然资源盲目地开发，对生态系统的无序改变，必然危及整个生物圈的命运。由此，全球性的生态危机，在人类成为生物圈居民后就不可避免地发生了。

---

　　① 转引自［美］约翰·贝拉米·福斯特《生态危机与资本主义》，耿建新、宋兴无译，上海译文出版社 2006 年版，第 78—79 页。

　　② 同上书，第 79 页。

　　③ 同上书，第 80 页。

　　④ ［英］米·凯尔顿：《环境决定论与文化理论》，袁同凯、周建新译，北京民族出版社 2007 年版，第 40 页。

　　人类由生态系统居民变成生物圈居民的转向，实际上也是文化的转向，即由原来的适应和顺应自然的文化转变为征服自然的文化。生态系统居民变成现代意义的生物圈居民及其文化的转向，恰恰发生在由农业文明时代进入到一个新的时代——工业文明时代。

　　工业文明与人类历史上出现过的原始文明、农业文明时代都不同。原始文明是人类文明的萌芽阶段，人完全依附于自然，其本身就是一种"自然存在物"。这个时期，人与自然是浑然一体的，人类利用自然界现成的东西，采集和狩猎是主要的生产方式。农业文明的出现，实现了人类历史上第一次文明转型。产生了以耕种与驯养技术为主的生产方式，初步改变了人对自然的完全依附地位，标志着人对大自然的有限的开发和利用。农业文明主要利用的是自然环境中的水土资源，农业文明时代的产品是在自然状态下也会出现的生物体、自然物，人依然必须适应自然、顺应自然。从总体上看，无论是原始文明还是农业文明，都属于生态系统居民，人类开发利用自然的能力都有限，对自然环境的影响也只是局部的、地域性的，从这个意义上讲，人与自然的关系基本保持相对和谐。

　　18世纪60年代，英国纺纱机和蒸汽机的运用，标志着工业文明时代的到来，人类文明出现了第二次重大转型。工业时代同古代农业的重要区别在于：一是广泛采用机器进行生产。二是科学技术进步在生产中广泛运用，极大地推动了社会生产力的发展，并以空前的规模作用于自然界，为人类社会创造了巨大的物质财富。三是工业生产引起自然界在自然状态下不可能出现的变化，它的产品是在自然状态下不可能出现的、人工制成的产品。四是大量利用石化资源。

　　工业文明的出现使人类和自然的关系发生了根本的改变，人类利用现代科学技术这一巨大力量，对自然界展开了无情的开发、掠夺与挥霍，自然界成了人类征服的对象，人类成为主宰和统治地球、主导生物圈变化的唯一物种和最重要力量。同时，人化自然得到了前所未有的拓展，建立了人工生态系统。现代农业、大都市、工业区，就是独立于自然生态系统的人工生态系统，其物质循环与能量流动完全依赖于系统外的物质系统来支撑。例如，现代农业生态系统就需要系统外提供的物质和能量（化肥、农药和机械能等）来维持。再如城市生态系统，也是一个高度人为化的生态系统，自身没有调节能力，运作完全依靠社会技术系统来维持。人工生态系统，无论是现代农业生态系统还是城市生态系统，都是十分脆弱的，一旦一个技术系统出现问题，整个系统就会瘫痪。

工业文明还造成了严重的生态环境问题。工业废气的超量排放造成空气污染和臭氧层的破坏，导致温室效应；工业废水、生活污水的排放使得江河湖泊水质污染，出现淡水危机；森林大面积砍伐、消失，造成生物多样性减少、水土流失；农药化肥污染和过度利用土地、草场使得其生产力下降，导致荒漠化、石漠化；等等。而且，生态环境问题不再是局部性的，而是全球性的了，是整个地球生物圈的危机。

工业文明带来的全球性的环境污染和生态危机，严重地威胁着人类的生存。美国著名社会学家、未来学家阿尔温·托夫勒发出感叹："可以毫不夸张地说，从来没有任何一个文明，能够创造出这种手段，能够不仅摧毁一个城市，而且可以毁灭整个地球。从来没有整个海洋面临中毒的问题。由于人类贪婪或疏忽，整个空间可能突然一夜之间从地球上消失。从未有开采矿山如此凶猛，挖得大地满目疮痍。从未有过让头发喷雾剂使臭氧层消耗殆尽，还有热污染造成对全球气候的威胁。"① 更有学者语词尖锐、语出惊人："人类力量所创造的文明背叛了人类自己，也正被这种文明送进坟墓。"②

面对全球生态危机的严峻挑战，促使人们对生态危机的根源进行反思。反思是全面的，包括对生产和生活方式、社会制度、科学技术、经济增长与社会发展模式的反思等，其中最深刻的反思是对文明与文化的反思。这种反思过程也是促使人们的生态意识觉醒、环境保护运动兴起的过程，人类日益清醒地认识到，必须重建人与自然的关系，形成一种新的价值观。其中最重要的成就是生态文化的形成、人类文明的生态化转向。

在保护环境的过程中，人们逐渐认识到：生态环境危机的实质不仅是技术、经济的问题，更重要的是文化和价值的问题。

西方环境伦理学的创始人法国的史怀泽（Schweitzer）较早意识到传统的伦理学只涉及人对人的行为，只对人讲道德，是不完整的，这个世界需要用"敬畏生命"的伦理思想来润泽众生。一个人也只有当他认为所有的生命都是神圣的时候，他才是有道德的。"善的本质是保持生命、促

---

① ［美］阿尔温·托夫勒：《第三次浪潮》，朱志焱等译，生活·读书·新知三联书店 1984 年版，第 15 页。

② ［英］汤因比、［日］池田大作：《展望二十一世纪》，荀春生、朱继征、陈国栋译，国际文化出版公司 1985 年版，第 51 页。

进生命，使生命达到其最高度的发展。恶的本质是毁灭生命、损害生命，阻碍生命的发展。"① 史怀泽首次理论化地提出要将人的道德关怀的对象扩展到人以外的其他物种，成为现代伦理学诞生的一个标志。

环境伦理初期发展的另一个代表人物是美国的奥尔多·利奥波德（Aldo Leopold），他发觉仅仅依靠技术手段无法从根本上解决环境问题，人类应该超越狭隘的环境技术领域，从更广的范围来关注环境问题。他在1947 年出版的《沙乡年鉴》一书中，提出了从伦理上关心地球的"大地伦理学"，提出：人与大地（包括植物、动物、河流、高山等）是一个共同体，应该将生物共同体的完整、稳定和美丽视为最高的善。

随后，一批环境思想先驱的著作相继问世。1962 年出版的蕾切尔·卡逊的《寂静的春天》、1972 年出版的社会学家丹尼斯·米都斯作为民间学术组织罗马俱乐部的成员所撰的研究报告《增长的极限》，以及沃德和杜博斯德的《只有一个地球》等，这些都为人类的环境危机敲响了警钟。蕾切尔·卡逊提醒人们：人类的文明正站在两条道路的交叉口上，一条是终点有灾难等待着的工业文明之路，另一条是很少有人走过的但却能给人类和地球上的其他生命提供希望的路。罗马俱乐部的报告对全球困境的深层原因进行思考，并提出"价值观的改变是人类走出目前的困境的关键因素"。这些被认为是"要求人类实现从工业文明向生态文明的转型的最早呼唤之一"②。

1972 年 6 月，联合国人类环境会议通过了《人类环境宣言》，呼吁各国政府和人民为维护和改善环境而努力奋斗，标志着人类已意识到实现文明的转型的重要性、紧迫性。1987 年，世界环境与发展委员会在布伦特兰主席的领导下，出版了《我们共同的未来》这一人类构建生态文明的纲领性文件，首次将"可持续发展"定义为："可持续发展是既能满足当代人的需要，又不对后代人满足其需要的能力构成危害的发展。"并强调可持续发展是长期的、全局的、支持全球人类持续进步的道路。1992 年 6 月，在巴西的里约热内卢联合国召开了"环境与发展大会"，提出"人类要生存，地球要拯救，环境与发展必须协调"的口号，通过了《里约环境与发展宣言》《21 世纪议程》等重要文件，这些文件始终贯穿着一个

① ［法］阿尔贝特·史怀泽：《敬畏生命》，陈泽环译，上海社会科学院出版社 1992 年版，第 91 页。

② 杨通进、高予远编：《现代文明的生态转向》，重庆出版社 2007 年版，第 7 页。

核心，这就是可持续发展。2002 年，在南非约翰内斯堡召开的联合国可
持续发展大会，通过了《可持续发展执行计划》和《约翰内斯堡政治宣
言》，确定发展仍是人类共同的主题，对可持续发展进行了详尽的阐述，
并把解决环境问题、保持人类社会持续稳定发展提到了人类发展的战略高
度，由此拉开了生态文明建设的序幕，具有里程碑意义。

　　这一过程，也是人类新的价值观和生态文化的形成过程。人们起初对
生态与环境问题由认识的对立分歧到相对统一，意识到人类社会的发展与
生态环境的发展是密切相关的，并且对工业文明社会进行了初步的反思。
从 20 世纪 80 年代末到 90 年代末，人们认识到，只就生态谈生态、就环
境谈环境这样的思维方法是不能彻底解决问题的，因为问题的本质在于发
展理念和模式存在的问题，必须通过转变发展理念和模式来解决，因此产
生了可持续发展的思想与实践。同时由于生态科学的发展及其影响，大批
以生态相关联的新兴学科形成，生态哲学、生态伦理学、生态文学、生态
美学、生态政治学、生态经济学、生态法学、教育生态、城市生态学、工
业生态学等，使生态理念涵盖社会生活的方方面面，一种新的价值观，即
生态价值观开始形成了；20 世纪 90 年代末至今，学者们又认识到，仅就
发展问题的反思还是不够的，必须对工业文明社会，特别是工业文明世界
观、方法论进行全面反思，建设一种新的社会文明形态——生态文明，才
能使人与自然走向和谐、持续发展和繁荣的道路。这种超越工业文明时代
的新的文明形态，必须是以生态价值观为理念的。现代生态文化就在这样
的背景下产生出来。

　　生态文化的形成也是人类对绿色的呼唤和一场观念和思维的变革。正
如福斯特所说："许多人在呼吁一场将生态价值与文化融为一体的道德革
命。我认为，这种对新的生态道德观的要求就是'绿色思维'的本质。"①
在生态女性主义看来：文化不是自然的对立面，而是自然的和谐的延伸，
是包含了各种创造张力，反映了我们作为地球之躯的本质，并吸取了自然
的教诲（多样性、主体性、适应性和联系性）的人类构建。② 我国学者王
力雄在《走出绿色象牙塔》一文中也提出一个问题：即使人类都来认真

---

　　① ［美］约翰·贝拉米·福斯特：《生态危机与资本主义》，耿建新、宋兴无译，上海译文
出版社 2006 年版，第 36 页。
　　② 何怀宏主编：《生态伦理——精神资源与哲学基础》，河北大学出版社 2002 年版，第
246 页。

地保护环境，是否就能够真正地解决环境问题？他认为不能，因为绿色思想中有着"浅绿"和"深绿"的分野。仅仅停留在环境保护的层面，称为"浅绿"。"深绿"则认为解决环境问题的根本出路，还在于从根本上改变人类的生活方式。人类从工业文明以来的生活方式主要建立在这样的基础上：一是以物质财富的增长为衡量社会进步之标准的物质主义，由此导致在有限资源中追求无限增长的悖论；二是以感官享受为人生意义的消费主义。故此，生态问题在相当程度是人类的心态问题，人类的主流哲学不变，生活方式不变，仅靠一些"环保"行动是救不了人类的。他认为要让"深绿"从哲学的象牙塔走进活生生的人类生活，从根本上取决于社会制度的变化。"自然之友"原会长梁从诫先生也说，日趋沉重的环境压力需要我们从制度和心态两方面双管齐下，一方面在生态观念和理论上澄清一些不利于环境保护的错误认识，使人们将保护生态环境变成一种自觉的行为，变成一种生命的需要和习惯；另一方面也结合各学科来进行制度创新和变革的探讨。[1]

生态价值观、生态意识从浅层向深层发展，也在人类生活的各个方面表现出来。人们对环境保护的关注，起初从小范围的环境污染，后来向大范围的全球性环境问题扩展；环境问题的影响从日常生活，扩展到对国家和全球经济的影响；环境保护思想，从"先污染后治理"，到发展经济的同时实现环境保护；环境价值观，从以人为中心，发展到以人与自然和谐发展为目标；在人口环境意识、环境科技意识、环境伦理意识、环境法制意识和生态思维方式等方面，都表现了生态意识从浅层向深层发展的进程。[2]

二 生态文化的内涵

关于生态文化的界定，我国较早且长期从事环境伦理学研究的中国环境伦理学会前会长、著名学者余谋昌认为，生态文化是一种新文化，生态文化作为一种有利于生态环境和自然资源可持续发展的人类生存方式，有

---

① 何怀宏主编：《生态伦理——精神资源与哲学基础》，河北大学出版社 2002 年版，第 20—21 页。

② 余谋昌：《文化新世纪——生态文化的理论阐释》，东北林业大学出版社 1996 年版，第 3 页。

广义和狭义之分："从狭义理解，生态文化是以生态价值观为指导的社会意识形态、人类精神和社会制度。如生态哲学，生态伦理学，生态经济学，生态法学，生态文艺学，生态美学，等等；从广义理解，生态文化是人类新的生存方式，即人与自然和谐发展的生存方式。"① 他还说过，生态文化，"就其内容而言，是与人类中心主义文化以及生态主义文化相对立的文化，它是指人类在实践活动中保护生态环境、追求生态平衡的一切活动的成果，也包括人们在与自然交往过程中形成的价值观念、思维方式等"②。

清华大学的卢风教授即认为："生态文明就是广义的生态文化。""狭义的生态文化是以生态价值观为核心的宗教、哲学、科学与艺术。在广义的文化中，狭义的文化主要体现于理念和艺术，当然它也直接渗透在语言、风俗和制度中，甚至还体现在技术和器物之中。"③

也有的学者这样界定："生态文化则是人类在与自然互动发展过程中所形成的对自然环境的适应性体系，表征人对自然的态度与方式，是人类的自然意识和环境意识的一种形态。"④ 还有的学者认为，就生态文化的形态而言，它是相异于农业文化、工业文化的文化，是一种扬弃了以往文明成果的文化。总而论之，生态文化就是基于对人与自然界关系的正确认识、以人与自然和谐发展为价值取向、以人类的生死存亡及人生意义为终极关怀、与当前生态文明建设相适应的一种文化形态。⑤

笔者基于前面所述的对文化的理解——即从广义来说，文化是有着内在机理和价值内核的人文世界群体的生活方式。从狭义来说，文化是在满足人的需要的创造活动中形成的观念形态的价值体系——也给生态文化下一个简要的定义：

从广义来说，生态文化是以人与自然的和谐为价值内核的人类生活方式。从狭义来说，生态文化是与生态文明相适应的基于人与自然关系的观

① 余谋昌：《生态文化：21 世纪人类新文化》，《新视野》2003 年第 4 期。

② 余谋昌：《生态文化论》，河北教育出版社 2001 版，第 26—328 页。

③ 卢风：《论生态文化与生态价值观》，《清华大学学报》（哲学社会科学版）2008 年第 1 期。

④ 杜明娥：《生态文化——社会主义核心价值体系的时代内涵》，《社会科学辑刊》2010 年第 1 期。

⑤ 陈璐：《试析生态文化的内涵及创建》，《广西社会科学》2011 年第 4 期。

念形态的价值体系。

　　生态文化作为生态文明的主导性文化模式，之所以成为生态文明的灵魂，这是因为生态文化为生态文明形态的塑造提供了生态世界观、生态价值观、生态伦理观等一系列人类的生态生存生活方式的重要观念、原则和规范。

（一）生态文化的哲学世界观：生态世界观

　　哲学世界观是人们对整个世界的总体看法和根本观点，其中包括对世界的本质和运动规律的把握，以及人与世界的关系问题的认识。生态文化的哲学世界观所呈现的是生态世界观。

　　如前所述，生态文化产生的现实根源是日益严重的生态危机以及由此导致的人类生存困境。生态文化观念的形成则是在批判、反思工业文化的基础上形成的。新的文化价值观的形成除对生态危机的深刻反思外，还具有其深层科学基础和根据：现代自然科学革命。

　　近代以来所产生的工业文化的哲学世界观是机械世界观，其基本要点是：世界是一部巨大的机器，物质的性质取决于组成它的不可再分的最小微粒的数量组合与空间结构；物质有着不变的质量。一切运动都是在绝对时间和绝对空间中的位移，且遵循机械决定论的因果关系。人与自然是分离对立的，人处于自然之外，是与自然不同的存在物。由此出发，机械世界观的认识论和方法论表现出以下特征：建立在要素主义基础上的还原分析；建立在无时间演变的可逆性观念上的对对象的结构静态地解剖实验研究；主观地排除偶然性和随机性，追求决定论的精确认识；夸大把事物抽离环境的实验方法在学科研究中的作用；追求绝对外在于研究者（人）的纯粹客观性；追求简单性、将世界人为地规范在一个简单化模式之中。

　　但是，世界并不是这种机械世界观所描绘的那样，而是极其复杂的。机械世界观从根本上缺乏解释复杂现象的能力，于是各种重大的反常出现了，并且越来越多，即使借助于辅助性假设来勉力支撑也无济于事，这就使机械世界观的范式出现危机。

　　20世纪以来，现代科学技术出现了一系列划时代的新发现和新革命。如相对论革命、量子力学革命、混沌学革命、生命科学革命、系统科学革命等。特别是以系统论、控制论、信息论、耗散结构理论、协同学、突变论、超循环理论、分形理论、混沌理论以及非线性科学和复杂性科学等为代表的系统科学产生和新发展，创造出了足以摇撼机械世界观的基本条件。上述自然科学的发现开启了人类观察世界的新视角，并以崭新的方法重新勾画了世界及其演变的面貌：整体性、系统演化、自组织、复杂性；而且，非平衡、非线性、非稳定、不可逆和不规则才是这个世界的真实图景。人类对自然的认识在许多领域也表现为模糊性、不可预测性、统计（大数）规律、主客体统一性等。到了 20 世纪七八十年代，一个能够解释复杂性现象的新世界观范式出现并逐渐生长和成熟起来，并改变着人类的世界图式、认识框架和思维方式。

"范式"（paradigm）是库恩在其《科学革命的结构》（1974）一书中提出的概括科学共同体共有的概念框架，它包含了科学共同体的信念、哲学观念、公认的科学研究成就、方法论准则、规定、习惯，基本还包括教科书或经典著作、实验仪器等。当科学共同体开始质询一些基本问题、挑战目前范式及其研究方法的合理性时，就意味着"范式变换"。我国学者曾建平认为，如果按照这种理解，我们可以把西方思想史上交织出现的自然本体论、自然认识论、自然价值论等内容的有机论解释框架、机械论解释框架和新有机论解释框架称为对人与自然关系的解读的三种"范式"，每种范式的变换都表现为自然观的转向。这种范式变换或自然观转向现已经历三次：从自然宗教自然观到有机论自然观的出现、从有机论自然观到机械论自然观的形成，从机械论自然观到新有机论自然观的产生。[①] 生态世界观正是第三次转向的结果，是解读人与自然关系的新范式。

新的世界观范式就是整体有机论的生态世界观。生态世界观提出了根本不同于机械世界范式的世界图式。

第一，世界是由关系网络组成的有机整体。[②] 系统论认为，世界是以系统的方式存在的，系统就是由相互作用的各要素（子系统）组成的整体。系统论还提出"整体不可分性"的"机体论"和"整体论"原则，即事物之间形成的复杂关系网络，使世界呈现为一个不可机械分割的有机整体。"生态世界观认为，现实中的一切单位都是内在地联系着的。所有单位或个体都是由关系构成的。"[③] 而且，关系整体"逻辑地先于"关系物。因为系统的整体特性不是由其各组成部分的特性来决定，相反，结成

---

① 曾建平：《生态伦理：解读人与自然关系的新范式》，《天津社会科学》2003 年第 3 期。

② 佘正荣：《生态世界观与现代科学的发展》，《科学技术与辩证法》1996 年第 6 期。

③ ［美］大卫·格里芬编：《后现代科学》，马季方译，中央编译出版社 1995 年版，第 137 页。

关系的各组成要素（事物）的性质恰恰是由它们与整体的关系决定的，系统各组成部分之间的相互关系比各组成部分更根本。这个关系网络形成的整体是其组成部分存在的环境，任何事物都与它所处其中的整体相联系，即任何事物都处在一定的环境中，机械世界观所设想的可以游离于环境之外的孤立实体是根本不存在的。任一组成部分与整体中的其他组成部分都处于相互作用的关系之中，其变化必然引起其他组成部分的性质发生程度不同的改变，并导致这些复杂关系网络的变化。在关系整体的有机联系中，事物与事物相互联系相互包含，而所有事物都包含在世界的关系网络整体之中。整体关系网中的事物与事物、事物与整体的关系是一种内在的有机的联系，而不是实体与实体之间的机械的外在联系或关系。人类和世界也是相互包含相互联系的。一方面，人类作为整体世界的一个有机组成部分，包含于整体世界的自组织进化过程之中；另一方面，世界也通过人类的认识和实践包含于人类的意识之中。"事实上，可以说，世界若不包含于我们之中，我们便不完整；同样，我们若不包含于世界，世界也是不完整的。那种认为世界完全独立于我们的存在之外的观点，那种认为我们与世界仅仅存在着外在的'相互作用'的观点，都是错误的。"①

　　第二，世界是动态有序的自组织进化过程。系统科学不仅认为"'系统'是总的自然界的模型"，还为人们描绘出了从微观领域直至宇宙天体系统演化的自组织、自我运动、自我创造的辩证的演化发展的自然图景。世界的各个组成部分间复杂的相互联系和相互作用，并非是一团混沌、杂乱无序的，而是呈现为宏观整体上的有序状态。"但是这种有序不能理解为事物的静态结构，而是系统内部的约束力和环境影响的外力形成的一种动态平衡的时空形式。"② 机械世界观把事物的性质、秩序，看成是组成它的要素、部分不同排列方式的结果，即整体性质是部分性质的简单加和。生态世界观则认为，世界是一个不可分割的流变整体，这个整体具有永恒变动的特性。世界整体表现出来的宏观有序，是由世界永恒流变的过程造成的，因而是第二位的。所以有序存在只是演化的一个方面，这种有序存在正是由演化"生成"的。整个宇宙就是一个自组织进化着的整体，并在进化过程中不断创造着众多的事物、事物的层次结构、事物间的关系

---

　　① ［美］大卫·格里芬编：《后现代科学》，马季方译，中央编译出版社 1995 年版，第 86 页。

　　② 余正荣：《生态世界观与现代科学的发展》，《科学技术与辩证法》1996 年第 6 期。

和整体上的有序状态。正是由于宇宙演化的自组织性和创造性，才使自然界从混沌到有序、从低序到高序，呈现出从无机界到有机界，再到人类社会的层创进化和自我超越的生机勃勃的过程与图景。

（二）生态文化的价值观：生态价值观

生态文化以人与自然的和谐为价值内核。

文化作为人的存在方式，是人类在改造世界、处理自身与外部环境之间的关系过程中所形成的生活方式、制度组织程序和观念等的综合体系。人与自然的关系，是人类社会生活、人类文化所面对的最基本的关系。正如佛得所说："在自然环境和人类行为之间，总有一个综合了具体的目标和价值、集知识与信仰于一体的'中间项'：换句话说，就是一种文化模式。"① 但纵观人类文化演变的历程来看，人类与自然建立的关系都是建立在对立基础上的关系：原始文明时代是人对自然的盲从；农业文明时代是人对自然的顺从，再到工业文明时代是人对自然的掠夺与征服，人与自然的关系都是扭曲和错位的。

如前所说，文化，本质上是与自然相对立的，具有天然的反环境性、对纯自然的破坏性，改变了自然作为一个生态系统的原始天然性与完整性。但问题不在于文化与自然生态系统的这种对立——矛盾对立是事物（系统）内部及事物（系统）之间的本质属性，是客观存在和客观规律，问题在于如何解决矛盾。对立不等于对抗，也不必然导致对抗，在对立中可以求得统一，求得"协和"，求得"天人合一"。现实中人与自然的对抗，是由于人对自然的态度和作用方式造成的，是人类的价值观造成的。人与自然关系的扭曲、错位，本质上是人类价值观的扭曲、错位。并且，随着人类科学技术的发展，人类对于自然的作用力愈加增强，这种错位导致的后果就愈加严重，以至人类不得不重新来审视自己的文化价值观，确立一种新的正确的文化价值观，重新建立人与自然的关系。

生态价值观是从具有广泛包容性的生态学发展而来的，而生态科学从 20 世纪的科学革命中获得了理论支持。1869 年，德国人海克尔将两个希腊词 okios（家园的或家）和 logos（研究）组合起来，提出了生态

---

① 转引自［英］米·凯尔顿《环境决定论与文化理论》，袁同凯、周建新译，民族出版社2007 年版，第 51 页。

学概念，用以指研究生物体与环境相互作用的科学，即生态学。1935年，英国生态学家坦斯勒提出了"生态系统"的概念，即将有机体与环境看作一个自然整体，并引入热力学的能量循环思想对自然生态系统加以研究。随后，美国的学者林德曼又研究了生态系统的营养动态过程，提出生态金字塔能量转换的"十分之一"定律。进入50年代以后，生态学家们广泛吸纳了系统论、控制论、信息论的新概念和新方法，深入研究生态系统的结构和功能，以及生态系统中物质、能量和信息的交换，生态系统的自我调节机制，生态系统的发育和演化。自普利高津提出"耗散结构"的理论以后，这一理论被生态学者们利用来阐明生态系统的非平衡态热力学特征，生态系统被看成一个远离热力学平衡的开放系统，其在与环境的交流中从环境中获取负熵流，因而才变得越来越有序，实现由低级到高级、由简单到复杂的演化。按照艾根的超循环理论，现代生态学还把生态系统视为一个具有整体动力学的超循环组织。现代生态学还采用协同学的理论和观点来揭示生态系统有序化和稳定结构的自组织过程。

生态学不仅广泛吸纳现代科学中的各种重要概念和研究方法，而且逐步扩展自己的领域，向融合人文社会科学的方向发展。20世纪20年代，哈伦·巴洛斯和波尔克等人提出了"人类生态学"的概念，经过霍利、帕克、邓肯和施诺尔等的研究，人类生态学已发展成了具有自身独特内容的学科。

总之，现代生态科学在其发展过程中，扬弃了传统的生物学和经典平衡生态学的思维方法，吸收与综合了物理学、化学、生物科学、系统科学等领域的最新成果，发展出一门研究关系人类及整个生物圈持续存在和演化的综合性、横断性、开放性的崭新学科。

根据系统科学、环境科学和现代生态学的理论，整个地球生物圈是一个大的生态系统。生态系统是指由生物群落及其地理环境相互作用所构成的一个功能系统。它是生物群落与其环境之间由于物质循环和能量循环而形成的统一整体，是在一定时间和空间里，生物和非生物相互作用、相互依存的统一体，是一种复杂的、动态的系统。各个生物个体、种群和群落间为生存自然形成一种互相适应、补偿和竞争的协同进化机制，没有独立存在的环境，更没有独立存在的生物。生态科学所揭示的生态规律，大大拓展了人类的视野，改变了人类对于自身和自然环境、对于生存和发展的认识，为生态价值观的建立奠定了科学基础。人类认识到，人类作为一个种群，只是生态系统的一个组成部分，并不处于生态系统的中心。所有生物共同构成了生态系统，这个生态系统属于所有生物而并不单单属于人类，人类的生存发展也必须依赖于自然生态系统，而且必须遵循自然生态系统的规律。人类意识到，西方工业文化所坚持的人类中心主义是导致生态危机的主要根源，一种新的思想，将人类置于自然生态系统中、人与自然必须和谐相处的生态整体主义思想，开始得到了普遍的认同。自此，生态学开始与自然资源的利用、人口问题的解决、人类生存的环境问题相互交叉。生态学还广泛地向经济、政治、法律、社会以及美学、伦理、哲学，甚至包括宗教等众多学科渗透，推动了众多新兴学科的产生。就这样，生态学由自然生态学扩展到社会生态学，扩展到人类的文化、精神层面上来——生态文化价值观由此形成。

生态价值观包括下述基本思想和原则。

第一，自然也是价值主体，具有内在价值。

在西方，在 18 世纪，英国的哲学家休谟和德国的哲学家康德提出了事实判断与价值判断、实然世界与应然世界、事物因果性与人的目的性等的区别和划分，随后德国的文德尔班等哲学家初步建构起以价值为中心的哲学体系，即价值哲学。19 世纪末至 20 世纪 50 年代，西方许多思想家对价值的一般本质和特征开展了深入的研究，并形成了各种各样的相互对立的价值学说。

"价值"作为一个哲学概念或伦理学概念，是对具体价值的共性的最高概括和抽象，是"价值一般"。在人与自然的关系问题上，工业文化的人类中心主义的价值观秉持这样的观点：价值是泛指客体对于主体（人）的某种意义。人是价值的主体，所谓"自然的价值"，是以人的主体性为尺度的，是指自然物对于人类的生存和发展所具有的意义。因此（1）只有人类才是价值的主体，因为只有人类才有意识和目的，才能做出价值判断。自然界和自然物没有意识和目的，不能成为价值主体。所谓"自然的价值"也是对于人类而言的，人类是自然价值的主体，人类生存和发展的各种需要是自然价值的源泉。也就是说，因为有了人自然才有价值。（2）自然（整体自然或具体自然物）是价值的客体，自然的各种能满足人的生存和发展需要的属性是自然价值的物质基础或物质载体。（3）自然的各种属性能够满足人类的各种需要，自然只体现为外在价值，而非内在价值。所谓内在价值是以自身为目的的，只有人才具有内在价值。所谓外在价值，是从人和其他生命物的角度来说的自然界对人和其他生命物的有用性，即它对作为他物的手段或工具。外在价值亦即工具价值。[①]

如前所述，随着人们对工业文化的反思，以及现代生态学的发展，推动并产生了生态哲学和生态伦理学，形成了生态文化的价值观，强调自然也是价值的主体，也有价值，不仅具有外在（工具）价值，而且具有内在价值。这种内在价值，是自然以自身为目的的价值，是自然系统自我存在和自我发展的基本源泉及动力，是自然界在长期的进化发展中客观形成的。它是目的定向的，而非手段定向的，自然自身就是目的、就是价值，不需要依赖人类的评价而存在，它自身就是评价者和行动者。"所有系统都有价值（value）和内在价值（intrinsicworth）。它们都是自然界强烈追求秩序和调节的表现，是自然界目标定向、自我维持和自我创造的表现。"[②] 西方生态伦理学家 P. W. 泰勒也提出了一个命题："一个实体拥有天赋价值。"他认为自然价值实际上是指生命体的价值；由于自然物中生命体具有自我目的和利害关系，所以具有"善"，生命体的价值就是它生命体自身所具有的"善"。所以他把自然价值看成自然生命体的一种固有的属性，内在价值就是固有价值。他说："采取尊重自然的态度，就是把地球自然生态系中的野生动植物看作是具有固有价值的东西。"尊重自然就是尊重生物共同体，就是承认生物共同体的每个动植物的"固有价值"。[③] 对自然价值问题研究最多的是罗尔斯顿。他认为从传统的自然价值观来看，自然价值有外在价值的一面，是指自然物对人而言的工具价值，即必须要以个人体验的方式分享的价值，例如生态价值、经济价值、消遣价值、科学价值、审美价值、历史价值、文化象征价值、塑造性格价值以及宗教价值等；但他又从生态学出发，认为自然价值是指自然所固有的、不依赖于人的"内在价值"，这种价值是从人们的主观体验中延伸到其他生物的客观生命中去的，包括生命支撑价值、基因多样化价值、多样性与统一性价值、稳定性与自发性价值、辩证的价值以及生命价值等。他

① 傅华：《生态伦理学探究》，华夏出版社 2002 年版，第 185—201 页。

② ［美］E. 拉兹洛：《用系统论的观点看世界》，闵家胤译，中国社会科学出版社 1985 年版，第 109 页。

③ P. W. Tayor, *Respect for Nature*, Princeton University Pyess, 1986, p.71.

同时认为，不仅自然物具有价值，生态系统本身也都具有价值。他将莱奥波尔德关于"生态系统的完整性本身就是具有价值"的论点与人类有利于"保持生态系统的完整"的行为结合起来，认为自然生态系统中我们理解为美的、稳定的、有序的、完整的、和谐的等东西，都是生态系统的内在价值，是生态系统的一种超越了工具价值和内在价值的系统价值。而且，他指出：系统是价值的转换器。就是说，生物与环境之间的互利互惠就是一种价值的转换，各物种实现着自身价值的同时又满足着其他物种的需要，还满足它所属的更大系统的需要，因而表现为工具价值。自然系统这个生命之源将这二者结合起来。"内在价值只有植入工具价值中才能存在。没有任何生物体仅仅是一个工具，因为每一个生物体都有其完整的内在价值。"他还形象地比喻："当人们改变评价的视角来理解价值时，他们就会发现，内在价值恰似波动中的粒子，而工具价值亦如粒子组成的波动。"经过系统的转换，内在价值与工具价值来回在物种之间、生命之间、系统与环境之间运动，从而保持着系统的稳定。①

概括地说，生态价值观认为的自然的价值是自然或某种自然实体或自然实体的某种属性，主要有三个层次的含义：一是以人或其他自然物为主体，自然（物）对人和其他生命的生存有意义，满足人和其他生命生存和发展的需要，这是自然（物）的外在价值。二是以自然（物）自身为主体，自然（物）具有支撑生命的价值，即维护它自身的生存，并保持生态系统基本过程的健全发展，这是自然（物）的内在价值。三是自然生态系统具有进化与创造并保持系统的多样性、完整性、统一性等的系统价值。自然（物）的价值，就是它的内在价值与外在价值以及系统价值的统一。

第二，人的价值是自然价值的延伸，且必须建立在自然价值基础之上。

生态价值观认为，人类生命的价值和意义不只是存在于社会之中，从更宽广的意义来说，也存在于与自然总体进化的关联之中，即是说，人类的价值和意义包含于自然界整体的自组织演化过程之中。人来自自然界，是自然进化的产物，不但人的肉体组织来自自然界，还有人的精神构造也

---

① ［美］霍尔姆斯·罗尔斯顿：《哲学走向荒野》，刘耳、叶平译，吉林人民出版社 2000 年版，第 231 页。

离不开自然界，也是在与自然相互作用的过程中产生、形成的。人类的生活和生产，人类的健康生存和持续发展，必须要有良好的自然环境和自然资源条件，有赖于人类与自然保持和睦相处的协调关系。在工业文明时代，由于受人类中心主义的误导，人否认自然界的内在价值，人为地将人与自然机械地进行二元分割，割断自己与自然整体血肉相依的有机联系，并把自然当成征服、统治和掠夺的对象，结果在毁灭自然及其价值的同时，也极大地危害了人类自己的生存根基。生态危机使人类深刻地体验到了自然环境对人的重要性，感受到人在自然整体关系网络中所受到的制约，也认识到人的价值是自然价值的延伸，包含在自然整体的价值之中，人的价值必须建立在自然价值基础之上，只有维护好自然整体的价值，才能实现自己的价值。"自然整体的进化是价值创造之源。自然界在自身的自组织进化过程中不断创造着日益丰饶和高阶的价值，人类也是她创造出来的具有极高价值的物种之一。尽管人类在自然中具有很高的价值，但是作为自然整体的一个特殊组成部分，它的价值并不能大于自然整体的价值总和。"①

第三，人类有责任自觉维护生态系统的价值，实现人的主体性价值和自然生态系统整体性价值的协同发展。

既然认识到人的价值是自然价值的延伸，包含在自然整体的价值之中，人的价值必须建立在自然价值基础之上，只有维护好自然整体的价值，才能实现自己的价值，因此生态价值观强调：人类价值应该建立在自觉维护自然整体价值和促进自然进化基础之上。人类应该在促进自然健康、完整和持续发展的同时来实现自己的发展，即人与自然要和谐相处、共生共荣。自然界的进化创造了人类，而人类在地球这个自然系统中又有着特殊的"类本质"，即人类主体与其他任何自然主体不同，具有自觉意识和自觉能动的社会生活实践能力，那么人类也应认识到自己在自然中的地位和作用：人类应该是自然进化的引导者和管理者，具有维护自然生态系统的完整、促进自然整体价值提高的责任和使命。为了肩负这一重任，人类必须超越自身物种的局限性和狭隘眼光，不光追求自身发展的利益，同时也为其他生命的发展创造条件，为地球生态系统的安全和生命在宇宙中的继续进化做出贡献。"人类只有自觉地把自己的发展整合到宇宙的普

---

① 佘正荣：《生态世界观与现代科学的发展》，《科学技术与辩证法》1996年第6期。

遍进化的过程中去，才能不断拓展人类生活的深远意义。"①

生态价值观肯定人的主体性，主张发挥人的主动性、能动性、创造性。不过，生态价值观理解的主体不再是脱离自然、与自然相对立的主体关联，而是生存于自然生态环境中，受生态系统及其规律制约，与其他生命有机体相互的主体。生态价值观将人—社会—自然看作相互联系、相互作用、协调发展的复合系统，即人类生态系统，追求人与自然、人与社会、人与自身的协调发展。

追求自然、社会整体性价值与人的主体性价值的共同实现是生态价值观的主要内涵，其具体体现为人与自然、人与社会、人与自身的协调发展。这种协调一是人与其他自然生命的协调，二是人—社会—自然作为一个复合系统整体的协调；"协调发展"也是协调与发展的辩证统一，既肯定人与自然及其万物的和谐和系统的整体协和，又肯定生命、生态系统的发展与进化。"按照中国古代哲学的说法，就是'一阴一阳之谓道'，阳是指进取、发展的一面，阴是指协调、平衡的一面，只有两方面统一起来，才能保持生态系统的繁荣与稳定，才有生态系统的不断发展进化。"②

人与自然和谐相处、共生共荣——这就是生态价值观的核心理念，也是生态文化所追求的价值目标。

（三）生态文化的伦理观：生态伦理观

伦理学亦称道德哲学或道德科学，是一门以道德为研究对象的科学。传统伦理学一般认为，道德是调整人与人之间关系的一种特殊的行为规范的总和。

生态环境危机的出现，人们在保护环境并反思环境问题的过程中，逐渐认识到生态环境危机的实质不仅仅是技术、经济的问题，更重要的是文化和伦理价值的问题，必须突破传统伦理学只对人与人的关系进行道德关怀的伦理框架，创建一种保护人类生存环境的新的伦理规范和道德准则。于是，环境伦理学诞生了。环境伦理学，又称生态伦理学，是以人与自然之间的道德关系为研究对象的一门伦理学。它是从 20 世纪中后期兴起的

---

① 佘正荣：《生态世界观与现代科学的发展》，《科学技术与辩证法》1996 年第 6 期。

② 陈红兵、姜宗林：《试论生态文化世界观与文化价值取向》，《江汉大学学报》（人文科学版）2006 年第 3 期。

一门交叉性、综合性的学科，是生态学、环境科学与哲学、伦理学相互交融、相互结合的产物。环境伦理学将人与自然环境的关系纳入了伦理学的研究范围，这是伦理学最大的突破。正如日本环境伦理学家岩佐茂所指出的："环境伦理学就是研究人与自然环境发生关系时的伦理。因此，从以往伦理学的界定来看，环境伦理学已超过了伦理学的框架，是一种新伦理学。"[①]

环境伦理学有四个主要流派影响最大，分别是强调动物解放和权利的动物福利论，以所有生命为尊重对象的生物中心主义，将道德范围扩展至整个生态系统的生态中心主义以及对传统人类中心主义做出改良、强调人类整体利益和终极利益的弱人类中心主义，其中的前三种观点被统称为非人类中心主义。[②]

下面基于非人类中心主义的基本主张对生态文化的伦理观即生态伦理观作一简要阐述。

第一，人类对自然共同体负有道德义务。

在传统伦理学的理念看来，"伦理关系"是属于社会关系的范畴，人类以外的任何自然物都不具有担当伦理主体和伦理客体的资格，因而不可能与人结成伦理关系。人与自然之间的关系固然也有伦理意义，但归根结底是因为这种关系反映着人与人之间的关系。就是说，人与自然之间的关系是人与人关系的一个中介。因为人们对自然生态的破坏，对自然环境的污染，会直接损害到另一些人的利益。因此，这种人与自然之间的关系，也就成为人与人之间关系的一部分，从而具有了伦理意义。如果离开人与人的关系，孤立地来说人与自然存在伦理关系，这样的观点是站不住脚的。生态伦理观突破了这一理念，认为，人是生活在社会共同体中的社会动物，担当一个社会角色。但人又是生活在自然共同体中的一个生物物种，在生态系统中占据着一个生态位。而且人类只是地球生物圈的组成部分之一，与其他生物具有不可分离的关系，并不天生就比其他物种优越；要尊重一切生命，无论哪一物种都必然是道德的顾客，都应获得人类的平等对待和关心；一种行为是否正确，取决于是否体现出尊重大自然这一终极性的道德态度。因此，人不仅对社会共同体有着必然的伦理关系，对社

---

① ［日］岩佐茂：《环境的思想》，韩立新等译，中央编译出版社 1997 年版，第 80 页。

② 刘限、王春年：《环境伦理学——一门新兴交叉性学科》，《河北师范大学学报》（哲学社会科学版）2003 年第 6 期。

会共同体负有道德义务，而且对自然共同体也有着必然的伦理关系，对自然共同体也负有道德义务。所以，人与自然之间必然具有伦理关系。生态伦理观还认为，因为人与人的利益关系在更大的范围内只是生命共同体利益的一部分。我们每一个人既是社会中的成员，更是生命共同体的一员。人与生命共同体的关系是比人与人的关系更为根本的关系。人与人有伦理关系，人与自然也有伦理关系，而且人与人的伦理关系从属于人与自然的伦理关系。因此，人类必然地对自然共同体也负有道德义务，人只有把道德关怀扩展到人整个自然的生命共同体当中时，人的道德才能被看成是完整的。

生态伦理观提出了我们时代的最新颖和最富挑战性的问题，它提倡从新的视角看待人与自然的关系，以实现人与自然的和谐，这是人类价值观的一次根本性的变革与革命，标志着人类对自身与自然关系的认识的一个质的新飞跃，是一个伟大的进步。

第二，自然具有内在价值，因此必须确认并尊重自然的权利。

"价值"和"权利"是两个相互关联的概念，即从对自然价值的确认，必然导致对自然权利的确认。

传统伦理学和人类中心主义从否认自然的内在价值，到否认自然拥有自身的权利，认为"权利"只是反映人与人之间社会关系的一个概念，如法律上的权利指的是法权，即作为某一社会群体共同约定的合法的权利，如公民的人身安全权、财产安全权等；政治上的权利指的是一种有权确立和豁免人或物的名分或合法关系的能力，与权力的意义相当；伦理上的权利，指的是社会道德权利，它与义务和责任相统一。"权利"和"义务"都是法律主体关系或伦理主体关系的产物。人与自然物之间、自然物与自然之间不存在法律关系、政治关系与伦理关系，因而它们是不可能拥有权利的。要说自然的权利也应当理解为人的"环境权利"，即是从"人权"意义来说的，它是属于"人权"的一部分。人保护自然物的义务也是以自然为中介指向人权本身的。实际上，在自然界的生物物种之间，它们的关系是一种生存竞争关系，而不是权利与义务关系。

生态伦理观即认为，自然界的生命之所以有权利，是因为它们有着内在价值，为了实现它们的内在价值，它们必须拥有权利。因此，人类应当将道德权利从人类扩大到自然界的其他生命和实体中去；对于自然界的动植物和其他事物，应当确认它们在一种自然状态中持续存在的权利，要尊重它们的生存权利。如动物权利论依据 19 世纪功利主义哲学家边沁的观点，将非人类利益与价值定位于感觉能力，强调正是因为动物有感受痛苦的能力，使它们有权不受人类的任意侵害。而另一些生态伦理学家即主张，自然权利是指自然界中的一切生物，包括动物、植物和微生物，只要它们存在着，就有按照生态规律继续存在下去的权利。如生物中心论秉承史怀泽的主张，提出应将一切有生命之物都视为有价值的因而是值得尊重的。当代生物中心论的代表 P. 泰勒强调：一事物只要有一种自己的利益，会因我们的行动而受损，就值得我们加以道德的关注。根据这个标准，不单神经系统不是很发达的动物，植物等其他生物也应在我们道德关注的范围内。而且，环境伦理学不能单单考虑心理学性质，也应考虑生物学性质。环境伦理学的先驱利奥波德早就说过："凡趋于保持生物共同体的完整、稳定与美丽的，就是道德的；否则就是不道德的。"[①] 这句话已成了生态伦理学所奉行的一句名言。生态伦理学家也指出，自然权利并非就生物个体的存在而言，而主要是就生物物种的存在而言；只有符合生态规律的生物存在，和有利于生态平衡的生物存在，才有其存在的权利；如生态中心论往往以物种或生态系统这些非实体单位作为道德关怀的对象，如罗尔斯顿曾于多处著文，论证物种作为传承生命遗传信息的基本单位和生态系作为生命的生发系统，都具有重要的、高于生物个体的价值。[②] 生物的生存权利，从某种意义上说，也就是生物拥有对维持自己存在所必需的生存条件的权利，剥夺了它们这些生存条件的拥有权利，也就剥夺了它们的存在权利。

第三，生态伦理观对传统伦理的一些基本概念和范畴赋予了新的意义，并衍生出一系列新的伦理范畴。

如前所述，在生态伦理观中，道德权利与义务、内在价值、平等、利益等概念和范畴已不单单用在对人与人关系的范围中，而是扩展到自然界中所有生命和其他实体领域。就拿利益概念来说，环境伦理并不否认人类的利益，但它又从新的角度重新阐述利益概念：人的利益不仅包括当下现实的，而且包括未来人的利益；同时还将利益扩大化，指出自然界万物同样具有自己的特殊利益，人类不能只看重自己的利益，也要对非人存在物

---

① ［美］奥尔多·利奥波德：《沙乡年鉴》，侯文惠译，吉林人民出版社 1997 年版，第231 页。

② 刘耳：《西方当代环境哲学概观》，《自然辩证法研究》2000 年第 12 期。

的利益表示尊重。再比如公平的观念，生态伦理观在纵向（时间）范围上，将公平的观念从代内扩展延伸到代际，要求人们不仅要关注当代人的利益，还要顾及子孙后代的利益，地球不仅是当代人的家园，也是子孙万代的家园，现代人如果过多地占有自然环境资源，对后代人来说是一种不公平。

生态伦理观还衍生出一系列新的伦理范畴。如凡是尊重和维护自然权利的行为就是"生态善"，反之则是"生态恶"。又如，人类对自己在维护和尊重自然权利方面的意识和行为的内省和自我评价就是"生态良心"，而将尊重和维护自然权利作为人类应尽的职责即"生态义务"等。这些新思想、新观念丰富和发展了伦理思想，正如舍克所评价的："将善恶观念、道德行为、价值和权利的理论概念，努力扩展到非人类的自然实体和过程时超越狭隘人类伦理界限，系统地发展一种包括人类在内的更广泛的伦理学的卓越尝试。"①

生态伦理观还针对人们解决环境生态问题的实践提出了具有指导作用的行为准则。比如，在环境污染治理方面，提出了资源享用平等原则、风险共担、成本分摊原则，以及保护地球资源措施的鼓励原则；在环境管理方面，提出了废弃物最小量化原则、物质生命周期管理原则，以及生态恢复原则等；在生活消费方面，提出了适度消费原则、绿色消费原则等。如今，相当多的环境伦理行为规则被纳入环境科学和生态学的体系中，使科学技术朝着更人性化的方向发展。②

我们说人与自然和谐是生态文化的价值内核，是因为人与自然和谐这一价值理念已成为一种统揽了自然、人类、社会、生命、环境、物质、文化的核心观念，一种革新了的、当然也有待进一步完善的文化观的最基本也是最根本的原则。

三　生态文化的体系结构

文化作为人文世界的总体，是一个整体（系统），具有复杂的组成要素（子系统）及其关系与结构。

---

① ［美］伊夫林·舍克：《伦理学的新领域——伦理与环境》，肖巍译，《中国青年政治学院学报》1991 年第 2 期。

② 刘隈、王春年：《环境伦理学——一门新兴交叉性学科》，《河北师范大学学报》（哲学社会科学版）2003 年第 6 期。

　　学界较普遍地将文化从大的方面来划分，一般划分为物质和精神两大方面，也有的划分为物质、制度（或社会）、精神三个方面。还有的如马林诺夫斯基划分为四个方面：物质的设备、精神的文化、语言、社会的组织。我国学者陈序经即从文化的特性的重心考虑，把文化的成分分为四类：伦理方面、宗教方面、政治方面、经济方面。① 除了这种大的方面的划分外，又在大的方面下分别列出各个方面的组成要素，也有的将文化现象进行罗列式的划分。如根据费孝通的回忆，在马林诺夫斯基所教的学生的班上流行一种口诀："文化有三方面八制度"，三方面是指物质、社会、精神；八制度是马林诺夫斯基在《文化论》中附的"文化总表"中所列的：经济、教育、政治、法律和秩序、巫术宗教、艺术、知识、娱乐。②"人类学之父"泰勒在其《原始文化》一书中在对文化的定义中即罗列了以下文化构成要素：知识、信仰、艺术、道德、法律、习俗、人类所获得的一切才能和习惯。但他所列的都是观念形态的要素，因为他的文化定义也主要是从观念方面来界定的。我国学者梁漱溟在《东西文化及其哲学》中认为文化包括精神生活、社会生活、物质生活三个方面，并对三个方面的构成作了阐述："（一）精神生活方面，如宗教、哲学、科学、艺术等是。宗教、文艺是偏于情感的；哲学、科学是偏于理智的。（二）社会生活方面，我们对于周围的人——家族，朋友，社会，国家，世界——之间的生活方法都属于社会生活一方面，如社会伦理习惯政治制度及经济关系是。（三）物质生活方面，如饮食、起居种种享用，人类对于自然界求生存的各种是。"③ 陈序经在其《文化学概观》一书中不厌其烦地列出了众多学者对文化的分类，有的划分非常细，也就非常繁杂，也许这是文化学研究的需要。笔者的研究只关注文化分类的一个大致，所以这里不再赘述。

　　生态文化作为文化的一种模式，当然也可参照文化分类来对其结构成分进行划分。但笔者更趋向从另外的一个角度，即从文化是内隐与外显的行为模式的统一整体这个角度，来对生态文化的体系结构进行分析。

　　文化是人类的生活方式。文化也是人类建构的意义体系或价值体系。后者主要是指由价值内核所引导和决定的社会的精神特质方面，具体表现

---

① 陈序经：《文化学概观》，岳麓书社 2010 年版，第 284—292 页。

② 费孝通：《文化与文化自觉》，群言出版社 2010 年版，第 26 页。

③ 罗荣渠主编：《从"西化"到现代化》，北京大学出版社 1990 年版，第 55—56 页。

为价值尺度、世界观、伦理观、人生态度、应答问题和解决问题的基本方式、思维定式、情感方式等，其中具有决定性意义的是价值观，即人们对待世界与自身的根本态度。价值观是较为隐性的，但能在人类具体的生活呈现形态中体现出来，人类的实践活动、制度规范、生活方式和风俗习惯都体现出价值观。人的观念形态的价值观是文化的内隐形式，而人类的实践活动、制度规范、生活方式、风俗习惯、创造成果等则属于文化的外显形式。文化内隐的价值观对外显的生活呈现形态起规制和决定作用，外显的生活呈现形态即是内隐的价值观的外化和具体化。这里，在内隐理念与外显形式的关系中，正好体现出价值观理念在文化中的决定性地位，即卢风曾强调的那样："理念在文化中起的作用是最重要的，人们的信念不同，其生命追求就不同。如果理念的重要性在原始文化中还没有充分显示，那么在高级文化中却充分显示出来。"①

同样，对于生态文化，我们也可以从外显和内隐的行为模式两个层面来理解。笔者在对生态文化的定义中，一方面从广义上把生态文化看成一种生活方式，另一方面从狭义上把生态文化看成一种价值体系。前者偏重于外显的方面，后者偏重于内隐的方面。

生态文化作为与生态文明相适应的生存方式，是促进人与自然和谐共荣的一种生存方式，其表现形态就是人类尊重自然、维护人与自然的和谐、按照生态规律进行实践活动所形成的生产生活方式、社会组织形式，概括地说就是协调人与自然可持续发展的实践行为模式及其成果等，是生态文化的外显形式。

生态文化作为价值体系，是以人与自然的和谐这一生态价值观为指导的意识形态和精神气质。生态文化的核心是生态价值观。生态价值观以建立正确的人与自然的关系为目标，将人类的命运与自然的命运联系在一起，将人与自然的和谐发展、持续繁荣作为根本价值。生态价值观作为一种价值理念，主要表现为思想观念形态和精神气质，是生态文化的深层机理，所以是生态文化的内隐形式。

笔者赞同我国学者余达忠的观点，他提出："我们就可以从两个层面来建构起文化的体系架构：一个层面是内隐的形式，即生态文化的价值理

---

① 卢风：《论生态文化与生态价值观》，《清华大学学报》（哲学社会科学版）2008 年第1 期。

念，包括自然观、哲学观、美学观、宗教观、伦理观等；一个层面是外显的样式，包括人类在自然中生存的生活方式、生产方式、制度文化、活动状态、物质成果等。""从现实层面来看，生态文化体系包括可持续发展的农业、林业、生态产业、生态工程、绿色企业发展模式、生态化生活方式等外显的样式，还包括思想意识领域的生态哲学、环境美学、生态艺术、生态伦理学、生态教育等内隐的价值。"① 他从这两个层面提出了文化的体系架构（见图 1）。

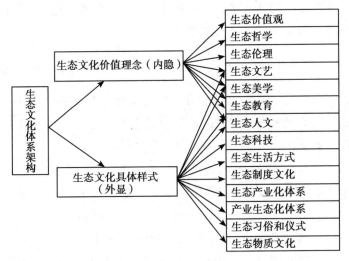

图 1　生态文化体系架构

这里，正是从内隐与外显的行为模式两个层面建构起的文化的体系架构："一个层面是内隐的形式，即生态文化的价值理念，包括自然观、哲学观、美学观、宗教观、伦理观等；一个层面是外显的样式，包括人类在自然中生存的生活方式、生产方式、制度文化、活动状态、物质成果等。"余达忠还指出："这两个层面不是相对的，而是一个统一体，是一个事物的两个方面。作为第二个层面的外显样式，其实是第一个层面的价值理念的外化形式。""生态文化的内隐的价值理念与外显的具体样式是内在统一的，共同构成了生态文化的体系架构。"②

① 余达忠：《生态文化的形成、价值观及其体系架构》，《三明学院学报》2010 年第 1 期。
② 同上。

四　生态文化：生态文明的文化模式

工业文明的不可持续性，必然要求文明的转型，要求新的文明形态的出现，这一新的文明形态就是生态文明。生态文明是一种新的文明，即较之工业文明更先进、更高级的文明，是对工业文明的超越。生态文明对工业文明的超越性表现为克服工业文明的弊端与缺陷，保证自然环境和资源的永续与人类社会的持续发展。文明的转型必然要求文化模式的转型，生态文化就是生态文明的主导性文化模式。

（一）生态文化是自觉重建的生态文明社会形态的主导性文化模式

笔者将狭义的生态文化界定为"生态文化是与生态文明相适应的基于人与自然关系的价值体系"，是要说明生态文化建设的提出是时代要求。建设生态文化，是人类文明转向生态文明时代的必然。

工业文明出现其自身难以克服的诸多危机后，有识之士认识到要从社会文明形式的高度来反思工业文明。保罗·伯翰南 1971 年发表《超越文明》，其中指出，人类站在了后文明的门槛上，这种文明不同于以往的任何文明。1984 年，苏联学者开始正式使用生态文明一词，意指一种生态文化和生态学修养的提升。1995 年，美国学者罗伊·莫里森在其出版的《生态民主》一书中正式将生态文明作为工业文明之后的一种文明形式。在我国，最早使用生态文明的概念的是生态学家、农业经济学家叶谦吉，他在 1987 年从生态学和生态哲学的视角来界定生态文明。之后，生态文明成为研究界广泛研究的重要对象。2007 年 10 月，党的十七大报告作为党的文件首次提出"建设生态文明"，这是对我国多年来生态文明的理论研究成果和实践成果的总结。党的十七大以后，生态文明成为众多学科研究的热门课题。党的十八大报告首次专辟一章对生态文明加以阐述和部署（即第八部分"大力推进生态文明建设"），将生态文明建设摆在中国特色社会主义事业总体布局的高度。报告提出"生态文明新时代"的概念，并首次把"美丽中国"作为未来生态文明建设的宏伟目标，彰显出中华民族对子孙、对世界高度负责的精神。

何谓生态文明？概而言之，生态文明当然是比工业文明更高级的文明形态。这种更高级的文明形态的特征是什么，国内外说法各异。国外学者更多的是从科学技术发展引起社会结构转型的特征来说明，如后工业社会、第三次浪潮、信息社会、知识经济时代等。在我国，叶谦吉最早从生态学的视角来界定生态文明："所谓生态文明就是人类既获利于自然，又还利于自然，在改造自然的同时又保护自然，人与自然之间保持着和谐统一的关系。"① 邱耕田先生也有类似的定义："所谓生态文明，是指人类在改造客观世界的同时又主动保护客观世界，积极改善和优化人与自然的关系，建设良好的生态环境所取得的物质与精神成果的总和。"邱耕田还指出了生态文明所包括的内容："一是人们通过对生产方式和生活方式进行生态化的改造以改善人与自然的关系，促进生态系统自然的生产能力、自净能力、自组织能力和稳态反应能力的提高，从而为人类的生存与发展提供一个可永续利用的资源环境，这是生态文明的物质成果；二是人们思维方式的绿化、生态意识的觉醒和一系列生态学化的大学科群如生态哲学、生态伦理学、生态经济学、生态美学以及生态工程技术等的崛起，这可以看作是生态文明的精神成果。"②

俞可平从文明形态的角度对生态文明进行界定，他认为，生态文明是一种后工业文明，是人类社会一种新的文明形态，是人类迄今最高的文明形态。"生态文明就是人类在改造自然以造福自身的过程中为实现人与自然之间的和谐所做的全部努力和所取得的全部成果，它表征着人与自然相互关系的进步状态。"③ 潘岳即将生态文化定义为一种文化伦理形态："生态文明，是指人类遵循人、自然、社会和谐发展这一客观规律而取得的物质与精神成果的总和；是指以人与自然、人与人、人与社会和谐共生、良性循环、全面发展、持续繁荣为基本宗旨的文化伦理形态。"④ 陈寿朋也侧重以观念形态来定义生态文明，认为生态文明是人类在发展物质文明过程中保护和改善生态环境的成果，它表现为人与自然和谐程度的进步和人们生态文明观念的增强。⑤

---

① 成亚威：《真正的文明时代才刚刚起步——叶谦吉教授呼吁开展"生态文明建设"》，《中国环境报》1987 年 6 月 23 日。

② 邱耕田：《三个文明的协调推进：中国可持续发展的基础》，《福建论坛》1997 年第 3 期。

③ 俞可平：《科学发展观与生态文明》，《马克思主义与现实》2005 年第 4 期。

④ 潘岳：《论社会主义生态文明》，《绿叶》2006 年第 10 期。

⑤ 陈寿朋：《浅析生态文明的基本内涵》，《人民日报》2008 年 1 月 8 日。

　　总的说来，生态文明是一种新的文明，即较之工业文明更先进、更高级的文明。生态文明脱胎于工业文明，既是工业文明的继承，又是工业文明的发展和超越。生态文明对工业文明的超越性表现为克服工业文明的弊端与缺陷，保证自然环境和资源的永续与人类社会的持续发展。

　　生态文明也有广义和狭义之分。广义的生态文明是继原始文明、农业文明、工业文明之后的新文明形态，是指人们在改造客观世界的过程中，按照尊重自然、顺应自然和保护自然的理念，积极协调与优化人和人、人和社会、人和自然的关系，建设有序的生态运行机制和良好的生态环境所取得的物质、精神、制度方面成果的总和，是一种经济社会与环境协调发展，人与自然和谐共生、持续繁荣的社会文明形态。生态文明反映的是人类处理自身活动与自然界关系的进步程度，是社会历史进步的重要标志。狭义的生态文明是指整个社会文明的组成部分、方面或维度之一，即与物质文明、精神文明、政治文明、社会文明（狭义的）相并列的文明，是人类在处理与自然关系时达到的进步程度。

　　文明形态的转型必然要伴随文化模式的转型。甚至可以说，只有文化模式转型的先行，才会有文明形态的转型。其中，文化模式中的价值内核的嬗变，是文明形态发生重大转变的先声。因此，从工业文明转向生态文明，必然要有生态文化的构建为先导。生态文化是生态文明的"灵魂"，而生态文化价值内核即是生态文明"灵魂的灵魂"。生态文化就是适应生态文明建设的需要而生成的文化模式。

　　学界在使用生态文化这个概念的时候，有些学者习惯将传统社会人类那些有利于环境保护与生态维护的观念和行为，都纳入生态文化的范畴，并认为生态文化与人类文化与生俱来。需要指出的是：从严格意义上来说，这种说法是不太恰当的，在概念定位和使用上是不够严谨的。

　　首先，每个文明时代都有与其相应的文化模式，即文化是一个整体的范畴。"文化模式"这一概念是由美国人类学者本尼迪克特提出的。她认为文化本质上是趋于整合的，即是一个由各部分有机结合而形成的整体，不同的整体各具特色，因此形成各不相同的具有内在统一精神和价值取向的文化模式。生态文化作为与生态文明时代的文化体系和文化模式，也是一个整体。传统社会的人们有利于环境和生态维护的观念和行为，是零星的、松散的、不成体系的，而且并未形成一种生态文化模式，与现代生态文化模式不可同日而语，只能称其为生态智慧，或者说只是生态文化的一些要素。（当然，我们在理论上作这种区分是必要的，但在用语上并不必一定要拘泥于这样的区分，本书也是如此，在后面的论述中，按照约定俗成的习惯，依然会把传统的生态智慧称为生态文化。）

其次，也是最根本的区别：传统社会的生态智慧，是自发的、被动的甚至是盲目地顺应自然的结果，是缺乏自我意识和自觉意识的集体意识或集体"无意识"，只知道"这样做"，不知道"为什么要这样做"。如果说他们做出了符合自然规律的实践活动，也是完全凭着自然节律的支配而自发、盲目形成的活动，是一种日常的情感性的意识和行为，特别是缺乏主动性和创造性，具有浓郁的自然主义色彩，并主要以宗教、经验、习惯、风俗等表现出来。即使会上升到哲学层面，也是带有直观、直觉、感悟、猜测的性质。尽管有的凭直觉感悟能直抵宇宙奥秘的某些真谛令现代人感到震惊，那也只是对自然与人文关系某些现象的直觉或感悟，只是获得了某种程度的"抽象的规定"，而没有达到和形成"理性的具体"。而现代生态文化是一种文化的自觉形态，是建立在现代生态科学研究成果基础上、理性地认识了生态系统及其规律、自觉摆正人在自然中的位置和作用，主动追求与自然和谐共生的价值目标的结果，是理性的、主动的、自觉的和创造性的价值观念体系和生活行为方式。所以说，现代生态文化与传统社会的生态智慧或"生态文化"是有明显区别的。"从文化与生态关系角度看文化的生态功能，渔猎社会的原始文化属于'生态无为型'文化；农业社会的经验文化属于'生态改造型'文化；工业社会的科学文化属于'生态掠夺型'文化；信息社会的智能文化属于'生态恢复型'文化；由此看来，只有未来生态社会的生态文化属于'生态协调型'文化。"① 当然，现代生态文化建设必须吸收传统生态智慧作为自己的养料即精神资源，并对其加以创造性转化和创新性发展。但更根本的是：生态文化将是对工业文明人类中心主义文化模式的"颠覆"——颠覆几个世纪来一直支配人类为了自身需要而企图征服自然、疯狂地掠夺自然、为所欲为的世界观和价值观。这场"颠覆"意味着一种文明范式的转换，即从工业文明时代向生态文明时代的重大转型。

结论是：我们要着力构建的是生态文化模式——现代意义的生态智慧、生态价值体系、生态生存与生活方式。这一话题放在当代中国语境

---

① 任永堂：《人类文化的绿色革命》，黑龙江人民出版社 2000 年版，第 109 页。

中，就是要积极落实党的十八大提出的"大力推进生态文明建设"、建设"美丽中国"的发展战略，就是要大力建设中国特色社会主义生态文化，促进中国特色社会主义生态文化的大发展、大繁荣，并通过中国特色社会主义生态文化的建设、传播、教育和熏陶，培育社会大众的生态意识，造就具备生态文明理念特别是生态价值观念和生态伦理规范的生态人格、生态公民，从而使广大人民群众在积极创造物质和精神财富的现代化建设过程中，尊重自然、顺应自然、自觉地承担起保护自然环境、维护生态系统的稳定、平衡、美丽和持续发展的使命与责任。我们相信，通过大力建设和发展生态文化，将为推进生态文明进程、开启"社会主义生态文明新时代"、建设"美丽中国"提供强大的精神力量和智力支持。这也就是我国生态文化建设的价值目标和宏伟蓝图。

（二）生态文化是生态文明的灵魂

1. 生态文化是当代文明生态化转型的先导

文明的转型是因为原有的文明形态发生危机，而文明形态的危机的深层原因是作为这种文明形态内在机理的主导性文化模式的危机，即文化危机。处在危机中的文化模式必然遭到人们的反省、质疑和批判，并有新的文化特质和文化要素产生，与原有的文化模式形成冲突，最终旧的文化模式被新的文化模式所取代，这个过程同时伴随的是旧的文明形态也将被新的文化模式所呼唤的新文明形态所取代，即实现文明的转型。因此，文明的转型首先是文化模式的转型，文化模式的转换是文明转型的先导。

文化危机的基本含义是特定文明时代的主导性文化模式的失范，即这种文化模式再也不能规范个体的行为和社会的运行，逐渐遭到人们的反省、质疑甚至背叛。但这只是文化危机的现象，现象背后的本质是：这种文化模式之所以不能规范个体的行为和社会的运行且遭到人们的反省、质疑甚至背叛，那一定是这种文化模式作为一种价值体系已不能满足人们的生存与发展的需要，或者这种文化模式与人们新的需要发生矛盾，或者甚至是这种文化模式造成了人类生存发展的深刻危机，使人们不能照旧生活下去，使社会不能持续发展。同时，也就意味着文化的变革或革命的时代就要到来了，由此推动的文明的转型也就不可避免。文化危机代表着人类社会最深层的危机和变革。

"只有当一个文明时代的主导文化模式在人的生活中和社会运行中失

灵或失范，一种新的文化精神或文化模式可能取而代之时，我们才在真正意义上经历着深刻的文化危机。"① 在传统农业文明晚期，以经验、习俗、习惯、宗法观念、情感等为主要内涵的传统自然主义和经验主义文化模式开始失范，理性、契约、平等、自由、民主等新文化要素在社会运行机制中和人的活动中初见端倪，这就是农业文明文化危机的发生。最终，以人本精神和技术理性为精神特质的工业文明的主导性文化取代了农业文明的主导性文化，并推动着农业文明形态向工业文明形态转型。

以人本精神和技术理性（韦伯称这为"价值理性"与"工具理性"）为精神特质的工业文明的主导性文化，一开始便表现出巨大的创造力，并在几百年时间内创造了人类在这之前任何世代都无可比拟的物质财富和精神财富，科学技术还深刻地改变了人的世界的面貌，改变了人的生存状态，改善了人类的物质生活和精神生活，拓展了人类的生存空间和交往领域。但是，当人们以为"技术是我们的救世主"、以为通过人的理性和技术力量可以控制和统治自然以获取更大的自由时，事情的另一面却发生了：一是现代技术控制自然的能力日益增强，但也表现为支配人的超人的异己的力量，技术与市场导致一些普遍的异化的力量失控发展，反过来控制、支配人的生活。"在这样的社会里，人表面上是自由的，实际上从生产到消费、从工作到私人生活均受着意识形态、大众文化、技术理性等无形的异己的力量的摆布。"② 二是现代技术提供了日益增强的人对自然的控制力、统治力，改善了人的生存条件与生活状态，但却也制造了摧毁这一切、也就是摧毁人的生存根基的危机，即生态危机。现代工业文明的以人本精神和技术理性支撑的个人中心主义文化模式就正面临着巨大的危机。人的技术理性变成了"非理性"，人类在用技术征服自然时，以为可以为所欲为——虽然也知道要探索自然的奥秘才能去支配自然，但却把自然当成可以拆分的机器而随心所欲地进行分割而用之，忽视自然是一个有机整体，忽视自然系统的整体规律。而人本精神即演变成了人类中心主义，错估了人类在自然中的位置，人的主体性和力量被无限夸大、发酵和膨胀，人的价值的唯一性成为人们根深蒂固的观念定式，忘记了人的价值必须根植于自然价值基础之上才能实现，也就忘记了人在实现自己的价值

① 衣俊卿：《文化哲学》，云南人民出版社 2001 年版，第 138 页。
② 同上书，第 145 页。

的同时应该维护自然的价值，维护生态系统的完整性、可持续性。自然反过来也以特有的方式对人类进行着惩罚性报复。

这种文化模式走到了人与人相异化与人与自然关系恶化的生存境遇，并且受到了各种批判和反思，一种真正的深刻的文化危机正在发生。

如前所述，人们出于对于人类命运的关注，必然要对这种文化模式进行反思和质疑，在这个过程中，一种新的文化要素、文化精神也悄然发生。这种新的文化精神由关注人类的命运和危机，到把人类的命运与自然生态系统关联起来。在生态科学所揭示的生态系统规律的启发下，重新思考人与自然生态系统的关系，明确人的生存、人的发展、人类的命运与生态系统的状况息息相关。把人与自然相分离的二元对立思维必须摒弃，人类的文化精神必须注入一种新的理性——生态理性，才是本真的"理性"。生态理性要求把人类的主体地位放在适当的语境，即只有实践论的语境中人具有唯一的主体性，但如果放在存在论的语境中，人的主体性及价值却不是唯一的，自然也有主体性和价值。而人类即与其他生物一样，都是自然大系统的一个环节、一个部分，人与其他生物都是平等的，都平等地受到生态规律的制约，都平等地参与生态系统的物质、能量的大循环中。社会与自然的划分只有相对的意义，社会也是属于大自然的一部分，社会中"人化的自然"也必须遵循自然规律而建立才能有序地持续地存在和发展下去。生态理性的核心理念就是强调人是自然的一部分，人必须与自然平等和谐相处。而且，人作为自然中一种具有"理性"的"类"，因其具有自觉的"类本质"，就有义务和责任来维护自然生态系统的完整、美丽和可持续性，自觉实现人与自然的和谐发展。这种以生态理性为精神特质、以生态价值观为核心、以生态义务和责任为规范的新文化，就是生态文化。

生态文化的产生和发展，唤醒了人们的生态意识，并由此发起了人类的普遍的环境保护运动，拉开了生态文明的序幕，正推动着人类社会由工业文明向生态文明转型。当然，统治人类几百年的工业文明的主导性文化，由于其所取得的巨大的"成就"，由于其在人类意识中的根深蒂固，也由于其深深地渗透、融合、凝结在人类的当下的利益机制中，依然大有市场，还在大行其势，要完全被生态文化所取代，并不是一朝一夕、一蹴而就的事情，两种文化的冲突还处在"现在进行时"。但是，我们有理由相信，生态文化最终要取代工业文化，并成为文明形态的生态化转型的先导，推动人类社会由工业文明转向生态文明，即开启生态文明新时代，这是历史的必然。

2. 生态文化为生态文明建设提供精神动力与智力支撑

这里要进一步说的是生态文化对生态文明建设的功能。根据文化学的理念，功能是一种价值和作用。文化功能就是文化所表现出来的价值和作用，主要目的是人类的生存和社会发展的需要。正如马林诺夫斯基所说："文化是包括一套工具及一套风俗——人体的或心灵的习惯，它们都是直接地或间接地满足人类的需要。一切文化要素，若是我们的看法是对的，一定都是在活动着，发生作用，而且是有效的。"① 文化的满足需要的功能，是指文化能满足人类不同层次的各种需要，如美国心理学家马斯洛把健康人的生理和心理需要，概括为五个层次：生理的需要、安全的需要、归属和爱的需要、尊重的需要、自我实现的需要。此外，文化还有认知的功能、规范的功能、凝聚的功能和调控的功能等。文化认知的功能表现为人类所具有的一种知识能力和创造能力。文化的规范功能是指相同文化环境下的人建立一套约束人的标准，使每一个人遵守共同的规章制度、道德伦理。文化的凝聚功能是指在文化认同基础上所形成的强大的认同抗异的聚集力、趋同力。文化的调控功能是指文化具有对社会关系以及人与自然关系的调节、把握和掌控的能力和作用。

作为生态文明社会形态的主导文化模式的生态文化，也具有上述文化的功能，能够为生态文明建设提供精神动力与智力支撑。

人对需要的满足、对利益的追求，本质上是对自身所向往的文化价值的实现。对利益的理性占有是缔造新文明的前提。生态文明必须以一切生态存在都有价值、都相互依存的文化价值体系为基础和支撑，才能创建起一种全新的文明。生态文化正是摒弃传统工业文化中"反自然"的观念，突破"人类中心主义"的思想桎梏，建立起以人—社会—自然全面协调可持续发展为旨归，以生态世界观和伦理价值观，倡导生态正义、生态良心、生态责任等为主要内容的价值体系，成为生态文明的基础和支撑。它能培养人们理性地处理人与人、人与自然关系的高度自觉的精神修养，建设以平等和谐、互惠互利为价值观基础的新文明，即生态文明。

---

① ［英］马林诺夫斯基：《文化论》，费孝通译，中国民间文艺出版社 1987 年版，第 14 页。

　　生态文化是指导生态文明建设的灵魂，是生态文明社会人类的精神家园。生态文明包括物质文明、精神文明和制度文明，它们是在社会关系和自然关系上的具体表达形式。生态物质文化、生态精神文化、生态制度文化是生态文化的基本构成。生态物质文化倡导生态产业的发展，形成绿色生产为主的生产方式和低碳消费适度消费的生活方式，能够保证人类在积极创造物质财富的同时，实现生态环境健康良好、资源可持续供给，为人类社会和自然生态系统的可持续发展夯实物质基础。生态精神文化体现在全社会成员普遍掌握生态科学知识，普遍具备生态道德素养，普遍怀有尊重自然、保护自然的生态理念，为生态文明建设提供精神动力和智力支持。生态制度文化有助于积极协调和处理好社会个体之间、群体之间、代与代之间、种与种之间在维护各自生态权益时产生的矛盾，切实维护生态公正公平。总之，"生态文化作为人类新的意识形态，必定会在创设生产发展、生活富裕、生态良好的生态化局面上发挥更强大的效应，有利于人的全面发展与社会进步"①。

---

① 王丹：《论生态文化的现实意义》，《北京化工大学学报》（社会科学版）2012 年第 4 期。

第三章

生态文化建设：中国特色社会主义文化发展的本质要求

始终体现先进文化的前进方向，是中国特色社会主义文化的本质规定性。作为一种正在崛起的文化，生态文化是一个时代的重要精神标识，是新时期我党我国进行文化创新的重要参照。中国特色社会主义文化的先进性要求其始终注重吸纳先进文化，实现自我完善和发展。从狭义的角度看，生态文化理应成为中国特色社会主义文化发展的重要内容。从广义的角度而言，生态文化应成为中国特色社会主义文化矢志遵循的价值目标。如此说来，建设生态文化是中国特色社会主义文化发展的本质要求。在社会主义中国，建设适合中国特点、契合中国特色社会主义文化发展的生态文化，并非权宜之计，而是根本的长远之策。

一 中国特色社会主义文化简述

中国特色社会主义文化是中国共产党带领中国人民在中国特色社会主义建设的实践中形成和发展起来的文化。它是我们党在四十年来的大浪淘沙中总结、优选出来的先进文化。无论何时，它都坚持马克思主义的指导地位，高举中国特色社会主义旗帜，坚持先进文化的前进方向，坚持以人为本，科学发展，与时俱进，体现中华民族宝贵的文化特质，践履中国特色社会主义根本任务。

(一) 中国特色社会主义文化发展道路

"我们党三十多年来，对文化的理解和要求与时俱进，对创造和发展文化的方式和途径不断拓展创新，在不同阶段总是表现为继承和发展的关系。"① 中国特色社会主义文化发展道路是在党的十一届三中全会以来形成和发展起来的，是我们党在领导文化建设的理论和实践中创造出来的，是建立在社会主义文化建设经验教训基础上的新认识。从以邓小平同志为核心的党的第二代中央领导集体伊始，到以习近平同志为核心的党中央都对中国特色社会主义文化发展道路的形成和发展都做出了独特贡献。

中国特色社会主义文化既规定了社会形态属性，又规定了中国语境。也就是说，它不仅仅是"社会主义的"，还必须是"中国特色的"。以毛泽东同志为核心的党的第一代中央领导集体以"文化改造"的形式将新民主主义文化成功过渡到社会主义文化，并将马克思主义作为文化领域的指导思想，为中国特色主义文化的提出和界定做了重要准备。

以邓小平同志为核心的党的第二代中央领导集体赋予社会主义文化以中国特色，树立了中国特色社会主义文化的旗帜。1978 年十一届三中全会后，以邓小平同志为核心的党的第二代领导集体在建设中国特色社会主义的伟大实践中，恢复和发扬我们党长期形成的一系列指导文化发展的正确方针政策，提出建设社会主义精神文明的战略任务，将社会主义精神文明与社会主义物质文明并列起来考察，并且更加突出社会主义精神文明的地位，以"三个面向"作为教育的基本遵循，明确了建设社会主义精神文明的方向，经由培育"四有新人"的视角指明社会主义精神文明建设的目标。这一方面凸显了中国特色社会主义文化的"中国特色"内涵，另一方面展现了中国特色社会主义文化的时代内涵：契合中国改革开放和社会主义现代化，促进生产力发展所需要的文化，从而开启了中国特色社会主义文化发展道路。

20 世纪 90 年代，在新的国际和国内形势下，以江泽民同志为核心的党的第三代中央领导集体汲取了毛泽东、邓小平等人对文化建设、发展的思想，首次提出"有中国特色社会主义文化"概念，并对其战略地位、重要内涵和基本特征做了规定，也指明了中国特色社会主义文化发展应始终坚持的根本方向。中国特色社会主义文化成为中国特色社会主义的精神标识。中国特色社会主义文化的基本内涵得以进一步明晰，即"面向现

---

① 本书课题组：《中国特色社会主义文化发展道路》，中央文献出版社 2013 年版，第13 页。

代化、面向世界、面向未来的，民族的、科学的、大众的社会主义文化"。江泽民同志还将中国特色社会主义文化与社会主义先进文化等同起来考察，明确提出坚持和发展社会主义先进文化就是坚持和发展中国特色社会主义文化，使中国特色社会主义文化与社会主义先进文化成为同义语。江泽民还将代表先进文化的前进方向作为"三个代表"重要思想的重要内容，为中国共产党指明了文化建设领域的执政方向，推进了中国特色社会主义文化发展道路。

党的十六大以来，以胡锦涛同志为总书记的党中央紧密关注新世纪新阶段经济社会发展全局，以更加宽广的视野和更加强烈的历史使命感重新审视社会主义文化发展。胡锦涛首次提出"中国特色社会主义文化发展道路"概念，突出强调以文化体制改革推进中国特色社会主义文化发展道路的实践进程。以胡锦涛同志为总书记的党中央倡导以高度的文化自觉和文化自信加强社会主义核心价值体系、社会主义和谐文化、中华优秀传统文化、社会主义文化事业和文化产业建设，推进社会主义文化改革发展，建设社会主义文化强国。胡锦涛强调，社会主义核心价值体系建设是发展中国特色社会主义文化的主线，发展中国特色社会主义文化应牢牢抓住这条主线，坚持"三贴近"原则，把保障人民群众的基本文化权益作为文化体制改革的基本着眼点，积极做好文化传承和文化创造工作，增强全社会的文化创造活力，使社会主义文化实现大发展、大繁荣。中国特色社会主义文化发展道路得以坚持和发展。

党的十八大以来，以习近平同志为核心的党中央在既定文化改革发展框架下，深刻把握中国特色社会主义文化的精神实质和人民群众的精神文化需求，以更加清晰的思路、更加朴素的语言、更加精细的目标勾勒出社会主义文化强国战略的宏伟蓝图。中国梦道出了一种全体人民都易于接受、乐于拥护的平实而宏大的文化理想。社会主义核心价值观指明了一条上至国家、社会，下至人民群众都易于理解、便于参照的价值准则。"四个自信"（理论自信、道路自信、制度自信、文化自信）完整表述了中国特色社会主义文化发展的底气所在。"四大形象"（文明大国、东方大国、负责任大国、社会主义大国）指明了社会主义文化强国的参照标准。"新发展理念"（创新、协调、绿色、开放、共享）指明了中国特色社会主义文化发展的博大胸襟。此外，习近平同志号召中国人民坚持正确的"四观"（历史观、民族观、国家观、文化观），增强做中国人的骨气和底气。

一系列文化发展战略思路升华了中国特色社会主义文化发展道路。

（二）中国特色社会主义文化的科学内涵

考察中国特色社会主义文化理论的发展进程，从以邓小平同志为核心的党的第二代中央领导集体到以习近平同志为核心的党中央都在界定、丰富、发展中国特色社会主义文化内涵方面做出了贡献。党的十五大最早明确概括中国特色社会主义文化的内涵：建设有中国特色社会主义文化，就是以马克思主义为指导，以培育有理想、有道德、有文化、有纪律的公民为目标，发展面向现代化、面向世界、面向未来的，民族的、科学的、大众的社会主义文化。此概括包括指导思想、目标、特征，融合了"中国特色"和"社会主义"两方面的内涵。这就为中国特色社会主义文化的界定搭起了框架或者说提供了模板。我们容易发现，中国特色社会主义文化的内涵历经二十余载，其基本内涵并未改变，只是随着时代的发展被不断赋予新的内容。我们不妨这样理解，十五大关于中国特色社会主义文化的规定给后来者提供了一个可以不断丰富具体内容的纲目。

中国特色社会主义文化的内涵并非一成不变，而是动态发展的。我们在把握中国特色社会主义文化内涵时，可遵循十五大列出的纲目，以提纲挈领的方式根据时代要求增添新的内容。但我们又不能仅仅参照十五大的定义，忽视其后的理解或者使之与其后的理解割裂开来，而应将十五大及其之后的时段对中国特色社会主义文化的理解串联起来。也即是说，不能将中国特色社会主义文化局限于某一历史时期尤其是已经过往的历史时期来考察，或者说某一中央领导人的任期内，而应立足于现时代现任中央领导人时期，综合过往时代历任中央领导人时期的科学提法，结合现时代党的文化理论与实践加以提炼升华。照此说来，我们唯有从中国特色社会主义文化理论的历史进程中，综合每一任中央领导人对中国特色社会主义文化的独特理解，以改革创新为核心的时代精神审视、提炼、充实、升华既定内涵作为新的科学内涵。

照此方法，我们在界定中国特色社会主义文化内涵的时候，可将十五大的概括作为模板，融合其后中国共产党在文化发展建设方面的新思想、新政策、新论断，将以改革创新为核心的时代精神贯穿其中加以提炼、升华。笔者认为，科学界定中国特色社会主义文化，至少应该回答好五个方面的问题：一是旗帜问题；二是指导思想问题；三是前进方向问题；四是目的和任务问题；五是文化普遍性和特殊性关系的处理问题。也就是说，中国特色社会主义文化的内涵应涵盖这五个方面的内容。以此为参照依据，笔者对中国特色社会主义文化作如下阐释，以供商榷。

高举中国特色社会主义伟大旗帜（回答旗帜问题），以不断发展着的马克思主义为指导（回答指导思想问题），以社会主义先进文化为前进方向（回答前进方向问题），以满足人民群众精神文化需求为出发点和落脚点（回答目的问题），以建设社会主义核心价值体系为根本任务（回答任务问题），发展面向现代化、面向世界、面向未来的，民族的、科学的、大众的社会主义文化（回答文化普遍性和特殊性关系的处理问题）。

总之，如果从基本特征上来看，中国特色社会主义文化作为社会主义先进文化，具有民族性、开放性、科学性、时代性和人民性。需要指出的是，以上内涵并非绝对。只要保持一个基本前提，对中国特色社会主义文化内涵的阐释可繁可简，无伤大雅。这一基本前提就是保持纲目不变、确保基本内涵不变，基本精神不变，始终站在时代的前沿回答好以上五个问题，使中国特色社会主义文化突出民族性，体现开放性，保持科学性，融合时代性，彰显人民性，永葆先进性。

从内涵的演变过程可以看出，中国特色社会主义文化是一个"多元融合"与"组合创新"的综合文化体系。学者黄凯锋给我们提供了思路，他认为，"中国特色社会主义文化是一种多时段、层积性、兼容发展的独特样式：从 2000 多年的时段来看，中国特色社会主义文化理应包含中华优秀传统文化及其创造性转化；从 150 年的时段来看，中国特色社会主义文化理应包含学习、模仿别国发展的经验及其逐步扬弃的过程，包含以我为主，为我所用的理性智慧；从 90 年的时段来看，中国特色社会主义文化理应包括马克思主义中国化的具体实践和在此过程中逐步形成的优良革命传统；从 30 年的时段来看，中国特色社会主义文化又离不开改革开放取得的巨大成就、渐进式探索的创新精神和以人为本的发展宗旨"。[①] 由此可见，中国特色社会主义文化应包括中华文化和外来文化（都指优秀文化）。其中，中华文化又包括传统文化、革命文化以及现代文化。外来文化包括中国以外的世界各国能够为我国文化建设和发展所用，能够促进

---

① 黄凯锋：《变量共生、组合创新与意识形态——多维视野下的中国特色社会主义文化》，学林出版社 2012 年版，第 40 页。

我国文化发展的优秀文化成果。因此，中国特色社会主义文化建设既要弘扬本国传统文化和革命文化，又要发展现代文化，还要吸收借鉴外来优秀文化，在"多元融合"和"组合创新"中促进发展。

从中国特色社会主义文化发展道路和中国特色社会主义文化的内涵来看，中国特色社会主义文化即是社会主义先进文化，永葆先进性是中国特色社会主义文化的本质规定性。中国特色社会主义文化应该符合先进文化的特征：紧跟人类社会发展方向、体现先进生产力发展要求、代表最广大人民的根本利益、反映时代进步潮流。作为先进文化，中国特色社会主义文化一方面突出地表现为它作为一种共时态的文化，是包容互鉴的，符合最广大人民的价值诉求；另一方面突出地表现在它作为一种历时态的文化，是动态发展的，总能不断增进时代内涵和最广大人民的深层价值诉求。先进性是中国特色社会主义文化的基础性特征，也是其最基本、最直接的价值取向。因此，坚持先进文化的前进方向，永葆文化的先进性就是发展中国特色社会主义文化。换言之，只要是反映了先进文化前进方向的文化，就必然被中国特色社会主义文化吸纳和追寻。

特别需要指出的是，在生态文明建设时代，发展中国特色社会主义文化的任务比以往任何时候都要艰巨。中国特色社会主义文化亟须走出"人类自生型"发展模式的樊篱，走向人与自然"互利共生型"的发展模式。中国特色社会主义文化应该将人文关怀延展到每一个自然生命，关注自然生态系统的整体存续，以实现人与自然的和解为终极价值目标。生态文化作为"一种正在崛起的新型文化，是当代中国先进文化的前进方向，因此是新时期文化创新的新方向"①。习近平同志在十九大报告中指出："人民美好生活需要日益广泛，不仅对物质文化生活提出了更高要求，而且在民主、法治、公平、正义、安全、环境等方面的要求日益增长。"②这实际上是经由人民美好生活需要的视角道出了中国特色社会主义文化发展的新方向、新内涵：中国特色社会主义文化除了继续关注社会系统的良性运行与发展外，更需要着重关注包括社会系统在内的整个自然生态大系统的良性运行与发展，以负责任的态度建设生态文化，实现中国特色社会主义文化的"生态转型"和"全面发展"。

---

① 唐彬、梁红：《生态文化：新时期文化创新的新方向》，《理论月刊》2008年第9期。

② 习近平：《决胜全面建成小康社会　夺取新时代中国特色社会主义伟大胜利——在中国共产党第十九次全国代表大会上的报告》，人民出版社2017年版，第11页。

二　中国特色社会主义生态文明呼唤生态文化大发展、大繁荣

中国正处于走向社会主义生态文明新时代的征程中，实现文化的生态转向是中国特色社会主义生态文明的题中应有之义。中国特色社会主义生态文明发展道路的实质是中国特色社会主义文化的生态转向之路。生态文明建设在中国特色社会主义总体布局中具有重要的战略地位。生态文化建设是推动中国特色社会主义生态文明建设实践进程的根本动力。毋庸置疑，中国特色社会主义文化发展应以建设生态文化，推动生态文化大发展、大繁荣为重要任务，中国特色社会主义生态文明呼唤生态文化大发展、大繁荣。

（一）中国特色社会主义生态文明建设的发展道路

如果把生态文明建设放在历史发展进程中加以考察，中国特色社会主义生态文明建设是指在社会主义发展道路中，在中国共产党的领导下，在马克思主义生态思想和中国特色社会主义生态思想和生态理论的指导下，中国人民寻求人与自然关系和解的理论与实践总和。中华人民共和国成立以来，中国共产党人将马克思主义基本原理同中国生态文明的具体实践相结合，不断探索适合我国国情的生态文明建设道路。中国特色社会主义生态文明建设在不同的历史时期呈现出不同的特点。20 世纪 50 年代末到 70 年代末①是起步阶段，以环境治理为主；20 世纪 70 年代末到 90 年代初是初步发展阶段，以环境保护为主；20 世纪 90 年代初到 21 世纪初是继续发展阶段，可持续发展深入人心；新世纪新阶段是超越与升华阶段，以推动科学发展、建设生态文明为主要目标；十八大以来的新时代是全面升级阶段，以全方位建设生态文明、美丽中国为核心任务。

1. 起步：20 世纪 50 年代末到 70 年代末——环境治理为主

20 世纪 50 年代，从连年的战火中复苏的中国，生态环境遭到重创，

---

①　如果严格从中国特色社会主义的界定标准而言，这一时期不属于中国特色社会主义阶段，但是从整个中国社会主义生态文明建设实践来看，此时又是重要的起步和准备期，与其后的生态文明建设是连续统一的，不能割裂分离，故此处姑且将其放在中国特色社会主义历史进程中加以考察，以保持我国社会主义生态文明建设的连续性和完整性。

严重阻滞社会主义建设。毛泽东等党和国家领导人，集中力量改善生态环境，为经济建设扫除障碍。20 世纪 50 年代末到 70 年代末，我国的生态文明建设以治理环境、服务发展为主。大兴水利、绿化祖国、控制人口、节约资源是这一时期生态文明建设的鲜明体现。

大兴水利。洪涝灾害是新中国面临的严峻灾难，严重威胁广大人民的生命财产安全，严重威胁我国的工农业生产。以毛泽东为主要代表的中国共产党人充分意识到"水患不除，民不聊生"，决心改变中国几千年来"靠天吃饭"的被动局面，决定"兴修水利、治水安邦"，下大力气治理海河、淮河和黄河。包括三门峡水库、葛洲坝水利枢纽工程在内的 84000 多座水库的修建，不仅有效缓解了洪涝，还大大促进了工农业生产和交通运输状况的改善，至今仍然发挥着不可估量的重要作用。

绿化祖国。森林覆盖率低，大地"黄化"，严重制约着社会主义中国的建设。1956 年 3 月，全国范围内掀起"绿化祖国、植树造林"高潮。社会主义建设初期，我们党就将林业视为一项根本问题，主张把林业作为一项大事业常抓不懈。1958 年 8 月，北戴河会议提出"大地园林化"设想，主张把城市和农村都建设成圆明园、中山公园。同年 11 月，修改后的《十五年社会主义建设纲要四十条》强调用 15 年的时间实现"大地园林化"目标。仅当年一年，全国造林就达 4 亿多亩。这一时期奠定的林业基础，对当时以及后来的社会主义建设都起到了极其重要的作用。

控制人口。新中国成立初期，毛泽东等党的领导人就意识到人口、资源、环境的紧张关系。我们党深知，中国虽然是政治大国、人口大国，却是经济小国，如果不慎重对待人口问题，就会被开除"球籍"。毛泽东、周恩来、刘少奇、陈云等党和国家领导人都赞成节育，并且赞成有计划的生育。1957 年的最高国务会议第十一次（扩大）会议上，毛泽东指出："要提倡节育，要有计划地节育……要研究有计划地生育的办法。"① 1957 年 9 月，周恩来指出，人口要有计划、有步骤地增长，方能与社会生产相适应。1971 年，我国出台第一份《关于做好计划生育工作的报告》，这份报告对我国和世界人口事业做出了积极贡献。

节约资源。社会主义建设初期，我们党倡导全国上下厉行节约。在节约资源上，毛泽东等党和国家领导人亲力亲为。特别是困难时期，他提出

---

① 《中国计划生育全书》，中国人口出版社 1997 年版，第 131 页。

"新三年，旧三年，缝缝补补又三年"的节俭口号。一件打了73个补丁的睡衣是毛泽东崇尚节俭的历史印证。毛泽东主张厉行节约、反对铺张浪费。他多次指出在中国办工厂、商店、国营事业和合作事业等一切事务都应以勤俭为原则，并强调"浪费的损失大于贪污……又是一个普遍的严重现象，故需着重地进行斗争，并须定出惩治办法"[①]。

2. 初步发展：20世纪70年代末到90年代初——环境保护为主

20世纪50年代末到70年代初，我国的环境治理工作取得一些成绩。但是，由于我们党迫切希望在短期内改变社会主义中国贫穷落后的局面，在探索社会主义建设中出现了一些失误和偏差。当时盛行的"人定胜天"思想，其本意和实质是号召广大人民不畏艰险、排除万难治理恶化的环境，以促进社会主义工农业发展。但是，对这些思想的不当把握也使我们在较长时间、较大程度放大人的主观能动性，忽视客观经济规律、急于求成，致使乱砍滥伐、土地荒漠化、水土流失、河川污染等生态恶化现象频出。特别是在"三面红旗"的指引下，遗留了两大生态历史问题：一是资源浪费和生态破坏严重；二是人口迅速增长进一步加剧了经济、社会、资源与环境多重压力。

20世纪70年代末，从社会主义建设道路的艰辛探索中走来，我们党更加谨慎地处理人与自然、经济发展与环境保护的关系，以更加积极、更加主动的姿态应对生态环境问题。1978年12月，中共中央强调指出，对于社会主义建设和环境治理的关系问题，我们不能先建设后治理，而要"边建设边治理"。1979年3月，陈云在中央政治局会议上指出："防止环境污染，必须先搞，后搞要多花钱。"[②] 1982年10月，陈云又指出："治理费要放在前面，否则后患无穷。"[③] 如果说20世纪50年代末到70年代初，我国的生态文明建设是以环境治理为主，那么20世纪70年代末到90年代初，我国生态文明建设的重心已经向环境保护转移，实现了被动治理生态环境到主动保护生态环境的成功转向。这一时期，我们党对自然世界运动发展规律和人类社会运动发展规律有了更加清醒、更加深刻的认识。

---

① 《毛泽东文集》第6卷，人民出版社1999年版，第208—209页。
② 《陈云年谱（1905—1995）》（下），中央文献出版社2000年版，第24页。
③ 同上书，第308页。

邓小平认为，"大自然是不同寻常的课堂，也是一本永远读不完的书"①。这实际上揭示了人的主观能动性并非"所向披靡"，自然的作用永远不能低估。相比自然的力量，尤其是自然的"报复"力量，人的力量在很多时候显得微不足道。正如恩格斯所言："我们每走一步都要记住：我们决不像征服者统治异族人那样支配自然界，决不像站在自然界之外的人似的去支配自然界——相反，我们连同我们的肉、血和头脑都是属于自然界和存在于自然界之中的；我们对自然界的整个支配作用，就在于我们比其他一切生物强，能够认识和正确运用自然规律。"② 因此，我们党积极寻求使人口、资源、环境相协调的发展方式，努力推进经济发展与环境保护的统一。在人口问题上，将"控制人口增长，实行计划生育"真正提上议事日程，"将人口问题作为社会主义建设中的一个前提性、基础性问题，将人口政策作为一个带有全局性的大政策"③。在资源节约问题上，我们突破了"新三年，旧三年，缝缝补补又三年"的"人力"节约模式，开启了"技术力"节约模式。我们党将科学技术视为第一生产力，倡导以科技的进步改变落后的生产方式，以低能耗换来高产出。在环境保护的问题上，除了控制人口增长，节约资源，还充分认识到人口素质在应对生态环境问题上发挥着举足轻重的作用。1982 年 1 月，国务院提出将培养环保人才纳入国家教育规划，打造环保专业人才队伍，促进国家环保事业的发展。

更值得一提的是，这一时期我们党十分注重制度建设。邓小平更是将制度问题视为带有根本性、全局性、稳定性和长期性的问题，认为制度的好坏影响甚至决定人的好坏。因此，建立和完善生态环境建设的政策、制度和法规体系成为促进环境保护事业的重点工程。1978 年《环境保护工作汇报要点》通知批转后，《环境保护法（试行）》（1979 年）、《基本建设项目环境保护管理办法》（1981 年）、《征收排污费暂行办法》（1982年）、《海洋环境保护法》（1982 年）、《水污染防治法》（1984 年）、《海洋倾废管理条例》（1985 年）、《大气污染防治法》（1987 年）、《环境保

---

① 本书课题组：《中国特色社会主义生态文明建设道路》，中央文献出版社 2013 年版，第49 页。

② 恩格斯：《自然辩证法》，人民出版社 2015 年版，第 313—314 页。

③ 本书课题组：《中国特色社会主义生态文明建设道路》，中央文献出版社 2013 年版，第19 页。

护法》（1989 年）等一系列针对环境保护问题的法律法规出台。我国环境保护工作取得新进展。

3. 继续发展：20 世纪 90 年代初到 21 世纪初——可持续发展观念深入人心

总的说来，20 世纪 70 年代末到 90 年代初，我国环境保护工作取得了较大进展。但是，社会主义的本质决定了我们以解放和发展生产力为根本任务。这一时期，我国社会生产力大幅度提高，同时也伴随着较为严重的环境污染和生态破坏问题。有不少干部群众对"以经济建设为中心"的理解产生了偏狭，在很长一段时期过分注重经济发展的目的和结果，忽视经济发展的手段和过程，忽视了片面追求经济发展可能带来严重的生态环境问题。再有，这一时期市场经济逐步确立。市场经济本身的弊端又加剧了经济发展过程中对生态环境的破坏。市场经济条件下，环境往往被理解为准公共产品，环境资源产权不明晰，这意味着人人可以利用资源而不必为此买单，滥用环境资源的现象广泛存在。加之改革还处于起步阶段，全国上下聚焦于发展社会生产力，资源浪费、环境恶化等外部不经济现象并未深刻凸显，尚未引起足够重视。因此，"先污染后治理"的环境保护思路仍然大范围地存在。到 20 世纪 90 年代初特别是 21 世纪初，环境污染、资源浪费和生态破坏成为制约我国经济社会发展的瓶颈，生态环境问题已经成为一个关系到千秋万代的生存和发展的重大政治问题。正确处理环境保护与经济发展的关系已经成为一项重大而艰难的议题。

与此同时，在国际上，可持续发展也已深入人心，世界上绝大多数国家开始了可持续发展的理论与实践。1992 年出台的《里约环境与发展宣言》《21 世纪议程》等规定，要求各国因地制宜，制定切实可行的可持续发展战略和对策。中国率先编制了世界上第一部国家级的 21 世纪议程——《中国 21 世纪议程》。1995 年，十四届五中全会召开，江泽民从社会主义现代化建设全局的高度出发，指出改革、发展、稳定，速度和效益，经济建设和人口资源环境等与生态环境息息相关的几对关系是带有全局性的关系。江泽民把实现可持续发展作为现代化建设的重大战略问题。这一时期我国生态文明建设的重点和特色在于：对人口、资源、环境问题的处理上，走中国特色综合治理人口道路，资源开发和节约并举，保护环境就是保护生产力。我们党继续高度重视人口问题和资源节约，开创了一条中国特色综合治理人口问题的道路以及新的资源利用和节约模式，同时根本扭转了对保护环境的实质看法。

在解决人口问题上，我们党摒弃了以往就人口谈人口、就计划生育抓计划生育的思维模式，将人口问题放在经济社会发展全局中去全面审视，进一步完善了我国的人口政策，特别强调稳定低生育水平，提高出生人口素质，在解决中国人口与发展问题的实践中大力践行"三不变"①"三为主"②"三结合"③"三落实"④"两个转变"⑤，走出了一条中国特色综合治理人口问题的道路，成效显著。

在解决资源问题上，调动一切积极因素，坚持资源开发和节约并举，把节约放在首位；积极推进资源利用方式和管理方式的"两个根本性转变"——资源利用方式从粗放型向集约型转变，资源管理方式从计划经济条件下的资源管理体制向社会主义市场经济条件下的管理新体制转变；维护国家战略资源安全；充分利用国内国际两种资源、两个市场，加大利用国外资源的力度。

在应对环境问题上，江泽民将保护环境纳入生产力范畴，提出"保护环境的实质就是保护生产力"⑥的著名论断。在这一新型生产力观的引导下，我们党进一步提出和践行污染防治思路的"三个转变"：末端治理转向全程控制，重浓度控制转向浓度与总量控制结合，重分散的点源治理转向分散治理和集中控制结合。此外，区域生态保护和建设工作，退耕还林还草和天然林保护工程的实施，生产良好、生活富裕、生态良好的文明发展道路的开创，走新型工业化道路以及可持续发展领域的国际合作等一系列壮举，使我国生态环境改善工作得以继续发展。

4. 超越与升华：新世纪新阶段——推动科学发展、建设生态文明

21世纪，我国进入全面建设小康社会、加快改革发展的关键时期，经济、政治、文化、社会层面发生深刻变革和调整。这种空前的社会变革

---

① 现行计划生育政策不变，既定的人口控制目标不变，党政一把手亲自抓、负总责不变。

② 以宣传教育为主、避孕为主、经常性工作为主。

③ 把计划生育工作与发展经济、帮助农民勤劳致富奔小康、建设文明幸福家庭相结合为主。

④ 落实工作职责、落实底数清理、落实奖惩兑现。

⑤ 实现计划生育工作思路和工作方法的两个转变，即由孤立地就计划生育抓计划生育向与经济社会发展紧密结合，采取综合措施解决人口问题转变；由以社会制约为主向逐步建立利益导向和社会制约相结合，宣传教育、综合服务、科学管理相统一的机制转变。

⑥ 《江泽民文选》第1卷，人民出版社2006年版，第534页。

一方面给我国经济社会发展带来巨大活力，同时也暴露出许多突出的矛盾和问题：生产力、科技、教育的步伐滞后，城乡之间、区域之间发展不平衡，人口资源环境压力加大，住房、医疗、教育等关系群众切身利益的问题日益凸显，生态环境、自然资源和经济社会发展的矛盾日益突出……如何使全面建设小康社会的步伐按照"可持续发展能力不断增强，生态环境得到改善，资源利用效率显著提高，促进人与自然的和谐，推动整个社会走上生产发展、生活富裕、生态良好的文明发展道路"[①] 的奋斗目标前进，成为新世纪新阶段考验我们党执政能力的一项重大历史任务。站在时代的拐点处，我们党以更加宽广的视野全面审视着中国特色社会主义事业，以更加强烈的责任感和使命感思考并解决发展中出现的种种矛盾和问题。这一时期的生态文明建设的最大亮点在于时刻将人与自然紧密联系在一起，实现了对以往生态文明建设的超越与升华。科学发展观、社会主义和谐社会、"两型社会"、生态文明等开创性的理论与实践无一不关注自然生态系统的整体存续。

2003 的 SARS 疫情让我们深刻反思发展及其发展背后的深层次因素。胡锦涛在全国防治"非典"工作会议上深刻指出，我们一直强调的发展绝不等同于经济增长，而是以经济建设为中心实现人的全面发展。同年 10 月，胡锦涛号召各级党委和政府坚持科学发展观，以全面、协调、可持续为基本遵循，创新发展思路和路径。自此，我们党以科学发展观指导经济社会发展，切实转变经济增长方式，坚持走新型工业化和可持续发展道路，按照"五个统筹"要求，积极促进经济发展与人口、资源、环境相协调，实现了发展观上的科学转变。

2005 年 10 月，胡锦涛提出社会主义和谐社会概念并对其内涵进行概括。胡锦涛认为，社会主义和谐社会是经济、政治、文化、社会建设协调发展，人与人、人与社会、人与自然整体和谐的社会。胡锦涛指出，"要按照民主法治、公平正义、诚信友爱、充满活力、安定有序、人与自然和谐相处的要求，从解决关系人民群众切身利益的现实问题入手，扎扎实实推进社会主义和谐社会建设"[②]。"构建社会主义和谐社会，是党中央与时俱进地处理人与自然关系的重大举措，有效地推进了我国生态文明建设的

---

① 《江泽民文选》第 3 卷，人民出版社 2006 年版，第 544 页。

② 《十六大以来重要文献选编》（中），中央文献出版社 2006 年版，第 1101 页。

理论与实践进程。"①

中共十六届五中全会提出建设资源节约型、环境友好型社会战略任务，并进一步提出加快转变经济增长方式，促进经济发展与人口、资源、环境相协调，走新型工业化道路。"两型社会"的提出为我们创建一种人与自然、消费与生产、物质与精神之间平衡协调的新关系做出了巨大贡献，同时也为生态文明建设作了重要的理论和实践准备。胡锦涛曾就这一问题发表讲话："建设生态文明，实质上就是要建设以资源环境承载力为基础、以自然规律为准则，以可持续发展为目标的资源节约型、环境友好型社会。"② 资源节约和环境友好是生态文明的重要表征，建设"两型社会"为生态文明建设提供了新的路径选择。

"在2005年召开的人口资源环境工作座谈会上，胡锦涛第一次使用'生态文明'概念，提出'完善促进生态建设的法律和政策体系……是当前和今后一个时期人口资源环境工作的突出重点。"③ 2007年中共十七大将生态文明上升为到国家战略的高度，倡导全社会树立生态文明观念。党的十八大更是提出建设生态文明是关系人民福祉、关乎民族未来的长远大计，将生态文明建设纳入中国特色社会主义"五位一体"总布局，并强调将生态文明建设融入其他四大建设的全过程。生态文明战略布局既坚持了科学发展观、社会主义和谐社会、两型社会的精神实质，也实现了中国特色社会主义生态文明建设的超越与升华，在中国特色社会主义生态文明建设道路上留下了浓墨重彩的一笔。

5. 全面升级：十八大以来的新时代——全方位建设生态文明、美丽中国

党的十八大以来，生态文明建设战略任务的推行还处于起步阶段，中国特色社会主义建设步入改革的深水区和攻坚期，全面建成小康社会的"最后期限"即将来临。恰在此时，改革中很多难啃的硬骨头凸显出来，尤其是生态环境恶化的局面并未根本扭转，严重阻滞着全面建成小康社会步伐的迈进和中国特色社会主义整体布局的全面推进。中国特色社会主义

---

① 本书课题组：《中国特色社会主义生态文明建设道路》，中央文献出版社2013年版，第19页。

② 此为胡锦涛于2007年党的十七大召开后在学习贯彻党的十七大建设研讨班上的讲话。

③ 本书课题组：《中国特色社会主义生态文明建设道路》，中央文献出版社2013年版，第211页。

事业面临前所未有的严峻形势。以习近平同志为核心的党中央以抓铁有痕、壮士断腕的决心全方位、多角度推进中国特色社会主义生态文明建设的理论与实践进程。

新一届党中央以更加宽广的视野、更加亲民的话语、更加坚定的步伐带领全国各族人民追寻着国家富强、民族振兴、人民幸福的中国梦，描绘着美丽中国的蓝图，践行着创新、绿色、协调、开放、共享的发展理念，努力走向社会主义生态文明新时代。建设生态文明、美丽中国被编织成一个全体中国人民共同参与的美丽中国梦，全体中国人民都是实现国家富强、民族振兴、人民幸福的中国梦的"梦之队"。保护环境、节约资源、建设生态文明以一种更加亲和的方式回应着人民的期待，回应着自然的呼声。

经济层面，以习近平同志为核心的党中央强调保护生态环境就是保护生产力，改善生态环境就是改善生产力。习近平于2013年9月首次面向国际社会形象地将经济发展与环境保护比作"两座山"，即金山银山和绿水青山，并明确指出两座山并不是对立的，而是统一的，"我们既要绿水青山，也要金山银山。宁要绿水青山，不要金山银山，而且绿水青山就是金山银山"①，并指出发展经济绝不容许以牺牲环境为代价。政治层面，习近平强调大刀阔斧"打老虎""拍苍蝇"，下大力气营造一个风清气正的政治生态。文化层面，习近平主张推行以社会主义核心价值观为魂，倡导富强、民主、文明、和谐，倡导自由、平等、公正、法治，倡导爱国、敬业、诚信、友善，并强调"牢固树立社会主义生态文明观，为保护生态环境做出我们这代人的努力"②。社会层面，习近平强调良好的生态环境是最普惠的民生福祉，'环境就是民生，青山就是美丽，蓝天也是幸福'③。

以习近平同志为核心的党中央的字典里，生态文明建设是一个与人民群众密切相关的艰巨历史工程，是每一位中国人心中的梦想，是中国梦的题中之义。以习近平同志为核心的党中央对于社会主义生态文明建设的蓝图规划有着自己独特的话语方式，这是一种更加亲民、更加"接地气"

---

① 《习近平关于社会主义生态文明建设论述摘编》，中央文献出版社2017年版，第21页。

② 习近平：《决胜全面建成小康社会　夺取新时代中国特色社会主义伟大胜利——在中国共产党第十九次全国代表大会上的报告》，人民出版社2017年版，第52页。

③ 《环境就是民生，青山就是美丽，蓝天也是幸福》，《中国青年报》2015年3月7日。

的方式，一种更加容易汇聚民意、集中民智、凝聚民心、改善民生的方式。党的十九大报告将生态文明与社会主义现代化目标紧密结合，深刻指出："我们要建设的现代化是人与自然和谐共生的现代化，既要创造更多物质财富和精神财富以满足人民日益增长的美好生活需要，也要提供更多优质生态产品以满足人民日益增长的优美生态环境需要，推动形成人与自然和谐发展现代化建设新格局。"① 从满足人民日益增长的物质文化生活需要向满足人民日益增长的美好生活和优美生态环境需要的转变，进一步凸显了以习近平同志为核心的党中央对于生态文明建设重要性的深刻把握，进一步体现了中国特色社会主义新时代生态文明建设事业已经成为一项带有基础性、全局性的民生工程。总之，在习近平看来，生态文明建设是集党的领导、国家意志和全民行动于一体的深刻变革，是一项艰巨的系统工程，必须从经济、政治、文化、社会等各个方面营造一个全体人民"勠力同心、砥砺前行、久久为功"的生动局面。

以习近平同志为核心的党中央尤其重视生态文明制度建设，强调把权力关进制度的牢笼，扎紧扎牢。2013 年 5 月 24 日中央政治局第六次集体学习中，习近平指出，"只有实行最严格的制度、最严密的法治，才能为生态文明建设提供可靠保障"②，主张通过严格的制度倒逼经济发展方式的转型升级，实现经济发展与环境保护和谐共生、持续共荣。十八届三中全会通过的《中共中央关于全面深化改革若干重大问题的决定》充分体现了习近平的生态文明制度建设思想，"建设生态文明，必须建立系统完整的生态文明制度体系，实行最严格的源头保护制度、损害赔偿制度、责任追究制度，完善环境治理和生态修复制度，用制度保护生态环境"③。在党的十九大报告中，习近平对生态文明建设的认识进一步深化，指出："我们要建设的现代化，既要创造更多物质财富和精神财富以满足人民日益增长的美好生活需要，也要提供更多优质生态产品以满足人民日益增长的优美生态环境需要。"④ 此外，习近平多次强调严守生态红线，坚守 18

---

① 习近平：《决胜全面建成小康社会　夺取新时代中国特色社会主义伟大胜利——在中国共产党第十九次全国代表大会上的报告》，人民出版社 2017 年版，第 50 页。

② 《习近平谈治国理政》，外文出版社 2014 年版，第 210、212 页。

③ 《中共中央关于全面深化改革若干重大问题的决定》，《人民日报》2013 年 11 月 16 日。

④ 习近平：《决胜全面建成小康社会　夺取新时代中国特色社会主义伟大胜利——在中国共产党第十九次全国代表大会上的报告》，人民出版社 2017 年版，第 50 页。

亿亩耕地红线，实施水资源开发利用控制、用水效率控制和水功能区限制纳污"三条红线"，在生态环境保护的问题上，不得"越雷池一步"。

以习近平同志为核心的党中央向广大人民展示了什么是生态文明，怎么建设生态文明的重大基本问题，以一种全新的方式将生态文明的蓝图勾勒成广大人民耳熟能详的平实而生动的语言，编织成全体中国人民不可或缺的梦想。在全体中国人民的心中，生态文明建设不再被误认为"事不关己，高高挂起"的、可有可无的官方语言符号，而成为每一位中华儿女心中那个美丽中国之梦实现的前提和基础。生态文明建设与国家富强、民族振兴、人民幸福的中国梦很好地融合在一起。中国特色社会主义生态文明建设在全体人民的美丽中国梦中实现了全面升级。

（二）　生态文明建设在中国特色社会主义建设中的战略地位

党的十八大报告将中国特色社会主义事业"四位一体"布局提升到"五位一体"，在原来经济建设、政治建设、文化建设、社会建设的基础上增添了生态文明建设。报告还特别突出生态文明建设在"五位一体"的特殊地位，"必须把生态文明建设放在突出地位，融入经济建设、政治建设、文化建设、社会建设各方面和全过程，努力建设美丽中国，实现中华民族永续发展"①。党的十九大报告进一步指出："建设生态文明是中华民族永续发展的千年大计。"② 中国特色社会主义建设过程中的经济、政治、文化、社会问题，绝大多数都与生态环境息息相关。这种情况下，一味地聚焦于经济、政治、社会、文化问题，仅仅从经济建设、政治建设、文化建设、社会建设各自的领域寻求解决之道是偏狭的，也是难以实现的。这就需要发挥经济—生态、政治—生态、社会—生态、文化—生态的协同联动效应。因此，生态文明建设必须贯穿、渗透于经济建设、政治建设、文化建设和社会建设过程中。从这一意义而言，生态文明建设具有统揽中国特色社会主义事业全局的作用，在中国特色社会主义建设中具有根本性、长远性和全局性地位。

生态文明建设统揽经济建设。改革开放四十年来，在量上，我国经济发展取得举世瞩目的成就。但长期高速的数量型增长也使我们对质量型改

---

① 《十八大以来重要文献选编》（上），中央文献出版社 2014 年版，第 30—31 页。
② 习近平：《决胜全面建成小康社会　夺取新时代中国特色社会主义伟大胜利——在中国共产党第十九次全国代表大会上的报告》，人民出版社 2017 年版，第 23 页。

进问题深表堪忧。GDP 从两位数增长到 2011 年的 9.3%，2012 年和 2013 年的 7.7%，2014 年的 7.3%，2015 年的 6.9%……经济下行压力下，中国如何推进经济发展？历史经验和现实教训犹如警钟长鸣：经济发展绝非等同于经济增长，"以经济建设为中心"绝非"唯经济论"。发展不仅包含数量型增长，更蕴含着质量型改进。经济增长的背后，是众多资源和环境的无偿代价，也是对未来经济发展后劲的严重阻滞。经济发展的背后，透视着发展方式的转变。适应和引领经济发展新常态便是生态文明建设统领经济建设的力证。

"新常态"营造出一个全新的民意共识——注重结构调整、消解前些年粗放式高速增长伴生的各种经济疾患，释放经济增长速度的压力，注重经济增长质量的深层次考量。"新常态"为我们判断经济形势提供了一个全新的视角——经济发展势头不能只盯着国内生产总值这个生硬的数据，而应关注其背后的另一些数据，要着眼于实现"就业可充分、企业可盈利、财政可增收、民生可改善、风险可控制、资源环境可持续"。换言之，经济发展不但要追求面向个体的"数量型增长"，更应注重整体的"质量型改进"。可以说，生态的破坏很大程度上源于人类的社会经济生活。任何形式的关乎保护生态的言论和文化都不能回避对人类社会经济生活的评价，尤其是对经济发展方式的审慎抉择。新常态形势下的经济发展方式正是生态文明所极力倡导和主张的。这必然使生态文化建设得到生产力层面的有力支持。

生态文明建设统揽政治建设。生态文明建设引导政治生态"清明化"。中国共产党代表最广大人民的根本利益，致力于营造一个风清气正的政治生态，正下大力气从源头上确保实现不敢腐、不能腐、不想腐的从政环境。习近平有言：做好各方面工作，必须有一个良好的政治生态。毋庸置疑，良好的政治生态是中国特色社会主义事业得以有效进行的坚实保障。生态文明建设实践的效果在很大程度上取决于从政者及其所处的从政环境。与此同时，自然生态的污染和破坏常常映射出政治生态的污浊和败坏，这几乎成为亘古不变的真理。政治生态风清气正—经济生态活力迸发—自然生态山清水秀；反之，政治生态污浊败坏—经济生态一潭死水—自然生态了无生气，这往往是一个连锁反应。

在很大程度上可以说，拥有高素质的从政者和良好的从政环境也就拥有了建设生态文明的良好条件。因为政治上的公平正义是确保生态正义的根本保障。而民主和法治是确保公平正义的政治环境之根本要件，也是中国特色社会主义政治发展的根本保障。有了民主，就有了对权力的监督机制，权力主体"可上可下""能上能下"就有了正当依据。有了法治，就有了对权力的强制机制，就有了对人民利益的保障机制，对权力主体"当治则治""当责则责"才不会走空。可以说，阻滞生态文明建设的一切因素都与民主和法治有着千丝万缕的联系。因此，扩大民主、加强法治是中国特色社会主义生态文明建设对中国特色社会主义政治建设的根本要求。生态文明建设实践的深入开展，必然带动中国特色社会主义政治建设的全面推进。从这个意义上说，生态文明建设具有统揽政治建设的能力。

生态文明建设统揽文化建设。生态文明并非仅仅是现有文明形态的要素，而应有更深刻、更高级的理解，应作为一种新的文明形态来把握。生态文明是对工业文明发展模式的全新审视和深刻反思，它摒弃工业文明的主导价值观——科技主义、功利主义、自我中心主义和人类中心主义，代之以人与自然和谐共生、持续共荣的生态整体主义价值观。与其说生态文明建设是对人类发展方式的反思与转变，毋宁说它是一场文化领域的深刻革命。因价值观是文化的核心层面，是人的意识的最深层体现，生态文明建设最根本的是实现价值观的生态转向，正如中共十八大所倡导的"使生态文明观念在全社会牢固树立"。

那么生态文明建设如何能够统揽文化建设呢？生态文明不仅仅是关注生态环境，更是关注以生态环境为依托的人的生存和发展方式。生态文明建设是对人与人、人与社会、人与自然紧张关系的全面应对和深度解决。消除文化中的功利主义、科技主义、自我中心主义和人类中心主义是生态文明建设最生动、最深刻的价值追求。我们可以联想，当经济主体不再受制于"经济人假设"的束缚，转向关注经济与生态如何确保"相扶相持"；当政治主体不再热衷于权力寻租，转而关注政府与人民如何确保"鱼水之情"；当社会主体不再奉行自我中心，转而关注自身与他人、与社会如何实现互利双赢；当人类主体不再信奉人类中心，转而关注人与自然如何实现和谐共生、持续共荣……这将是怎样一种温馨、美好、和谐的文化氛围！

生态文明建设统揽社会建设。生态文化建设引导社会走向公平正义。着力保障和改善民生，是中国特色社会主义社会建设的重点。生态文明建设是最大的民生工程。党的十八大报告指出，建设生态文明，是关系人民福祉、关乎民族未来的长远大计。习近平将生态环境与民生福祉联系在一起，认为生态环境的优劣关系着人民生活质量与社会和谐稳定，提出保护、改善生态环境就是保护、改善民生。

社会公正意味着全体社会成员在一切利益的分配和享受上，取得平等的权利或机会，也意味着人人可以向往和追求一种健康、快乐、可持续的生活方式。① 在公正的社会里，损人利己，尔虞我诈不再出现，代之以促进全体社会成员的福祉，从而辐射到个人福祉的增进。一方面，追求社会公正，能够有效凝聚社会各方力量，形成社会公正意识，为推动增进民生福祉的改革奠定深厚的群众基础。"良好的生态环境是最公平的公共产品，是最普惠的民生福祉。"② 社会公正观的树立必然促使民众保护绿水青山，守住金山银山。另一方面，追求社会公正，势必进行新的、更完善的制度安排和程序设计，从制度、法律和政策上为创造和维系公正的社会环境提供保障，最终弱化利益冲突和社会对立，重建文化和道德秩序，从深层结构方面提高文明水平，维护社会公正。从人类文化学或实践论的角度而言，生态文化的实质目标其实是寻求人类社会的公平与正义。促进社会公正是生态文化建设的重要着力点。

（三）建设社会主义生态文明必须在全社会树立生态文明理念

党的十八大明确指出，建设社会主义生态文明必须在全社会牢固树立生态文明理念。党的十九大报告进一步指出："人与自然是命运共同体，人类必须尊重自然、顺应自然、保护自然。"③ 生态文明理念以尊重自然、顺应自然、保护自然为主要内容。这就告诉我们，生态文化的核心问题要到人与自然的关系中去寻找，建设社会主义生态文明必须在全社会建设以生态文明理念为核心内容的生态文化，努力营造生态文化建设氛围。人对自然的态度直接决定着自然以何种面貌存于地球。是生态完整还是物种毁灭，完全取决于人的眼光和由此左右的人的行为。尊重自然、顺应自然、保护自然科学地阐释了人与自然和谐的根本态度和应然行为，深刻揭示了

---

① 单孝红：《民生视阈下的中国特色社会主义生态文明建设》，《湖南社会科学》2013年第2期。
② 《习近平关于全面建成小康社会论述摘编》，中央文献出版社2016年版，第163页。
③ 习近平：《决胜全面建成小康社会　夺取新时代中国特色社会主义伟大胜利——在中国共产党第十九次全国代表大会上的报告》，人民出版社2017年版，第50页。

人与自然的现代哲学。

尊重自然深刻拷问传统人与自然关系的哲学，深度呼唤现代人与自然关系哲学的构建。

传统哲学认为人与自然是绝对的主客体关系，人是自然的主人，赋予自然存在的价值。建立在传统哲学基础上，人类文明发展至今，依靠人的主体性地位，产生了强大的主体性效应，取得极其伟大的历史成就。但是，由于对主体性的认识偏颇而导致的主体性缺失，对自然界进行无控制的索取，自然界的反主体效应日益凸显，人类已经并且正在继续遭殃。这一次次由地球发出的噩耗犹如醍醐灌顶般敲击着我们的心灵，催促我们去反思，反思我们的片面主体性地位；敦促我们去改变，改变我们对自然的漠视态度。

人不应是片面的单向度的主体，而是"全面"的主体，即利用自然的同时保护自然，或者更确切地讲是在保护自然的前提下利用自然。主体性本应包含自然的利用和保护，而事实上工业文明影响下的人的主体性却只意识到人作为利用主体，忽视或埋没责任主体。这种单向度的主体性认识无疑将人提到了地球之上"唯我独尊"的地位。承认人的主体性并非以人类为中心，不顾其他生物的死活。英国历史学家汤因比认为：一切生命存在的正确目的或自我实现的途径只能是克服天生的自我中心主义，否则就不能使自己真正幸福。是的，尊重自然必须"始终以平视的眼光、敬重的姿态，考量人与自然的关系，尊重自然存在和发展的权利，使我们的发展能和自然相互惠益、相互和谐"①。

顺应自然深刻拷问着传统片面发展观，深度呼唤现代科学发展观。

片面发展观建立在工具主义、功利主义基础上，认为只有人类社会发展规律才是永恒真理，自然规律应该服从或服务于人类社会发展规律，人类社会发展规律又以经济发展规律为主导。片面发展观的另一个重要特征在于，过分依托统计学方法，热衷于将经济发展放在纵向的时间轴和横向的空间轴上进行数字上的对比、归类研究。因此，片面发展观将发展的内涵和质量仅仅锁定在干巴巴的经济增长数据上。在此情况下，唯经济增长论盛行，自然规律在经济增长面前变得微不足道。人类文明史的功利性趋

---

① 《树立尊重自然顺应自然保护自然理念——三论学习党的十八大精神》，《中国环境报》2012 年 11 月 22 日。

向和生态性反思以及中国改革开放四十年来正反两方面的历史经验印证着一个发展理念的否定之否定规律，深度呼唤现代科学发展观的产生。

现代科学发展观是一种遵循自然规律、敬畏生命的伦理，要求我们重新审视人类社会运动发展规律和自然世界运动发展规律的关系，摆正二者在人类文明进程中的位置。人类社会运动发展规律和自然世界运动发展规律统一于人类文明发展进程。自然世界运动发展优先于人类社会运动发展，自然世界运动发展规律显然优先于人类社会运动发展规律，在人类文明发展进程中具有始源性和根本性。任何绕开自然世界运动规律的人类实践运动都是反自然的，也必然是反人类的，也必定是不科学的。实践一再证明，违背自然规律的人类社会发展是狭隘的、短视的，最终必然是悲剧的。科学发展观倡导的是将长期以来尤其是工业文明主导下被忽视的自然世界运动发展规律重新重视起来，使其与人类社会运动发展规律相统一、相契合，充分凸显其优先地位。总之，我们应坚决遵循和顺应自然世界运动发展规律，摒弃掠夺式开发和利用发展方式，凡事"三思而后行"，万万不可"激怒"自然，否则，结局将是毁灭性的。

保护自然深刻拷问着传统型末端被动环境治理模式，深度呼唤现代战略性主动环境治理模式。

传统治理模式、治理理念落后，治理目的功利，治理方式粗放，治理空间狭小。在治理理念上，该治理模式仅仅将保护自然当作一种"附带任务"去完成，在体制机制的要求和驱使下被动地实施保护自然的"义务"。在这种治理理念下，环境治理被当作一种额外的负担，一旦有漏洞可钻，大多数人会选择钻漏洞，从而逃脱这种负担。在治理目的上，该治理模式具有浓厚的人类中心主义色彩，治理的目的是人，确切地说是作为个体意义的人而非整体意义上的人。在这一目的下，社会经济主体大多从自身利益出发，倾向于选择对自身有利的保护措施，对自身不利的保护措施往往被搁置。在治理方式上，该治理模式停留在末端治理上，忽视源头治理和过程治理，错失了环境治理的最佳时机，浪费了大量资源却被误以为争得了宝贵时间，提高了劳动生产率。在治理空间上，该治理模式主要应用于传统工农业生产和城市建设，忽视第三产业、服务业和农村环境治理。总之，传统末端被动型环境治理模式将自然排除于生产力之外，是一种片面的、功利的、短视的治理模式。

现代治理模式与传统治理模式的根本区别在于确认生态环境的生产力

地位，倡导保护和改善生态环境就是保护和改善生产力。因而，这一治理模式在治理理念上将保护自然作为一种主动的、积极的责任，没有了被动的驱使，取而代之的是主动的"迎接"。治理的逻辑变成了保护生态环境就是保护生产力，治理目的是保护和改善生产力。这一治理模式将人的要素和自然的要素有机融合，弥补了传统治理模式的动力不足。在治理方式上，这一治理模式将源头—过程—末端治理组成一个完整的链条，不放过任何一个环节，坚持预防为主、防治结合、综合治理原则，以"防"为核心。而且，作为环境治理主导力量的政府改变以往单一的行政手段，综合运用经济、法律、技术、教育和必要的行政手段进行环境治理，在承担治理职责的前提下，提高治理智慧，最大限度地保护自然。在治理空间上，这一治理模式将所有产业、所有空间，无论是资源消耗大、环境污染严重的工农业、城市还是资源消耗较小、环境污染相对较轻的第三产业和农村都纳入环境治理框架内。现代治理模式将自然生态纳入生产力范畴，倡导更加自觉地珍爱自然，更加自觉地保护生态。

三 生态文化建设是中国特色社会主义文化发展的本质要求

生态文化建设与中国特色社会主义文化发展有着深层的联系，与中国特色社会主义文化发展内在一致。主要表现在：生态文化建设植根于马克思主义生态思想和社会理想，是中国特色社会主义文化发展的重要维度，体现了中国特色社会主义文化发展的时代特征，体现了中国特色社会主义先进文化的前进方向。这些都是中国特色社会主义文化的本质体现，反映了中国特色社会主义文化的深层内涵。由此可见，生态文化建设是中国特色社会主义文化对自身发展提出的本质要求。

（一）生态文化建设植根于马克思主义生态思想和社会理想[①]

今日的理论绽放起源于昨日的思想启蒙。人与自然的关系是不断发展变化的，随着人类实践的发展而不断赋予新的内容。时至今日，生态文化

---

① 参见胡小玉《中国特色社会主义文化发展中的生态文化建设》，硕士学位论文，江西理工大学，2013年。

建设的理论和实践日趋丰富，离不开对人与自然关系的理性反思和科学审视。人对自然的每一步征服都伴随着人与自然的背离。生态文化建设的前提是承认自然的先在性和自然本身的内在价值，其目的是实现人与自然和谐相处，还自然以独立，还人类以自由。回顾历史，引燃生态文化建设的"导火索"是 160 多年前马克思主义经典作家字里行间折射出的人与自然关系的理性之光及其大尺度的前瞻意识和远程眼光。

对人与自然的辩证关系的深刻阐释是马克思主义生态思想的一大亮点。马克思、恩格斯充分肯定自然之于人的先在性和人与自然的深度依存关系，"我们连同我们的血肉和头脑都是属于自然界和存在于自然之中的"①。对于人类的掠夺性开发，恩格斯一针见血地指出由此导致的自然的报复："每一次胜利，起初确实取得了我们预期的结果，但往后和再往后却发生完全不同的、出乎意料的影响，常常把最初的结果又消除了。"②马克思、恩格斯严肃告诫我们，自然不是任人恣意妄为的玩偶，其报复力是惊人和不可抗的，惹怒了自然，人类的一切努力都将付之东流，人类的生存大厦和生命之基很可能顷刻坍塌。照此理解，人类应该尊重、理解和保护自然，这是马克思主义生态思想的集中体现。马克思、恩格斯关于人与自然关系的理解恰恰符合我们当下所倡导生态文化的核心理念——尊重自然、顺应自然、保护自然。

将生态问题的根源归因于生产方式和由此决定的社会制度是马克思主义生态思想的另一大亮点。马克思、恩格斯在批判人类不尊重、不顺应、不保护自然的同时，用一种全新的思考方式揭示生态问题的根源，即生态破坏源于"利欲熏心"式的生产方式及社会制度——资本主义生产方式和资本主义制度。在马克思和恩格斯看来，共产主义是人与人、人与自然关系充分和解后的自然主义同人道主义相融合的理想社会。他们深刻指出，在共产主义社会，"社会是人同自然界的完成了的本质统一，是自然界的真正复活，是人的实现了的自然主义和自然界的实现了的人道主义"③。因此，他们以大尺度的前瞻意识和远程眼光将解决生态问题的途径锁定在社会生产方式和社会制度的变革上——走出人与自然"势不两立"的资本主义生产方式和社会制度的樊篱，建立人与自然和谐相处的

---

① 《马克思恩格斯选集》第 4 卷，人民出版社 1995 年版，第 384 页。

② 同上书，第 383 页。

③ 马克思：《1844 年经济学哲学手稿》，人民出版社 1985 年版，第 79 页。

社会主义生产方式和社会制度。马克思主义生态思想和社会理想达到思维上的完美融合。

回归现实，中国特色社会主义文化发展以马克思主义为指导，以实现共产主义为最高理想和最终奋斗目标。共产主义社会的文化内核是个性、自由和全面发展，人不再受他人、他物的奴役，在身体上和精神上实现全面的、真正意义的"当家做主"。生态文化建设的目标是实现人—自然—社会大系统的和谐，最终也是指向人的自由全面发展。二者的价值内核何其一致。共产主义社会的文化内核必然与生态文化高度融合。

马克思主义经典作家以人的发展状况为标准将人类社会历史时期作了划分："人的依赖性（起初完全是自然发生的），是最初的社会形态……以物的依赖性为基础的人的独立性，是第二大形态……建立在个人全面发展和他们共同的社会生产能力成为他们的社会财富这一基础上的自由个性，是第三个阶段"[①]，共产主义社会正是摆脱了他人、他物的奴役性的自由个性阶段。从人与自然这一线索或角度对社会历史进行分期，可将人类社会发展阶段分为原始文明、农业文明、工业文明、生态文明四个阶段。其中生态文明对应的便是以人的发展状况为标准划分的自由个性阶段。生态文明的文化模式正是生态文化。如此说来，生态文化必然地成为共产主义社会的文化形态。作为共产主义社会文化形态的初级阶段，中国特色社会主义文化必然地指向生态文化价值精神。中国特色社会主义文化发展的最终状态必然是生态文化建设实践抵达胜利的彼岸。

（二）生态文化建设是中国特色社会主义文化发展的重要维度

从文明与文化的关系来看，每一种文明都应有与之相契合的文化。也就是说，每一种文明只有在特定的、耦合的文化中才能实现其特有功能，从而实现其特定价值。物质文明有与其相契合的物质文化，精神文明有与其相契合的精神文化，政治文明有与其相契合的政治文化。我们党将生态文明建设纳入中国特色社会主义总布局，与经济建设、政治建设、文化建设、社会建设共同推进中国特色社会主义事业发展。这标志着生态文明正式成为与物质文明、精神文明、政治文明相并列的中国特色社会主义文明

[①]　转引自赖章盛《关于生态文明社会形态的哲学思考》，《云南民族大学学报》2009年第5期。

体系的重要组成部分。

　　生态文明建设的提出使中国特色社会主义文明体系由"三位一体"转为"四位一体",优化、完善了中国特色社会主义文明体系。社会主义生态文明时代的警钟振聋发聩:发展中国特色社会主义文明离不开"四个文明"中任何一个文明,也即中国特色社会主义文明的发展建基于"四个文明"相互融合、交互作用。中国特色社会主义文明的全面推进需要建设物质文明、精神文明、政治文明,更需要建设生态文明,并且生态文明建设更具根本性、基础性和全局性。长期以来,物质文明、精神文明和政治文明被摆在中国特色社会主义发展全局中的优先位置,取得了巨大的文明成果。但是,物质文明、精神文明、政治文明以社会系统的存续为关注焦点,主要解决人与科技、人与文化、人与人以及人与国家权力之间的关系,让国家变得富强、文明和民主。这也是中国人民长期未变的共同理想。

　　然而,站在生态文明时代的拐点重新审视我们的文明体系,缺少了对"本我"的追问——我是谁,我从哪里来,要到哪里去。我们以强大的主体性,手持"大无畏之斧"和"智慧之剑"从原始社会一路披荆斩棘,劈波斩浪,历经农业社会、工业社会,取得巨大物质、精神和政治文明财富的同时,自然的反主体性也日益增强,使人类文明生存和发展的根基渐行渐远。这迫使我们不得不深入思索:我们是谁?我们从哪里来?我们要到哪里去?原本一路高歌将要实现的美好却变成反人类、反生态的,在人的世界里出现了巨大的生存和发展危机,短期内甚至长期不可逆转。我们除了追寻物质文明、精神文明、政治文明,更应追求中国特色社会主义文明建设的根基——生态文明。物质文明有与之相契合的物质文化,精神文明有与之相契合的精神文化,政治文明有与之相契合的政治文化。生态文明也应有与其相契合的生态文化。中国特色社会主义文明体系的完善和生态文明本身的内在精神要求与之相契合的文化体系结构实现优化升级,即对现有物质、精神、政治"三位一体"的文化结构进行深刻反思,把生态文化作为极其重要的构成内容。发展中国特色社会主义文化内在地要求建设生态文化。

　　生态文化建设势必成为中国特色社会主义文化发展的重要维度,还归因于生态文化建设能够给中国特色社会主义文化发展创造新的有利条件。生态文化成为与物质文化、精神文化、政治文化相并列的新的文化要素,其关注的焦点是生产方式、生活方式、消费方式的生态化。以转变生产方式、生活方式和消费方式为目标的生态文化建设有助于发展先进生产力，有助于培育道德公民，有助于维护国家安全，从而为中国特色社会主义文化发展积蓄力量。

其一，生态文化建设有助于发展先进生产力。人类文明演进的规律表明，文化发展必须建立在与之相契合的生产力基础上。在很大程度上可以说，生产力落后则文化落后，生产力先进则文化先进。显然，中国特色社会主义文化作为一种先进文化，并以先进文化为前进方向，必然需要先进生产力做支撑。而生产力的先进与否，很大程度上取决于生产方式的先进与否。生态文化主张摒弃高耗能、高污染、高排放的粗放型生产方式，倡导发展以低耗能、低污染、低排放为主要特征的环保、集约型生产方式。当今社会，谁的生产方式与生态文明和生态文化建设相契合，谁就掌握了最先进的生产力。因此，生态文化主导下的生产方式是时下最先进的生产方式。也就是说，生态文化建设将促使全社会的生产领域采用先进的生产方式，发展最先进的生产力，从而给中国特色社会主义文化奠定坚实的物质技术基础。

其二，生态文化建设有助于培育道德公民。中国特色社会主义文化发展质量与公民道德水平密切相关。应该说，加强公民道德建设，培育道德公民既是中国特色社会主义文化发展的基础工程，也是其中心环节。生态文化建设将道德关怀扩展到自然生态系统，聚焦于转变生产方式、生活方式和消费方式，经由生产、生活和消费领域关注资源、环境、生命健康发展，是一个由人际道德向生态道德转变的过程。人际道德的逻辑前提是只有人才有道德，只有人能感受道德，因而也只有对人才需要讲道德。而生态道德是对人际道德论的扬弃，重新确立自然的先在价值和固有价值，将道德关怀扩展到世间万物。因此，生态文化建设的中心环节是重塑公民道德，是从培育人际道德公民转向培育生态道德公民的过程。这与中国特色社会主义文化本身的生态意蕴不谋而合。生态文化建设使公民的道德观发生生态化转向，以更加积极、更加自觉的、更加负责的姿态发展中国特色社会主义文化。

其三，生态文化建设有助于维护国家安全。国家安全是文化发展的根基。这在世界文明史中早已得到例证。但凡想起历史上文明古国的神秘消失，致使科技和文化的高度繁荣戛然而止，恐怕没有谁能泰然自若。没有什么能比文明的彻底毁灭更残酷的了。俗话说，留得青山在，不怕没柴烧。只要文明的根基在，人民的希望之火不灭，就有"卷土重来"的机会，暂时沉睡的雄狮终有觉醒的一天。在生态危机频发的时代，国家安全又多了一重威胁，这重威胁比以往任何形式的威胁都来势汹汹且难于应对。对此，习近平的话一语中的：生态兴则文明兴，生态衰则文明衰。国家安全已经超越了传统经济安全、政治安全、文化安全的界限，越来越向生态安全延展。生态文化建设将促使全社会树立尊重自然、顺应自然、保护自然的生态文明理念，通过践行生态化的生产方式、生活方式和消费方式，自觉维护中国特色社会主义文明的发展根基，为中国特色社会主义文化发展提供安全稳定的"港湾"。

（三）生态文化建设体现中国特色社会主义文化发展的时代特征

20 世纪 60 年代伊始，工业文明的弊端在世界人民的眼中无限放大——工业"三废"、农业"三废"、资源浪费、生态破坏逐渐成为影响世界各国国计民生的重大问题。世界各国，无论是东方还是西方，无论是富国还是强国，无论是资本主义还是社会主义，生态危机侵袭，谁也无法置身事外。人类社会急需一场大规模的、持续性的通力合作。而这合作的前提必然是对传统价值观的深刻反思以及重新建构和塑造。

禾苗离土即死，国家离土即亡，人类离土即灭。人类要得以继续存在和发展，唯有以生态整体主义的思维模式在世界范围内掀起价值领域的革命，除此以外，别无他择。当今和未来的全球价值必然不再是单向度的人—人网络，以往任何时代脱离作为人类生存和发展根基的自然界的考量都是不明智的，所谓利己主义的价值观再也经不住时间、空间和生态的考验；取而代之的必然是一种双向度的人—生态交互作用网络，一种给予自然生态由衷敬畏的高尚价值观。

将发展的视线从理论回归到现实，几近"伤痕累累"的工业文明正被充满生机和活力的生态文明以无可比拟的优越性悄然替换着。生态文明正以一种主导性的思维模式和生存方式影响着人类文明的发展进程。生态文明时代正向我们逼近。不同的文明时代催生不同的文化。原始文明催生原始文化，农业文明时代催生农业文化，工业文明时代催生工业文化，生态文明时代催生生态文化。生态文明时代催生生态文化价值精神。尽管以全球视野和世界眼光来看，生态文化价值精神还未完全进入世界整体的视线，还未转化为全人类的自为自觉行动，但世界各国人民对这一攸关全人类生死存亡的新型价值观的期许和认同正不断攀升，一些引领未来重要变革的新因素正在凸显。

放眼全球，不少国家、组织、团体和个人已经承担起号手、旗手和舵手的责任。中国正以崛起中的大国姿态主动参与到生态文明、生态文化的建设实践中。特别是党的十八大以来，中国正从全方位、多角度挖掘生态文明建设的理论基础、现实意义和实践路径，不仅做出生态文明建设的顶层设计和总体部署，还制定出了"时间表"和"路线图"，让本国人民和世界人民看到了中国为全球价值的重构所做出的艰辛而卓有成效的努力。美国著名生态学者小约翰·柯布最近撰文写道："尽管中国是世界上人口最多的国家，但她仍展现出向生态文明转变的领导者姿态。"① 柯布还指出，"中国是当今世界最有可能实现生态文明的地方"②。

著名的生态文明理念倡导者和学者罗伊·莫里森这样评价中国为生态文明所做的贡献：只有中国能够做得了这样大的决定，办得了这样的大事——引领世界走可持续发展道路。③ 国内知名学者张孝德多次撰文指出，"世界生态文明建设的希望在中国"④。这些积极而充满信心的评价正是由于中国以实际行动坚持向世界讲述着自己艰辛却生动的生态文明故事。世界看好中国的生态文明建设，正说明中国的生态文明故事影响着世界应对生态危机所持的心理态度和价值观念。这必将带动全球价值的生态化转向。生态文化价值精神将通过千千万万个"中国式"的生态战略和生态行动影响全球价值的走向。毫无疑问，当今和未来的价值必将以生态文化价值精神为主导。可以说，在这个由工业文明时代向生态文明时代过渡的前夜，在这个价值观多元而混沌的时代，没有任何一种文化比生态文化更具有统御世界文化，引领人类由狭隘走向包容，由单向度畸形发展向

---

① 转引自新华国际时评《世界看好中国生态文明建设》，新华网 2015 年 5 月 12 日，http：//news. xinhuanet. com/world/2015-05/12/c_ 1115259425. htm。

② ［美］柯布、［中］刘昀献：《中国是当今世界最有可能实现生态文明的地方——著名建设性后现代思想家柯布教授访谈录》，《中国浦东干部学院学报》2010 年第 5 期。

③ 转引自新华国际时评《世界看好中国生态文明建设》，新华网 2015 年 5 月 12 日，http：//news. xinhuanet. com/world/2015-05/12/c_ 1115259425. htm。

④ 张孝德：《世界生态文明建设的希望在中国——第七届生态文明国际论坛观点综述》，《国家行政学院学报》2013 年第 5 期。

多向度全面发展转变的能力。从这个意义上而言，生态文化建设恰恰体现了中国特色社会主义文化发展的时代特征，生态文化建设必然成为中国特色社会主义文化发展的新航向。

（四）生态文化建设体现中国特色社会主义先进文化的前进方向

党的十七届六中全会通过的《中共中央关于深化文化体制改革 推动社会主义文化大发展大繁荣若干重大问题的决定》指出"坚持社会主义先进文化前进方向"要"以马克思主义为指导，以科学发展为主题，以建设社会主义核心价值体系为根本任务，以满足人民精神文化需求为出发点和落脚点，以改革创新为动力，发展面向现代化、面向世界、面向未来的，民族的、科学的、大众的社会主义文化"。这就为我们提供了验证文化建设方向正确与否的参照标准。换句话说，文化建设是否坚持了中国特色社会主义文化的前进方向，关键看其是否以马克思主义为指导，是否以科学发展为主题，是否以建设社会主义核心价值体系为根本任务，是否坚持以人为本，是否坚持改革创新。那么生态文化建设是否体现了中国特色社会主义先进文化的前进方向呢？答案是肯定的。

首先，生态文化建设不可能偏离马克思主义。如前所述，生态文化建设植根于马克思主义生态思想和社会理想。其价值内核与马克思主义是根本一致的，是马克思主义生态思想和社会理想的高度融合。生态文化建设以马克思主义生态思想描绘马克思主义社会理想的蓝图。从根本上讲，生态文明社会与共产主义社会是一致的。也即作为生态文明文化模式的生态文化也是共产主义的文化模式。现今我国既处于工业文明的大环境中，又处在社会主义初级阶段的基本国情中。因此，我国现今的主流文化还是工业文明主导下社会主义初级阶段的文化。生态文化建设过程既可以说是实现工业文明的文化模式向生态文明的文化模式转变的过程，又可以说是实现中国特色社会主义文化从社会主义初级阶段向社会主义高级阶段转变的过程。

其次，生态文化建设体现了真正意义的科学发展。随着我们生存和发展根基的自然生态的破坏，科学发展已绝不仅仅指经济发展方式的转变，而涉及经济、政治、文化、社会、生态局势的全方位扭转。生态文化建设所追求的科学发展不仅仅是在文化建设的狭小领域助力经济发展，而是在中国特色社会主义总布局的各个重要组成部分都实现科学发展。生态文化建设最核心的内容是在全体社会成员中树立生态价值观，使之实现经济、政治、文化、社会生活、生态环境等各个方面的科学发展。生态文化建设的最终结果是作为整体意义的人在健康生存中得以持续发展，作为整体意义的自然在休养生息中永续利用。

再次，生态文化建设与社会主义核心价值体系具有内在一致性。马克思主义指导思想为中国特色社会主义文化发展提供了方向性指引，中国特色社会主义文化发展以生态文化价值精神为最终旨归。中国特色社会主义共同理想为我们指明了作为中国特色社会主义精神标识的中国特色社会主义文化必须具有崇尚和谐、追求和谐的品格。而对和谐的向往和追求也正是生态文化建设的重要内容。以爱国主义为核心的民族精神和以改革创新为核心的时代精神与生态文化建设紧密相连。在生态危机席卷全球的时代，践行生态文化建设是最基本也是最佳的爱国方式，树立生态文化价值观是最合时宜的民族精神，是最时尚的时代精神。同时，社会主义荣辱观也不能游离于生态文化建设之外。生态文化建设状况的好坏与人民群众的生产生活息息相关。故而人民群众参与生态文化建设的情况也必然成为社会主义荣辱观重点关注和规约的重要内容。

复次，生态文化建设是满足人民群众基本文化需求的文化实践。随着工业化、产业化、现代化的深入发展，面对生产生活环境的恶化以及由此带来的生命健康威胁，使人民群众与生态文化建设的关系瞬时拉近。如果说在以实现工业化、产业化、现代化为主要目标的改革开放初期，生态问题还不足以引起广大人民群众重视的话，那么在改革开放的航船驶入深水区的今天，生态问题足以在人民群众中形成巨大的"恐慌"。对自身生存和发展环境的质疑和"恐慌"迫使人民开始深度反思现行粗放的、盲目的、功利的、短视的生产、生活、消费方式，以及对待自然的态度。因此，对于广大人民群众而言，基本文化需求结构亟须完善，构建以尊重自然、顺应自然、保护自然的生态文明理念为核心的生态文化成为时代赋予人民的基本文化需求。

最后，生态文化建设是以改革创新为根本动力的实践活动。生态文化建设以中华优秀传统文化中的生态思想和生态智慧为土壤，以社会主义文化为母体，以全球生态伦理为借鉴，以重塑美好人居环境，以改善生态环境，增进民生福祉为基本追寻。因此，生态文化建设是全方位、宽领域、大尺度的改革创新，展现了最灵活、最优秀的改革创新思维方式。生态文化建设体现的改革创新精神具有超越词源学的内涵。它站在时代的前沿，建基于对本国优秀文化的继承和对外邦优秀文化的借鉴，彰显民族特色，体现社会主义性质，满足人民群众最关心、最直接、最现实的利益诉求。简单地说，生态文化建设符合中国特色社会主义文化的基本方向——"三个面向"（面向现代化、面向世界、面向未来），体现"民族的""科学的""大众的""社会主义的"等中国特色社会主义先进文化的核心内涵。

第四章

生态文化建设：中国特色社会主义文化多维发展的助推力

中国特色社会主义总布局为我们科学理解中国特色社会主义文化提供了新思路：中国特色社会主义文化应涵盖经济、政治、社会、文化和生态层面。因此，我们可以将中国特色社会主义文化看作一个具有经济、政治、文化、社会、生态多层结构的多维文化体系。党的十七届六中全会通过的《中共中央关于深化文化体制改革 推动社会主义文化大发展大繁荣若干重大问题的决定》倡导从社会主义核心价值体系、社会主义和谐文化、中华优秀传统文化、文化事业和文化产业等方面推动社会主义文化大发展、大繁荣。这给我们启示：我们可以将社会主义核心价值体系视为中国特色社会主义文化在政治层面的文化要素，将社会主义和谐文化归于中国特色社会主义文化在社会层面的文化要素，将中华优秀传统文化视为中国特色社会主义文化在文化层面的文化要素，将文化产业归于中国特色社会主义文化在经济层面的文化要素。[1] 因此，我们可以将中国特色社会主义文化体系理解为由以社会主义核心价值体系、社会主义和谐文化、中华优秀传统文化、文化产业为主体的多维文化体系。由于具有统揽经济、政治、文化和社会建设的功能，生态文化建设必将成为中国特色社会主义文化多维发展的助推力，对社会主义核心价值体系的完善与提升、社会主义和谐文化的丰富和发展、中华优秀传统文化的传承与创新、中国文化产业的优化与升级起助推作用。[2] 需

---

[1] 由于文化事业具有公益性特点，也具有公共产品的性质，具有结构上的交叉性，故在此也不做研究。笔者选择了具有明显结构倾向性的四个文化要素作为研究范例。

[2] 照此分析，生态文化是中国特色社会主义文化在生态层面的文化要素，但是鉴于生态文化建设在此是作为中国特色社会主义文化发展的助推力来研究的，此处就不对生态层面的文化要素进行研究，以免落入生态文化建设助推生态文化建设的错误逻辑。

要指出的是，生态文化建设对中国特色社会主义文化发展的助推作用，绝不仅仅是通过助推社会主义和谐价值体系、社会主义和谐文化、中华优秀传统文化和中国文化产业得以实现。这里只是以此为蓝本管窥生态文化建设将对中国特色社会主义文化发展所做的贡献。

一　生态文化建设助推社会主义核心价值体系与核心价值观的完善与提升

核心价值体系和核心价值观，是决定文化性质和方向的最深层次要素。社会主义核心价值体系和核心价值观是在中国特色社会主义建设、改革和发展的实践中加以提炼、总结出来的社会主义主导价值，是全体人民普遍认同的行为准则和价值标准，在社会主义精神领域中居于根本的主导性地位。它是中国特色社会主义文化的内在精神和生命之魂，反映了中国特色社会主义文化在价值层面的本质规定性。一方面，从发展进程看，社会主义核心价值体系和核心价值观是开放的思想体系，具有与时俱进的品格；另一方面，从现有的构成内容来看，社会主义核心价值体系和核心价值观具有丰富的生态意蕴，并呈现生态化趋向。这就决定了生态文化价值必然成为社会主义核心价值体系和核心价值观的重要内容，从而助推社会主义核心价值体系和核心价值观的完善与提升。

（一）社会主义核心价值体系与核心价值观是开放发展的思想体系

核心价值体系和核心价值观不是一成不变的，它是随着时代的发展，反映特定时期时代精神，经由人们价值观念的交流、碰撞、融合、凝练而成的为人们共同认可和遵循的价值体系。因此，开放发展是社会主义核心价值体系和核心价值观的题中应有之义。作为中国特色社会主义文化的内在精神和生命之魂，"社会主义核心价值体系具有鲜明的时代性，是现实理性和面向未来的价值积淀，关注了时代与人民大众的现实需求，它根植于当代中国特色社会主义的伟大实践，体现时代潮流，富有时代气息，反映着人类发展进步的要求"①。无论是社会主义核心价值体系还是核心价

① 王琴：《筑牢中华民族精神支柱——建设社会主义核心价值体系研究》，人民出版社2010年版，第100页。

值观，都是开放发展的。

1. 社会主义核心价值体系是开放和发展的

马克思主义指导思想、中国特色社会主义共同理想、以爱国主义为核心的民族精神和以改革创新为核心的时代精神以及社会主义荣辱观共同构成社会主义核心价值体系的主要内容。它们都是中华民族和中国人民在历史长河中大浪淘沙，融合时代发展的内在精神和人民大众的深层诉求不断选择、不断确证而又不断发展完善而形成的社会主义精神标识。

马克思主义指导思想伴随着马克思主义中国化经历了一个日益丰富、日益科学、日益完善的生命过程。马克思列宁主义及依托马克思列宁主义母体及中国特色社会主义先进文化前进方向孕育出的毛泽东思想、邓小平理论、"三个代表"重要思想、科学发展观都是时代呼唤的新的理论武器和精神标识。其中每一个伟大理论成果都为当今时代找到了符合党心民意，彰显中国特色，体现社会主义优越性的精神指南。马克思列宁主义引领中国找到了对抗"三座大山"，赢得民族独立和人民解放的有力思想武器。毛泽东思想引领中国找到了一条别样的符合中国国情的革命道路和社会主义改造道路。邓小平理论引领中国找到了一条中国特色的社会主义建设和改革之路。"三个代表"重要思想引领中国找到了一条使执政党永葆先进性、纯洁性、永葆执政地位的党建之路。科学发展观引领中国找到了一条提升中国特色社会主义发展质量的生态文明建设之路。

中国特色社会主义共同理想伴随着时代的发展和人民的需求经历了一个不断丰富和发展的过程。其内涵的不断升级是建基于人们日益增长的物质文化需求及国家民族日益强大的硬实力和软实力。仓廪实而知礼节，衣食足而知荣辱。国家、民族、人民最起码的需求就是"不为五斗米折腰"。富强成为社会主义中国从建立之初到今后相当长的时期内，人们的最基本期盼。与此同时，有尊严地活着，拥有政治尊严、政治灵魂、政治权利，做政治生活的主人也成为广大人民的热切期盼。故而民主也是我们的共同理想。再者，一个礼仪之邦能带给百姓以安稳、幸福，能带给国家、社会以安定祥和。因而文明也成为人人翘首期盼的理想。富强、民主、文明并列于中国特色社会主义共同理想达 20 年之久，2007 年党的十七大顺应时代潮流，着眼于中华民族和中国人民永续发展，将"和谐"并入其中。中国特色社会主义共同理想的开放发展性得以日益凸显。

以爱国主义为核心的民族精神和以改革创新为核心的时代精神同样是

开放和发展的。毋庸置疑，民族精神和时代精神的内容都会随着时代的变化发展而逐步发展完善。一方面，不同时期，爱国主义的内容有所差别或各有侧重，以爱国主义为核心的民族精神并非一成不变。民众拒绝与日本往来贸易在反法西斯战争时期是公认的爱国行为，体现了爱国主义的高尚情操。但在中日邦交正常化、经济全球化时期盲目抵制日货则是非理性的，也是不足取的，是狭隘民族主义的表现。另一方面，不同时代，随着中国特色社会主义发展的内在需求和外部环境的变化，以改革创新为核心的时代精神也将发生改变。"两弹一星"精神、艰苦奋斗精神、劳模精神、航空航天精神、抗震救灾精神、奥运精神等都是不同时代的产物。在未来更多的新时代，还会出现新的值得传承的精神。另外，需要指出的是，同样的观念、同样的行动，在旧时代是改革创新，在新时代却可能是因循守旧。

社会主义荣辱观也是伴着中国革命、建设和改革的历史进程逐渐提炼、整合、创新而成的。在以胡锦涛为总书记的党中央明确提出社会主义荣辱观前，以毛泽东、邓小平、江泽民为核心的党的三代中央领导集体经由思想道德建设的视角对社会主义荣辱观的培育做出了前期贡献。毛泽东十分重视培养干部群众的公仆意识（干部）、团结意识、求真意识、诚信意识、集体意识，极力反对利己主义、贪污腐败、享乐主义。邓小平进一步指出"中国人民以热爱祖国、贡献全部力量建设社会主义祖国为最大光荣，以损害社会主义祖国利益、尊严和荣誉为最大耻辱"①，倡导"五讲四美三热爱"，他还以"科学技术是第一生产力"的著名论断高扬崇尚科学的至关重要性。江泽民将毛泽东、邓小平的荣辱观推向前进，提出共产党要始终代表最广大人民的根本利益，强调"三讲"（讲学习、讲政治、讲正气）、"四自"（自重、自省、自警、自励），更加强调团结意识、诚信意识、科学精神、艰苦奋斗精神，抵制拜金主义、享乐主义和极端个人主义。②

2. 社会主义核心价值观是开放发展的

众所周知，文化是历史的，也是具体的。文化范畴的核心价值观也是历史的、具体的。顾名思义，社会主义核心价值观也是历史的、具体的，

① 《邓小平文选》第3卷，人民出版社1994年版，第3页。
② 参见《社会主义核心价值观的发展历程》，2014年6月6日，http://news.xiancn.com/content/2014-06/06/content_2898172.htm。

因而是在历史发展进程中不断丰富和发展的。社会主义核心价值观历经新民主主义时期、社会主义建设时期和社会主义改革时期，每一时期的核心价值观都是对旧有核心价值的扬弃和对新的核心价值的吸收。

新民主主义革命时期，广大人民深受帝国主义、封建主义和官僚资本主义的剥削和压迫，推翻"三座大山"成为人民的热切期盼。因此，新民主主义革命的根本任务是推翻"三座大山"，最终目标是建立一个"独立、自由、民主、统一和富强的新中国"，即人民民主专政的社会主义国家。理论和现实一再说明，一个国家的核心价值观总是集中反映其根本任务。可以说，独立、自由、民主、统一和富强是这一时期的我国社会核心价值观的重要组成部分，既是国家层面的价值目标，也是全体中国人民最真实的声音。我们党还特别对党员干部和人民群众作了价值目标设定，提出党员干部要坚决践履"为人民服务"，全体人民要谦虚谨慎、戒骄戒躁、艰苦奋斗。这些都是新民主主义时期核心价值观的基本内容。

社会主义改造完成后，我国迈入社会主义建设时期，以毛泽东为核心的党的第一代中央领导集体希望带领全国人民热火朝天抓生产、众志成城搞建设，改变新中国积贫积弱的落后局面，为把我国建设成为工业、农业、国防和科学技术各方面整体实力都得到大幅度提升的社会主义强国而奋斗。为了调动一切积极因素，为实现社会主义"四个现代化"战略目标，我们党领导全国人民围绕爱国主义、社会主义、集体主义和为人民服务等内容开展社会主义道德建设，倡导全国上下爱祖国、爱人民、爱劳动、爱科学、爱社会主义；倡导学习、发扬雷锋精神、"两弹一星"精神等民族精神和时代精神，号召全体人民养成独立自主、自力更生、艰苦奋斗、开拓进取的宝贵精神品格。社会主义建设时期的核心价值观集中体现了这些内容。

改革开放四十年以来，我国为进一步巩固社会主义意识形态，先是重新确立了马克思主义的指导地位，接着又提出社会主义荣辱观。紧接着，又提出建设社会主义核心价值体系重大命题，并指明了其主要内容，同时指出其内核是社会主义核心价值观。随后，学界着手提炼社会主义核心价值观。党的十七大和十七届六中全会进一步明确提炼、概括社会主义核心价值观的重要性和紧迫性。党的十八大以"三个倡导"的形式概括了社会主义核心价值观的基本内容。我国随即在"三个倡导"基本内容的基础上对社会主义核心价值观践行的主体归属作了规定，分别对国家、社会以及公民个人的价值目标作了明确规定。由此，社会主义核心价值观正式形成。

（二）生态文化价值理念必然成为社会主义核心价值体系和核心价值观的重要内容

作为中国特色社会主义文化的重要构成内容，社会主义核心价值体系和核心价值观必然体现先进文化的前进方向。不仅如此，它关注的是影响人类生存和发展的最深层次的方面——价值的纠偏与重塑。生态文化作为一种先进文化，作为一种全新视野下和全局领域中的价值体系，自然应该被社会主义核心价值体系和核心价值观所关注。从现有内涵或静态角度来看，社会主义核心价值体系和核心价值观具有浓厚的生态意蕴。从发展趋势或动态角度来看，社会主义核心价值体系和核心价值观呈现出更加生态化的趋向。因而生态文化价值理念势必成为社会主义核心价值体系和核心价值观的时代内涵和重要前进方向。

1. 从静态角度来看，社会主义核心价值体系和核心价值观具有浓厚的生态意蕴

这里主要从社会主义核心价值体系和核心价值观中明显关涉生态文化价值的内容——马克思主义指导思想、中国特色社会主义共同理想和社会主义核心价值观来分析。马克思主义指导思想的重要组成部分——科学发展观和中国特色社会主义共同理想以及社会主义核心价值体系的重要内涵——和谐是生态意蕴的显性体现。

科学发展观深入回答了新世纪新阶段实现什么样的发展、怎样发展的大问题。科学发展观摒弃传统以经济发展为唯一目的的发展方式，倡导关注作为发展主体的人的生存和发展境遇，统筹兼顾，实现全面、协调、可持续的发展。科学发展观颠覆了工业文明主导下长期定格在人们心中的"唯经济""唯技术""唯自我中心"的片面发展观，昏睡百年的"以人为本"思想再度觉醒。人们开始反思，如果发展非但不能改善人的生存环境，不能增进人的福利，反而恶化人的生存环境，威胁人最基本的福利——生命健康，那么发展已经异化和变得没有意义。是时候通过反思经济发展方式来考量人的发展方式了。经济发展仅仅是促进人的发展的手段，是人的发展多维路径体系中的一维而已。工业文明下的发展理念却完成颠倒了这一顺序。可以说，科学发展观直接而有力地回应了不科学的发

展方式带来的人的生存危机，促使我们改变现行以经济主义、技术主义和自我中心主义为主导，以牺牲资源、环境和他人利益为代价的发展方式。这种从本源中、从价值体系中寻找解决人的生存和发展问题的思路正是生态文化的固有思维。

中国特色社会主义共同理想与社会主义核心价值观都以"和谐"为重要内涵。"和谐"一词自产生之日起就突破了人的单向度思维，内含整体协调发展的意蕴。以和合精神为核心、以遵循天道为重要内容的和谐文化在中华文明发展历程中备受推崇，只是在工业文明的驱使下成为"遗失的美好"。这不免令人伤感。今时今日，当"和谐"成为我国人民的共同理想和价值规约，显然印证了其对于中国、对于中华民族在文明发展中的极端重要性。在这个充满危机的时代，"和谐"让我们联想到的已不仅仅是社会系统领域内人与人关系的和谐，还应包括自然生态大系统中的人与自然、人与人关系的和谐。如果说中国特色社会主义共同理想中的"和谐"是对中国特色社会主义未来发展状态的一种期许，那么社会主义核心价值观的"和谐"则是对当下中国特色社会主义思维方式和行为方式的一种规约。如果说富强、民主、文明是世界各国都矢志努力的目标，和谐就是中国特色社会主义文化所特有的内容，是社会主义的内在价值和特有遵循。需要指出的是，社会主义核心价值观的生态意蕴绝非仅仅体现在"和谐"上。"文明""平等""公正""友善"的价值目标均已超出人际范畴，开始关注人与自然的关系，蕴含着丰富的生态理念。[1]

2. 从动态角度来看，社会主义核心价值体系和核心价值观呈现出更加生态化的趋向

很显然，马克思主义指导思想、中国特色社会主义共同理想、社会主义核心价值观的生态化趋向明显。这里就不赘述。这里从社会主义核心价值体系的有机构成内容——以爱国主义为核心的民族精神和以改革创新为核心的时代精神以及社会主义荣辱观来分析。以爱国主义为核心的民族精神、以改革创新为核心的时代精神、社会主义荣辱观的生态化趋向是隐性的，需要我们结合时代内涵用心领略。

当前，以爱国主义为核心的民族精神已经超越了传统意义上维护国家

---

[1] 参见赖章盛、吴丹《社会主义核心价值观的生态理念》，《兰台世界·上半月》2015年第11期。

统一，反对民族分裂的基本内涵，超越了经济、政治、文化"三位一体"传统国家安全观的范畴，正在向经济、政治、文化、社会、生态"五位一体"新型国家安全观转变。在生态危机席卷全球的时代，识破和阻止他国通过各种形式和途径对社会主义中国实施转嫁生态危机的阴谋以及通过自己的一言一行维护国家生存和发展的生态根基已经成为以爱国主义为核心的民族精神的新的时代课题。即所谓生态兴则文明兴，生态衰则文明衰。爱国主义与维护国家安全根本一致。可以说，在这个充满生态危机的"风险社会"，越靠近生态文明和生态安全的国家，就越有向世界彰显实力的筹码，从而也就越有维护国家安全的实力。在迈向社会主义生态文明新时代的征程中，更加积极地珍爱自然、更加自觉地保护生态已经成为新时期衡量爱国主义的重要标准。实际上，在中国共产党的领导下，我们已经高扬筑牢国家生态安全屏障的风帆，正驶向建设美丽中国的彼岸。

很显然，以改革创新为核心的时代精神自然不能撇下时下最流行、最急需的、最能赢得广大人民支持的生态文化价值精神。历史上没有任何一个时代像今天这个时代那样面临几近不可逆转的生态危机，也没有任何一个时代像今天这个时代那样急切地希望改善人生存于其中的自然生态环境，更没有任何一个时代像今天这个时代那样渴望经济、政治、文化、社会生活的方方面面都实现生态化，彰显生态文化价值精神。与此同时，历史上没有任何一种价值精神能像生态文化价值精神那样不分国土疆域、不分民族种族、不分年龄结构、不分职业特色，所有国家、所有群体和个体都无一例外地认同和接受。因此，说生态文化是时下最能引起共鸣的文化，最能体现今天这个时代的核心精神的文化一点不为过。以改革创新为核心的时代精神中，生态文化价值精神当之无愧。弘扬以改革创新为核心的时代精神就必须建设生态文化，在全社会形成一股"像保护自己的眼睛一样保护生态环境，像对待自己的生命一样对待生态环境"①的生态文化建设氛围。

而作为我国社会最直观的道德标识，社会主义荣辱观必须以彰显中国特色社会主义国家利益，体现中国人民集体利益为根本使命。当前，生态文明建设业已成为中国特色社会主义总布局的重要内容。建设生态文明与生态文化，对外抵御外国生态侵略势力，对内保护全体中国人民的生存和

---

① 《环境就是民生，青山就是美丽，蓝天也是幸福》，《中国青年报》2015 年 3 月 7 日。

发展根基，既是中国特色社会主义国家的利益的重要体现，也是中国人民集体利益的深刻体现。作为一名中国人，必须准确定位自己的角色——中国特色社会主义生态文明建设者和中国特色社会主义建设者，将生态文明建设者与社会主义建设者准确融合对接，在推进生态文明建设中助推中国特色社会主义建设总布局的全面推进。在这个时候，用自己的一言一行珍爱自然、保护生态就是忠实践行社会主义荣辱观的重要体现。作为一名中国人，尊重每一个同胞的生存和发展权利，维护每一个同胞享有青山、绿水、蓝天的权利，就是自觉践行社会主义荣辱观的体现。因此，社会主义荣辱观的渐进发展中也渗透着生态文化意蕴。

此外，中国特色社会主义文化的与时俱进品格也决定了社会主义核心价值体系和核心价值观必然吸纳生态文化。当前，建设生态文明已经成为中国特色社会主义的战略目标，必然要求中国特色社会主义文化更加生态化。作为中国特色社会主义文化最核心的内容，社会主义核心价值体系和核心价值观不可能游离于生态文化之外。这既是社会主义核心价值体系和核心价值观本身的内在要求，也是时代赋予它们的神圣使命。

二　生态文化建设助推社会主义和谐文化的丰富和发展

社会主义和谐文化是中国特色社会主义文化的重要内容，这是由中国特色社会主义文化的本质属性决定的。中国特色社会主义以社会和谐为本质属性。作为中国特色社会主义的有机构成，中国特色社会主义文化是中国特色社会主义的价值内核和精神象征，是中国特色社会主义最具灵魂性的内容，即是中国特色社会主义的最集中、最鲜明、最深刻的体现。实现社会和谐必然成为中国特色社会主义文化的本质要求和最终旨归。由此推之，作为社会主义和谐社会的重要价值支撑，社会主义和谐文化必然成为中国特色社会主义文化的重要内容。生态文化建设必将助推社会主义和谐文化的丰富和发展。这是因为：一方面，在现实领域，社会主义和谐文化延展到对人与自然关系的密切关注，展现生态化趋势；另一方面，在理论视域中，社会主义和谐文化应当凸显生态文化价值。因此，生态文化价值应当成为社会主义和谐文化的重要内容和发展方向。生态文化建设必将助推社会主义和谐文化的丰富和发展。

（一）社会主义和谐文化在现实领域中展现生态化趋势

社会主义和谐文化的产生有着深刻的历史背景。随着 21 世纪改革开放和社会主义市场经济的深入推进，经济全球化、政治及文化多元化、社会利益多样化日益凸显。国际国内社会由于不平衡、不协调的利益关系而导致的利益矛盾和冲突不断，严重影响中国国家安全和社会稳定，构建社会主义和谐文化以推进社会主义和谐社会的构建成为全党全国的热切期盼。社会主义和谐文化呼之欲出。也就是说，社会主义和谐文化起初是为了应对国际冲突和协调国内社会关系，覆盖范围主要针对由人组成的社会系统。但是，社会主义和谐文化的发展进程并未就此终止。随着社会经济不断向纵深发展，不科学的发展观和"反生态"的发展方式使中国特色社会主义社会又出现了新的躲不开也绕不过的生态环境问题。一大批有识之士和以胡锦涛为总书记的党中央以敏锐洞察力觉察到人与自然关系的和谐也应当成为社会主义和谐社会的重要标志，自此，社会主义和谐社会增添了人与自然和谐相处的内容。自然，社会主义和谐文化也不再是仅仅关注以人为中心的社会系统的和谐。社会主义和谐文化在现实领域充分展现了生态化趋势。

社会主义和谐文化起初是为了应对国际冲突和协调国内社会关系，覆盖范围主要针对由人组成的社会系统。

一方面，经济全球化、世界多极化的不断推进加强了各国、各地区之间的文化交流与碰撞。这使得一些国家将霸权主义、强权政治由经济、政治领域逐渐向文化领域渗透。国与国之间的和谐相处，和谐世界的构建变得比以往任何时候都要重要。对他国文化的尊重和理解越来越成为构建和谐世界的决定性因素。社会主义和谐文化被赋予一项重要功能：以和谐的文化精神应对和化解我国与他国之间因文化差异而产生的文化矛盾与冲突，经由维护文化安全维护社会主义国家安全。

另一方面，改革开放和社会主义市场经济确立以来，我国社会各领域产生了非正常的利益分化，在全社会产生了各领域占有资源和所处地位的非正常悬殊。由此导致的贫富差距拉大，社会矛盾激化，社会主流价值观和社会核心价值观日益疏离。一些领域、一些社会成员还出现了道德失范等严重的社会问题。社会主义和谐文化被赋予另一项功能：以和谐的文化理念协调国内社会不同利益主体之间的经济、政治和文化矛盾，引导社会成员在处理人与人、人与社会的关系中以"和""合"为本。

无论是应对我国与他国的文化冲突，维护国家安全，还是协调我国社会成员间的利益矛盾，实现社会和谐，其实质和宗旨并无二致：界定在由人—人、人—社会、社会—社会网络组成的社会系统领域，其目的是用和谐文化理念在社会成员之间架起平等互信、包容互惠的桥梁，调解人—人、人—社会、社会—社会矛盾。社会主义和谐文化提出之时就是为了应对国际国内深刻的人—人网络的现实问题，还未将和谐的视野扩展到人—自然网络，也即社会主义和谐文化起初是为了构建和谐社会，关注由人组成的社会系统的存续。

社会主义和谐文化随后凸显自然生态系统的极端重要性，覆盖范围除了包括社会系统，还融入了自然生态系统。

特定的理论源于特定的历史条件，并随着新的时代历史条件不断发展、完善。社会主义和谐文化是一种以价值、精神为内核的思想体系，这就决定了它的开放性和发展性。社会主义和谐文化的内涵需要而且必须不断丰富和发展。改革开放四十年的社会主义建设取得惊人成绩的同时也遗留了几近不可逆转的生态问题。如果说四十年前人们最担心物质条件不充裕，那么四十年后人们最关注的是能不能吃到健康的食物、喝到干净的水、住到安全的房子、呼吸到新鲜的空气……在取得巨大物质财富的同时，人们不同程度地出现恐慌，这种恐慌源于对自身所生存的自然生态系统的担忧。这不得不引起我们的深刻反思和审慎应对。当一个社会整体对其所生存和发展的生态环境表示担忧，那么这个社会真该对其发展政策和策略做一番深刻思量和根本改进。近年来党的理论和政策也充分说明，社会主义和谐文化有着对时代精神和进步文化的超强包容力和吸纳力。

构建社会主义和谐文化的目的绝不仅仅局限于人—人网络，而应该将关注的目光延展到人—自然网络。也就是说，我们除了赋予社会主义和谐文化以构建和谐社会的功能，还应赋予其构建和谐生态的功能。党的十六大以来，以胡锦涛同志为总书记的党中央密切关注社会发展的自然生态维度，重新审视，不断确证社会主义和谐社会的内涵和标准。党的十六届六中全会，我们党将社会主义和谐社会的内涵定位为人与自然、人与人、人与社会之间和谐统一与协调发展的社会，将社会主义和谐社会建设的目标设定为民主法治、公平正义、诚信友善、充满活力、人与自然和谐相处。这就说明我们党已经认识到："社会主义和谐社会应该是一个物质文明、精神文明、政治文明、社会文明与生态文明相统一的社会"①,"和谐"的内涵应该渗透到经济、政治、社会、文化、生态等各个领域。概括地说,十六届六中全会关于社会主义和谐社会的内涵和目标明确地揭示了社会和谐的本质:社会的和谐不应仅仅局限于人与人的和谐范畴,人与自然的和谐同样不容忽视,甚至具有更加重要的地位。这就经由社会建设目标的视角向我们传达了社会主义和谐文化的新意:更加关注人与自然的和谐,更加体现生态文化价值。

(二) 社会主义和谐文化在理论视域中凸显生态文化价值

以往关于社会和谐的价值建构以及价值认同仅仅停留在关注人与人、人与社会的关系上。这使得人类主体精神得到充分发挥,个性特征无限制张扬。工具主义、科技主义盛行,只见人与社会这棵树木,而不见作为整体意义的自然生态系统这片森林。自然环境遭到破坏,生态系统失衡的背后是人类社会关系的空前紧张状况日益凸显。人与自然的紧张关系直接并且必然地导致人与人、人与社会日趋激烈的矛盾与斗争。以人为中心的社会和谐湮没和牺牲自然的内在价值和自然对于维持包括人在内的整个生态系统的价值。随着工业化、产业化、现代化在全球范围内大肆盲目推进,人类的生存和发展环境岌岌可危。这不得不迫使我们深刻反思社会和谐的价值建构范式:单纯地关注人与人、人与社会的关系不可能实现真正意义上的社会和谐。由此可见,社会主义和谐文化是一个与时俱进的概念,其"和谐"内涵应该是全面的。

要知道,社会是一个融合着人与其他自然存在物的复杂系统,人不能脱离自然而独立存在。狭隘的社会和谐观,即纯粹的人际和谐根本不能保障作为整体意义的社会系统的和谐。况且,纯粹的人际和谐也是不可能存在的。人类文明演进的漫长历史深刻地告诉我们,人不能脱离自然而独立存在,人类历史是一部与自然同发展、共进退,与自然休戚与共的历史。自然兴则人类兴,自然亡则人类亡。这在人类文明史上早已得到确证。人与自然关系的和谐是人与人、人与社会关系和谐的基本前提和深厚根基保障。可以说,人与自然关系的和谐与否直接影响甚至决定着人与人关系的和谐与否。人类历史上太多矛盾与冲突起因于对自然资源的争夺,同样有

---

① 戚畅:《社会主义和谐文化及其构建》,博士学位论文,东北师范大学,2012 年。

太多一触即发的战争因双方不忍生灵涂炭而"化干戈为玉帛"。一个能敬畏自然、善待自然生命的人类共同体必然不会为了一己私利而"同室操戈"。试问一个连蚂蚁都不忍心踩踏，连花草都不忍心采摘的人又如何能在人群中大放厥词、睚眦必报甚至置人于死地？因此，构建社会和谐的价值范式，要求我们重新审视社会和谐的价值基础和精神内核，对社会和谐的把握，应该实现生态转向。我们理解社会和谐，万万不能仅仅停留在人与人的关系层面，而应在关注人与人的关系基础上，更加注重人的自然的关系，将人与自然的关系摆在更加优先的位置，深刻明白，自然—人—社会这一生态大系统的和谐，是社会和谐的根本前提也是其重要表征。这是整体意义上的社会和谐，理当成为社会和谐价值构建的新范式。

如前所述，实现整体意义的社会和谐，从根本上说，唯有植根于精神或文化上的和谐。也就是说，社会和谐从本质上而言需要一种和谐精神抑或说和谐文化。和谐文化是实现社会和谐的精神根基、核心要素和根本动力。崇尚和谐理念、体现和谐精神、以和谐作为基本的价值取向，是和谐文化最核心的内容。也即是说，没有和谐的文化，就不可能有和谐的社会。没有文化的全面和谐，就不可能有社会的全面和谐。整体意义的和谐社会，需要整体意义的和谐文化作支撑。这促使和谐文化由纯粹关注社会系统转向关注包括社会系统在内的自然生态系统。

再者，社会主义以实现共产主义为终极目标，而共产主义的精神特质就是实现人自由而全面的发展。作为社会主义意识形态领域的和谐文化或者说被打上"社会主义"烙印的和谐文化天然地具有追求全面发展的精神特质，天然地被赋予不断发展、不断完善的神圣使命。关于人的自由而全面的发展是什么样的，马克思在《1844年哲学经济学手稿》作了生动而深刻的描绘：社会与自然界在本质上是一致的，是自然主义和人道主义的高度统一。这才是真正的全面发展的和谐社会，是社会系统和自然生态系统高度融合的社会，是真正的生态文明社会。这既是对共产主义社会蓝图的生动绘制，也是对构建社会主义和谐社会的方向性指引。注入生态文化价值是发展社会主义和谐文化的必然选择。

总之，社会主义和谐文化的发展进程应该是一部深刻反思人与自然关系的历史，必须是一部将发展从人的视界转向生态整体视界的历史。可持续发展观—科学发展观—社会主义和谐社会—社会主义生态文明（美丽中国）既是社会发展的进步历程，更是文化发展的超越历程——中国特色社会主义文化中的和谐因素、生态血液呈螺旋式上升趋势。这充分展现了中国特色社会主义文化不断追求生态文化价值，不断逼近生态文化的发展态势。作为中国特色社会主义文化的重要内容——社会主义和谐文化也应增添生态元素，体现生态文化价值精神，从而进一步丰富和发展其内涵。

三　生态文化建设助推中华优秀传统文化的传承与创新

优秀传统文化是一个国家和民族的生命之魂。当今时代，优秀传统文化越来越与经济政治相互交融，与现代科技紧密结合，在推动经济社会发展方面发挥着日益重要的作用。中华优秀传统文化历经漫长的历史进程才得以积淀、保留，是中华民族几千年文明的精华，是中华民族凝聚力的重要源泉。丰富精神生活、提高综合素质、促进全面发展是优秀传统文化的重要功能。中华优秀传统文化是中国特色社会主义文化的重要组成部分，也是中国特色社会主义文化"之"特的重要体现。中华优秀传统文化是中国特色社会主义文化的"根"，在很大程度上反映着中国特色社会主义文化的民族特质和生命之魂，是彰显东方文明古国文化光辉的显著精神标识。弘扬中华优秀传统文化成为发展中国特色社会主义文化的重要任务。

在新的历史条件下，传承中华优秀传统文化是繁荣和发展中国特色社会主义文化的重要内容。传承中华优秀传统文化最好的方式就是创新，也即根据时代精神，秉持"取其精华、去其糟粕"的文化创新原则，不断赋予新的富有生命力的内容。在中华优秀传统文化的传承上，生态文化建设能够发挥意想不到的独特效用，助推中华优秀传统文化在创新中发扬光大。既然如此，有三个问题需要搞清楚。一是对中华优秀传统文化的有效传承，缘何需要创新？二是生态文化建设为什么能够带动中华优秀传统文化创新？三是生态文化建设凭什么带动中华优秀传统文化创新？

（一）中华优秀传统文化既要传承更需要创新

中华优秀传统文化之所以能成为中国特色社会主义文化的重要组成部分，至少包括两层因素。一是中华优秀传统文化中的主导精神与中国特色社会主义文化的核心价值存在某种程度上的契合。二是中国人民尤其是文化精英在积极寻求二者在价值精神上的契合过程中所进行的与时代精神相符的深刻思量。这一深刻思量是与自身、与他人、与传统、与现代精神之间的"思想斗争"，聚焦于在"传统"与"现代"之间进行价值权衡、抉择与转换，而且这种权衡、抉择与转换不是心血来潮，而是富有责任。后一层因素起着至关重要的作用。

众所周知，历史是不可复制的。作为历史的灵魂——传统文化固然也不可复制。历史是由不同时代的文化串联起来的，每一时代都会产生与时代精神相符的文化。基于现代时空的中华优秀传统文化之传承应当搞清楚传统文化与现代文化的关系问题。具体而言，二者究竟谁主谁从，也即谁契合谁。现代时空下对传统文化的传承，应充分意识到现代文化为主，传统文化为次，传统文化精神应契合现代文化精神，实现时代转换。对中华优秀传统文化的传承，绝不是简单的复制，也必然不是纯粹的复归，正确的做法应该是反思与创新并行。对中华优秀传统文化的简单复制、纯粹复归，触及的仅仅是中华优秀传统文化的框架和表层；对中华优秀传统文化进行反思和创新则抓住了中华优秀传统文化的精神实质。

在笔者看来，依据对传统或传统文化的利用、反思和创新程度，可将"现代文化"分为三个层次："站在传统之下"的文化、"站在传统之中"的文化和"站在传统之上"的文化。"站在传统之下"的文化完全抛弃传统、脱离传统，文化的全部价值原则均在现代社会人们特有的生存方式中去寻找。这种文化只注重现代精神，忽视过去和未来价值。"站在传统之下"的文化没有底本和灵魂，只看到现时代的文化，忽视传统文化对现代文化的反思和领悟，忽略在与传统文化的比较中把握现代文化的渐进过程，错过在传统文化与现代文化的激烈碰撞中提取传统文化精髓，坐失服务现代文化发展进步的机遇。

"站在传统之中的文化"脱离社会现实，不顾现代人特有的生存方式，文化的价值原则仅仅从传统文化中寻找。最典型的当属文化复古主义。它是近代以来在中西文化碰撞中产生的。习惯将现代社会的出现的种种弊端统统归咎于现代文明及其生活方式，倾向于从传统文化中寻求解决文化现代性过程中产生的一切问题。在文化复古主义者看来，凡是现代的就是不合理的，凡事传统的就是值得倡导的。这种"复古主义"文化由于失去了现代人生存的精神根基，也就失去了其存在的意义。

"站在传统之上的文化"是基于现代文化发展的目标和要求将传统文

化进行创造性转换后的文化。在此过程中，现代文化是目的，传统文化是手段，即弘扬传统文化的目的是更好地促进现代文化的发展。"站在传统之上的文化"充分意识到传统文化对于现代文化发展以及现代文化对于传统文化弘扬的重要功能。"站在传统之上"的文化站在时代精神的高峰，在现代文化中寻找传统文化的"影"，在传统文化中找到现代文化的"根"，使传统文化与现代文化实现最大程度的耦合，实现了传统文化与现代文化的时代转换。唯有"站在传统之上"的文化，即既源于传统而又高于传统的文化才能在历史的汪洋中一浪高过一浪，奔腾不息。因此，中华优秀传统文化要得以传承，保持恒久的生命力，必须不断创新。

（二）生态文化建设助推中华优秀传统文化的创新

生态文化几乎同人类文明史同在，是一种在人类历史中潜在发展的观念形态和价值体系。如果从历史的维度考察生态文化的内涵，可以把生态文化看作一个随历史条件和时代内涵不断演变的概念。翻开生态文化思想发展史，我们能够发现，总体而言，生态文化在每一个时期都会摒弃与时代不符的旧思想，更新与时代相符的新内容。生态文化，这面历经时代沧桑巨变，发端于原始文明，成熟于农业文明，沉睡于工业文明，觉醒于工业文明向生态文明过渡前夜的精神旗帜不能说是属于哪一个时代，而是一个随时代变更、完善的概念。从这个意义可以确定，生态文化在每一个历史时期都高扬"扬弃"与"更新"旗帜，从而具备贞下起元、历久弥新的独特品格，这在人类文化史上是极为罕见的。

总的说来，生态文化在每一历史时期都致力于保留传统文化底本，弘扬时代主旋律，将传统文化精髓服务于现代文化精神，推动现代文化发展。生态文化是传统文化与现代文化①高度融合的文化模式，是"站在传统之上的文化"。既然如此，生态文化建设的过程也必然有一个对中华优秀传统文化扬弃、更新的过程，也即一方面保留传统文化底本，一方面弘扬时代主旋律。因此，生态文化建设必然需要完成一项基本任务：梳理、优选、雕琢中华优秀传统文化中蕴含的生态思想和生态智慧供生态文化建设参照。

---

① 此处的"传统"与"现代"的含义不同于一般意义上的传统与现代。"传统"指过去的时代，"现代"指现在正在历经的时代。

通过梳理，让中华优秀传统文化这一"被遗忘的美好"重新回归大众视野：在重阅、重拾中华优秀传统文化中最精妙的部分——中国传统生态思想和生态智慧的过程中重新肯定中华文化博大精深、厚德载物的品格。近年来，尤其是党的十八大召开后，西方学者对中国的生态文明建设给予了极大的关注和兴趣。"世界著名的后现代思想家、生态经济学家、过程哲学家小约翰·柯布对西方尤其是美国所走的现代化发展道路一直持坚定的批评态度，认为西方文明是没有根的文明，生态文明建设的希望在中国。"① 相较于西方文化，中华文化解读发展问题的崭新思路和化解人与自然矛盾的独特视角与魅力日益凸显。梳理中华优秀传统文化对于进一步增强中国人民的文化自觉和文化自信大有裨益。因此，生态文化建设有助于帮助我们重新拾获、认定中华优秀传统文化的"美好"，进一步推动中华优秀传统文化的传承。

通过优选，去粗取精，让中华优秀传统文化中最集中、最鲜明、最精妙地体现生态思想和生态智慧的资源得以保留和延续。儒家的"天人合一"，道家的"道法自然"，佛家的"万物皆佛、众生平等"已经成为现代东西方公认的现代生态哲学构建的参照模板。美国著名学者柯布及其学生格里芬都公开看好中国的生态文明建设，并希望中国借助自己得天独厚的思想资源走出一条有别于西方生态文明建设的新路。② 优选中华传统生态思想和生态智慧，既是避免中华优秀传统文化资源"荒废"和搁置的有效手段，也是避免中国发展重蹈西方现代化覆辙的根本之策。诚如柯布所言，"中国传统文化是有机整体主义的，中国文化特别是作为其根基的儒、道、释所倡导的天地人和、阴阳互动的价值观念，不仅是生态运动的哲学基础，也应成为未来后现代世界的支柱性价值观念"③。唯有通过优选，将这些生态思想精华保留、延续下来，才能为中国的生态文化建设提供深厚的哲学基础和有力的价值支撑。

通过雕琢，使带有较浓厚传统文明色彩的，带有盲目、笼统、猜测和零散特点的中华传统生态文化思想"接上现代文化的地气"，更好地服务

---

①　张孝德：《世界生态文明建设的希望在中国——第七届生态文明国际论坛观点综述》，《国家行政学院学报》2013 年第 5 期。

②　［美］柯布、［中］刘昀献：《中国是当今世界最有可能实现生态文明的地方——著名建设性后现代思想家柯布教授访谈录》，《中国浦东干部学院学报》2010 年第 5 期。

③　同上。

于现代生态文化建设。生态文化作为一种"站在传统之上的文化",其建设实践必须站在时代的高峰,"不断以改革创新为核心的时代精神拷问、指引其打破旧的文化'僵局',融入现代文化气息,对中华传统生态思想进行吸收、借鉴并反思、改造"①。这一吸收、借鉴并反思、改造的过程其实就是实现中华传统生态思想与现代生态文化耦合的过程。这一过程至关重要,关系到中国的生态文化建设有没有"根"的问题。对此,论者陈永敬见解深刻:"当前,在全球生态危机日益严重的国际形势的逼迫下,在诸多我国优秀传统文化亟待传承却日益淡出的国内文化发展态势下,急需建构一种既能承载厚重中国文化元素,又能凸显浓郁生态文明思想的新型先进文化。"② 唯有经此雕琢后的中华传统生态思想方能真正体现与现代生态文化的关联性和渗透性,中华优秀传统文化才能使现代文化发展有所皈依,方能在现代文化发展中有所作为,这也是文化的核心效能所在。

对中华优秀传统文化中的生态思想进行梳理、优选和雕琢是生态文化建设的题中应有之义。在梳理、优选和雕琢的过程中,中华传统生态思想和生态智慧得以重新审视,原本被忽略和遗忘的部分重新得以重视,中华优秀传统文化以新的姿态重现在人们的视野中。由于与中华优秀传统文化中的生态思想有着割舍不掉的内在同一性,生态文化建设必将带动整个中华优秀传统文化备受关注,进而带动中华优秀传统文化的弘扬。

（三）生态文化建设助推中华优秀传统文化创新的"天时"和"地利"

第一次工业革命以来,以"和""合"为核心价值的东方文明与文化在世界人民的眼中渐渐凋敝,取而代之的是以工具主义、科技主义、利己主义为代表的西方文明与文化。世界范围内一度出现中华优秀文化虚无主义,中华文明由备受推崇到"不招待见"。然而,20世纪60年代震惊世界的环境保护运动兴起之后,当世界人民逐渐意识到自己生存其中的地球变成了一个充满危机的"风险社会"之时,中国思想、中国智慧再一次被唤醒。在生态危机面前,越来越多的有识之士认识到西方文化不能打开

---

① 胡小玉:《中国特色社会主义文化发展中的生态文化建设》,硕士学位论文,江西理工大学,2013年。

② 陈永敬:《传统文化与生态文化耦合机制研究》,《高教学刊》2016年第4期。

工具主义、利己主义的精神枷锁，中华文化中的天地人和谐之哲思——"万物并育而不相害，道并行而不相悖"重新进入世界人民尤其是生态文化研究者的视野。中华优秀传统文化迎来了历史上新的春天，它在生态思想丰盈而混沌的当今时代，在西方主流价值观功利而短视的当下理应大有可为，这给生态文化建设带动中华优秀传统文化弘扬提供了"天时"优势。

中华优秀传统文化中有丰富的、独特的、精湛的生态智慧和生态文化要素，甚至成为不少现代西方学者创立生态哲学和生态伦理学的精神资源。正如有学者指出的那样："中国传统文化整体都弥漫着浓郁的生态文化气息，从政治制度、社会伦理、生产劳作、文学艺术到日常生活的方方面面都贯彻着'万物并育而不相害，道并行而不相悖'的和合精神及与自然相亲、相融及相谐的态度。"① 作为中华传统文化主干的儒家、道家、佛家思想保留着对生命的敬畏，倾注着对人类生存问题的终极关怀，遵循"天道"，实现人与自然和谐共生、持续共荣，崇尚整体自然观和遵从自然之道。

以儒、道、佛文化为主干的中华传统生态思想虽然穿越了漫长的时空，但其中的思想光芒和璀璨精华仍然具有极其重要的理论意义和现实价值。淳朴的天道思想对于物质充盈的现时代而言，显得尤为可贵。站在时代的拐点处，我们可以负责任地说，中华优秀传统文化中的生态思想和智慧具有某种超前性，具备穿越时空界限，对现代文化发展起助推作用。也就是说，这些思想一方面可以为当前世界范围内所面临的生态危机的解决提供新视角，另一方面可以为当今和未来世界生态文明建设提供思想启迪。这是中华生态智慧和思想需要肯定的伟大的一面。拥有几千年得天独厚的本土生态伦理基础，中国的生态文化建设必然有中华优秀传统文化复兴相伴随。这是生态文化建设带动中华优秀传统文化弘扬的"地利"优势。

生态文化建设带动中国优秀传统文化弘扬的"天时"和"地利"优势也是中华传统优秀传统文化在生态文明前夜值得推崇和赞叹之处。然而，与此同时，我们应实事求是地看到：中华优秀传统文化中蕴含的生态

---

① 原丽江、朝克：《中国传统文化中生态思想资源现代转化的可能性思考》，《理论学刊》2009 年第 9 期。

思想和智慧毕竟是农业文明时代的观念形态，是对自然与人文关系现象的直觉和感悟，缺乏科学的根据和论证，必然带有盲目、笼统、猜测和零散的特点。这与现代生态文化的自觉、清晰、确定、整合具有较大疏离。这是中华传统生态思想与现代生态文化不甚相符的地方，也恰恰是中国优秀传统文化创新的前提条件。据前所述，生态文化应该是"站在传统之上的文化"，是传统文化与现代文化的高度融合。为确保生态文化始终"站在传统之上"，保持恒久的生命力，唯有使传统生态思想融合现代生态文化精神。由此推之，对中华优秀传统文化，既要传承，更要创新，在创新中实现现代转化，充实现代生态科学和自觉生态理性的内涵，使其发扬光大。中华优秀传统文化在现代文化发展中的劣势反而成为生态文化建设带动中华优秀传统文化创新的必要前提和重要着力点。

中华优秀传统文化的传承是一项艰巨的系统工程。我们要做的，远远不是一项覆盖全民的"记忆唤醒"工程，而是一项基于"记忆唤醒"工程的思维重组与创新工程。打个不恰当的比喻，这项系统工程给予我们的使命绝非有如计算机系统还原，而是有如系统升级，使之既张扬传统文化精神，又耦合现代文化气息。生态文化建设有着传统文化与现代文化合璧的特质，有助于带领我们唤醒对于中华传统生态思想的记忆，经由对中华传统生态思想的再度青睐，唤醒我们对整个中华优秀传统文化的记忆，进而助推中华优秀传统文化实现重组与创新，使其得以有效传承。

四　生态文化建设助推中国文化产业优化升级

文化产业由于其特殊性，具有经济和文化双重属性，能够发挥经济和文化两重功效。应该说文化产业既是经济，也是文化，是经济与文化高度融合的产物。文化产业的双重属性、两重功能决定了其在中国特色社会主义文化发展中发挥着举足轻重的作用。它既能通过增强经济硬实力推动中国特色社会主义文化发展，又能通过提升文化软实力带动中国特色社会主义文化发展、繁荣。因此，文化产业是中国特色社会主义文化发展的重要支撑。自然地，中国特色社会主义文化的发展繁荣离不开中国文化产业的健康发展。

近年来，中国文化产业相较于前，不论是形式、规模还是发展路径都取得了一定成绩。但总体而言，中国文化产业发展规模不够大，形式较为单一，后劲不足，动力有限，创新不明显，"尚处于成长发展阶段，文化资源的浪费和破坏现象时有发生，某些文化产品还存在'三俗'问题，文化产品生产过程中保护自然环境和原生文化环境的意识还不够，文化产业投资存在浪费现象"①。由此可见，中国文化产业亟待在壮大规模和提升质量中实现优化升级。生态文化建设将给中国文化产业发展带来新的生机和活力。

（一）生态文化建设助推中国文化产业壮大规模

生态文化建设映射在经济层面最生动、最具活力的一面必然是促使经济结构优化升级，促使社会生产力实现生态转向。文化产业或者索性说文化产品本身就是经济结构优化升级、生产力生态化的直接体现。生态文化建设与文化产业在价值或者功能上具有同一性，也即生态文化建设需要文化产业发挥作用，此其一。生态文化建设成功与否的一个关键性指标便是宣传工作是否到位，也即生态文化观念是否深入人心。文化产业的产物——文化产品具有其他产品所不具备或者不注重、不显现的引领风尚、教育人民的精神属性。因此，文化产业能够在实现人们价值观的生态转向上助力生态文化建设，此其二。鉴于这两点，生态文化建设必然能够助推中国文化产业壮大规模。

依据在改造自然的过程中，人的主观能动性与自然生态和谐统一的程度，可以将原始文明时期的生产力视为自然生产力，农业文明时期的生产力视为农业生产力，工业文明时期的生产力视为工业生产力，生态文明时期的生产力视为生态生产力。其中，自然生产力和农业生产力时期人类只开展简单的生产活动，对生态环境的影响较小，工业生产力时期人类对自然进行掠夺式开发，生态环境严重恶化，生态生产力时期人类在修复和保护自然的前提下利用自然，人类经济活动与自然生态处于和谐状态。生态生产力在发展经济与保护环境之间实现双赢。这种双赢结果建基于人类开展的经济活动在生态系统可承受、可修复范围内。也就是说，生态生产力既要求尊重经济规律，还要求尊重自然规律，实现人与自然和谐发展。故而生态生产力要求发展低能耗、低污染、低排放的产业。

文化产业以创意为核心，其生产的文化产品以知识、智力为载体，符

① 徐艳芳：《文化产业与生态文明建设》，《光明日报》2013 年 10 月 5 日第 6 版。

合低碳经济和循环经济的特征。文化产品的流通模式也与其他物质产品不同。文化产品的流通具有运量小、网络化、易于传播等特征。可以说文化产业是流通模式最为生态化的产业。生态文化建设的成效最突出地反映在经济活动中或者说生产力层面。我们所发展的产业、我们所生产的产品，我们所发展的产业在生产产品的全过程是否符合生态文化价值精神，是生态文化建设过程中应该始终关注的问题。文化产业天然地具有绿色、低碳、循环、生态特征，这与生态文化建设所倡导的理念具有内在一致性。

在社会主义生态文明新时代的前夜，谋求经济发展与环境保护之间的平衡，打破二者长期以来的"二律背反"僵局，解放工业生产力，发展生态生产力成为事关我国发展全局的大问题。经济发展与环境保护的协调程度直接反映生态文化建设的程度和效果。因此，经济活动的生态化与否，生产力是粗放扩张还是精细集约是生态文化建设最直观的表现。也就是说，生态文化实质上是一种倡导经济领域生态化，谋求生态生产力，增强生态产品生产能力的文化。生态文化建设必将推动中国生产力的生态转向。因此，发展文化产业符合生态文化建设对生态生产力的追寻，符合生态文化建设方向。生态文化建设必将促进文化产业发展规模的扩大。

文化产品除了具备商品属性和经济属性外，更突出的是它具有其他产品所不具备或不注重、不显现的引领风尚、教育人民的精神属性。这就决定了文化产业的发展在传播先进理念方面具有独特功能，它能将先进文化转化为社会共识，使全体社会成员积极投身精神文明建设。近年来，我国生态文化建设取得了较大进展，但很多深层次问题仍然没有得到有效解决。这些问题的解决需要方方面面的努力，更离不开全体社会成员在价值观上的深刻变革，离不开全社会的生态共识，通俗地说，离不开深厚的群众基础。文化产品本身的精神属性使其能够在给人们提供消费品和使用价值的同时传播生态文化理念，引导人们自觉参与生态文化建设，从而激发全社会的生态文化建设活力。文化产品的这一特殊传播媒介功能必然能够被生态文化建设规划者考虑在内，从而通过各种方式嵌入生态文化题材，促使人民群众成为生态文化建设的主力军，真正发挥文化产品对于生态文化建设的传播媒介功能。

（二）生态文化建设助推中国文化产业提升质量

全国政协委员李修松在做客《中经在线访谈特别节目文化名人

访——聚焦 2016 两会》中深刻指出，中国文化产业总体上质量不高，效益不佳，面临的最大问题是创新能力不强。① 鉴于此，他提出用创新提升我国文化产业的质量和效益。确实，中国文化产业的根本问题不是规模问题，也不是形式问题，而是存在前述资源浪费、产品"三俗"、环保意识和原生文化保护意识不够等质量问题。质量问题的核心是创新问题。中国文化产业问题的根源在于创新不够。由于生态文明建设具有统揽经济和文化建设的功能，那么生态文化建设作为生态文明建设的核心内容，势必对具有经济和文化双重属性的文化产业发展具有指引作用。从根本上说，生态文化建设的历史进程是一个观念和实践协同创新的历史进程。因而，生态文化建设有助于带动中国文化产业的创新，从而提升中国文化产业发展的质量。

中国文化产业创新能力不强的根源是创新观念不明显。政府职能定位的偏差，发展主体心理的消极、视野的狭隘，直接导致中国文化产业创新发展后劲不足。直截了当地说，中国文化产业创新观念不明显主要表现在两方面：一方面，地方政府对文化产业态度的游离使文化产业得不到及时的、有针对性的政策扶持，同时对文化产业发展主体（这里主要指从事文化产品生产的企业和个人）的市场准入门槛设置过低；另一方面，文化产业发展主体本身对文化产业的认识不够、目标定位不清晰。具体而言，在地方政府看来，相对于工业、农业以及第三产业中的其他行业而言，文化产业投入高，效果不明显。鉴于此，地方政府在文化产业的态度上往往表现为既不支持也不反对。自然，由于对文化产业认识的偏见和态度的游离，地方政府在市场准入方面往往照单全收，对文化产业的评价具有明显的"唯 GDP 论"倾向。对于文化产业发展主体来说，也是问题重重。比如，在对文化产业的认识上，不少人认为文化产业投入少、回报高，而且对资源禀赋的要求不高；一些人认为发展文化产业应该找那些在短期内容易"赚钱"的项目；一些人认为发展文化产业只要规模上去了，质量自然就有保障；一些人认为文化产业不存在环境保护问题；等等。在目标定位上，不少文化产业发展主体并未考虑文化产业发展的战略性、长远性、全局性和持续性，而仅仅将文化产业作为快速生钱的工具，忽视文

① 李修松：《我国文化产业面临的最大问题是创新能力不强》，2016 年 3 月 8 日，http://www.ce.cn/culture/gd/201603/08/t20160308_9350974.shtml。

化产业的精神属性。

正因为中国文化产业发展中出现的种种错误观念或偏见,影视界"快餐式"无厘头"炒冷饭"现象横行,文化旅游热衷于"搞建筑"、办展览,物质文化湮没人文文化现象频出,众多文化产业经营项目雷同,经营方式陈旧,缺乏作为文化产业个性的元素,核心竞争力不强……总之,看似环保的文化产业却生产出大量垃圾,不仅生产精神垃圾,还生产物质垃圾,不仅破坏文化环境,还破坏生态环境……对文化产业产生诸多错误观念或偏见的根源,实质是工业文明主导下的单向度线性思维在作祟,也就是经济主义、功利主义式的工具理性的结果。追求技术、工序的最简化、规模的最大化和短期经济利益的最大化是其最终目标。创新中国文化产业发展观念,提升发展质量,最根本的是转变这种单向度线性思维,代之以生态文明主导下的多向度系统思维,也即生态整体主义式的生态理性。追求技术、工艺的最优化,长远经济利益的最大化,规模的最佳化以及社会、生态效益的最佳化是其最终目标。

生态文化建设的过程首先是一个从工具主义式的线性思维转向生态整体主义式的系统思维的过程,势必能够帮助中国文化产业在发展观念上实现创新,进而提升发展质量。对于地方政府而言,生态文化建设一经开展,原本对于文化产业的游离态度将得到改善,由消极被动转向积极主动。一系列有利于文化产业发展的政策措施将陆续出台。在文化产业市场准入方面将向资金、技术、资源、能力及社会责任等方面有优势的组织和个人倾斜,向有市场前景、有长远价值、注重社会效益和生态整体效益的项目倾斜,而非不论"好坏",只论短期的"GDP",照单全收。对于文化产业发展主体来说,生态文化建设的深入开展,原本对文化产业认识的偏差以及对文化产业发展目标定位的不准确将得到扭转。人们将重新认识自我,并提升自身的资源、能力禀赋和对社会、对生态的道德责任,自觉做到条件不符需"沉潜"提高,条件够了积极迎难而上。自然,人们对规模效应就等于经济效益的认识将彻底颠覆。而对于文化产业发展的目标定位也会更加清晰,更加关注战略性、长远性、全局性和持续性,肯定其经济属性的同时充分彰显其精神属性。

除了创新观念不明显,中国文化产业创新能力不足还有一个重要的影响因素,那就是缺乏创新实践,缺乏创新的主动性和积极性。在推动文化产业创新发展方面,不论是地方政府还是文化产业发展主体,积极性、主动性不高的问题较大程度地存在。即便是有较强创新观念的地方政府和文化产业发展主体，也表现出较严重的创新主动性不足的问题。换句话说，只要不存在强制机制，只要现行发展方式能够维持正常经济运行，哪怕产品低端，哪怕社会效益、生态效益递减，也不付诸创新实践。甚至面临现有发展方式使文化产业发展难以为继的现状，仍然抱以破罐破摔的态度，"穷却不思变"。这也是文化产业发展的一个怪圈——关了开，开了关。这其实反映了一种消极、被动的心理态度。这种心理态度也是工业文明主导下狭隘功利主义、利己主义价值观在发展难题面前难以奏效的结果，是一种扭曲的心理态度。生态文化建设可谓对此开了一剂良方。生态文化作为一种深度关注整个生态系统存续，自觉维护人类永续发展根基的文化形态，蕴含着高度的社会责任感和生态责任感。生态文化建设是一种对高品质发展的主动地、积极地追寻。在这一高品质发展的追寻中，生态文化建设能够指引人们以一种积极主动的心理态度开展文化产业发展的创新实践。

需要特别指出的是，生态文化建设给中国文化产业发展的创新实践的启示异常丰富，但有一点特色鲜明。那就是，我们应主动将文化与经济、文化与生态、经济与生态紧密结合起来，从中挖掘出能够使生态文化建设成果与文化产业发展成果深度融合的新型文化产业，从而以实际行动推动其发展。这种新型文化产业已经被发现，那就是生态文化产业。"生态文化产业是以生态文化为引领的、为社会公众提供生态文化产品和服务的低碳创意产业。具体地讲，生态文化产业是以生态资源为基础，以文化创意为内涵，以科技创新为支撑，以生态产业为表现形式，以提供多样化的生态文化产品和生态文化服务为主，向消费者传播人与自然和谐的文明理念，推动经济社会可持续发展的产业。"①

从整体上说，在我国，生态文化产业还处于初创阶段。推动生态文化产业发展，关键在于正确理解其内涵。笔者认为，我们可以从两个层面理解生态文化产业。不妨从语法修辞学的角度来看"生态文化产业"一词，将其看成一个偏正短语。如此说来，"生态文化产业"可解读为"生态"的"文化产业"和"生态文化"的"产业"两种形式。"生态"的"文化产业"突出的是文化产业所生产出来的产品符合绿色、生态、环保标

---

① 邓显超、杨章文：《浅议江西生态文化发展》，《党史文苑》2015 年第 22 期。

准，侧重通过文化载体表现出来的文化产业，比如文化旅游。而"生态文化"的"产业"突出的是支撑文化产业发展的文化也即文化产业的题材必须是生态文化，侧重通过文化本身表现出来的生态文化产业，比如"生态影视书刊出版、绿色广告包装策划、生态环保会议会展、生态旅游纪念用品、生态工艺绘画雕刻、生态艺术歌舞演出等"①。"生态"的文化产业是生态（绿色、环保）观念与文化产业的融合（观念与经济的融合），也即我们发展的文化产业要是绿色、环保的。"生态文化"的产业是"生态文化"与文化产业的融合（文化与经济的融合），也即我们发展的文化产业是以生态文化为主题的。生态文化建设要求中国文化产业发展集这两类生态文化产业于一身。

　　从根本上说，缺乏创新是中国文化产业发展的最大短板。鉴于此，发展中国文化产业的当务之急是找到补齐这一短板的有力措施。生态文化建设本身就是一个将经济、文化与生态高度融合的创新实践。这与中国文化产业发展具有天然的耦合性。也就是说，生态文化建设将促使中国文化产业不仅仅凸显经济属性和文化属性，还凸显生态属性，使中国文化产业持续健康发展。总之，生态文化建设不仅将在观念上，还将在实践上给中国文化产业带来新的生机和活力，促使中国文化产业在壮大规模的同时提升发展质量。

---

① 胡小玉：《中国特色社会主义文化发展中的生态文化建设》，硕士学位论文，江西理工大学，2013 年。

第五章

中国特色：中国社会主义生态文化的内在禀赋

中国当代要建设的生态文化，要体现中国特色。或者说，中国特色，是中国社会主义生态文化的内在禀赋。为此，中国特色社会主义生态文化建设必须坚持中国特色社会主义文化发展道路，体现中国特色社会主义文化的基本原则和本质特征。因而应当坚持马克思主义为指导，坚持社会主义先进文化前进方向，"重中之重"是要将生态文明理念纳入社会主义核心价值体系和核心价值观。既要继承和发扬中华优秀文化传统，大力弘扬中华民族生态文化精神，凸显生态文化的民族特色，又要实行"三个面向"，反映生态文明的时代精神，保证中国生态文化既富有中国特色又永葆生机。还应坚持文化的大众化方向，发挥人民群众在生态文化建设中的主体作用。概而言之，就是要实现生态文化的中国化、时代化、大众化。

一 坚持中国特色社会主义文化发展道路

我们要建设的生态文化，是中国特色社会主义文化的重要组成部分。因此，必须把生态文化建设纳入中国特色社会主义文化建设和发展的总体布局之中。同样，生态文化发展道路，必须坚持中国特色社会主义文化发展道路。

（一）中国特色社会主义文化发展道路的指导思想和基本方针

作为一个具有有高度文化自觉和文化自信的马克思主义政党，中国共产党在90多年的奋斗历程中，无论是革命战争年代还是建设改革时期，都始终根据时代发展的要求，从实现党的中心任务出发，高举发展先进文化的旗帜，阐明自己的文化纲领和奋斗目标，提出切实有效的文化政策，推动着我国文化事业的发展。在改革开放的新时期，中国共产党始终把文化建设放在党和国家全局工作重要战略地位，坚持物质文明和精神文明两手抓，实行依法治国和以德治国相结合，促进文化事业和文化产业同发展，推动文化建设不断取得新成就。正是在这一以贯之的接力探索中，我们走出了中国特色社会主义文化发展道路。中国特色社会主义文化发展道路，"这是一条高扬社会主义先进文化与传承民族优秀传统文化相结合的发展道路，也是一条凝聚了几代中国共产党人在文化建设上不懈探索的智慧和心血的发展道路，更是一条通往建设社会主义文化强国宏伟目标的唯一正确的道路"①。

在 21 世纪进入第二个十年的时候，文化的地位和作用愈加凸显——它越来越成为民族凝聚力和创造力的重要源泉、国家综合国力竞争的重要因素、经济社会发展的重要支撑，我国广大人民群众也热切地期盼能有更加丰富的精神文化生活。在新的历史起点上深化文化体制改革、推动社会主义文化大发展大繁荣，关系实现全面建设小康社会奋斗的目标，关系坚持和发展中国特色社会主义，关系实现中华民族伟大复兴。在这样的时候，需要站在新的历史高度上，准确地把握当今时代文化发展新趋势、我国经济社会发展新要求和各族人民精神文化生活新期待，鲜明地回答新的历史条件下我国文化改革发展走什么样的路、朝什么样的目标迈进的重大问题，全面地研究和部署文化改革和发展的总体工作。在这样的期待中，2011 年 10 月，以文化改革发展为主题的党的十七届六中全会召开。全会通过的《中共中央关于深化文化体制改革推动社会主义文化大发展大繁荣若干重大问题的决定》（以下简称《决定》），明确提出坚持中国特色社会主义文化发展道路、建设社会主义文化强国的目标要求，强调文化改革发展要以科学发展为主题、以建设社会主义核心价值体系为根本任务、以满足人民精神文化需求为出发点和落脚点、以改革创新为动力，成为当前和今后一个时期指导我国文化改革发展的纲领性文件。

《决定》全面系统地阐述了中国特色社会主义文化发展道路的深刻内涵，从文化的角度深化和拓展了对中国特色社会主义道路的认识。《决定》指出："坚持中国特色社会主义文化发展道路，深化文化体制改革，推动社会主义文化大发展大繁荣，必须全面贯彻党的十七大精神，高举中

---

① 本书课题组：《中国特色社会主义文化发展道路》，中央文献出版社 2013 年版，第 288—289 页。

国特色社会主义伟大旗帜，以马克思列宁主义、毛泽东思想、邓小平理论和'三个代表'重要思想为指导，深入贯彻落实科学发展观，坚持社会主义先进文化前进方向，以科学发展为主题，以建设社会主义核心价值体系为根本任务，以满足人民精神文化需求为出发点和落脚点，以改革创新为动力，发展面向现代化、面向世界、面向未来的，民族的科学的大众的社会主义文化，培养高度的文化自觉和文化自信，提高全民族文明素质，增强国家文化软实力，弘扬中华文化，努力建设社会主义文化强国。"①这段话，是我国推进文化改革发展的指导思想，也是坚持中国特色社会主义文化发展道路的基本要求。

《决定》按照实现全面建设小康社会奋斗目标新要求，提出了文化改革发展奋斗目标，并提出了实现这个奋斗目标必须遵循"五个坚持"的重要方针。

——坚持以马克思主义为指导，推进马克思主义中国化、时代化、大众化，用中国特色社会主义理论体系武装头脑、指导实践、推动工作，确保文化改革发展沿着正确道路前进。

——坚持社会主义先进文化前进方向，坚持为人民服务、为社会主义服务，坚持百花齐放、百家争鸣，坚持继承和创新相统一，弘扬主旋律、提倡多样化，以科学的理论武装人，以正确的舆论引导人，以高尚的精神塑造人，以优秀的作品鼓舞人，在全社会形成积极向上的精神追求和健康文明的生活方式。

——坚持以人为本，贴近实际、贴近生活、贴近群众，发挥人民在文化建设中的主体作用，坚持文化发展为了人民、文化发展依靠人民、文化发展成果由人民共享，促进人的全面发展，培育有理想、有道德、有文化、有纪律的社会主义公民。

——坚持把社会效益放在首位，坚持社会效益和经济效益有机统一，遵循文化发展规律，适应社会主义市场经济发展要求，加强文化法制建设，一手抓繁荣、一手抓管理，推动文化事业和文化产业全面协调可持续发展。

——坚持改革开放，着力推进文化体制机制创新，以改革促发展、促

---

① 《中共中央关于深化文化体制改革推动社会主义文化大发展大繁荣若干重大问题的决定》，《人民日报》2011 年 10 月 26 日第 1 版。

繁荣，不断解放和发展文化生产力，提高文化开放水平，推动中华文化走向世界，积极吸收各国优秀文明成果，切实维护国家文化安全。①

(二) 中国特色社会主义生态文化建设的基本原则

《决定》提出的坚持中国特色社会主义文化发展道路的基本原则和重要方针，也是生态文化建设和发展所应遵循的基本原则和方针。依照《决定》提出的这些原则和方针，坚持中国特色社会主义文化发展道路推进生态文化建设和发展，应当遵循以下几个原则。

第一，坚持马克思主义为指导，坚持社会主义先进文化前进方向。坚持马克思主义为指导，以社会主义先进文化为引领，是中国特色社会主义文化最鲜明的特征，也是事关中国特色社会主义生态文化建设和发展全局的根本问题。马克思主义是我党我国的指导思想。以马克思主义为指导，既要以马克思主义的创立者马克思、恩格斯的思想特别是生态哲学思想为指导，又要以发展了的中国化的马克思主义生态思想为指导。坚持社会主义先进文化前进方向，关键是要坚持社会主义核心体系和核心价值观，弘扬社会主义生态文明主流价值观，并把生态文明纳入社会主义核心价值体系和核心价值观。只有坚持马克思主义为指导，以社会主义先进文化为引领，才能打牢中国特色社会主义生态文化建设和发展的根基。

第二，既要继承和发扬中华优秀文化传统，大力弘扬中华民族生态文化精神，凸显生态文化的民族特色，又要实行"三个面向"，即面向现代化、面向世界、面向未来，保证中国特色社会主义生态文化既富有中国特色又永葆生机。这就要把握好文化建设的普遍性和特殊性、共性和个性的辩证关系。中国特色社会主义生态文化的发展必须继承传统，体现民族的个性，在转型与选择中必须保持文化的自主地位，不断增强自主能力，保证中国生态文化发展的相对独立性，体现民族文化的自我，否则不能被广大民族成员接受。中国特色社会主义生态文化的发展，又必须面向世界，面向时代，面向未来。中国特色社会主义生态文化要把握时代发展的脉搏和趋势，引领时代的发展；全球化的现实需要有一些共同遵守的行为秩序和文化准则，我们应该精通并掌握这些秩序和准则，才能符合当代世界文

---

① 《中共中央关于深化文化体制改革推动社会主义文化大发展大繁荣若干重大问题的决定》，《人民日报》2011 年 10 月 26 日第 1 版。

化发展的时代潮流，才能永葆生命活力，否则就会被时代所淘汰。只有把握好文化建设的这一普遍性和特殊性、共性和个性的辩证统一关系，中国特色社会主义生态文化才能既富有中国特色又永葆生机。

　　第三，坚持文化的大众化方向，发挥人民群众在生态文化建设中的主体作用，坚持文化发展为了人民、文化发展依靠人民、文化成果由人民共享。中国特色社会主义生态文化是人民共建共享的文化，人民是推动社会主义生态文化发展的力量源泉。因此，生态文化建设也要坚持贴近实际、贴近生活、贴近群众的原则，中国特色社会主义生态文化构建要关注我国现实的文化基础和大众的社会心理基础，使其成为大众易于接受的价值观念，即要实现生态文化的大众化。另一方面要总结人民群众生态文明建设的实践经验，以及吸纳和发挥民间文化的生态示范效应与传播中介功能。

　　总之，我们着力建设的生态文化，作为中国特色社会主义文化的组成部分，是以马克思主义为指导，坚持社会主义先进文化前进方向，适应社会主义生态文明建设的时代要求，以人为本、以人与自然和谐发展为目标，植根于中国传统生态智慧和思想，吸收国外生态文化的积极成果，总结生态文明建设的实践经验而形成并发展着的面向现代化、面向世界、面向未来的，民族的、科学的、大众的生态文化。概而言之，就是中国特色社会主义生态文化。

二　坚持以马克思主义为指导建设生态文化

　　马克思主义是我党我国的指导思想。中国特色社会主义生态文化建设是我国社会主义生态文明建设伟大事业的重要组成部分，需要科学理论的指导。马克思主义作为科学的世界观和方法论，对于中国特色社会主义生态文化建设具有重要指导意义。坚持以马克思主义为指导，决定着中国特色社会主义生态文化建设的性质和方向。中国特色社会主义生态文化建设要坚持马克思主义的指导地位，既要深刻理解和把握马克思主义创立者马克思、恩格斯的生态思想，又要用发展了的中国化的马克思主义生态文明建设理论为指导思想，来推动中国特色社会主义生态文化建设向着更高水平的方向发展。

（一）中国特色社会主义生态文化建设必须坚持马克思主义指导地位

2016 年 5 月 17 日习近平在哲学社会科学工作座谈会上的讲话中指出："坚持以马克思主义为指导，是当代中国哲学社会科学区别于其他哲学社会科学的根本标志，必须旗帜鲜明加以坚持。"①

马克思主义的科学理论虽然诞生在一百多年之前，迄今依然有着强大的生命力。马克思主义从实现人民解放、维护人民利益的立场出发，以实现人类的自由、全面的发展和整个人类的解放为己任，深刻揭示出了自然界、人类社会和人类思维发展的一般规律，是人们观察世界、分析问题的有力思想武器，是"伟大的认识工具"；马克思主义具有鲜明的实践品格，不仅致力于科学地"解释世界"，而且致力于积极地"改变世界"。"在人类思想史上，还没有一种理论像马克思主义那样对人类文明进步产生了如此广泛而巨大的影响。"②

马克思主义是我党我国的指导思想。生态文化建设是我国社会主义生态文明建设伟大事业的重要组成部分，需要科学理论的指导。马克思主义作为科学的世界观和方法论，对于生态文化建设具有指导意义。"在当今世界上有各种各样的生态理论，但无数的事实证明，它们都不足以承担起指导人类进行生态文明建设的重任，唯有马克思主义才能承担起这一重任。"③

1. 坚持以马克思主义为指导，决定着中国特色社会主义生态文化建设的性质和方向

"马克思主义深刻揭示了人类社会发展规律，坚定维护和发展最广大人民根本利益，是指引人民推动社会进步、创造美好生活的科学理论。"④坚持以马克思主义为指导，是我们立党立国的根本，同样是中国特色社会主义生态文化建设的根本，决定着中国特色社会主义生态文化建设的性质和方向，是中国特色生态文化区别于其他生态文化的根本标志。马克思主

---

① 习近平：《在哲学社会科学工作座谈会上的讲话》，《人民日报》2016 年 5 月 18 日第 1 版。

② 同上。

③ 陈学明：《马克思主义与生态文明建设》，《文汇报》2010 年 2 月 22 日。

④ 《中共中央关于深化文化体制改革推动社会主义文化大发展大繁荣若干重大问题的决定》，《人民日报》2011 年 10 月 26 日第 1 版。

义作为一种文化，其鲜明的革命性、实践性、科学性和现实性，强烈的思想性、意识形态性，决定了它不是与其他多元文化当中并列的一元，而是在意识形态和思想文化上起主导作用。不能搞指导思想的多元化，要毫不动摇地坚持马克思主义基本原理，系统掌握马克思主义立场、观点、方法，紧密结合中国实际、时代特征、人民愿望，用发展着的马克思主义指导中国生态文明建设的实践，保证中国特色社会主义生态文化不偏离社会主义的性质和方向。

2. 坚持以马克思主义为指导，才能为中国特色社会主义生态文化建设提供正确的世界观和方法论

当代中国特色社会主义生态文化建设是我国生态文明建设所面临的新任务。如何建设生态文化，是一个崭新的课题，包括其基础理论在内有很多问题还缺乏一个鲜明、准确、科学的认识，还尚待研究、探索、厘清。比如应该坚持什么样的对待人与自然关系的立场和态度？是坚持人类中心主义还是坚持非人类中心主义，或两者有无调解与融合的可能，如何实现调解与融合？如何对待和处理生态文明建设、生态文化、生态保护与经济政治的关系，特别是维护生态和经济发展的关系？在坚持价值规律对资源配置起决定作用的市场经济条件下，应该建设什么的生态文化、怎样处理市场经济与生态文化的关系？应该制定和倡导什么样的生态道德原则和规范，并以此来调节社会生产和消费？等等诸如此类的基本问题，其中许多问题至今还是争论不休。这就要以马克思主义为指导，也就是以马克思主义的基本立场、基本观点为指导，并运用马克思主义的思想方法，结合中国生态文明建设的实际，对生态文化建设的基本理论问题和实际具体问题进行深入研究，从中得出具体结论。

3. 坚持以马克思主义为指导，才能对中国传统生态文化进行正确的批判、继承和弘扬，对国外生态文化成果进行科学的鉴别与吸收

中国传统文化中具有丰富的生态思想，是我们今天建设生态文化的思想资源和文化根脉。但任何一种文化都有多面性、复杂性。中国传统文化、包括其中蕴含的生态文化，是一个复杂的整体，有精华也有糟粕。一概地否定传统文化是错误的，但不承认传统文化中存在糟粕也不是科学的态度。正如黄柟森所指出的那样，"我们不否认中国传统文化有精华也有糟粕，但是现在很少谈传统文化的糟粕，甚至它的封建性也不谈。实际上封建性不全是消极的，封建性实际上也有些积极的东西，

但是应分析什么东西宜于现在或不适宜于现在。在这个问题上，不能采取绝对的态度"①。这就要求我们以马克思主义为指导，用马克思主义的历史唯物主义的态度和方法，科学地对中国传统生态文化，展开批判性分析，取其精华去其糟粕，达到古为今用，并实现传统生态文化的时代转换和创新性发展。

在现代，生态文化在国外优先得到发展，取得了丰硕的成果。中国特色社会主义生态文化建设要不断吸收世界优秀生态文化成果，但不能全盘照搬，这就需要对国外生态文化进行鉴别，哪些是优秀成果，如何才能为我所用。我们要把国外不同的丰富多彩的生态文化成果吸收过来，也绝对不是简单拿来堆放在一起，好比找个聚宝盆，把所有的宝贝堆装在一起就万事大吉了，而是要鉴别、改造、融合、转化，成为中国生态文化的有机成分。对国外特别是西方的生态文化理论和观点如何看待、如何评价？如何通过鉴别、改造、融合、转化而使其成为中国生态文化建设的有益资源和条件？等等，没有一套科学的方法是不行的，这套方法就是马克思主义的方法，就是马克思主义的唯物主义、辩证法、唯物史观。同时，西方生态理论所提出的诸多问题也要做出马克思主义的解释，以推进中国特色社会主义生态文化的科学健康发展。

4. 坚持以马克思主义为指导，将马克思主义和中国实践与中国文化相连接，才能在生态文化建设中推进马克思主义中国化

坚持马克思主义为指导，必须实现马克思主义的中国化，从科学性、民族性、大众化等方面去建设和传播马克思主义。马克思主义要积极应对当代生态文明建设和生态文化发展的要求和挑战。如何使马克思主义走向中国大众，面对中国民众生活，并且在建设生态文化中建立话语权并产生积极影响，是我们坚持马克思主义所要面临的重要课题。"马克思主义中国化这一过程实际上包含两个方面，一是和中国实践相结合，二是和中国文化相结合。也就是说马克思主义中国化不仅包括实践诠释，而且包括文化解读。马克思主义中国化的本质内容要在中国社会实践和中国文化传统两个维度上展开，并由此揭示马克思主义的实践意义和文化底蕴。马克思主义如何与中国文化连接具有关键性的作用和意义，只有实现马克思主义

---

① 叶红云、张学成：《马克思主义与中国文化发展的当代阐释——"北京大学马克思主义与中国文化发展学术研讨会"综述》，《马克思主义研究》2010 年第 7 期。

与中国文化的结合、融合、磨合、整合，马克思主义的传播和确立及马克思主义的中国化才能成为现实。"① 在中国特色社会主义生态文化建设中，要把马克思主义生态思想中国化，既要有民族性的形式，也要有民族性的内容，即需要与中华民族内在的文化基因相连接。中国传统文化中所蕴含的丰富的生态文化、生态哲学思想，及其中所蕴含的唯物主义和辩证法思想，是马克思主义生态思想在中国的传播与发展，并为人们选择和接受的文化基础，也就是马克思主义中国化的中华文化基因。如马克思主义中国化的当代成果——科学发展观与和谐社会建设理论，其中所强调的以人为本、以和为贵，都渗透着中国传统生态文化的精华，彰显着马克思主义中国化的文化内涵。

（二）马克思主义的生态思想及其对中国特色社会主义生态文化建设的指导意义

马克思和恩格斯虽然没有生态环境问题的专门著作，但在他们的自然观、实践观、社会观和历史观中蕴含着丰富的生态思想。例如，关于人与自然是有机整体的观点、人化自然的观点、人与自然的关系在其现实性上表现为人与人的关系和人与社会的关系的观点、消除人与人的对抗和克服人与自然之间的对抗是两位一体的任务的观点、自然的人本主义与人的自然主义相统一的观点等，这些观点在今天仍具有指导意义。我们应当发掘和阐发马克思主义的生态思想，指导中国特色社会主义生态文化建设。

中国共产党坚持将马克思主义的基本原理与中国实际相结合，对马克思、恩格斯的生态思想的认识不断深化，并在生态理论上不断实现历史性的飞跃：从把保护环境确定为基本国策，到把实现可持续发展作为重大战略，再到提出科学发展观、进而明确提出"建设生态文明""美丽中国"的战略决策和奋斗目标，这与中国共产党紧紧把握时代脉搏、与时代特征相结合做出新的历史判断息息相关。特别是从战略的高度提出建设生态文明，是马克思、恩格斯生态思想发展的最新理论成果，更是对中国共产党历代中央领导集体生态保护思想的继承和升华。生态文化建设要坚持马克思主义的指导地位，既要深刻理解和把握马克思主义创立者马克思、恩格

① 叶红云、张学成：《马克思主义与中国文化发展的当代阐释——"北京大学马克思主义与中国文化发展学术研讨会"综述》，《马克思主义研究》2010 年第 7 期。

斯的生态思想，又要用发展了的中国化的马克思主义生态文明建设理论为指导思想，来推动中国特色社会主义生态文化建设向着更高水平的方向发展。

1. 马克思主义关于人与自然、社会是一个有机整体的思想，为中国特色社会主义生态文化建设提供生态世界观指导

马克思、恩格斯所创立的哲学，是关于自然界、人类社会、思维发展规律的科学，坚持的是世界是一个普遍联系的整体的观点。马克思、恩格斯坚持辩证唯物主义的基本立场，一直强调自然界和人类社会是相互联系的有机整体，指出自然环境是人类社会生存发展的物质基础，而人类独有的实践活动则是自然界与人类社会发生关联的桥梁和纽带。就是说，"自然—人—社会"是一个有机整体，其中实践是联结自然、人、社会的中介。

"现实的个人"是马克思主义唯物史观的出发点。马克思、恩格斯在《德意志意识形态》一书中，把"人类历史的第一个前提"确定为"有生命的个人的存在"和"他们与自然的关系"。就是说，"现实的个人"先是指"有生命的个人的存在"，有着自然的生命存在机制。因此，自然并不在人之外，而是在人之中。马克思指出："感性自然界，对人说来直接地就是人的感性（这是同一个说法），直接地就是另一个对他说来感性地存在着的人。"① 这是说，自然界是有生命的个人存在的确证。同时，"现实的个人"也是一个"从事实际活动的人"，即感性实践的存在物。

自然是先于人而存在的，即具有"先在性"。人是自然界长期发展的结果，人类本身就是自然界的产物。马克思、恩格斯揭示了人的自然属性以及人与自然的深刻关联，指出人是自然发展到一定阶段的产物。马克思指出："历史本身是自然史的即自然界成为人这一过程的一个现实部分。"② 恩格斯也指出："人本身是自然界的产物，是在他们的环境中并且和这个环境一起发展起来的。"③ "我们连同我们的肉、血和头脑都属于自然界，存在于自然界的。"④ 从这个意义来说，人类是自然界的一个部分。人类产生后，又靠自然界而生活，自然是人和社会存在的物质条件。正如

---

① 《马克思恩格斯选集》第 42 卷，人民出版社 1979 年版，第 128—129 页。

② 《马克思恩格斯全集》第 12 卷，人民出版社 1995 年版，第 128 页。

③ 《马克思恩格斯全集》第 3 卷，人民出版社 1995 年版，第 74 页。

④ 同上。

马克思所说："人靠自然界生活。这就是说，自然界是人为了不致死亡而必须与之处于持续不断地交互作用过程的、人的身体。所谓人的肉体生活和精神生活同自然界相联系，不外是说自然界同自身相联系，因为人是自然界的一部分。"① 自然界是人类生活的物质基础，但人类与自然界的其他生物不同，是靠自身对自然的改造的实践活动来获取生存和发展的物质资料，以延续生命，推动社会文明的发展。即是说，人只有在实践中与自然界发生并建立一定的关系，自然界的存在才对人有现实意义，并使自然界存在获得社会价值。实践是人作为特殊生命物种所特有的存在方式，通过实践，"自然—人—社会"表现为一个有机联系的整体。这里的"自然"，成为人的实践活动的前提、对象和结果。作为实践活动对象的"自然"，包括"先于人的存在的自然界"和作为自然存在物的自然。通过实践，自然"一方面作为自然科学的对象，一方面作为艺术的对象，都是人的意识的一部分，是人的精神的无机界，是人必须事先进行加工以便享用和消化的精神食粮"② 。自然作为实践活动的结果，成为"人化的自然"，成为集中反映人的实践活动的对象性存在和人本质力量。"是一本打开了的关于人的本质力量的书。"③ 这样的"自然"范畴是与人的实践本质和社会本质分不开的。就社会与自然的关系来说，社会是自然演化中的一部分，是在实践的基础上人与自然的完成了的本质的统一；反过来，人与自然的本质统一，也只有在社会中才能实现。

马克思、恩格斯把人、自然和社会看作一个相互关联、对立统一的整体，而对这一整体关系的科学辩证的把握则构成他们生态思想的主要内容。马克思、恩格斯关于人类社会与自然界的这种辩证互动联系的思想对我们建立生态文化的生态世界观具有重要的指导意义。这要求我们必须从人与自然相互作用的关系和联系中，以整体和系统的方式去观察和理解自然以及整个现实世界。

2. 马克思主义对人与自然和谐、自然主义与人道主义辩证统一的理想追求，为中国特色社会主义生态文化建设提供生态价值观指导

马克思主义唯物史观认为，"历史可以从两方面来考察，可以把它划分为自然史和人类史。但这两方面是密切相联的；只要有人存在，自然史

---

① 《马克思恩格斯选集》第3卷，人民出版社1995年版，第518页。
② 《马克思恩格斯全集》第42卷，人民出版社1979年版，第95页。
③ 同上书，第127页。

和人类史就彼此相互制约"①。这里，马克思和恩格斯用实践的唯物主义观点确立了人与自然必须和谐发展的思想，表明"人与自然的和谐"是唯物史观的根本观点。在马克思、恩格斯看来，人与自然发生冲突的主要方面是人，是人的欲望，人的利益需求。"到目前为止，存在过的一切生产方式都只在于取得劳动的最直接的有益结果。"② 马克思、恩格斯从现实的自然生态问题入手揭示其社会根源，对不合理的资本主义社会制度、生产方式展开"社会批判"。如恩格斯指出，在资本主义社会里，"在各个资本家都是为了直接的利润而从事生产和交换的地方，他们首先考虑的只能是最近的最直接的结果。一个工厂主或商人在卖出他所制造的或买进的商品时，只要获得普通的利润，他就满意了，而不再关心商品和买主以后将是怎样的。人们看待这些行为的自然影响也是这样。西班牙的种植场主曾在古巴焚烧山坡上的森林，以为木灰作为肥料足够最能盈利的咖啡树施用一个世代之久，至于后来热带的倾盆大雨竟冲毁毫无掩护的沃土而只留下赤裸裸的岩石，这同他们又有什么相干呢?"③ 马克思、恩格斯认为不顾后果的利益驱动是导致生态危机的根本原因。而在资本主义私有制社会中，生产的私人化、资本家追求资本利润的最大化的贪欲加剧了环境和资源的破坏。针对资本主义社会必然造成人与自然关系异化的状况，马克思将其根源归结为人与社会关系的异化，而克服人与自然相异化、实现人和自然界的和谐统一的根本途径是解决人与社会的冲突。即是说，要解决人与自然的矛盾，需要生产方式、社会制度的创新和变革，因此马克思提出"需要对我们的直到目前为止的生产方式，以及同这种生产方式一起对我们的现今的整个社会制度实行完全的变革"④。通过社会制度的变革，实现生产方式、人的行为模式的变革，才能消除人与自然的异化。

由此，马克思主义提出了一个重要命题："人类同自然的和解以及人类本身的和解。"⑤ 马克思主义在揭示、批判资本主义生产方式造成人与自然关系异化问题的同时，也表达了鲜明的价值取向，提出了制度变革要达到的理想社会模式，即"社会是人同自然界的完成了的本质的统一，

---

① 《马克思恩格斯选集》第 3 卷，人民出版社 1995 年版，第 276 页。

② 恩格斯:《自然辩证法》，人民出版社 1971 年版，第 56 页。

③ 《马克思恩格斯选集》第 4 卷，人民出版社 1995 年版，第 386 页。

④ 同上书，第 385 页。

⑤ 《马克思恩格斯全集》第 1 卷，人民出版社 1995 年版，第 603 页。

是自然界的真正复活，是人的实现了的自然主义和自然界的实现了的人道主义"①。这种理想社会模式就是共产主义社会，"这种共产主义，作为完成了的自然主义＝人道主义，而作为完成了的人道主义＝自然主义，它是人和自然之间，人和人之间的矛盾的真正解决，是存在和本质、对象化和自我确证、自由和必然、个体和类之间的斗争的真正解决"②。之所以共产主义社会能实现人与自然的和谐统一，是因为共产主义才能提供实现人与自然"和解"的社会条件："社会化的人，联合起来的生产者，将合理地调节他们和自然之间的物质变换，把它置于他们的共同控制之下，而不让它作为一种盲目的力量来统治自己；靠消耗最小的力量，在最无愧于和最适合于他们的人类本性的条件下来进行这种物质变换。"③ 就是说，作为对资本主义制度的扬弃的共产主义社会，能使人们能够合理地调节人际关系，可以兼顾社会发展的短期利益与长远利益，追求社会整体最大利益。共产主义社会之所以能做到这点，在于这种制度消除了人与人、人与社会的对立后，实现人的全面自由和发展，使人的特性、人的能力得到充分的发挥，能科学审视人与自然的关系，合理地进行与自然界之间的交换，选择更为理性的生产方式和消费方式，促进经济社会发展同自然生态系统相协调，逐步摆脱人与自然相异化的状态，实现人与自然的和谐统一。这就是马克思、恩格斯的价值追求。

马克思的共产主义社会理想和价值追求为我们提供的是一种生态价值观。尽管我国当前仍然处于社会主义初级阶段，还未达到马克思所说的生产力高度发达的共产主义社会阶段，但毕竟建立起了社会主义的政治制度、经济制度，这就为实现人与自然的和谐发展创造了制度前提。马克思主义的价值观告诉我们，有什么样的价值取向就会以什么样的生产方式、增长方式和发展目标来指导实践。我们党以马克思主义为指导，提出"坚持以人为本，树立全面、协调、可持续的发展观，促进经济社会和人的全面发展"的科学发展观。科学发展观既要解决中国经济社会的发展方向、发展目标和发展方式的问题，又要解决人与自然和谐的问题。科学发展观作为马克思主义关于发展的世界观和方法论的集中体现，为我国的

---

① 《马克思恩格斯全集》第 3 卷，人民出版社 2002 年版，第 301 页。
② 《马克思恩格斯全集》第 42 卷，人民出版社 1979 年版，第 120 页。
③ 《马克思恩格斯文集》第 7 卷，人民出版社 2009 年版，第 928 页。

生态文明建设明确了发展方向，也为中国特色社会主义生态文化建设指明了前进道路。在当代中国，只有坚持用科学发展观来正视和解决经济社会发展与生态环境保护之间存在的矛盾，才能实现人类社会与自然界和谐永续发展，才能取得生态文化建设的丰硕成果。"党的十八大报告明确将科学发展观作为党的指导思想，提出了尊重自然、顺应自然、保护自然的生态文明理念，确定了未来社会绿色发展、循环发展、低碳发展等新的发展观，这也为我国生态文化建设提供了科学的理论指导。我国在科学发展观指导下的生态文化建设，就充分反映了马克思主义的价值取向，这也充分反映了我党对马克思主义生态价值观的自觉继承和创新发展。"① 为此，我们要坚持贯彻落实科学发展观，并以此作为中国特色社会主义生态文化建设的重要指导思想，以构建中国特色社会主义科学的生态价值观。

3. 马克思主义关于必须按自然规律办事以实现和谐发展的思想，为中国特色社会主义生态文化建设提供生态实践观指导

马克思主义肯定了人是具有主观能动性的社会存在物，人可以通过实践改造使自然为我所用，随着人类实践活动的不断深入，越来越多的"自在自然"成为"人化自然"。但是人的主观能动性的发挥并非无所约束，而是必须遵从自然规律，否则就必定要遭受自然规律的惩罚。恩格斯指出："我们不要过分陶醉于我们人类对自然界的胜利，对于每一次这样的胜利，自然界都对我们进行报复。"②

人类的合理的实践活动必须是合目的性与合规律性的统一。一方面，"人们为之奋斗的一切，都同他们的利益有关"③。因此，人们要"按人的尺度"来认识和改造世界，即人们实践活动的出发点是为了获取一定的能满足自己需要的利益，达到一定的目的，这是人类实践活动的目标指向与内在驱动力。另一方面，人们还必须"按物的尺度"来认识和改造世界，即人们的实践活动并不意味着人们可以根据自己的意愿为所欲为，而是受特定的客观条件与客观规律制约和决定的。"现实中的个人，也是就是说，这些个人是从事活动的，进行物质生产的，因而是在一定的物质的、不受他们任意支配的界限、前提和条件下活动着的。"人们既要受自

---

① 竞辉、田贵平：《论马克思主义视域下的我国生态文化建设》，《重庆邮电大学学报》（社会科学版）2013年第5期。

② 《马克思恩格斯全集》第23卷，人民出版社1972年版，第318页。

③ 《马克思恩格斯全集》第1卷，人民出版社1995年版，第187页。

然界的客观规律所制约，又要"受自己的生产力和与之相适应的交往的一定发展——直到最遥远的形态——所制约"①。人们的实践活动能否实现自己设定的目的，或者说这种目的是否合理、其结果是否对自己有意义，还要看它是否符合客观规律。因而，自觉地认识必然，避免实践活动的盲目性，是一切实践活动的必然要求。

但在现实中，随着人的主体性的张扬，人们片面看重自己的需要、利益和目的，过于强调人的主动性、能动性，过分强调技术的作用，以为人类可以随心所欲地控制、操纵自然过程，结果导致自然的过度开发、环境污染和自然资源枯竭等全球性问题，使人类赖以存在的自然环境遭受重创。这说明，那些不合理、违背客观规律的目的，是难以实现的，即使成为现实也会给人类带来负面影响。人的现实的改造世界的活动，当然要以"人的尺度"来衡量自然界，从而使自己的活动具有目的性，同时，又必须在自己的实践活动以"物的尺度"来规范和制约自己的行为，以使自己的目的符合规律性。人类应坚持自己的活动目的性与规律性的有机结合，尽可能实现人与自然的共同进化，协调发展，自觉地避免人类变革自然的负效应，从而有效地利用自然。

因此，马克思、恩格斯十分强调应从自然系统及其演进的过程中来认识把握生产劳动实践，在尊重自然的前提下，"通过他所做出的改变来使自然界为自己的目的服务，来支配自然界"②。即通过生态实践的方式把经济的发展与生态的发展有机地统一起来，从而解决经济发展与自然发展的矛盾。马克思指出："劳动首先是人和自然之间的过程。"③在生产中应使"生产废料再转为同一个产业部门或另一个产业部门的新的生产要素"，通过这个过程，"这种所谓的排泄物就再回到生产从而消费（生产消费或个人消费）的循环中"，使"这些废料本身才重新成为贸易的对象，从而成为新的生产要素"④。马克思、恩格斯的这种生产实践观，其中就蕴含着循环经济、循环消费的生态生产实践思想。马克思、恩格斯还强调要让科技变成解决生态问题的手段，如马克思认为，随着技术的进步，人们可以把以前以为毫无用处的煤焦油变成苯胺

---

① 《马克思恩格斯选集》第 1 卷，人民出版社 1972 年版，第 71 页。

② 马克思：《1844 年经济学哲学手稿》，人民出版社 1972 年版，第 36 页。

③ 《马克思恩格斯全集》第 44 卷，人民出版社 2001 年版，第 207 页。

④ 《马克思恩格斯全集》第 46 卷，人民出版社 2003 年版，第 94 页。

燃料、茜红燃料，近来甚至把它变成药品。经过机器和工艺的改良，许多废弃的物品可以变为有用之物，能够把本来几乎是毫无价值的废丝制成有多种用途的丝织品。① 按照获得显著进步的力学原理进行改造的磨谷技术，显著地减少废物……运用新发明的水渍法和机械原理梳理法精细加工亚麻，极大地减少了废物的产生。②

中国共产党以马克思主义的生态实践思想为指导，提出科学发展、和谐发展的要求和目标，坚持发展的全面性和可持续性。一方面强调发展是硬道理，发展是执政兴国的第一要务，把大力发展生产力，发展经济，加强物质文明建设作为推进社会主义事业的重要任务之一。另一方面，又强调发展不能单打一，应该是综合平衡发展，在实践中促进人和自然的协调与和谐，正确处理经济发展同人口、资源、环境的关系。在发展中避免西方国家工业化进程中的"先污染，后治理"的问题，在实践过程中注意生态保护成为发展的重要内容。实施可持续发展战略，把可持续发展纳入中国的社会发展中。提出经济增长方式应从粗放型向集约型的转变，要以科技进步为支撑，走新型工业化道路。要提高质量效益，节约资源，保护环境，大力发展循环经济，在全社会提倡绿色生产方式和文明消费，形成有利于低投入、高产出、少排污、可循环的政策环境和发展机制，形成统筹兼顾、全面协调可持续的良好格局。党的十八届五中全会审议通过了《中共中央关于制定国民经济和社会发展第十三个五年规划的建议》，提出了创新、协调、绿色、开放、共享"五大发展"理念。这是以习近平同志为核心的新一代领导集体治国理政新思想在发展理念上的集中体现和概括，是对中国特色社会主义建设实践的深刻总结，是对中国特色社会主义发展理论内涵的丰富和提升，也是指导"十三五"规划编制和"十三五"发展的思想灵魂。

这些生态文明建设的实践经验和理论创新，大大丰富了马克思主义的生态实践观，这是我们建设中国特色社会主义生态文化的重要基础和思想资源。

---

① 《马克思恩格斯全集》第 1 卷，人民出版社 1995 年版，第 82 页。

② 恩格斯：《自然辩证法》，人民出版社 1971 年版，第 56 页。

三　坚持社会主义先进文化前进方向，把生态文明纳入社会主义核心价值体系和核心价值观

中国特色社会主义生态文化建设要坚持社会主义先进文化前进方向，就是要坚持中国特色社会主义文化，其要旨就是强调文化的正确前进方向。这就要求正确理解和把握生态文化建设与社会主义核心价值体系和核心价值观的关系。一方面，生态文化建设要坚持社会主义先进文化的前进方向，必须坚持中国特色社会主义理论体系，坚持以社会主义核心价值体系和核心价值观为引领；另一方面，我们应从建设中国特色社会主义伟大事业、实现中华民族伟大复兴中国梦的战略高度，全面、深刻地理解社会主义核心价值体系和核心价值观的丰富内涵，并将生态文明理念纳入社会主义核心价值体系和核心价值观。将生态文明纳入社会主义核心价值体系和核心价值观，这也是中国特色社会主义生态文化建设的重要内容和途径，而且是中国特色社会主义生态文化建设的"重中之重"。

（一）坚持社会主义先进文化前进方向，正确把握中国特色社会主义生态文化建设与社会主义核心价值体系和核心价值观的关系

坚持社会主义先进文化前进方向，就是要坚持中国特色社会主义文化，其要旨就是强调文化的正确前进方向。坚持社会主义先进文化前进方向，坚持中国特色社会主义文化，有着特殊的规定和明确的内容。我们党先后指出，文化建设要有三大属性——"民族的、科学的、大众的"，三个面向——"面向现代化、面向世界、面向未来"，三种精神——"爱国主义、集体主义、社会主义"。在树立这些标杆的同时，我们党始终坚持和强调，必须用马克思主义的科学理论来指导文化建设，特别是用中国化的马克思主义即毛泽东思想和中国特色社会主义理论来指导文化建设。党的十六大以后，进一步把文化建设的精髓概括为社会主义核心价值体系，即：坚持马克思主义的指导思想，坚定中国特色社会主义共同理想，弘扬以爱国主义为核心的民族精神和以改革开放为核心的时代精神，树立和践行社会主义荣辱观。这些内容，决定着包括生态文化在内的中国特色社会主义文化的性质和发展要求，是文化建设始终沿着正确方向前进的根本思想保证。"社会主义核心价值体系是兴国之魂，是社会主义先进文化的前

进方向，决定着中国特色社会主义发展方向。"①

　　在此基础上，党的十八大又提出："倡导富强、民主、文明、和谐，倡导自由、平等、公正、法治，倡导爱国、敬业、诚信、友善，积极培育和践行社会主义核心价值观。"② 习近平指出："当代中国价值观念，就是中国特色社会主义价值观念，代表了中国先进文化的前进方向。"③ 而"核心价值观是文化软实力的灵魂、文化软实力建设的重点。这是决定文化性质和方向的最深层次要素。一个国家的文化软实力，从根本上说，取决于其核心价值观的生命力、凝聚力、感召力"④。2013 年 12 月，中共中央办公厅印发《关于培育和践行社会主义核心价值观的意见》，就培育和践行社会主义核心价值观的指导思想、基本原则、基本要求、具体措施等做出了全面的战略部署。《关于培育和践行社会主义核心价值观的意见》强调指出："这与中国特色社会主义发展要求相契合，与中华优秀传统文化和人类文明优秀成果相承接，是我们党凝聚全党全社会价值共识做出的重要论断。"富强、民主、文明、和谐、自由、平等、公正、法治、爱国、敬业、诚信、友善，"这 24 个字是社会主义核心价值观的基本内容，为培育和践行社会主义核心价值观提供了基本遵循"。"积极培育和践行社会主义核心价值观，对于巩固马克思主义在意识形态领域的指导地位、巩固全党全国人民团结奋斗的共同思想基础，对于促进人的全面发展、引领社会全面进步，对于集聚全面建成小康社会、实现中华民族伟大复兴中国梦的强大正能量，具有重要现实意义和深远历史意义。"⑤

　　2015 年 4 月 25 日，中共中央国务院制定《关于加快推进生态文明建设的意见》，对生态文明建设做出了重要部署，并提出了建设、宣传和培育生态文化的要求："坚持把培育生态文化作为重要支撑。将生态文明纳入社会主义核心价值体系，加强生态文化的宣传教育，倡导勤俭节约、绿

---

① 《关于深化文化体制改革　推动社会主义文化大发展大繁荣若干重大问题的决定》，《人民日报》2011 年 10 月 26 日第 1 版。

② 胡锦涛：《坚定不移沿着中国特色社会主义道路前进　为全面建成小康社会而奋斗——在中国共产党第十八次全国代表大会上的报告》，《人民日报》2012 年 11 月 18 日第 1 版。

③ 《习近平谈治国理政》第 1 卷，外文出版社 2018 年版，第 161 页。

④ 同上书，第 163 页。

⑤ 《关于培育和践行社会主义核心价值观的意见》，《人民日报》2013 年 12 月 23 日第 1 版。

色低碳、文明健康的生活方式和消费模式，提高全社会生态文明意识。"①
提出建设和培育中国特色社会主义生态文化，是我们党站在时代发展的高
度，以马克思主义作为指导思想，坚持先进文化发展的前进方向，根据我
国进行的生态文明建设的具体实践以及未来社会文明发展的要求，用睿智
的眼光观察与审视天下大势，做出的应对经济社会发展与自然环境保护双
重挑战而制定的一项战略性和前瞻性决策。

　　党的关于文化建设和生态文明建设的上述重要论述，为我们进一步理
解和把握中国特色社会主义生态文化建设与社会主义核心价值体系和核心
价值观的关系提供了正确的指导。一方面，中国特色社会主义生态文化建
设要坚持社会主义先进文化的前进方向，必须坚持中国特色社会主义理
论，坚持以社会主义核心价值体系和核心价值观为引领；另一方面，我们
应从建设中国特色社会主义伟大事业、实现中华民族伟大复兴中国梦的战
略高度，全面、深刻地理解社会主义核心价值体系和核心价值观的丰富内
涵，并将生态文明理念纳入社会主义核心价值体系。将生态文明理念纳入
社会主义核心价值体系，这也是中国特色社会主义生态文化建设的重要内
容和途径，而且是中国特色社会主义生态文化建设的"重中之重"。

（二）生态文明、"美丽中国"赋予社会主义核心体系和核心价值观以生态文明理念

　　党的十八大继党的十七大提出"建设生态文明"的目标任务后，进
一步提出了"大力推进生态文明建设"，"努力建设美丽中国"的新要求：
"建设生态文明，是关系人民福祉、关乎民族未来的长远大计。面对资源
约束趋紧、环境污染严重、生态系统退化的严峻形势，必须树立尊重自
然、顺应自然、保护自然的生态文明理念，把生态文明建设放在突出地
位，融入经济建设、政治建设、文化建设、社会建设各方面和全过程，努
力建设美丽中国，实现中华民族永续发展。""我们一定要更加自觉地珍
爱自然，更加积极地保护生态，努力走向社会主义生态文明新时代。"②

　　党的十八大把生态文明建设提升到了前所未有的战略高度，纳入了社

---

　　①　《中共中央、国务院关于加快推进生态文明建设的意见》，《人民日报》2015 年 5 月 6 日
第 1 版。

　　②　胡锦涛：《坚定不移沿着中国特色社会主义道路前进　为全面建成小康社会而奋斗——
在中国共产党第十八次全国代表大会上的报告》，《人民日报》2012 年 11 月 18 日第 1 版。

会主义现代化建设"五位一体"总体布局，并把"美丽中国"作为中国特色社会主义生态文明建设的一个宏伟目标。这表明中国特色社会主义既应是经济发达、政治民主、文化先进、社会和谐的社会，又应是生态环境良好的社会。只有经济建设、政治建设、文化建设、社会建设和生态文明建设齐头并进，且融合协调，才能全面推进现代化建设。《关于加快推进生态文明建设的意见》进一步强调指出："生态文明建设是中国特色社会主义事业的重要内容，关系人民福祉，关乎民族未来，事关'两个一百年'奋斗目标和中华民族伟大复兴中国梦的实现。""加快推进生态文明建设是加快转变经济发展方式、提高发展质量和效益的内在要求，是坚持以人为本、促进社会和谐的必然选择，是全面建成小康社会、实现中华民族伟大复兴中国梦的时代抉择，是积极应对气候变化、维护全球生态安全的重大举措。要充分认识加快推进生态文明建设的极端重要性和紧迫性，切实增强责任感和使命感，牢固树立尊重自然、顺应自然、保护自然的理念，坚持绿水青山就是金山银山，动员全党、全社会积极行动、深入持久地推进生态文明建设，加快形成人与自然和谐发展的现代化建设新格局，开创社会主义生态文明新时代。"① 这就表明，建设美丽中国、"走向社会主义生态文明新时代"是实现伟大中国梦的一个重要方面，没有美丽中国的实现，没有"社会主义生态文明新时代"的到来，也就不会有整个中国梦的宏伟蓝图的实现。

生态文明建设、"美丽中国"的理想追求赋予社会主义核心价值体系和核心价值观以新的内涵。生态文明是社会主义的本质特征，是中国特色社会主义建设总体布局提出的新要求，作为社会主义意识形态的本质体现的社会主义核心价值体系和核心价值观，必然要内含生态文明的价值理想、价值原则和价值规范。要建设美丽中国，必须发挥人民群众的重要作用，就要求广大人民群众树立生态文明理念，需要"加强生态文明宣传教育，增强全民节约意识、环保意识、生态意识，形成合理消费的社会风尚，营造爱护生态环境的良好风气"②。作为全党全国人民团结奋斗的共同思想基础的社会主义核心价值体系和核心价值观，必然要强化生态文明

---

① 《中共中央、国务院关于加快推进生态文明建设的意见》，《人民日报》2015 年 5 月 6 日第 1 版。

② 胡锦涛：《坚定不移沿着中国特色社会主义道路前进　为全面建成小康社会而奋斗——在中国共产党第十八次全国代表大会上的报告》，《人民日报》2012 年 11 月 18 日第 1 版。

的理念，以引导和规范广大公民在积极创造物质与精神财富、建设富强中国的同时，正确处理好自身与自然的关系，努力建设美丽中国，实现中华民族永续发展。

(三) 社会主义核心价值观的生态文明理念

生态文明、"美丽中国"赋予社会主义核心体系和核心价值观以新的内涵，或者说，将生态文明理念纳入社会主义核心价值体系和核心价值观，就使社会主义核心价值体系和核心价值观蕴含了丰富的生态文明理念。生态文明理念是针对生态危机的严峻现实、反思工业文明的人类中心主义价值观的弊端、吸收现代科学特别是生态科学成果基础上形成的生态价值观，其理论呈现是生态哲学、生态伦理学、生态美学等所构成的观念体系，核心内容是"尊重自然、顺应自然、保护自然"，价值目标是人与自然和谐发展。将生态文明纳入社会主义核心价值体系，重点是要把生态文明理念纳入社会主义核心价值观，这是因为"社会主义核心价值观是社会主义核心价值体系的内核，体现社会主义核心价值体系的根本性质和基本特征，反映社会主义核心价值体系的丰富内涵和实践要求，是社会主义核心价值体系的高度凝练和集中表达"[①]。

这里仅对社会主义核心价值观中"文明""和谐""平等""公正""友善"等价值观所蕴含的生态文明理念进行初步探讨。

1. "文明"价值观中的生态文明理念

一般说来，文明是人类在改造世界的实践中所创造的物质成果和精神成果的总和，是人类开化和社会进步的标志。用文明作为衡量社会发展或进步的综合尺度，可把人类社会发展的不同阶段划分为不同的文明形态。我国学界比较一致的观点是：人类社会经历了原始文明、农业文明、工业文明，现在，一个新的文明形态——生态文明正在生成。

生态文明有广义和狭义之分。广义的生态文明是继原始文明、农业文明、工业文明之后的新文明形态，是指人们在改造客观世界的同时，尊重、顺应和爱护自然，积极协调人和自然、人和人的关系，建设有序的生态运行机制和良好的生态环境所取得的物质、精神、制度方面成果的总

---

① 《关于培育和践行社会主义核心价值观的意见》，《人民日报》2013 年 12 月 23 日第1 版。

和。这种广义的生态文明反映的是人类处理自身活动与自然界关系的进步程度，是社会历史进步的重要标志，也是一种文明形态。党的十八大报告中所说的"生态文明新时代"就是这种广义的生态文明。狭义的生态文明是指整个社会文明的组成部分或要素之一，即与物质文明、精神文明、政治文明、社会文明（狭义的）相并列的文明。党的十八大报告中关于中国特色社会主义现代化建设"五位一体"总体布局中的"生态文明建设"说的就是狭义的生态文明。

社会主义核心价值观中的"文明"，一方面，作为一个总体的文明概念，不仅仅是指传统意义的"社会"文明，而且是包含了表征人与自然关系和谐维度的"生态文明"在内的文明，是"五位一体"的文明；另一方面，生态文明又是一个正在构建的新的文明形态，即"社会主义生态文明新时代"，它是一种超越工业文明，体现社会主义"人同自然界的完成了的本质的统一"① 这一本质特征的新文明形态，是社会主义发展的方向和目标。

作为社会文明要素的生态文明是我国生态文明建设的出发点，作为文明形态的生态文明是我国生态文明建设的最终归宿。前者主要实现社会活动的生态化，后者的主要任务是在前者的基础上实现价值观的生态化转型，最终实现文明形态的生态化转型，即建成生态文明。两者相互联系相互促进，在生态文明建设的过程中既要从微观上着力建设生态文明，又要在宏观上把握和追求生态文明，努力走向社会主义生态文明新时代。

2. "和谐"价值观中的生态文明理念

哲学意义上的和谐是指矛盾双方或事物之间处于均衡、协调并相互促进、共同发展的状态。中国哲学把对"和"的追求看作事物发展的理想和目的，如西周末年伯阳父（史伯）就提出了"和实生物，同则不继"的思想。在西方，空想社会主义者傅里叶、维特林等提出，要以"和谐制度"或"全体和谐"的社会来取代现存的不合理的资本主义制度。马克思认为，只有共产主义社会才是人类全面解放的和谐社会。在当代中国，中共十六届四中全会提出了构建社会主义和谐社会的目标和任务。

"社会主义和谐社会"可以有两种理解：一种是狭义的社会，其和谐主要指人际关系的和谐；另一种是从广义上理解的社会，其和谐的含义则

---

① 《马克思恩格斯全集》第 42 卷，人民出版社 1979 年版，第 122 页。

包含着人际关系以及人与自然的关系。社会主义价值观中的"和谐"是后者意义的和谐，因为人际和谐与人与自然的和谐不是孤立存在的，是相互联系、相互影响的。胡锦涛曾经指出："大量事实表明，人与自然的关系不和谐，往往会影响人与人的关系、人与社会的关系。如果生态环境受到严重破坏、人们的生产生活环境恶化，如果资源能源供应高度紧张、经济发展与资源能源矛盾尖锐，人与人的和谐、人与社会的和谐是难以实现的。"① 这说明人与自然的和谐是人与人、人与社会和谐的前提和基础。

马克思早就指出，人与自然本就是一体的："自然界，就它自身不是人的身体而言，是人的无机的身体。人靠自然界生活。这就是说人为了不致死亡而必须与之处于持续不断的交互作用过程的、人的身体。所谓人的肉体生活和精神生活同自然界相联系，不外是说自然界同自身相联系，因为人是自然界的一部分。"② 但在工业文明的哲学理念中，人与自然是二元对立的，人类把自然当作征服和掠夺的对象，其结果造成了严重的生态危机。在反思工业文明的这一弊病中形成的生态理念强调：人与自然有对立的一面，但对立并不一定导致对抗，人类只要能正确认识人在自然中的位置，正确协调自身与自然的关系，完全可以达到与自然和谐相处、共生共荣。我们党提出的科学发展观、和谐社会建设理论都强调要协调人与自然的关系、实现人与自然的和谐，所以人与自然的和谐这一生态文明理念是"和谐"社会主义核心价值观的应有之义。

3. "平等"价值观中的生态文明理念

人们通常认为，"平等是不同社会主体在一定历史阶段的交往过程中处于同等的社会地位，在社会各领域享有同等权益，履行同等义务的理念、原则和制度"。③ 在这里，"平等"的主体是人，"平等"适用的范围是人类社会。生态伦理学则认为，"平等"不仅仅是人际的规则、伦理，也应该是人与自然之间的规则、伦理。挪威生态伦理学家阿伦·奈斯指出："生物圈中的所有事物都拥有生存和繁荣的平等权利，都拥有在较宽广的大我的范围内使自己的个体得到展现和自我实现的权利。"④ 人与自

---

① 中共中央文献研究室：《十六大以来重要文献选编》（中），中央文献出版社 2009 年版，第 715 页。

② 《马克思恩格斯全集》第 42 卷，人民出版社 1979 年版，第 120 页。

③ 祥龙：《平等与公平、正义、公正比较》，《文史哲》2004 年第 4 期。

④ J. B. Callicolt, *Earth's Insights*, California：University of California Press，1994. p. 78.

然的平等体现为：人与非人的自然生命体在生态系统中都是平等的成员；人与自然是互助、合作的关系：自然为人类提供资源，使人类得以生存和持续发展；人类为自然提供维护其协调平衡的条件，使自然充满生机和活力。

人与自然的平等不同于人与人之间的平等，人在自然界中是特殊的"类"，具有自觉能动的"类本质"，能思考、实践，但是其他自然存在物不具备自觉能动性，所以自然在以人为主体的实践活动中处于弱势，自然的平等权利需要靠人类树立自觉的平等意识并通过实践来维护。权利和义务是对等的，人在享受自然所提供的能满足自身生存发展需要的价值物时，也就有义务和责任来维护自然的价值和生存权利，维护生态系统的稳定和可持续性。社会主义制度是追求高度平等的制度，既要追求人与人之间的平等，也要追求人与自然之间的平等。马克思早就提出了"人是自然界的一部分"，以及自然界是人的"无机的身体"①的思想，就是把人与自然平等看待。他还曾提出"两个和解"的观点，即共产主义是"人和自然之间，人和人之间的矛盾的真正解决"②。这种人与人、人与自然之间的和解就是平等基础上的和解。没有平等就没有和解，因此，社会主义核心价值观中的平等必然包含着"人与自然的平等"这一生态文明理念。

4. "公正"价值观中的生态文明理念

公正，是人们用以评价社会行为和社会制度及其结果的价值尺度，也是古往今来人们不断追求的理想目标。公正的实现程度，是衡量社会文明进步的重要尺度。"公正"就是公平和正义，"公正"内含了公平和正义。公平是一种社会评价性概念，强调衡量标准的同一尺度，用以防治社会评价中的双重标准或多重标准。正义是一种价值和意义指向性概念，"指向形而上学的价值观切合意义追向，深度关注人的生命尊严和意义世界，其旨趣在于对人的自由存在本质的价值捍卫"③。公正是指按正义所指向的价值来衡量事物的正当性。公正也是生态伦理学的一个重要原则，生态环境意义上的公正即生态公正，就是按正义原则协调处理自然界中的各种利

---

① 马克思：《1844年经济学哲学手稿》，人民出版社2000年版，第56页。

② 《马克思恩格斯全集》第42卷，人民出版社1979年版，第120页。

③ 毛勒堂：《分配正义：建设生态文明不可或缺的伦理之维》，《云南师范大学学报》2008年第3期。

益主体在生态环境上的利益关系，使处于不同生态地位中的人与人、人与自然保持一种均衡性、对应性，正义的原则也是生态公正的核心。

生态公正的原则包含以下几个要点。首先，生态公正原则强调代内公正，反对任何环境种族主义。所谓代内公正是指同代人（国与国、人与人）之间在利用资源的权利上是平等的，并且利用资源的义务与权利也是对等的。其次，生态公正也注重当代人对后代人的义务，即代际公正。人类是作为现实人的不断延续而展现出来的，因此，代与代之间在享用环境、资源上也应该是平等的。所谓代际公正就是当代人对后代人所应承担的道德责任和义务，其要求就是当代人在满足自身需要时不能以剥夺后代人满足其生存需要的条件为代价，而应当维持和支持后代人生存发展所需的生态系统的可持续过程。最后，生态公正还包括种际公正，即公正不仅是人与人之间的平等正义，更应该是自然共同体内部各成员之间的平等正义。人和其他自然共同体成员一样，都是共同体中平等的一员。"任何生命的健康存在都是以生态过程的正常而持续地发挥作用为前提，而任何生命的现实存在都是一种网络性存在。"① 这种网络性存在表现为生命物种之间、生命物种与非生物之间的平衡。尽管人类需要以其他生物为生存资源体现为不公平，但是人类可以通过补偿正义来弥补人类行为带来的生态损害。补偿正义的原则是：当道德顾客被道德代理人损害时，道德代理人就有义务去恢复正义的平衡。人类应该清楚地认识到共同体的生态成员之中的安全和持续生存与人的利益息息相关，关爱生态，保护环境，实质上也是在关爱和保护人类自己。

马克思主义公正观是在批判地继承历史上公正思想的基础上产生的，并在充分吸收和借鉴当代公正理论研究成果，不断推进社会变革和社会公正发展的实践基础上与时俱进的。公正作为中国特色社会主义社会的基本价值目标和核心价值观念，既继承了人类历史上进步的公正思想的精华，又体现了一定的时代特色和制度特征。② 中国特色社会主义追求的公正是最大限度地满足和保障最广大人民群众的根本利益的实现。党的十八大提出"保护自然"、建设生态文明，是关系人民福祉、关乎民族未来的长远之计。习近平指出："良好生态环境是最公平的公共产品，是最普惠的民

---

① 佘正荣：《环境道德的客体与环境正义》，载《首届中国环境哲学大会年会论文集》，2003 年，第 7 页。

② 郝立新：《中国特色社会主义的公正理念》，《光明日报》2013 年 5 月 4 日。

生福祉。"① 保护生态环境，关系最广大人民的根本利益，关系中华民族发展的长远利益，是功在当代、利在千秋的事业，在这个问题上，我们没有别的选择。"保护自然"必须坚持"生态公正"的原则，社会主义核心价值观中的"公正"理应内含"生态公正"的生态文明理念。

5. "友善"价值观中的生态文明理念

在人与人的关系中，"友善"要求社会成员之间友爱相处，每一个人都要尊重他人、善待他人。生态文明则对"友善"注入了生态内涵，要求人对自然也应该讲尊重、讲友善，要将生命共同体中的非人自然物视为自己的同类、朋友，尊重自然、善待自然。

在中国，尊重与善待自然的伦理观念古已有之。中国哲学主张"天道生生"，"天地之大德曰生"②，即生命的产生和生生不息，是自然之"道"与"德"。老子主张"道法自然"，孟子主张"仁民而爱物"③，墨家强调"兼爱"，庄子提出"天地与我并生，万物与我为一"，惠施提出"泛爱万物，天地一体"，董仲舒认为"质于爱民，以下至鸟兽昆虫莫不爱。不爱，奚足以谓仁？"④ 张载即说得更加明白："民吾同胞，物吾与也。"⑤ 意思是说，人民是我的同胞兄弟，万物是我的伙伴朋友。《吕氏春秋》主张"贵生"从而"尊生"，"所谓尊生者，全生之谓也"⑥。尊重生命也就是保全生命，这是人类之至德。这些论述，都体现出仁爱万物、善待自然的思想。

西方生态伦理学最早也是在吸收中国古代伦理思想的基础上创立的。首次主张要将人的道德关怀扩展到人以外的其他自然物种的是法国思想家史怀泽，他十分推崇中国古代的伦理思想并将之作为自己的思想渊源，他认为：只有像东方文化那样尊重所有的生命的伦理学才是完整的，一个人只有当他认为所有的生命都是神圣的时候，他才是有道德的。"善的本质是保持生命、促进生命，使生命达到其最高度的发展。恶的本质是毁灭生

---

① 《习近平关于全面建成小康社会论述摘编》，中央文献出版社 2016 年版，第 163 页。
② 《系辞上传》。
③ 《孟子·尽心上》。
④ 《春秋繁露·仁义法》。
⑤ 《西铭》。
⑥ 《吕氏春秋·贵生》。

命、损害生命，阻碍生命的发展。"① 美国的生态伦理学家奥尔多·利奥波德在其《沙乡年鉴》中提出了大地伦理思想，认为：人与大地是一个共同体，应该将生物共同体的完整、稳定和美丽视为最高的善。美国思想家保罗·泰勒在《尊重自然》一书中也强调，要尊重一切生命，一种行为正确与否，取决于是否体现了尊重大自然这一终极性的道德态度。

尊重自然、善待自然的生态理性是建立在自然也有内在价值基础上的。传统伦理学认为只有人才有内在价值，才是道德的主体，而自然只有满足人的需要的工具价值，没有以自身为目的的内在价值，因此不能成为道德的主体。我国古代"天道生生"的观念早就说明了自然具有创造生命的价值。美国生态哲学家罗尔斯顿提出，自然不仅有工具价值，也有不依人类评价的内在价值。他认为价值属性最重要的特征就是它的创造性，所以人们应当保护价值——生命、创造性、生物共同体。总之，尊重生命、善待自然，是生态理念的重要原则和规范。党的十八大把"尊重自然"写入报告中，赋予了社会主义核心价值观以生态文明内涵："尊重自然"，不但要认识到自然是人类赖以生存发展的条件，而且要深刻认识到人只是自然的一分子，人属于自然，而不是自然属于人。尊重自然、善待自然也就是尊重和善待人类自己。

以上列举了社会主义核心价值观中所蕴含的丰富的生态文明理念及其体现的人与自然和谐相融的价值理想和取向。我们在学习、理解社会主义核心价值观时，应领会其中的生态理念，并在培育和践行社会主义核心价值观的活动过程中，加强生态文明理念的传播、教育和培养，在全社会树立生态文明意识，使全体公民塑造出包含生态理念、生态伦理道德情操在内的完美人格。这样，才能为生态文明建设提供精神动力和智力支持。由此可见，将生态文明理念纳入社会主义核心价值体系和核心价值观，是中国特色社会主义生态文化建设的"重中之重"。②

要实现生态文化的中国特色，还应坚持中华民族生态文化的主体地位。这一内容容后再叙。

---

① ［法］阿尔贝特·史怀泽：《敬畏生命》，陈泽环译，上海社会科学院出版社 1992 年版，第 91 页。

② 赖章盛、吴丹：《社会主义核心价值观的生态理念》，《兰台世界·上半月》2015 年第 11 期。

第六章

文化自信：坚持中华民族生态文化的主体地位和大众化方向

坚持文化自觉与文化自信，建设具有中国特色的生态文化，要把握好文化建设的普遍性和特殊性的辩证关系，使中国特色社会主义生态文化既具民族性又具开放性，但要坚持生态文化的自主地位，即以我为主。中国的生态文化不能仅仅是西方生态文化的摹本，一定要找到自己文化的"根"和"种子"，探寻中华文化的基因，以中华民族的精神为核心，并体现中华民族生态智慧的精髓。因此，必须挖掘中华民族传统生态智慧，并要吸纳、改造和提升作为"小传统"和民间生态文化，即发挥民间文化的生态示范效应和传播中介功能。中国特色社会主义生态文化建设也要坚持贴近实际、贴近生活、贴近群众的原则，中国特色生态文化构建要关注我国现实的文化基础和大众的社会心理基础，使其成为大众易于接受的价值观念，即要实现生态文化的大众化。

一　坚持民族文化的主体性，继承与弘扬中华民族传统生态文化精神

（一）生态文化的普遍性与特殊性

每一个民族和国家都有自己的文化，而每一个民族和国家的文化都有自己的特性，因为每一个民族和国家所处的自然环境不同，所选择生存发展模式不同，文化传统和民族精神也就各具特色。但人类的生活方式和利益要求总是有某些相同之处，各地的文化也就会有共同性。特别是随着人类交往的扩大，各个国家和民族的文化又都相互交流、相互碰撞、相互吸收、相互交融，一个国家或民族的文化必然又会受到其他国家的文化的影响，这自然会增强文化的共同性。因此，每一个国家和民族的文化都既具

有普遍性，也具有特殊性。作为体现人与自然关系的生态文化，也是普遍性与特殊性的统一。

1. 生态文化的普遍性

首先，生态文化的普遍性根源于人类共同的生存方式。人与自然的关系是人类所面临的基本关系之一。关于人与自然是什么样的关系，马克思主义经典作家已有辩证、系统的论述，这里要强调的是，"人是自然之子"，人本身是自然的产物，又必须依赖自然界才能生存。依赖并利用自然界是人类普遍的生存方式。无论在什么时候，无论在什么地方，对于任何国家、任何民族的人来说，都要依赖并利用自然界来获得生存发展的资源和条件，而且，随着文明的演进，人类对自然界的依赖性会增强。

人类对自然界的依赖和利用并不总是简单地获取自然界现有的东西，因为自然界现有的东西不能满足人类。人类利用自然就必须改变或改造自然，按照属人的方式即人类独特的与自然发生联系的模式，有目的、有意识地选择自然对象，改变自然界的面貌。在这一过程中，人类改变自然又要受到自然规律的制约，人类的自觉能动性必须建立在尊重和依照自然规律的基础上，即达到合目的性与合规律性的统一，才能实现利用自然的目的，否则就会使人与自然之间的关系出现危机。

人类对自己与自然的这一关系以及人对自然的依赖性的认识，随着人类文明的演进在不断地发生变化，经历了一个曲折发展的过程，直到生态危机严重威胁人类生存的今天，通过对生态危机的深刻反思，人们对于人类必须依赖自然才能够生存的认识才更具有了自觉性，并且已经成为全球的共同意识。人类普遍地有了这样的共识："我们只有了解了天空才能扎根大地。我们只有认真了解了地球才能使生命扎根于地球。我们只有认真了解了生命才能扎根于生命。"①

其次，生态文化的普遍性还在于地球生态系统整体性的有机结构及与此相关的生态危机的无边界性。地球生态系统是一个由各种要素构成的一个相互依赖、相互作用的统一整体。"生物圈中的整体性不是以国界疆域为边界的，而是以系统性结构划定相对边界，而地球这个最大的生态系统决定了最后的边界。"② 地球生态系统各子系统相互联结形成有机整体性

---

① ［法］埃德加·莫林、安娜·布里吉特·凯恩：《地球祖国》，马胜利译，生活·读书·新知三联书店 1997 年版，第 563 页。

② 李培超：《自然的伦理尊严》，江西人民出版社 2001 年版，第 196 页。

结构，构成了一张庞大的生命之网，使地球生物圈具有强大的自然力量。但是，这种整体性结构又使得它十分脆弱，如果其中某一个环节出了问题，都会引起连锁反应，进而会对整个生态系统产生影响。总体上看，地球生态系统的整体性表现在两个方面：一是生物与非生物之间构成一个有机的整体，离开了非生物各种因素所构成的环境，生物就不能生存，就无所谓生态系统。二是各种生物之间以食物关系构成了相互依赖的食物链或食物网，其中任何一个环节出了问题，都会影响整个生态系统的稳定。

生态系统的整体性决定了生态危机的无边界性，即生态危机也具有整体性影响的特征，生态危机是没有国界、不受空间限制的。在生态危机面前，谁都无法独善其身。"城门失火，殃及池鱼"，在生态危机面前人们也可以真切地体会"地球村"的感觉。人类只有一个地球，地球是人类共同的家园。在人类历史上，如果说过去由于地理上的阻隔、文化的差异、制度的不同等诸多因素的限制，人类的共同利益似乎难以显现。"但是，超越阶级和民族利益的人类共同利益是一直存在的，只是在不同历史时期表现的清晰程度、范围大小、数量多少不同而已。"[①] 而在全球化格局形成的今天，人类的社会生活联系已经十分紧密，不同国家民族之间的利益联系和共同的人类利益空前地增多。特别是在生态问题上，其利益联系最为凸显。因为生态灾害的发生，很难控制在很小的区域范围内，其危害不再仅仅是地域性的了。当今世界上每一次环境污染，都可能制造出波及面广泛的生态灾难。如大气污染导致的全球气候变暖，无论国门"关"得多紧，也无法独善其身。在当前全球性的诸如生态失衡、环境污染、人口爆炸、粮食危机、能源枯竭、资源短缺等问题上，每一个国家都必须积极应对，要在致力于解决这些问题时既要体现对本国人民负责的态度，也要体现出对全人类负责的态度。

"世界是整体，生态无国界。""生态网络，天网恢恢！"[②] 20 世纪下半叶以后，有一种呼声日益高涨，即要求构建"普遍伦理"规则体系，来共同应对人类所面临的普遍性问题。而所谓普遍性问题是指当今每一个国家和民族都要遭遇的问题，即它带有全球性特征，单靠一国之力是难以解决的，只有诉诸全球的共同努力才有可能迎接挑战，渡过难关。而生态

---

① 蔡拓等：《当代全球问题》，天津人民出版社 1994 年版，第 563 页。

② 陈敏豪：《生态：文化与文明前景》，武汉出版社 1995 年版，第 342—343 页。

问题就属于这样一个普遍性问题，因此，关于生态危机的全球性影响以及为解决生态危机而必须诉诸全球性行动的呼吁日益高涨。生态问题的普遍性特征在客观上要求生态文化应当具有普遍性的价值关怀，每一个国家和民族在生态问题上都肩负责任和义务，在生态责任面前都应一律平等。①

2. 生态文化的特殊性

如上所述，普遍性是生态文化的一个重要维度，在全球化的今天这一维度日益凸显，但生态文化既有普遍性维度，也有特殊性维度。

首先，各民族生态文化的特殊性起源于所处不同地域的地理环境条件下形成的特殊的生活方式与行为模式。著名历史学家汤因比认为，人类的任何一种文明的产生都受其所处环境的深刻影响。在对比较严峻的自然环境的挑战所做的勇敢应战中，就有了文明的起源。他这一观点包含着深刻的合理成分，即不同地区人类文明的起源，是该地区的先民与自然生态环境相互作用的产物。自然，在不同环境下产生的不同的文明与文化，包括对自然的态度，就会各具特色。有专家指出，中华文明在起源时期的生态环境受到大自然的特殊眷顾，它与孕育西方文明的爱琴海及整个地中海区域的生态环境大异其趣。中华农业文明起源时期的生态环境大势上说来表现为气候温和、土壤肥沃、物产丰赡、环境优美，是非常有利于农业生产的，这容易形成人与自然和睦相处的意识，也容易在生产实践中产生顺应自然的行为模式。同时，农业生产活动是一种种植行为，是与生物打交道的活动，古人靠直观经验就可以认识到，这种活动密切地依赖于自然界的环境变化，人类必须顺应自然界的有利变化，而避开或克服自然的不利变化，才能获得收成。创造中华文明的中华民族的祖先就是在农业生产实践中逐步形成天人关系的传统的。而孕育西方文明的爱琴海及整个地中海区域，面对的是捉摸不定的开放的大海，千姿百态的众多海湾，星罗棋布的大小岛屿，以及资源贫乏、被山脉分割而缺乏可耕地的山地。因此，这就极易形成一种与自然抗争的天人相分的观点。这说明，自然生态环境的因素深刻地塑造着不同文明的基本面貌，甚至对其文化打下难以磨灭的自然烙印，对其未来的发展及其特色产生多方面的制约和影响。②

其次，生态文化的特殊性会延续于文化的传承中，并与普遍性相互交

---

① 李培超：《自然的伦理尊严》，江西人民出版社 2001 年版，第 198 页。

② 佘正荣：《中国生态伦理传统的诠释与重建》，人民出版社 2002 年版，第 20—25 页。

织。如前所述，文化具有继承性，一个民族的文化会在这个民族的世代生活中不断延续下去，溶化在这个民族的精神血液中，特别是其核心特色部分，就是这个民族文化精神延续的根脉。尽管随着人类公共生活领域的不断扩大，人际交往范围的不断扩大和交往频率的不断提高，普遍性的文化因素发展的主、客观条件获得不断生长，但是文化的普遍性从来都不曾消灭或抑止文化的特殊性，而恰恰是要建立在对不同国家和民族的特殊生存方式予以包含的基础之上。一个民族和国家认同或接受普遍的价值准则并不意味着必须取消自己的独特生活方式和价值标准，而只能立足于自身的生存发展特色，然后才能自觉且开放地从其他民族的文化中汲取营养。在全球化的今天，文化的普遍性和特殊性都得到扩张，并相互交织，"一方面，共同的生活空间、共同关注的问题必须形成共同的价值要求；另一方面，普遍性的价值体系必然给多元文化的发展提供更大的自由度"①。况且，世界经济全球化格局下虽然世界各国对于各民族间利益的相关性和一致性以及文化普遍性有了更大的共识，但这并没有取消国家和民族之间存在的利益界限和文化特色，相反这样的共识恰恰是在对本民族和国家利益及文化特色的高度关注中形成的。所以问题并不在于要放弃国家和民族利益和文化特色，而是在经济、文化全球化趋势的发展背景下，各民族国家如何促进民族文化传统的代际传承，继续保持和增强自己文化的民族特色，实现各民族文化的普遍性与特殊性、世界性与民族性的统一。

最后，生态文化的特殊性还表现为文化普遍性要得到落实必须关注民族和国家生存发展的实际，并将文化普遍性转化为特殊性的民族文化符号。今天世界各国人民面临着各自不同的生存发展境遇，有发达国家，有发展中国家；有的国家已步入后现代社会，有的国家还没有完全解决温饱问题；有的地方人多地少，有的地方则人少地多；等等，在谋求全球合作的前提下，不同的生存境遇只能选择不同的生存发展战略，而不顾客观实际，硬要推行统一的生存模式是难以奏效的。再有，"在现实生活中，任何普遍性的价值要求要得到落实都需要经由接受者的诠释、解读、内化，即调动自己的心理接受机制或将这种价值要求转换成自己所熟悉的文化符号，通过这种重新解码和编码的过程来形成有关的文化指令，指导他的实践。否则普遍的价值准则就失去了任何现实意义，只能成为一种虚幻的价

---

① 李培超：《自然的伦理尊严》，江西人民出版社 2001 年版，第 199 页。

值目标，而缺乏任何实现的可能性"①。

综上所述，人类在生态文化上是可以达成共同的价值认识的，即可以形成或接受普遍的生态文化精神及准则，但又必须充分地尊重和理解不同民族和国家的自然环境、传统生态文化特色与现实生存状况，也应当允许各民族和国家按照自己的国情采取恰当的应对方式去实现人与自然和谐的目标。

（二）继承弘扬中华民族以"天人合一"为核心的传统生态文化精神

习近平在哲学社会科学工作座谈会上的讲话中谈到，着力构建中国特色哲学社会科学，"在指导思想、学科体系、学术体系、话语体系等方面充分体现中国特色、中国风格、中国气派"②。在谈到中国特色哲学社会科学应该具有什么特点时，他提出要把握住3个主要方面。其中第一方面就是"体现继承性、民族性"。他指出："绵延几千年的中华文化，是中国特色哲学社会科学成长发展的深厚基础。……我们说要坚定中国特色社会主义道路自信、理论自信、制度自信，说到底是要坚定文化自信。文化自信是更基本、更深沉、更持久的力量。历史和现实都表明，一个抛弃了或者背叛了自己历史文化的民族，不仅不可能发展起来，而且很可能上演一场历史悲剧。"③

他还用深情的语言，精辟地指出：

> 中华民族有着深厚文化传统，形成了富有特色的思想体系，体现了中国人几千年来积累的知识智慧和理性思辨。这是我国的独特优势。中华文明延续着我们国家和民族的精神血脉，既需要薪火相传、代代守护，也需要与时俱进、推陈出新。要加强对中华优秀传统文化的挖掘和阐发，使中华民族最基本的文化基因与当代文化相适应、与现代社会相协调，把跨越时空、超越国界、富有永恒魅力、具有当代价值的文化精神弘扬起来。要推动中华文明创造性转化、创新性发展，激活其生命力，让中华文明同各国人民创造的多彩文明一道，为

---

① 李培超：《自然的伦理尊严》，江西人民出版社2001年版，第202页。
② 《习近平谈治国理政》第2卷，外文出版社2017年版，第338页。
③ 同上书，第339页。

人类提供正确精神指引。要围绕我国和世界发展面临的重大问题，着力提出能够体现中国立场、中国智慧、中国价值的理念、主张、方案。我们不仅要让世界知道"舌尖上的中国"，还要让世界知道"学术中的中国""理论中的中国""哲学社会科学中的中国"，让世界知道"发展中的中国""开放中的中国""为人类文明作贡献的中国"。①

习近平在哲学社会科学工作座谈会上的讲话，为构建中国特色哲学社会科学提出了指导性原则，同样，也对我们建设中国特色社会主义生态文化有着深刻的启迪，我们建设的中国特色社会主义生态文化，必须要有"中国特色、中国风格、中国气派"，这就要继承和弘扬中华优秀传统生态文化。

我国当代的生态文化研究，是从 20 世纪 80 年代开始的，并且首先是从译介西方生态思想开始的，有意无意套用了西方的学术框架和研究模式。比如生态伦理学，主要概念和理论都是对西方环境伦理学的照搬照套。西方现代环境伦理学毕竟是从西方文化传统中形成和发展出来的伦理话语体系，而近代西方工业文化是以人与自然二元对立的哲学世界观为核心的人类中心主义文化体系，尽管西方现代环境伦理学试图突破人类中心主义文化模式，但却依然有意无意地从二元相分和对立的观念基础和思维方式出发去认识问题和解决问题，很难摆脱其传统文化的窠臼。虽然西方生态环境伦理学也不乏精湛的生态思想和观念，但对东方只具有相对的借鉴意义。中国的环境伦理学研究，在吸收、消化西方环境伦理的积极成果的同时，一方面要认识到它的局限性，另一方面更重要的是创造出适应中国文化和中国大众的环境伦理话语体系。中国环境伦理学会原会长余谋昌早就意识到西方话语体系作用和发展的有限性，并指出："中国的生态伦理学只有具有自己的模式、自己的话语体系才能在中国被传播、被接受，并在国家政策和人民大众的日常生活中得到体现。只有这样，它才会成为中国文化的一部分，并对中国文化的发展起作用。"他还提出了"创建一个相对独立的中国生态伦理学学派"的倡导。②

---

① 《习近平谈治国理政》第 2 卷，外文出版社 2017 年版，第 340 页。

② 余谋昌：《从生态伦理到生态文明》，《马克思主义与现实》2009 年第 2 期。

我国的费孝通先生早在1997年就提出了"文化自觉"的概念，并对其做出界定："文化自觉只是指生活在一定文化中的人对其文化有'自知之明'，明白它的来历、形成过程、所具有的特色和它发展的趋向，不带任何'文化回归'的意思，不是复旧，同时也不主张'全盘西化'或'坚守传统'。自知之明是为了增强对文化转型的自主能力，取得为适应新环境、新时代而进行文化选择时的自主地位。"①费孝通先生关于"文化自觉"的阐述，对我们构建中国特色生态文化具有重要的启示意义。我国的生态文化建设应该植根于中华民族的优秀文化传统的沃土中。中华民族传统文化中有着相当丰富的生态理念，包含着朴素的唯物主义和朴素的辩证法思想，对于现代社会发展依然有着很大的借鉴价值。建设具有中国特色的生态文化，必须批判地继承我国传统的生态文化。我国传统生态文化虽然是农业文明的产物，没有达到理性自觉的程度，但却丰富而深刻。对此，我们不能妄自菲薄。对于它所内含的跨越时空的生命力和历史价值，我们应当持科学的态度加以客观充分的认识，并做出合理的估价。同时要以马克思主义为指导、以社会主义生态文明建设的实践为基础，深入发掘和整理我国传统生态文化，揭示其历史地位和时代价值，并对其做出新的阐释，从而引发民族精神的"源头活水"。

依据文化自觉的理念，笔者认为，就如何体现"中国特色"而言，中国特色社会主义生态文化至少应具有以下两个规定性，这也是创建中国特色社会主义生态文化所应坚持的基本理念。

第一，把握好文化建设的普遍性和特殊性、共性和个性的辩证关系，使中国特色社会主义生态文化既具民族性又具开放性，既富有中国特色又永葆生机。但要坚持生态文化的自主地位，即以我为主。

每一个民族都会在长期的生存斗争中逐渐形成自己的传统文化，又通过渗透在日常生活方式中和附着在文化载体中而使其代代相传，并保留其内在的一脉相承的文化遗传基因。文化中内含的价值取向是一个民族生存和发展的内在精神动力，并通过种种方式对人们的行为进行规范，形成强烈的民族团体意识，成为一个民族的凝聚力和向心力，这是一个民族生生不息的精神源泉。习近平指出：培育和弘扬社会主义核心价值观必须立足中华优秀传统文化。牢固的核心价值观，都有其固有的根本。抛弃传统、

① 费孝通：《重建社会学与人类学的回顾和体会》，《中国社会科学》2000年第1期。

丢掉根本，就等于割断了自己的精神命脉。博大精深的中华优秀传统文化是我们在世界文化激荡中站稳脚跟的根基。[①] 每一个优秀民族的文化，因为保留其内在的一脉相承的文化遗传基因，因而都具有民族性。中国特色社会主义的文化，就是保留了中华民族文化遗传基因的文化，因而具有鲜明的民族性，这是有中国特色社会主义文化区别于其他文化的重要标志。

一个民族的文化还要对外开放，通过与外界文化不断接触，吸收其他民族文化的精华，从而不断丰富自己，增强自身发展的生命活力。一个民族如果闭关自守，一味与外部世界隔绝，其文化必然会衰落和蜕化。所以，一个民族的文化还要具备开放性。中国生态文化的发展，必须面向世界、面向时代，面向未来，将弘扬民族文化、民族精神与坚持开放有机地统一起来。而且，在世界交往和全球化的现实中，必然要求遵守某些共同的价值准则、行为秩序，我们应该精通并掌握这些准则和秩序，才能符合当代世界文化发展的时代潮流，才能永葆生命活力，否则就会被时代所淘汰。

但这里要强调的是，中国特色社会主义生态文化的发展又不能照搬照抄西方，必须继承传统，体现民族的个性，在转型与选择中必须保持自主地位，不断增强自主能力，保证中国生态文化发展的相对独立性，体现民族文化的自我，否则不能被广大民族成员接受。因此，中国特色社会主义生态文化构建要关注我国现实的文化基础和社会心理基础，使其成为大众易于接受的价值观念，这也是生态文化的"中国特色"的重要体现。只有把握好文化建设的这一普遍性和特殊性、共性和个性的辩证统一关系，中国生态文化才能既富有中国特色又永葆生机。

习近平在哲学社会科学工作座谈会上的讲话中提出，哲学社会科学建设特别是要把握好三方面资源：一是马克思主义的资源，包括马克思主义基本原理，马克思主义中国化形成的成果及其文化形态，这是中国特色哲学社会科学的主体内容。二是中华优秀传统文化的资源，这是中国特色哲学社会科学发展十分宝贵、不可多得的资源。三是国外哲学社会科学的资源，包括世界所有国家哲学社会科学取得的积极成果，这可以成为中国特色哲学社会科学的有益滋养。他还强调："我们要坚持不忘本来、吸收外

---

① 《习近平谈治国理政》第 1 卷，外文出版社 2018 年版，第 164 页。

来、面向未来。"①

　　探讨中国特色社会主义生态文化建设与发展的道路和规律，实际上就是要处理好习近平所说的三种资源的关系，也即是马克思主义、中国优秀传统文化与外来文化的三种文化传统、三大文化思潮关系问题。习近平指明了方向，即"不忘本来、吸收外来"。"不忘本来"，依笔者的理解这里的"本来"，就是作为指导思想的马克思主义和作为主体文化的中国优秀传统文化。马克思和恩格斯所创立的马克思主义作为一种外来文化，以中国文化作为接受主体已经在中国深深地扎根、开花、结果，并形成了中国化的马克思主义。马克思主义，包括中国化的马克思主义作为我们这个时代的先进文化，对主体文化的发展能够起到指引方向的作用，它决定了中国新文化的社会主义方向。"吸收外来"，这里的"外来"就是国外哲学社会科学与文化成果，可以吸收到文化主体中来，成为有益滋养。学者方克立提出了"马魂中体西用说"来解决三种资源的关系问题，笔者比较赞同。他认为，按照传统的体用观，就是以精神指导原则为体，以原则之具体应用为用，则马克思主义是体，西方文化是用。所谓"以马学为魂"，就是以马克思主义的科学世界观和方法论为指导，坚持中国文化建设的社会主义方向；"中学为体"，就是以有着数千年历史积淀的自强不息、厚德载物、有容乃大的中国文化为运作主体、生命主体、创造主体和接受主体，坚持民族文化主体性功能；"西学为用"，就是以西方文化和其他民族文化，一切对主体文化有学习借鉴价值的东西为他山之石，为我所用，坚持对外开放的方针。"马魂中体西用"，既肯定了马克思主义在中国新文化建设中的指导思想作用，又突出强调了民族文化的主体性，同时又坚持面向世界，对外开放的方针，是一种比较符合中国实际的文化发展方针、理论模式。② 而且，中国特色社会主义生态文化既要坚持中国特色，又能"通天下之志""观乎人文以化成天下"，有能力和魅力通达并影响人类的共同价值，为全球生态文明做出应有的贡献。这就要揭示中国特色生态文化的魅力、优势及其普遍性意义，以及中国特色社会主义生态文化精神在全球人类生态问题治理中的地位、功能和作用，呈现中国特色

---

　　①　《习近平谈治国理政》第 2 卷，外文出版社 2017 年版，第 339 页。

　　②　叶红云、张学成：《马克思主义与中国文化发展的当代阐释——"北京大学马克思主义与中国文化发展学术研讨会"综述》，《马克思主义研究》2010 年第 7 期。

社会主义生态文化的全球性、人类性维度。

第二，中国特色社会主义生态文化不能仅仅是西方生态文化的摹本，一定要找到自己文化的"根"和"种子"，探寻中华文化的基因，以中华民族的精神为核心，并体现中华民族生态智慧的精髓。

费孝通先生曾经指出："文化的生和死不同于生物的生和死，它有它自己的规律，它有它自己的基因，也就是它的种子……种子就是生命的基础，没有了这种能延续下去的种子，生命也就不存在了。文化也是一样，如果要是脱离了基础，脱离了历史和传统，也就发展不起来了。因此，历史和传统就是我们文化延续下去的根和种子。"① 中国特色社会主义生态文化的建设也应当传承中国文化的基因和种子，这就要求我们尊重中华民族传统生态文化，自觉地理解、解读、发掘中华民族传统生态文化，加强对优秀传统生态文化思想价值的挖掘和阐发，维护民族生态文化基本元素，并结合新的时代特点对其进行创造性转化和创新性发展，使其发扬光大。对民族传统优秀文化要怀有敬畏之心，特别是不能够把一些西方的观念生硬地搬过来，以其对民族传统文化随意地进行解构和颠覆，从而把构筑民族文化大厦的砖瓦一块块拆散，将一根根支柱卸掉。因为这样一来，整个民族文化的大厦就会坍塌，中华民族就会因丧失文化之根而无法屹立于世界先进民族之林。

中国特色社会主义生态文化应探寻中华文化的基因，以中华民族的精神为核心，并体现中华民族生态智慧的精髓。中国传统哲学的基本问题就是"天人之辨"，即天人关系问题。几千年来中国思想界都在围绕着天人关系这一主题开展讨论。这其中，出现过两种不同的倾向：一是"天人相分"，但只是支流；一是"天人合一"，"天人合一"才是主流，源远流长，声势浩大，绵延不绝。"天人合一"成为中国传统哲学最基本的母题、最重要的思维模式，在中国传统文化中占有极其重要的地位。对此，国学大师钱穆指出："天人合一思想是中国传统文化中最重要的一个内容。所谓'合一'，就是指人类与大自然和合无间，融为一体。"② "天人合一"思想就是中国传统文化基本精神的核心，也是中华传统生态智慧的精髓。中国传统文化中的"天人合一"思想，是中华民族的先哲为人

① 费孝通：《费孝通文化随笔》，群言出版社 2000 年版，第 178 页。
② 钱穆：《中国文化对人类未来可有的贡献》，《中国文化》1991 年第 4 期。

类做出的杰出贡献之一，对于现代人类正确看待自身在自然中的地位、消除人与自然的对立、树立人对自然的情感和尊重、重建人与自然的良性互动关系，具有重要的启迪作用，对于当下我们进行生态文明建设也有特殊的意义。

中国特色社会主义生态文化应吸取中国传统文化中的感悟智慧和宏观、整体、连续与和合的思维方式，突破拆分自然或远离自然的研究模式的窠臼，建立以体验感悟与逻辑推论互补的生态整体思维模式。中国的先哲认知世界的方式是体察和感悟，即所谓"仰观天文，俯察地理，近取诸身，远取诸物"。"天人合一"理念就是中国古代的先哲们通过亲身实践，亲近自然，融入自然，观察体悟自然与人文相互关联的现象，思考、感悟而形成的人与天、地、物同根基、共命运的理想信念，体现出中华文化和东方思维独特的魅力。中国先哲还具有极高的悟性，如老子对宇宙与道的感悟，让西方现代宇宙学者们大感震惊，因为老子在二千多年以前所提出的宇宙生成与演化图景，与现代宇宙学所揭示的宇宙起源与演化模型惊人地相似。还有他的"道法自然"和"自然无为"的思想，通过对宇宙大道的感悟揭示生存的智慧，无疑对今天人类如何对待人与自然的关系具有重要的启迪和警醒意义。反观近代以来的研究自然的模式，主要是采取拆分（分析）的方法，把单个事物从自然整体中分离出来加以考察，"只见树木，不见森林"，即只看到自然的部分，而看不到自然的整体以及部分与整体的联系。而且人是远离自然的，单纯用逻辑方法去推演自然的法则，即无法体悟人与自然的密切联系，也难以培养人与自然在情感上的亲切关系。

无论是"天人合一"还是老子的宇宙生成、演化观念，还都体现出了一种宏观、整体、连续的思维方式。例如在老子那里，一方面是"道生一，一生二，二生三，三生万物"；另一方面，人由道的演化产生后，并没有像西方哲学那样使人与自然形成分离和对立的关系，因为他还提出了"人法地，地法天，天法道，道法自然"。中华文化中的感悟智慧和宏观、整体、连续的思维方法可以弥补西方天人相分思维的缺陷，并充分体现中国生态文化的民族特色。从实践层面上讲，要建设生态文明，实现生态价值观的诉求，首要的是确立合乎生态文明的价值理念和思维模式。中国传统的整体与和合的思维模式不失为改造当代业已变形的思维模式的重要思想资源。

中国传统文化是中华民族创造的精神财富，是民族精神的体现，反映中华民族特有的世界观、信仰追求、价值取向、思维方式和文明准则，对中华儿女具有强大的凝聚力。中华民族当然要与不同的文化进行交流，当然需要吸收外来文化的营养，但在这个过程中一定要根据中华民族文化的特点，把它转化为具有民族形式的、中国大众喜闻乐见的文化，才能为中华民族和人民大众认同。同时只有这种文化自觉，才能充分地发扬中国文化的个性，成为多元存在的世界文化的构成成分，进而丰富世界文化，促进世界文化的发展。在文化自觉的理念下构造中国特色社会主义生态文化，其意旨正是如此。

二　吸纳、改造和提升"小传统"，发挥民间文化的生态示范效应和传播中介功能

研究中华民族传统生态文化，不仅要探讨作为"大传统"的儒、道、释中所阐述的生态文化，还应该挖掘作为"小传统"的民间文化中的生态意识资源。而且，根据大传统与小传统的辩证关系，当代作为大传统的社会主义生态文化，只有通过各种各样的民间的小传统的形式，才能让民众真正从心理上接受和认可，形成对社会主义生态文明理念的价值认同，为生态文明建设凝聚力量。同时，对民间传统生态文化必须正确分析和评价，取其精华，去其糟粕，进行改造和提升，增强民间生态文化的时代适应性，促进民间传统生态文化向现代化转型。

（一）"小传统"——民间文化的一种社会学称谓

1. "大传统"与"小传统"的概念内涵

说到中华民族的传统文化，不能只想到在文化典籍中所记载下来的由先哲们所创立的学说，如儒、释、道的理论，以及它们所阐述的世界图式、治国理念、伦理精神等。虽然这些学说确实是中国传统文化非常重要的组成部分，但实事求是地说，在古代中国社会，这些在典籍中表现的文化的内涵与真义只有占人口极少数的文人和士大夫才可接触到，对其阅读和理解，并在实际生活之中运用。而占人口大多数的处于社会下层的民众，大都不识字，尽管在其思想意识和行为方式中也会有这些文化观念的渗透，但总的说来，大多数下层民众很难接触到这些典籍，对其中的知识

谱系更是知之甚少。"因此只把儒释道三家看成是中国的传统，甚至认为它们支配古代中国人的思想与行为，这是不符合实际的。生活在社会下层民众也有着自己的文化与传统。"① "如果说孔孟之道主要是针对上层社会而存在的话，那么在总人口90%都是文盲的农业社会中，真正起到凝聚我们的民族，组织我们的社会，和谐我们的生活，统一我们的审美观念、道德理念、生活规范的是我们的民间文化。"②

　　文化及其传统由经济基础所决定并受社会环境的影响，由于所处经济、社会地位的不同，不同的社会群体之间的文化和传统是有差异的。于是，人类学与社会学界将这些不同社会群体的文化传统划分为两类，一类是在文化典籍中所表现的、社会上层和知识精英所奉行的文化传统，称为"大传统"；另一类是在社会下层流行的、为广大普通民众所奉行的文化传统，称为"小传统"。

　　大、小传统的区分始于美国人类学家罗伯特·雷德菲尔德（Robert Redfield），他在1956年出版了《乡民社会与文化：一位人类学家对文明之研究》一书，在该书中他提出"大传统和小传统"的概念。他所说的"大传统"，指的是代表着国家与权力的、由城镇的知识阶级如思想家、宗教家等所产生的文化传统；他所说的"小传统"，则是指广大普通社会大众、特别是乡民（Peasant）或俗民（Folk）所代表和传承的文化传统。在他看来，"拥有社会精英及其所掌握的有文字记载的文化传统的都市社区，跟保持有大量口传的、非正式记载的文化内涵的乡村社区，是很不相同的"③。换句话说，大传统也就是高层文化、精英文化，这种文化经过了文人知识分子的理性加工整理，形成体系，一般反映上层的社会思想，有文献记载。小传统也可称作底层文化、民间文化、大众文化，指民间社会日常生活中的文化传统，它经过世代传承，历经千百年而不衰。民间文化大量体现在民风民俗当中，从显而易见的建筑、服饰、饮食、礼仪、节庆活动、婚丧嫁娶、文体娱乐、乡土工艺，到需要细心观察、深入体会的思维方式、心理特征、道德观念、审美趣味等，都属于民风民俗的范畴。民风民俗有丰富多彩的表现形式，包括有形文化与无形文化。有形文化如

① 王学泰：《传统与小传统》，《社会科学论坛》2000年第8期。
② 白庚胜：《民间文化传承论》，《河南大学学报》（社会科学版）2007年第1期。
③ 郑杭生：《论社会建设与"软实力"的培育——一种"大传统"和"小传统"的社会学视野》，《社会科学战线》2008年第10期。

古老的民居、工具、服饰等，无形文化如信仰、习俗、制度等。民风民俗的传承有口头的形式，如语言、歌谣、神话、传统等，也有文字资料的形式，如书画、家谱、碑文等。"民族精神积淀在我国多年的文化史中。中华民族的一切美德、思想、精神，如自强不息、刚健有为、宽厚平和、注重和谐、爱国统一、勤劳勇敢、诚信友爱等都记载在中华民族的民间文化里。正如黑格尔所说，包括史诗等在内的民间文化是民族精神的博物馆。所以，传承我们的民间文化，就是要传承一种民族精神。"① 可以说，民间传统文化其实更明显地保留着民族特色。

从 20 世纪 80 年代起，众多学者也对大、小传统的概念进行了理论研究和探讨，取得了丰硕的成果。有学者概括出："作为大传统的文化价值观应该是有关终极实在、观念、制度和日常行动的原则体系。"② 也有学者认为："'大传统'是由学者、思想家、宗教家反省深思所产生的精英文化，而相对的，'小传统'指一般社会大众（特别是乡民或俗民），和作为自然人的社会上层的士绅、知识分子身上的违背大传统的人性本能的思想及其外化，即在其社会中非主导地位的形形色色的各种价值系统。"③

2. "大传统"与"小传统"的辩证关系

从上面我们可以看出，大、小传统是有区别的：一是前者是上层文化、精英文化，后者是底层民间文化、大众文化；二是前者有文字记载与整理，后者主要通过口传等方式传承；三是前者往往易被看作具有主导意义、社会影响力大的文化传统，后者易被看作受到前者支配、处于次要地位且影响力较小的文化传统。

但也要看到大传统和小传统之间是辩证统一的关系，既彼此有区别又有相互联系，不可分割。如雷德菲尔德就认为，无论是大传统还是小传统，两者在对了解文化的整体上有着同等的重要意义，因为两者都是整个文化的重要组成部分，共同构成这个文化。两者且是互动和互补的：大传统主导着整个文化的走向，小传统却也为文化提供着真实的素材。

以唯物辩证法的观点来认识大传统和小传统的辩证统一关系，至少可

---

① 白庚胜：《民间文化传承论》，《河南大学学报》（社会科学版）2007 年第 1 期。

② 郑杭生：《论社会建设与"软实力"的培育——一种"大传统"和"小传统"的社会学视野》，《社会科学战线》2008 年第 10 期。

③ 翁频：《近二十年国内外大、小传统学说研究述论》，《漳州师范学院学报》（哲学社会科学版）2009 年第 4 期。

以看到它们之间的以下几方面的联系。

第一，大传统和小传统共存于一个社会文化统一体中，它们都是整个文化的重要组成部分，共同构成社会文化整体。

第二，大传统也可能源于小传统，是从小传统中概括提炼出来的。小传统为大传统提供文化素材，大传统需要不断地从小传统中吸收文化养料来丰富完善自身；大传统也会通过各种渠道回到民间，在小传统的各种形式中体现出来。

第三，大传统和小传统两者双方相互包含和相互渗透。"不管是在形式上还是在内容上，都集中地表现为经常被划为小传统的民间的一些东西，其中包含着大传统的思想，渗透着大传统的精神。也正是由于此，大传统才能起到引领和指导的作用，也才能通过小传统提升自己的感染力和凝聚力。"①

虽然雷德菲尔德的这种对大、小传统的作用和相互联系的思想观点被学界广泛接受，但在具体研究中，小传统却经常会被忽略，甚至很少被提及，而对小传统的深入研究和分析则更显缺乏。"这一点在中国的文化研究中尤为明显。"② 在世界文化交流中，一个国家或民族需要有一种文化标识，以张扬、表明这个国家或民族的个性。民族标识就是民族文化的特点、气质、符号、形式等的外化，是这个民族创造和传承下来的文化系统。民族精神的传承，除了靠精英文化、主流文化之外，还必须在积淀千百年的民间文化中寻找我们的民族精神存在和发展的根据、力量，把我们的民族凝聚起来，振奋起来。③

既然我们已经认识到小传统在文化整体中的重要地位，因此在文化研究中就要纠正忽视小传统的偏向，将研究的触角深入到民间文化。

就中华民族传统生态文化而言，我们不仅要探讨作为大传统的儒、道、释中所阐述的生态文化，还应该挖掘作为小传统的民间文化中的生态意识资源。而且，根据大传统与小传统的辩证关系，当代作为大传统的社会主义生态文化，需要通过将其渗透或转化为各式各样的民间小传统的形式，以利于让广大民众从心理上真正接受和认可，广泛形成对社会主义生

---

① 张锦智：《多元化背景下社会主义核心价值体系研究——基于大传统小传统的视角分析》，《理论界》2012 年第 6 期。

② 王学泰：《传统与小传统》，《社会科学论坛》2000 年第 8 期。

③ 白庚胜：《民间文化传承》，《河南大学学报》（社会科学版）2007 年第 1 期。

态文明理念的价值认同，这样才能发挥作为大传统的主流生态文化的主导、引领作用，整合各种文化，为生态文明建设凝聚力量。

（二）民间文化中的生态意识及其表现形式——以客家文化为例

民间文化中也包含有丰富的生态意识。这里选取富有地域特色的客家文化作为典型例子，来考察其中的生态观念。因为客家文化就是属于小传统的范畴，是广大客家群众的文化，是底层的民间文化。

一般认为，"客家"是自魏晋南北朝一直延续到清朝这 1700 多年的历史过程中，古代中原汉人由于战乱和灾荒而背井离乡，经数次辗转迁徙到赣南闽西粤东北地区的汉族的一个民系，一个具有独特方言、风俗习惯和文化心态的稳定共同体。而客家文化，"概括地说，是以汉民族传统文化为主体，融合了古越族和畲、瑶等少数民族而形成的一种多元文化。客家文化不仅是指产生于赣闽粤客家大本营地区这个特定的地理范围内的文化，而且更为主要的是她具有自成体系的历史渊源、特定内涵和鲜明的地域特色"。"客家文化是中原文化母体中衍生出来的一个种亚文化。"① 客家文化的内涵很丰富，这里要讨论的是其中独特的生态文化。

1. 建立在经验认知基础上的顺应自然和保护自然的生态意识与行为

客家族群善于协调人与自然中的矛盾冲突，以顺应自然的方式求得与自然和谐共处。客家生态文化是建立在农耕生产方式基础上形成的处理人与自然关系的思想，反映了客家族群在农业生产实践中达到的对自然规律的认识和把握。例如客家地区的农民群众因地制宜，灵活地运用二十四节气，根据当地所处的自然环境如气候、土壤等条件，总结实践活动中得出的经验，编成农谚，用来指导农业生产，就说明了这一点。如梅州地区有"春分豆，一薮篓（一大把）""立夏起东风，禾苗收成丰""夏至种芝麻，头戴一盆花，立秋种芝麻，死都不开花"② 等等。"十里不同风，百里不同俗"，同处在北纬 25°的闽西上杭、武平和赣南寻乌是"谷雨前打扮田，谷雨前后好莳田""谷雨前好种棉，谷雨前后好种豆""谷雨莳田

---

① 罗勇、陈志平：《客家文化是移民文化吗——关于客家文化特性的探讨》，载罗勇、林晓平、钟俊昆主编《客家文化特质与客家精神研究》，黑龙江人民出版社 2006 年版，第 114 页。

② 宋德剑、徐春根：《天人合一视野中的客家文化》，载国际客家文化协会编印《客家与中原文化国际学术研讨会论文集》，中原古籍出版社 2003 年版，第 290 页。

立夏至""谷雨前后，种瓜种豆""立冬唔割禾，一夜去一箩"① 等等。总之，这些农谚将自然现象和节律即节令、物候等同当地的生产生活相联系，念起来顺口，易记易背，便于客家人运用自然规律对各种农事活动和生活起居适时地做出合理安排，便于有效地利用和把握时机，避免和减少不必要的损失，这正充分体现了客家人顺应自然的观念。

客家人生活在赣南闽北等山区，在从事农业生产的实践中，深知树木植被对水土保护的重要性，因此，对树林植被的保护意识很强。尽管客家人以伐薪烧柴为主要的生火做饭和取暖的方式，但客家人都要到较远处的高山且有一定高度的山坡上或者深山中去砍柴、伐木、烧炭，而居住地和农田周围附近的山林都列为"禁山"，不得砍伐。所以在客家地区经常会看到竖立于山林边上的石碑，上面镌刻着"禁"或"禁山"的字样，以此警示众人，不得乱砍滥伐。客家的一些俗谚，如"山上多种树，等于修水库"，"高山开荒，平地遭殃"，"山上树木光，好田会变荒"，等等，都是客家人注重保护山林、维护植被的真实写照。客家人还深知，树木就是财富，培植好树木会带来源源不断的财富，因此有"家有百丛竹，不愁不富足""千棕万桐，永世不穷；千桐万竹，永世享福"等谚语。

在对待人与自然关系上，客家人崇尚"天人合一"的理念。在许多地方生态环境遭受破坏的今天，作为"客家大本营"的赣闽粤山区，却仍然能看到保持着的相当完好的生态环境，这正是客家人崇尚"天人合一"，世世代代崇拜自然，增强适应自然环境的能力，在顺应自然前提下改造自然，与自然形成了一种友好共处的和谐关系的结果。这，无疑具有良好的生态示范效应。

2. 以信仰崇拜表现出来的尊重和崇敬自然的观念和行为

客家人与自然和谐相处的理念还表现为尊重和崇拜自然的观念。如在客家传统社会中有崇拜土地神和树木的观念。

客家人有对土地神崇拜的观念，土地神被客家人当作保护神。土地神又被称为后土、公王、社官、土地伯公等，是客家信仰中的大神。客家地区有很多土地庙，土地庙中有对联："神恩施大化，厚德载群生。"许多土地庙内摆设都很简陋，有的只是放置一块石碑或木牌，或墙上贴上一张

---

① 罗勇主编：《赣州客家世界国际学术研讨会论文集》，人民日报出版社 2004 年版，第239 页。

红纸，甚至只有一块石头。有的地方连庙也没有，干脆就把一块石头当作土地神的神位。在客家地区，这样的土地神的神位在各个村庄随处可见，一般设在村口的某棵大树下，村民每逢阴历正月初一、正月十五、二月二、四月八、端午节、中元节等，都会在土地神的神位前摆上米饭、酒、鸡、鸭、鱼、肉等，并点燃香烛进行祭拜。甚至在客家人的居屋内也设有土地神的神位。客家人在从事重要农事或其他重要活动如上山打猎、建房造屋前，都要先敬拜土地神。如每年首次下田开始农耕生产时要备好祭品祀奉土地神；播种前要在田头烧纸，禀告土地神，以祈求谷种免于鸟雀糟蹋，希望秧苗长得苗壮。客家地区还有"入山先问伯公""伯公唔开口，老虎唔敢吃狗""宰猪杀羊，问过公王"等民谚，说明土地神在客家传统社会中有极高的权威。①

客家人还有对树木的崇拜，并与后土崇拜结合在一起。两种特殊的树木成为崇拜的对象，一是如"伯公树"、神坛后面的树，任何人都不得砍伐，即神圣不可侵犯；二是特殊的树种，如老的榕树、柏树、水杉、松树等，也不得随意砍伐。在闽西客家地区还存在一种将孩子寄托给一些自然物的仪式，这些自然物主要有巨石、榕树、桃树、茶树等。把孩子寄托给它们，就是拜它们为干爹、干娘。之所以要有这样的仪式，是认为小孩的"八字"不好，或小孩"命"硬，本身难养，且会"克"父母甚至被寄托的人，因此要寄拜这些自然物。在客家人心目中，这些自然物中有一种神奇的力量，会保佑孩子健康成长。

3. 客家人与自然的和谐关系还集中体现在客家人所偏爱的风水文化之中

通常所说的风水文化，即风水术，也称堪舆术，是中国术数的重要组成部分，是指在中国传统哲学气论、阴阳、五行、八卦及"天人合一"基础上，产生的一门追求理想生存环境的景观哲学，其范围主要包括对宫室、祠堂、住宅、寺观、陵墓的选择与处理，以及村落、城市布局等方面。唐代以前，风水术只是在皇室和士大夫阶层中流行，唐末黄巢起义，在宫廷中"掌灵台天理事"的风水大师杨筠松，携带着宫室中的风水秘籍，夹杂在南迁的流民中，来到了赣南，从而把风水术从北方带到客家地

① 罗勇主编：《赣州客家世界国际学术研讨会论文集》，人民日报出版社2004年版，第204页。

区。杨筠松利用他掌握的天文地理知识，为南迁的客家人选择宅基地，从而将风水术推广到了民间。同时，杨筠松还根据客家地区"山区小盆地农耕经济"占主导地位的特点，结合赣南的山水景观特征，将讲求山形水势相配合的风水术发展到了极高的境地，创立了江西形势派。形势派特点主要是主形势，定向位，形成了追求龙、砂、水、向、穴五要素完美组合的理论体系。南宋时期，客家人由赣南向闽西迁徙，风水术也同时传播到了福建，闽南人航海所使用的罗盘，被引用进入风水实践活动的择向，形成讲求以宅基地的朝向与主人的生辰八字相匹配的罗盘派、理气派。

风水术、看风水在客家地区很流行，成为客家人的重要习俗，以至于"客家人每逢婚丧喜庆，盖房子、打灶挖井、选坟地都邀请风水先生堪地利、看风水、择良辰吉日"。这些看风水的习俗，在客家地区至今还长盛不衰。客家人的这种根深蒂固的堪舆理念，体现在他们的村落的空间布局和住宅的选址上，即依据堪舆术来选择和改造自然环境，使人与自然环境达到"天人合一"的理想境界。

客家风水文化之所以兴盛，原因很多，其中关键一点在于客家先民所到达的赣南山区山重嶂叠、河流交错，如何适应这样的地理环境特点求得生存和发展的问题。唐代以前的赣南地处僻远，人烟稀少，处于荒凉的状态。据同治《赣州府志》载"赣之为郡，处右江上游，地大山深，疆隅秀错……汉唐以前，率以荒服视之"[1]。到了宋代，开发程度也不算高，王安石还说"虔州江南地最旷，大山长谷，荒翳险阻"[2]。闽西和梅州地区比赣南开发得更迟，如梅州，直到唐代中叶，仍处于"人烟稀少，林菁深密，野象横行，鳄鱼肆虐，瘴气熏人"的境况，客家山区还阴霾多雨，潮湿的环境中各种疾疫容易流行。这样一种自然环境，对客家先民来说不啻一种严峻的挑战！客家地区多是山地，地形复杂、河流遍布，多虫兽侵袭，在这种环境下，首要问题是如何定居——即选择一处适宜的地方来建房安家，就显得特别重要，风水术正好能满足先民的这种生存需求。风水术中的阳宅选址，其目的就是追求住宅建筑的方位布局能与周围自然环境协调和统一，以求得居住者的生理健康和心理平和，所谓"人因宅而立，宅因人得存，人宅相扶，感通天地"。而且，当时的风水术士也是

---

① 转引自李晓文《论客家人的和谐观》，载罗勇、林晓平、钟俊昆主编《客家文化特质与客家精神研究》，黑龙江人民出版社 2006 年版，第 170 页。

② 罗勇：《客家与风水述》，《客家研究辑刊》1997 年第 2 期。

懂天文地理、具有一定科学知识的人,他们善于观察地形地貌,知道水土优劣,如杨筠松等人就是。所以,风水术可以满足先民们的定居生活要求,并在以后开发山区的生产实践中起到了积极的指导作用。① 比如,客家风水文化中所认为的"风水宝地",应包括地形上的规范性和综合自然地理环境的协调性两个方面的内容。所谓地形上的规范性:就是房宅北面要有一定高度的山体为依崎和挡护,东西两面也要有合适的山岭作护卫,前面即要地形平坦开阔,近要有河水流淌,远要有低山朝拱,周围要有茂盛植物。这样就构成了一个相对独立的适宜人居的地理单元,即形成一个东、北、西三面有山护卫,南面地形相对宽敞开阔的地形环境。住宅、村落、城市空间规模不同,但都可以参照这种地形相对模式,即大体结构是一致的,遵循着某种"全息同构"的准则。就风水地的综合自然地理环境特征而言,要有好的地质、地貌、水文、气候等因子,有适中的土壤和生物,且必须是环境内各项自然地理要素(因子)的统一协调,构成一个有机的生态环境,才是理想的风水地。综合起来,比较理想的居住环境应该是:"左有流水,谓之青龙;右有长道,谓之白虎;前有污池,谓之朱雀;后有丘陵,谓之玄武。"(阳宅十书)

大自然姿态万千,不可能都是风水胜地。面对不利地形,风水既不会一概放弃,也不可能完全"顺应自然",而是进行积极的弥补,使之趋于合理,这叫着"补风水"。"补风水"的方法有:(1)植树、培土。在特定的地带广种树林或挑土增加山的高度及改变山的形状;(2)建塔、造桥。在水口处建塔、造桥以兴文运;(3)挖塘蓄水、引沟开圳。水是财富的象征,所以水的"纳蓄"极为重要。在自然地形不甚理想的情况下,可以通过挖塘蓄水、引沟开圳来作为重要补救措施。②

说到水,客家人还十分重视"水口"的布置。水口,本义是指一村之水流入和流出的地方。但在客家人看来,水在风水上是财富的象征,故在风水中对水的入口处要求不严,有滚滚财源来即可。但对水流出口处的要求就很讲究,在当地人看来,水口把得紧不紧关系到全村财富是否会流失的问题。所以,在全村的水流出口处往往设立神坛、建立寺庙、安葬祖坟等象征资源,以免"财富流失"。笔者所在的赣南的许多山村,在流出

① 参见罗勇《客家赣州》,江西人民出版社 2004 年版。

② 刘大可:《风水与传统客家村落文化》,载罗勇、林晓平、钟俊昆主编《客家文化特质与客家精神研究》,黑龙江人民出版社 2006 年版,第 293—294 页。

的水口，都有百年的古树木，形成浓郁密盖的林子。这些树林是严禁砍伐的，谁要是砍伐，就等于动了村民的祖坟，村民会跟他拼命的，就是因为这些树林是把紧水口的。其实，在笔者看来，对"水口"树木的保护，实质就是对水土的保护和对风沙的阻挡。保护好了水土，阻挡住了风沙，才有良好的生产和生活环境，也才有利于财富的生成和积累。

客家人还把"保风水"的相关内容写入家法族规，编入族谱，以求永世传承。如闽西武北源头村《源头蓝氏族谱》中的《景常公太遗训》规定："后龙山及水口栽种之树木……不得任意剪伐。""蓄养后龙及管辖松杉竹木，不得任意盗砍或放火焚烧致减生产。"又如 1994 年新修《大余黄龙郭氏族谱》："栾林为保障要务，村居、坟山皆不可少，若地有树木，如人有衣冠，所以庇祖灵，荫后嗣也。古人为官室必慎堤防为陵墓，必勤封植。今与族人约，凡属栾林，倘有不肖之辈，无故剪伐，是不知要务，当以达禁之律惩治。如果时加培植，后嗣自必昌荣。"其目的是要子孙保护好风水林木以"庇祖灵，荫后嗣"。抛开其中的某些迷信成分，我们可以看到客家人对自然山水的钟爱程度。

客家风水文化强调人与地理环境的协调统一，强调人与自然环境应是一个有机整体，强调用人类对环境的选择和利用方式去追求和达到人与自然关系的和谐共荣，因此具有重要的价值和启迪意义。当然，我们也要看到，后来在漫长的历史过程中，风水又不断杂糅了许多神秘莫测的玄学内容，混杂着大量神秘主义因素和非科学的迷信成分。因此，对风水文化要进行改造，特别是那些唯心的、神秘主义的或迷信的成分，是需要剔除的。这一问题后面还将谈到。

（三）民间生态文化的传承、改造与提升

当中国传统文化在新时代面临丧失话语权的危机时，那些带有地域色彩的文化存在和发展方式，无疑都为 21 世纪中国文化的发展提供了诸多可能的发展启示。[①] 在我国，具有丰富的地域民间文化类型。在这些文化中，客家文化作为富有特色的一种独特的地域民间文化，有着极为重要的地位。客家文化中的地域生态文化经验对整个中国生态文化的发展会起到

---

① 李惠娟：《客家移民与文化的变迁》，《华南农业大学学报》（社会科学版）2004 年第 2 期。

一种参考作用，可以为我们思考生态文化发展的可能性提供思路。客家文化中的对生态环境的重视和保护，作为一种地域文化经验为生态文化的发展提供了新的表达方式、示范方式以及传播方式。

1. 正确分析和评价民间生态文化的价值取向，取其精华，去其糟粕

民间文化作为整个民族文化的重要组成部分，也是一个民族的重要精神资源。

正如有的论者指出，民风民俗是重要的财富资源、管理资源和道德资源。作为财富资源，民间文化中的艺术、工艺、饮食文化等可以形成特色"产品"，走向国内外市场，取得经济成效。作为管理资源，是指民风民俗具有巨大的社会组织力，用其特有的方式组织社会，和大自然形成和谐的依存关系。管理需要制度，民间文化中蕴含着丰富的社会制度，信仰制度、生产制度、姓氏制度、婚姻制度、墓葬制度等就是其具体内容。就道德资源而言，它也不只是存在于精英与上层文化之中，也蕴藏于并且主要存在于民风民俗之中。就是说，民间文化中还蕴含着极其重要的道德资源，如爱国、团结、勤劳、诚实、守信以及忠、孝、节、义等，都现实地存在于民间文化中。

因此，我们要积极发掘民间传统文化资源，对民间传统文化资源进行系统保护，并建立起有效的民间传统文化遗产传承机制。

但也应看到，民间文化也有着先进与落后之分和品质差异的问题。传承民间文化必须要对传统民间文化进行梳理，取其精华，去其糟粕。在这方面分析、判断和评估民间文化的优劣，就要看这一文化的精神内涵。民间文化的精神内涵主要通过特定区域内生活共同体中的人们的生活方式、行为规范和风俗习惯等表现出来，是这个区域群体的精神需求和基本价值取向。对于其中的积极向上的东西，应当加以继承和发扬。而对于那些已不能适应当今时代价值观的东西，就应该被抛弃。

比如，在客家民间生态文化之中，笔者认为，其基本的精神内涵是值得肯定和应该大力弘扬的。客家民间生态文化的基本精神内涵，就是崇尚天人合一，尊重和敬畏天地自然，积极地保护自然，通过顺应自然达到天人和谐、人与自然的共生共荣。这一精神内涵正是通过客家族群特别重视保护森林植被、崇拜敬畏土地神、按照自然季候进行农业生产、合理地选择和改造人居与生产环境等体现出来。这一精神内涵与今天我们所倡导的生态文明理念是相符合的，具有积极的意义，可以成为我们建设生态文明

和生态文化的精神资源和价值取向。

当然，客家生态文化中，也存在落后、迷信的成分，如把某些自然对象神化并进行膜拜；风水术中也有很多牵强附会、缺乏科学根据的内容，如"寻龙认脉"，辨识"藏风得水""乘生气""点穴立向"之术，无法以科学理性的方式来解释。又如把逝者陵墓选址、朝向等说成与其家族是否昌盛及后人的财富、学业、仕途等运气如何休戚相关等，明显是一种荒诞的迷信。笔者曾与一位据说是颇信亦颇懂风水术的人士讨论这一问题时，列举一些帝王将相的陵墓，他们的陵墓或陵园选址等，请的肯定是被认为是一流的风水大师，其选定的葬所，不能不说是风水宝地。但是，其中许多的后代，并不能永享帝祚或昌盛万年，甚至没几就衰败殆尽，如"秦不过二世"——这是为什么？这位人士无法回答笔者的诘问，未能对这类现象做出任何解释，只好说陵墓选址好坏，会对家庭及后代有一种心理暗示作用。笔者当然不相信这种心理暗示会有如此强大的作用。

实际上，客家生态文化中存在的落后、迷信的观念，是原始时代对自然缺乏科学的认识、在自然力的威慑下而产生的万物有灵观念和原始宗教的残余，是迷信的产物，与当今时代所倡导的唯物主义世界观和科学精神是相悖的，是糟粕，当然应该被抛弃。

因此，我们在建设中国特色生态文化的过程中，对民间生态文化应采取既克服又保留的辩证扬弃态度。文化具有历史性和时代性，文化发展是一个带有阶段性即时代性特征的动态进程，不同时代的文化总带有那个时代的特征。著名未来学家、美国亚洲大趋势研究所所长冯久玲在其论文《从世界发展的经验反思可持续发展》中，把文化挑战看作当下最为严重的社会挑战之一，提出"文化和价值适当性"问题。她说："中华民族能几千年来持续它的文明必有它优良的文化基因"，"中华文化最伟大的文化特性应该是它的适应性"①。"文化和价值适当性"这一命题对我们很有启迪意义。如何评估文化和价值适当性，是否可以认为就是指文化的适应性？文化的适应性，一方面指文化应当适应民族的需要，适应这个民族广大人民群众的需要；另一方面，文化应当适应时代的需要。

客家生态文化的精神内涵是依然具有文化和价值适当性，即适应性，

---

① 转引自张树俊《论民间文化价值取向与提升》，《包头职业技术学院学报》2010 年第 1 期。

依然适应我们的民族和我们这个时代。但其中有些迷信和落后的成分，却失去了时代适应性。因此，对民间生态文化资源要批判地继承，一方面要重视吸纳民间生态文化中的依然具有适应性的积极因素；另一方面要注意摒弃其中失去适应性的糟粕。同时，要注重提高民众的文化鉴别力，引导广大民众崇尚科学，破除迷信，移风易俗，抵制腐朽落后的文化，努力形成文明健康的社会风尚和生活方式。

2. 注重对民间生态文化有针对性地改造，增强民间生态文化的时代适应性

文化具有继承性，各个历史时代的人们在创造自己的文化过程中，都不是从零开始的，而是在批判继承传统文化的基础上发展起来的，其中，民间文化是值得继承的文化资源。不过，文化继承并非要死死守住老传统，而是要批判地继承和在改造中继承。批判地继承和在改造中继承即是辩证地扬弃，去掉其中不合时宜的成分，赋予这一传统文化以新的内涵和新的形式，使其能保持与时俱进的生命活力。

值得注意的是，民间文化、民风民俗文化中的精华与糟粕、优秀成分与不合理成分往往是结伴在一起的，要进行科学甄别和区分对待。总体而言，民间文化遗产是健康向上的，但其中也存在着一些低级趣味和不健康的东西，存在着腐朽、迷信、落后的成分。对这些东西或成分当然不宜去保存，而是需要加以限制或改造。只有去除其中不合时宜的落后成分，民风民俗文化才会更具时代性、进步性。

以客家生态文化为例，其中有些内容和形式确实已经不合时宜。如客家地区对土地神的膜拜、将小孩托管某一棵树或一块石头等风俗，以及风水术中缺乏科学根据的玄虚成分，毕竟是迷信的东西。但在客家生态文化中，有许多内容可以作为一种文化资源进行加工改造。如前所述，民风民俗文化中的精华与糟粕、优秀成分与不合理成分往往是伴生的。比如客家族群对土地神的崇拜，其中有迷信的成分，因为它是一种神灵崇拜。但从另一方面来说，其中又渗透着客家人对自然的敬畏和尊重，是对他们生于斯、长于斯的土地的感恩，是发自内心的对大地的情感表达。这种情感，源于中国的传统哲学。《周易》中，乾就是天，就是父；坤就是地，就是母，即天父地母。在中国哲学中，"天道生生"与"天人合一"相并列。这里所说的"天"，就是自然。"天道生生"，即自然创造生命、是生命的源泉。儒家即有"天人合爱"的思想，人所以爱自然，是因为自然是包

括人类在内的所有生命的源泉，自然就是生养我们的父母；人与自然万物生命同根同源，因此人类和自然及万物之间就有天然的亲情关系。这是中国独特的生态哲学与生态伦理观念，具有独特的价值。正因为它是具有民族特色的文化理念，容易被中国的大众所接受，并已渗透到中国大众日常的生活行为中。如民间百姓摆在祭桌上的牌位，上面写的是"天地君亲师"，这之中也蕴涵着中华先民对天生养万物之伟力的景仰，同时也蕴涵着对天高深莫测却又无处无时不在，并决定着社会运行和人的命运的敬畏心理。又如中国的传统婚礼，"一拜天地，二拜高堂"，天地比亲生父母还有更高的地位。客家人的土地神崇拜，其中就渗透着以"天人合一"与"天道生生"为哲学基础的生态伦理观念。客家地区每个村落都设有"社官"即土地神的神位，虽然简单，但逢初一、十五和年、节，村民必以香火供品祭拜，十分虔诚，实际上这就是对自然的敬畏和礼拜，并成为行为中的自觉规范。这一传统伦理特色仍值得今天好好继承并发扬光大，可与现代文化相融合。在现代生态伦理学中，受生态科学的启发，利奥波德就认为自然界可以看成由各个器官构成的有机体，并由此提出了大地伦理，认为人与大地（包括植物、动物、河流、高山等）是一个共同体，应该将生物共同体的完整、稳定和美丽视为最高的善。英国大气学家拉伍洛克（J. E. Lovelock）提出"盖娅假说"生态伦理学。盖娅是古希腊神话中的大地女神。"盖娅假说"生态伦理学认为，在地球大气圈以下的表面，覆盖着一个生命系统；土壤、岩石圈表层以及整个生命界，在生产和转化的过程中被连续地替换着，并构成一个网络。在这个网络中，生命系统和非生命系统复杂地交织着，并由其中的反馈回路所调节。"盖娅假说"所要表述的是：地球就是一个生命体。由此它复活了"大地母亲"的观念，并赋予其现代意义，是一种新的地球系统观。

　　我们从中可以得到启发，也可以将土地神的概念与现代生态学理论相融合，将土地神改造成大地母亲的概念和形象。这样，既保持和传承了中华民族传统文化中"天父地母"的文化基因，又使文化基因中渗入现代科学理念，从而使其获得新的生命活力。

　　客家人热爱传统，他们保守传统，也沿袭保持着许多传统仪式，以此来达到传统的教化作用。"民间文化的特色体现在仪式中，仪式就是一种文化的展演，是一种区别于艺术表演、蕴涵了象征意义的文化表演。仪式中的每一个环节都蕴含了大量的民间文化信息，体现出乡村民间文化的内涵与特色。"① 比如祭奠活动，客家人在清明、春分都要倾巢出动为故去的亲人扫墓祭奠，中元都要为故去的亲人烧纸钱祭祀，如此循环往复，代代相传。设香案祭祀或在墓前祭奠故人，是客家人——包括许多海外华侨华人中的客家人不忘传统文化的具体表现。这些祭奠活动容易被看作一种迷信活动。不可否认，这种传统习俗中内含着迷信因素，也有可能演变为一种纯粹的迷信活动。但在另一方面，自古以来，敬仰祖先是中国人也是客家人的一种美德，祭祀祖先或故人成了一种上下有序的传统文化。比如，"三月三，拜轩辕"，即黄帝陵庆典，我国春秋时代的历史典籍中就有这样的记载，唐代以后渐成规制，或官办，或民办。在当代，自 2006 年开始升格为黄帝故里拜祖大典，2008 年确定河南新郑黄帝拜祖祭典为国家级非物质文化遗产项目。无论是官办还是民办，这样的庆典，都表达着民众的祈福愿望，有着深刻的文化内涵。② 也要看到，参加这些祭祀活动的并不是每一个人都一定相信神灵，他们中的不少人受过现代思想文化教育，参加这些活动的目的仅仅是表达对祖先的敬意和怀念。"因此，与其把这样的祭祀祖先的活动看作是迷信，倒不如看作是一种对传统文化的继承为妥。这种每年如期举行的各种祭祀活动，不仅可以在家庭中建立起强有力的纽带关系，还可起到无可代替的文化认同的教化作用。"③

对于客家人民间传统文化仪式如对土地神的祭祀，在对其内容赋予新内涵后，在形式上也是可以经过改造而加以利用。这样的仪式也可以与现代生态文化理念融合，创造出反映生态文明时代特征、能为现代人所接受的仪式。比如对土地神的祭祀可将其改造转化为崇敬大地母亲、感恩自然的典礼——我们恰恰缺少这方面的典礼——借此表达与自然共生共荣意识、故土认同和文化归属等观念，并使其成为现代生态文化理念的载体和传播形式。

总之，用现代的眼光、用新时代的文化建设要求对传统的民风民俗文化作适当的、有针对性的改造是非常必要的。从当代生态文化建设要求出发，把民间生态文化融入生态文明发展的大环境中，这是我们继承和发扬

---

① 钟俊昆：《从客家祠堂庆典仪式看民间文化的传承价值与机制》，《民俗研究》2015 年第 5 期。

② 同上。

③ 黄华珍：《略论客家研究中的若干问题》，载《客家与多元文化》，亚洲文化总合研究所出版会 2004 年版，第 28 页。

优秀传统生态文化，赋予生态文化以民族特色的重要举措。

当然，在对民风民俗改造时要注意保持其固有的特色，不能把其固有的特色也一并改掉，否则就不是改造，而是创造了。"所以改造了的新的民风民俗文化首先要保留地方文化特色，因为地方特色文化与地方的建设更有相适性。它深入社会生活的每一个方面，深藏在人们的生活习惯、社会风俗与人们的深层意识之中，更符合人们心理需要。"① 当代中国特色生态文化的特色，也包括了各个地域生态文化所具有的特色。

3. 努力提升民间生态文化，促进民间传统生态文化向现代化转型

进一步说，对民间文化不仅要改造，还需进行提升，提升其品质。改造和提升是一个问题的两个方面，在改造中提升，在提升中得到改造。提升的核心依然是要增强民间文化的时代内涵和特色，实现民间传统文化的现代化。这就要立足时代的实践，在继承和发扬民间优秀文化传统的基础上，以时代要求和现代精神对民间传统文化加以打造，以促进民间传统文化向现代化转型。

提升民间生态文化需要植入新文化，即在传统民间生态文化的基础上增加当代的科学精神，使民间传统生态文化得到丰富发展。一个民族或区域的文化，不但要在继承和弘扬自身传统中发展，还要借鉴和吸纳其他民族或地区的优秀文明成果丰富自己，更要与时俱进，在社会实践中不断更新，建立起适应时代和社会发展潮流又具地方特色的现代化文化。

例如对上面提到的客家人所钟情的风水文化，就有提升的必要。风水不仅盛行于全中国，就是在世界范围内，凡是有华人的地方，就会有风水文化的市场。风水文化还引起了国外一些学者的高度关注，并引起不同的评价。英国学者伊特尔在《风水，古代中国神圣的景观科学》一书中这样评价："风水是可以被称宗教与科学的完全混合物的东西……从科学的角度看，我们迄今为止只能非常宽容地说，中国物理科学是对自然的粗浅猜测的凝聚物，被怪诞地运用幼稚的模式发挥了。"② 英国剑桥学者李约瑟在《中国的科学与文明》一书中却有另一种评价，他说："在许多方面，风水对中国人民是有益的，如它提出植树木和竹林以防风，强调流水近于房屋的价值。虽在其他方面十分迷信，但它总是包含着一种美学成

① 张树俊：《论民间文化价值取向与提升》，《包头职业技术学院学报》2010年第1期。
② 褚良才：《易经·风水·建筑》，学林出版社2003年版，第102页。

分，遍布中国的农田、民居、乡村之美，不可胜收，都可借此得以说明。"① 而美国城市规划权威凯文·林奇在其代表作《都市意象》一书中，给予中国传统环境哲学高度评价，认为风水理论是一门"前途无量的学问"，提出"教授们组织起来，予以研究推论"，"专家们正在向这方面谋求发展"。②

风水术的核心内容之一，就是不毁坏自然生态环境，而是努力选择和适应自然生态环境，其做法是通过避开穷山恶水，来求得宜居佳地。应当说，这体现了唯物的也是辩证的观点。风水学说的宗旨或处于主导地位的内容，就是积极追求理想的居住环境和心态环境。当下，人们不断倡导"返璞归真""回归自然"，这一古老的也是世界上独一无二的学问，也重新得到世人的重视和瞩目。它包含的许多合理内核使当代文明人大吃一惊，也大受启发。③

也就是说，中国传统民间文化的遗产风水学说，在当今文明时代，其中合理的内核经过提升后仍可服务于当今世界。20 世纪 50 年代末，希腊科学家萨蒂斯就提出了人类居住现代环境理论"人类聚居学"。1968 年，美国学者马奇发表《中国风水的运用》，它在当时虽未引起反响，但到了 20 世纪 80 年代，却得到国际社会的重视，并迅速形成一股思潮，如美国学者杜登、尹弘基出版《风水——地理位置选择与布局的艺术》等专著，并被多家著名媒体报道。联合国也数次召开有关"人居"发展研究的会议，并向有些城市（如我国的大连、珠海、杭州等）颁发"人居奖"。20 世纪 90 年代，"人居"这一概念也引入我国学界，并被改定命名为"人居环境学"。著名科学家钱学森提倡要像中国传统艺术和建筑那样注重"形"和"意"，提出中国 21 世纪要建"山水城市"。清华大学吴良镛在《山水城市与中国——21 世纪中国城市发展纵横谈》一文中指出："中国传统城市把山水作为城市构图的要素，山水与城市浑然一体，显然与山水构图和城市选址布局的'风水学'等理论有关。""山得水而活，水得山而壮。""城得山水而灵。"④ 因此说，中国传统文化中古老的风水术，可以以勇敢和开放的胸怀，自我革新，剔除自身的糟粕，吸纳中外优秀文化

---

① 褚良才：《易经·风水·建筑》，学林出版社 2003 年版，第 101 页。
② 同上书，第 102 页。
③ 同上书，第 105—106 页。
④ 同上书，第 110—111 页。

和当代科学成果，在现代与古代交融、中西合璧中获得品位的提升，重新焕发出照人的光彩。

总之，一个民族的文化传统既体现在上层和精英的典籍文化里，也在各民族的民间文化、民风民俗和日常生活中生动地流传着，并在大众的生存行为和生存情感积淀中构成了一部民间文化史，这也是民族文化和民族精神的重要组成部分。中国特色社会主义生态文化构建要关注我国的文化传统和社会心理基础，使其成为大众易于接受的价值观念，就必须既要关注那些称之为大传统的由上层和精英所倡导的主流文化传统，也要关注那些被称之为小传统的民间文化传统。根据大传统与小传统的关系，在文化多元化的背景下，大传统应成为小传统的文化资源和思想引流；大传统也要借助和发挥小传统辐射全社会的功能，其根基才会牢固。所以研究生态文化建设，既要研究上层及精英的主流生态文化，也要研究民间的民风民俗中的生态文化。同时，在传承和弘扬民族民间生态文化的过程中，将民族传统生态文化的精神与现代社会发展相结合，挖掘民族生态文化精神的现实意义，积极引导传统民族生态文化的现代性转型，用以形成整个社会的主导价值观。

三　坚持文化大众化方向，使生态文化理念内化为大众自觉的信念和行为方式

我们强调继承民族文化和生态文化的民族特色，其中一个目的也是更好地实现生态文化的大众化。人民群众是生态文明建设的主力军，生态文化的基本内涵和价值理念只有被广大群众所掌握和认同，才能成为人民群众的自觉生活方式。因此，中国特色社会主义生态文化建设也要坚持贴近实际、贴近生活、贴近群众的原则，中国特色生态文化构建要关注我国现实的文化基础和大众的社会心理基础，使其成为大众易于接受的价值观念，即要实现生态文化的大众化。

（一）生态文化大众化的内涵

从发生学和过程学角度看，文化是"人化"和"化人"相统一的过程。前者是指文化的人为性，即文化是人的创造活动及其结果。后者是指文化对人的"化育"作用和功能：文化是被社会（民族或社区）群体共

同认可并遵循的行为模式，它有着内在于人的一切活动之中并影响和制约人的行为方式的深层的机理，其中起决定作用的是价值，价值是文化的内核，它对文化起统领和规范、规制作用，是文化最深层的机理。人是处在文化之中的人，人无不受着文化的熏陶、影响和制约。某种文化价值一旦内化为人们的共同倾向，就会成为人们的行为方式和生活习惯。因此，生态文化建设，不仅是一个建立符合生态学原理的价值观念、思维模式、经济法则、生活方式和管理体系的"人化"过程，同时又是一个指导人们改变以往那些不良观念，以生态学的思维和方式来认识世界、观察世界的"化人"的过程。生态文化要实现"化人"的作用，并成为人民大众的自觉生活方式，就要实现生态文化的大众化。

文化大众化，就是一种文化认同，是指"人们对于某种文化的倾向性共识和认可，它经过文化的接触、融合和内化的过程而实现，能够支配人们的思维模式和价值取向"①。生态文化大众化，是指通过多样化的方式，将生态文化的基本内涵和价值理念由深奥的理论转化为其他易于理解和接受的形式，使其被广大群众掌握和认同，成为整个社会的普遍价值准则，并内化为大众自觉的信念和行为方式的过程。

借鉴学界对马克思主义大众化的研究，对生态文化大众化的内涵也可从不同角度去把握。

第一，从马克思主义生态理论与文化文明的关系看，就是要把马克思主义生态理论与中华民族优秀传统生态文化结合起来，同时吸收各国优秀文明成果，不断赋予当代中国马克思主义生态理论以鲜明的民族特色、时代特色、实践特色，形成适应广大人民群众需要的具有时代特点和民族特色的马克思主义生态理论。

第二，从作为理论形态的生态文化本身看，就是生态文化理论由抽象变为具体、由深奥变为通俗，由理论语言转化为群众语言的过程。

第三，从生态文化与群众的关系看，就是要使生态文化理念由少数人理解、掌握变为被广大群众理解、掌握，并上升为群众信仰的过程。

第四，从生态文化与实践的关系看，就是不仅要使生态文化理念被群众理解、掌握和信仰，而且要使群众能够自觉地把它运用于社会主义生态

---

① 张静蓉：《文化创新及其实现机制》，《中共杭州市委党校学报》2003 年第 1 期。

文明建设实践的过程。①

　　第五，从解决问题的办法和途径看，就是要推进"三个体系"（即大众话语体系、宣传普及形式体系、实践研究体系）的构建工作。②

（二）推进生态文化大众化的最直接途径和方式：通俗化

　　当代我国的文化生态格局呈现多样性的特征，大致来说主要由主流文化、精英文化和大众文化构成。③ 主流文化以其政治影响力成为文化生态中的主旋律，精英文化以其批判力影响着知识分子群体，大众文化则以日常化、流行化、商业化、娱乐化等优势吸引着广大受众。当然，多样文化并不是在封闭的而是在开放的空间运行的，三种文化也是交错影响的。文化的大众化，可以说就是要把主流文化和精英文化转化为大众文化，这种转化方式可以有多种多样，但最直接的方式就是通俗化。

　　所谓通俗化可以是一系列的转化过程，就表达方式而言，就是要将深奥的理论文本转换成通俗易懂、大众喜闻乐见的语言形式。列宁曾经指出："最高限度的马克思主义＝最高限度的通俗化和简单明了。"④ 毛泽东就是在这方面做出卓越贡献的典范。他阐释马克思主义理论时，大量使用富有中国特色的语言，并利用大量的成语典故、神话故事、历史掌故、名言俗语，形成寓庄于谐、生动幽默的阐释特色。例如，他把辩证唯物主义思想路线概括为"实事求是"，把理论联系实际的工作原则形象化为"有的放矢"，把处理党内斗争的方针形容为"惩前毖后，治病救人"，把矢志不移将革命进行到底的决心用"愚公移山"来借喻等。后来的中国共产党人继承和运用了这种通俗化方式。如在当今广为知晓的"不管白猫黑猫，能抓住老鼠就是好猫""摸着石头过河""奔小康""和谐社会"等术语，就是对党的路线方针政策的一种通俗化表达，使其易为广大群众接受并自觉实践。正如邓小平所说："学马列要精，要管用的。长篇的东

　　① 孙谦：《十七大以来当代中国马克思主义大众化研究综述》，《社会主义研究》2009 年第 4 期。

　　② 陈曙光：《改革开放 30 年来马克思主义大众化的反思》，《武汉理工大学学报》（社会科学版）2008 年第 4 期。

　　③ 李辉罗：《当代中国马克思主义大众化的文化维度》，《马克思主义与现实》2011 年第 5 期。

　　④ 《列宁全集》第 36 卷，人民出版社 1985 年版，第 467 页。

西是少数搞专业的人读的，群众怎么读？要求都读大本子，那是形式主义的，办不到……其实马克思主义并不玄奥。马克思主义是很朴实的东西，很朴实的道理。"① 在生态文化方面，在我国古代对传统的生态哲理的表达，如"天人合一""道法自然"等，既简明、通俗又生动，并成为经典，世代流传。在民间也有这方面的范例，如"劝君莫打三春鸟，儿在巢中望母归"的诗句，"一粥一饭，当思来之不易；半丝半缕，恒念物力维艰"的格言，"一松一竹真朋友，山鸟山花好兄弟"的联句，这些语重心长的诗句和格言，质朴却睿智，体现尊重与珍爱生命、爱物节用与自然万物为友的生态文化观念，给人以深刻警示和启迪。

在当代，国内外众多生态文化的典籍数不胜数、种类繁多，生态文化的理念在这些典籍和作品中很多都比较晦涩难懂，如"自然的内在价值""种际平等""动物福利""深生态学""生态中心主义"等，很多属于精英文化。要使生态文化的理念真正深入人心就必须要以一种生动活泼的、大众能够接受的语言来进行表达。如党的十八大报告将生态文明的理念表达为"尊重自然、保护自然、顺应自然"，这样的语言很容易被广大群众所理解和掌握。

用通俗而形象的语言来深刻地表达生态文明理念，习近平总书记是这方面的典范。

"生态兴则文明兴，生态衰则文明衰。" 2013 年 5 月 24 日，习近平在主持中共中央政治局第六次集体学习时指出："生态环境保护是功在当代、利在千秋的事业。"② 2014 年 3 月 7 日在参加十二届全国人大二次会议贵州代表团审议时，习近平深刻地指出："小康全面不全面，生态环境质量是关键。"③ 这些论述，是对生态与文明、生态与中国社会发展、生态与人民福祉关系的鲜明阐释，彰显了中国共产党人对人类文明发展规律、自然规律和经济社会发展规律的深刻认识，既生动贴切，又丰富发展了马克思主义生态观。

习近平还在不同场合多次指出："保护生态环境就是保护生产力，改

---

① 《邓小平文选》第 3 卷，第 382 页。

② 《习近平谈治国理政》第 1 卷，外文出版社 2018 年版，第 208 页。

③ 《绿水青山就是金山银山——关于大力推进生态文明建设》，《人民日报》2014 年 7 月 11 日第 1 版。

善生态环境就是发展生产力。"① 这一重要论述，是对生态环境与生产力之间关系的深刻阐明，是对马克思主义生产力理论的重大发展，饱含尊重自然、谋求人与自然和谐发展的价值理念和发展理念。

习近平还用"乡愁"这样的诗性语言来描述优美的自然生态环境的极其珍贵性。如 2013 年 12 月 12 日习近平出席的中央城镇化工作会议提出，城镇建设"要体现尊重自然、顺应自然、天人合一的理念，依托现有山水脉络等独特风光，让城市融入大自然，让居民望得见山、看得见水、记得住乡愁"②。2015 年 1 月 20 日上午，习近平考察云南大理白族自治州大理市湾桥镇一个具有一千多年历史的典型的白族传统村落古生村时强调："新农村建设一定要走符合农村实际的路子，遵循乡村自身发展规律，充分体现农村特点，注意乡土味道，保留乡村风貌，留得住青山绿水，记得住乡愁。"③

这些论述中使用"乡愁"一词，体现了自然环境与人文情怀的统一，优美山水与历史记忆的融合，最能拨动人们的心弦，让人从内心深处体味生态环境和人的生活世界、情感世界的紧密联系与不可分性。

最有名的是习近平对"两山论"的阐述。2013 年 9 月 7 日，习近平在哈萨克斯坦纳扎尔巴耶夫大学发表演讲后回答学生提问时说："我们追求人与自然的和谐、经济与社会的和谐，通俗地讲就是要'两座山'：既要金山银山，又要绿水青山，绿水青山就是金山银山。"④ 在其他场合他也说过："我们既要绿水青山，也要金山银山。宁要绿水青山，不要金山银山，而且绿水青山就是金山银山。"⑤ 保护环境与谋求经济发展的关系问题，一直以来被人们认为是最难解决的两难问题，似乎顾此必失彼，顾彼必失此。习近平关于"两山论"的论述，对这一疑难问题做出了科学的回答。"我们既要绿水青山，也要金山银山。"说明了保护环境与谋求

　　① 《既要金山银山也要绿水青山——深入学习习近平同志参加人大贵州代表团审议时的重要讲话精神》，《人民日报》2014 年 3 月 18 日第 2 版。

　　② 《中央城镇化工作会议在北京举行》，《人民日报》2013 年 12 月 15 日第 1 版。

　　③ 《习近平：留得住青山绿水，记得住乡愁》，2015 年 1 月 22 日，http://www.ccdy.cn/xinwen/wenhua/xinwen/201501/t20150122_1051884.htm。

　　④ 陈二厚、董峻等：《为了中华民族永续发展——习近平总书记关心生态文明建设纪实》，《人民日报》2015 年 3 月 10 日第 1 版。

　　⑤ 中共中央宣传部：《习近平总书记系列重要讲话读本》(2016 年版)，学习出版社、人民出版社 2016 年版，第 230 页。

经济发展的可兼容性和发展的全面性；"宁要绿水青山，不要金山银山"，这一论述掷地有声，凸显出对生态问题的重视，毫不动摇地坚持生态优先的原则，引发人们深思：如果生态环境被破坏了，人们生存的基础也就没有了，即使面前堆着金山银山，又有何意义？"绿水青山就是金山银山"一句，更是生动形象地阐明了生态保护与经济发展的辩证双赢关系，破解了困扰人们心头的两难问题，提出生态环境本身就是生产力，就是财富，并且会带来新的财富。"我们种的常青树就是摇钱树，生态优势变成经济优势，形成了浑然一体、和谐统一的关系。"① 习近平关于"两山论"的论述，对科学发展观做出了新诠释，为加快生态文明建设、推进经济社会发展指出了新方向。

习近平的以上重要论述，用生动形象、通俗易懂的语言深刻体现了生态文化中尊重自然、保护自然的价值理念，有效地宣传和普及了生态文化精神，表达了我们党和政府大力推进生态文明建设的鲜明态度和坚定决心，具有很强的现实指导意义。

从这些论述中我们还得到启发，文化的大众化、通俗化，不能简单理解为仅仅是把主流文化或精英文化的文本和理念在语言上做出通俗转换问题，而且还是一个不断解放思想、进行理论创造和观念创新的过程。如果没有长期实践的历练，没有对生态价值的深刻体验，没有对治理经验的深入总结，没有精湛的思维能力、唯物辩证的思维方法和语言技巧的运用能力，通俗化的成果就没有如此的思想深度和感染力、影响力。所以，文化大众化、通俗化的过程，也是一个文化的创新性转化、创造性发展的过程。

除了复杂文本向通俗语言的转换之外，通俗化的形式和方法还有很多，如可把抽象文本转换成形象可视的声影像作品，将书面传播拓展为电子传播和互联网传播，以及将舆论宣传动员与生态文化产业的示范作用相结合，等等，这里不一一阐述。总之，只有将生态文化以通俗化的方式传递给大众，生态文化才能深深根植于大众文化的沃土，生态价值观与生态文明理念才能真正成为广大人民群众的大众话语。

---

① 陈二厚、董峻等：《为了中华民族永续发展——习近平总书记关心生态文明建设纪实》，《人民日报》2015 年 3 月 10 日第 1 版。

第七章

文化基因：中国传统生态智慧的基本精神

讨论文化建设，总要涉及如何对待本国传统文化的问题。

什么是传统文化？《辞海》关于"传统"的解释："由历史沿传而来的思想、道德、风俗、艺术、制度等。"[①] 这里的传统说的就是传统文化。"中国传统文化是指中华民族在进入现代社会以前的长期历史发展中形成为传统的文化，对人们的思想行为起着规范作用的观念、价值和知识的体系。"[②] 一般认为，中国传统文化主要是由儒、释、道三家的学说与教义组成的。儒、释、道三足鼎立，共同支撑起中国的传统文化。有一种说法："以佛治心，以道治身，以儒治世"，以描述中国传统文化的基本结构与特征。三者既有区别，又相互贯通、相互影响，你中有我、我中有你。而就真正本土文化而言，中华民族的传统文化，由《周易》为源头，分流出"儒""道"两家。其中，儒家文化，在整个中国传统文化中，又处于主导的地位。佛教是由印度传入中国的，并与儒家和道教相融合，后来形成了以禅宗为特色的中国佛教。这样，就有了以儒家为主流，以道教和佛教为重要的两翼所构成的中华民族传统文化系统。

一　天人合一：中国传统文化的核心理念

每一种文化模式都有其基本精神。"'文化的基本精神'就是文化发展过程中的精微的内在动力，也即是指导民族文化不断前进的基本思想。""文化的基本思想，同时也一定是文化体系中起主导作用的中心思想，是文化体系中处于核心地位的基本观点。要而言之，文化的基本精神

---

① 《辞海》（缩印本），上海辞书出版社 1974 年版，第 215 页。

② 徐长安：《中国传统文化与现代化》，海潮出版社 1997 年版，第 8 页。

是一定文化创造出来的并成为该文化的思想基础的东西。"① 就中国文化而言，有的学者认为，中国文化丰富多彩，中国思想博大精深，因而中国文化的基本思想也不是单纯的，而是一个包括诸多要素的统一的体系。这个体系的要素主要有四：（1）刚健有为，（2）和与中，（3）崇德利用，（4）天人协调。其中天人协调思想主要解决人与自然的关系，崇德利用思想主要解决人自身的关系即精神生活与物质生活的关系，和与中的思想主要解决人与人的关系，包括民族关系、君臣、父子、夫妇、兄弟、朋友等人伦关系，而刚健有为思想则是处理各种关系的人生总原则。四者以刚健有为思想为纲，形成中国文化基本思想的体系。②

　　笔者认为，何者为中国传统文化的基本精神的总原则或纲，还可做深入的研究和探讨。比如刚健有为的思想，出自《周易》的"天行健，君子以自强不息"。这里，隐含着的一个前提是：人要学习和效仿天，即人道要向天道看齐。从这一前提出发，天道运行刚健有为，那么，人道就应该自强不息。人道要效仿天道这一前提的更深一层的寓意，即是"天人合一"，刚健有为是"天人合一"思想的具体体现。包括刚健有为思想在内的中国传统文化的基本精神都是基于"天人合一"的思想提出来的。

　　中国传统文化把天、地、万物和人看成一个统一的整体，以"人与天地万物为一体""天人合一"为最高境界。天人合一由汉代大儒董仲舒在《深察名号》中明确提出（"天人之际，合而为一"），但天人合一的思想是由在此之前的神话传说中的三皇五帝时代以及夏、商、周数代有关天人之际的观念传承和嬗变而来的，此后又可以在先秦诸子，如庄子、孟子和《易传》中找到相似提法。"天人合一"思想在汉代得到发展，到宋时日趋成熟。

　　作于西周的《易经》，就有了一切自然现象与人事相贯通的观念。《易经》以及作于战国后期的《易传》，还形成了描述天、地、人三者之间相互联系、相互作用的规律和法则的八卦、六十四卦的系统。在八卦中，上、中、下三卦画分别指天、人、地；在六十四卦中，上两爻指天，下两爻指地，中间两爻指人。"有天地然后有万物，有万物然后有男女。

---

　　① 张岱年、程宜山：《中国文化与文化论争》，中国人民大学出版社 1990 年版，第 18—19 页。

　　② 同上书，第 19 页。

有男女然后有夫妇，有夫妇然后有父子。有父子然后有君臣，有君臣然后有上下，有上下然后有礼仪所错。"① 正因为天、地、人是一个有机联系的整体，天道、地道和人道也是统一和贯通的，通过"上考之天，下揆之地，中通诸理"，以便"上因天时，下尽地财，中用人才"。孔子、孟子、董仲舒等赋予"天"以更多的政治、伦理色彩，把"天理"作为人道的依据，进一步强化了"天人合一"的统合性思维。到了宋明道学阶段，天人合一的统合性思维已经成为儒家学者的一致模式。"在天为命，在义为理，在人为性，立于身为心，其实一也。"② "天即人，人即天。人之始生，得于天也。既生此人，则天又在人矣，凡语言动作视听，皆天也。"③ 在两汉之前，天与人虽能相互发明，相互感应，但"天""人"还是所合之两体。到了宋明道学，学者们则认为"天人本无二，不必言合"④。天人一体，天人一道，天人一心。这种天人合一的思维模式，在宋明时期被推到了极致。道家主张"人法地，地法天，天法道，道法自然"、追求"天地与我并生，而万物与我为一"的精神境界，是一种建立在自然基础上的天人合一；中国佛教否认现实世界的客观性，认为世间一切事物（包括人在内）都是各种原因、条件的组合，因而是虚幻的，只有现象后面的抽象的"本体"才是真实的，通过"证悟"，可以将主体融入"本体"之中（"流入大涅槃海"），或者将"本体"归结到主体之内（"直指人心，见性成佛"），实现两者的结合，以达到对佛教智慧的完整认识。这是基于"万法性空"基础上的天人合一。⑤

　　与西方的亚伯拉罕信仰系统相比，构成中国传统文化系统的儒、释、道三家的学说与教义，皆没有人格神的地位，而只有人与天即宇宙之间的关系，即"天人关系"，亦即"天道"与"人道"的关系。在儒家那里，宇宙万物都是由天所化生；在道家那里，天地万物由道所化生；在佛教那里，万事万物都是由因缘关系所起。"在这些'万物'中，人居其一，因此，人不只是与万物而且与天地、道、佛性皆有亲缘关系，此关系之有并非基督教创世纪中造物主绝对主体与宇宙万物被造客体之关系，而是一种

---

① 《易经·序卦》。

② 《二程遗书》十八。

③ 《朱子语类》十七。

④ 《二程遗书》六。

⑤ 徐长安：《中国传统文化与现代化》，海潮出版社 1997 年版，第 139—140 页。

生化、流转关系，前者之有赖于上帝之神力，后者之赖于亲缘关系的性情。在中国人的信仰系统中，天（或道家宇宙论中之道及佛教之缘起）可以象征自然，化生之祖先，人伦的源泉，自然、社会的立法者以及人之追求的终极归宿。因此，中国人的信仰系统大体上可以用'天人合一'来概括的。"①

中国传统哲学的基本问题就是"天人之辨"，即天人关系问题。"天人合一"成为中国传统哲学最基本的母题、最重要的思维模式，在中国传统文化中占有极其重要的地位。对此，国学大师钱穆指出："天人合一思想是中国传统文化中最重要的一个内容。"② 葛兆光在其《中国思想史》中也指出："'天人合一'，其实是说'天'（宇宙）与'人'（人间）的所有合理性在根本上是建立在同一个基本的依据上。它实际上是古代中国知识与思想的决定性的支持背景。"余治平也认为："'天人合一'是中国哲学的第一大命题，也是中国哲学的最重要传统，数千年来，它非常真实地塑造着中国人思维与文化的精神基础。"③ 佘正荣则明确认为天人合一是中国思想的哲学母题，"这个哲学母题，不仅包含着对人与自然和谐关系的追求，也包含着人际社会关系、物我关系、人己关系的合理态度，甚至包含着道、儒两家不同的社会理想和人生境界的看法，以至可以说天人合一是中国古代思想史中一个广泛的学术背景和主流思潮"④。所以说，天人合一思想才是中国传统文化基本精神的核心，或者叫作总则或总纲。

一般认为，以孔孟为圣人的儒家关注的重心是社会伦理，以老庄为宗师的道家则以自然哲学为讨论重点。其实，无论是儒家还是道家，其思想都包含着广泛的精神内容，这里还要强调的是，它们当中都蕴涵着丰富的生态哲学思想。"天人合一"就是贯穿于它们生态哲学思想中的核心。

何谓"天"？在中国传统哲学观中，天是有多重含义的，冯友兰先生曾在其所著的《中国哲学史》中概括了天的五种含义：一是物质之天，这是与地相对而言的天；二是主宰之天，这是人格神意义上的天，如皇天

---

① 单纯：《论儒家的生命伦理》，载张立文主编《天人之辨——儒家与生态文明》，人民出版社 2013 年版，第 117 页。

② 钱穆：《中国文化对人类未来可有的贡献》，《中国文化》1991 年第 4 期。

③ 余治平："生生"与"生态"的哲学追问，载张立文主编《天人之辨——儒家与生态文明》，人民出版社 2013 年版，第 43 页。

④ 佘正荣：《中国生态伦理传统的诠释与重建》，人民出版社 2002 年版，第 18—19 页。

上帝；三是运命之天，这是"人生中吾人所无奈何者"意义上说的天；四是自然之天，这是在"自然之运行"意义上说的天；五是义理之天，这是从"宇宙之最高原理"意义上说的天。①

尽管天有众多含义，但在儒家那里，义理之天是天的最重要的含义。儒家有一种理念也是比较一致的，即认为在天（义理之天）之中，蕴含着一种具有普遍意义的秩序和法则，是人类取象效法的对象，即人类社会生活的伦理秩序和道德原则也应与天保持一致，这就是儒家的"天人合一"观的主要含义。"天行健，君子以自强不息。""地势坤，君子以厚德载物。"② 周易所阐发的这些观念中便充分体现了这一含义。孔子也说："天生德于予。"③"唯天为大，唯尧则之。"④ 这就是说，儒家的"天人合一"大体上是讲人与义理之天的合一。《中庸》曰："天命之谓性，率性之谓道，修道之谓教。""天人合一"在孟子那里指人性、人心以天为本，所以天人是合一的："仁义忠信，乐善不倦，此天爵也。"⑤ 汉代大儒董仲舒明确地提出"天人之际，合二为一"的思想。

而在道家那里，自然之天是天的主要含义，道家的"天人合一"则是讲人与自然之天的合一，这里的自然，就是自然而然的意思。天法道，"道"是最高原则，"天人合一"在老子那里表现为人与"道"合一。

对传统的天人合一思想，当代的一些专家学者给予了高度评论。国学大师钱穆指出："中国文化过去最大的贡献，在于对'天'与'人'关系的研究。中国人喜欢把'天'与'人'配合着讲。我曾说'天人合一'论，是中国文化对人类的最大贡献。"⑥ 著名哲学史家汤一介也认为："天人合一"思想作为一种思维模式，对解决当今人与自然的矛盾有一定的启发作用。现代儒家、著名哲学家方东美在其早期重要著作中构建了一个名为"广大和谐"的哲学系统，其核心就是传承和提倡中国传统的天人合一观，来达到一种"广大和谐"境界。

---

① 冯友兰：《中国哲学史》（两卷本）上册，中华书局1961年版，第55页。

② 《周易·象传》。

③ 《论语·述而》。

④ 《论语·泰伯》。

⑤ 《孟子·告子上》。

⑥ 钱穆：《中国文化对人类未来可有的贡献》，《中国文化》1991年第4期。

以天人合一为核心，中华民族的先哲们，构建出生生不息的宇宙流变图式，追求着天人和谐的价值理想，提倡仁爱与衣养万物的生态伦理精神，创建出了具有独特魅力的中华民族生态思想。

二　中国传统生态智慧的基本精神

继承优秀传统文化首先要挖掘和了解优秀传统文化。这里，主要就儒、道两家的生态思想作一简要的梳理和阐述，同时也对佛教的生态智慧作一简要了解。

（一）"天道生生"的宇宙图式

如果说存在的问题是哲学所要思考的根本问题，那么，生态存在即是生态哲学所要思考的根本问题。生态存在指人与其他生物的生存状态，涉及的是环境与生命的关系问题，即环境对于人与其他生物是否适合、是否协调的问题。中华文化在远古时代就具有一种生态哲学的视野，因为它注重"生""生生"，并将"生"看作天地万物的根本存在方式，并极力尊崇"生生之德"。中国哲学在后来的发展中出现了不同的流派，在不同的时代会有不同的主题，但都未离开过文化源头的精神根系，或者说都与文化源头的精神一脉相承，正所谓源远流长。从这个意义上说，中国哲学本来就是"生的哲学"或"生生的哲学"，所阐发的是"生生之道"和"生生之德"。

儒家把宇宙流变理解为一个井然有序的、生生不息的过程。宇宙就是一个井然有序的、以"生"为功能的大系统。这种观点，发轫于《易传》，中经董仲舒发挥，至宋明理学达到成熟，是儒家一以贯之的观点。

《易传·系辞》提出："天地之大德曰生"，"生生之谓易"，即认为天地万物最根本的特性就是"生"，天地万物流变运行的方式就是"生生"。《五经正义》孔颖达解释"天地之大德曰生"时是这样说的："欲明圣人同天地同德，广生万物之意也。言天地之盛德，在乎常生，故言曰生。若不常生，则德之不大。以言常生万物，故云大德也。"就是说，天地的盛德、大德，就在于生生不息。关于"生生之谓易"，《五经正义》释："生生，不绝之辞。阴阳变转，后生次于前生，是万物恒生，谓之易也。"张载对"生生"的说明："生生，犹言进进也"①，说的是宇宙的流变转化是物的存在与自我创新，物的源源不断的涌现，旧物与新物的不断更替，这是一个持续不断、连绵不绝的过程。"生生之谓易"指的是"生生"是宇宙运行的永恒的法则，这个永恒的法则就叫易。戴震还用"仁"来说明"生生"的内有根据和价值基础，以此揭示"生生"是具有条理的运行过程，他说："仁者，生生之德也。""由其生生，有自然之条理"，"惟条理，是以生生；条理苟失，则生生之道绝"。②

道家也为人们提供了一个宇宙创生、天地万物形成的图式。道家的创始人老子认为，道是天地万物的本源。道是什么样子的呢？老子描绘说："有物混成，先天地生。寂兮寥兮，独立而不改，周行而不殆，可以为天下母。吾不知其名，故强字之曰'道'。"③ 在庄子看来，道是自本自根、没有生灭、超越时空的永恒的实体："夫道，有情有信，无为无形；可传而不可受，可得而不可见；自本自根，未有天地，自古以固存；神鬼神帝，生天生地；在太极之先而不为高，在六极之下而不为深，先天地生而不为久，长于上古而不为老。"④ 道以自身在原因先于天地万物而存在，并产生天地万物，因此是天地万物之母，即天地万物的总根源。

道是如何创造天地万物的？老子说："天下万物生于有，有生于无。"⑤ 作为万物本原的道，无形无象，如何产生出万物来？老子认为，无，是天地的原始，有，是万物的根本，所以道又不是绝对的空无，它是无与有的统一。作为万物的母体，道朦朦胧胧，浑然一体，但其中有"精"，"精"就是包孕天地万物的细微的精气，按照现代的说法，就是天地万物的基因。正因为道内含有天地万物的基因，所以它能化生出天地万物来。

老子还描述了从道中产生宇宙和天地万物的过程："道生一，一生二，二生三，三生万物。万物负阴而抱阳，冲气以为和。"⑥ 包含有天地

① 《横渠易说·系辞上》。
② 戴震：《孟子字义疏证》，中华书局1961年版，第169页。
③ 《老子》第二十五章。
④ 《庄子·大宗师》。
⑤ 《老子》第四十章。
⑥ 《老子》第四十二章。

万物的基因的道，无形无象，无分无界，所以称为"无"，正因为这个"无"无分无界，浑然一体，所以又可称其为一，这样，一就从无中推衍出来了。这就是"道生一"，这个"一"也就是混沌未分的宇宙。宇宙在自我运动中，又分化出阴阳二气，这就是"一生二"，二就是阴阳。阴阳变化，激活了宇宙间的精，又产生出天、地、人，这个过程就是"二生三"，三者，天地人三才也。而后，因为宇宙中有了天地人三才，万物得以资生，这个过程就是"三生万物"。然"万物负阴而抱阳，冲气以为和"，就是说天地万物都内蕴有阴阳，阴阳二气相冲相激，获得统一，万物在其冲和之气中得到生养。《庄子·天地》篇中也具体阐述了宇宙与天地万物生成的过程："泰初有无，无有无名；一之所起，有一而未形。物得以生，谓之德；未形者有分，且然无间，谓之命；留动而生物，物成生理，谓之形；形体保神，各有仪则，谓之性。"就是说宇宙的原始阶段就是"无"，也没有名称，呈现为浑然无形的状态。万物得道而生成，就是"德"。没有形体时但有阴阳之分，且流行其间，称作"命"；原始之气在运动中有所滞留，物便产生了，且有一定的形状，就叫"形"。形体内含精神，且各有特殊的规定及属性，这就叫"性"。

天地为什么能有生生之易？《尚书·盘庚》曰："生生自庸。"① 关于"庸"，《说文解字》这样解释："庸，用也。从用、从庚。庚，更事也。"② 这就深刻地指明"生生"是天地万物自身的功用，是自行发生和发动的德行。"'生生自庸'当解为自行发动、自用功德，它最深刻地揭示了物的生发过程与存在特性。"③《易传·系辞下》即更具体地说明生生的原因："天地絪缊，万物化醇；男女构精，万物化生。"孔颖达解释说："絪缊，想附著之义。""唯二气絪缊。共相和合，万物感之，变化而精醇也。""构，合也，言男女、阴阳相感"，"故合其精而万物化生也"。《穀梁传》认为："独阴不生，独阳不生，独天不生，三合然后生。"董仲舒认为，"天"是由十"端"即天、地、阴、阳、木、火、土、金、水及人十个部分构成的大系统，"天"之所以能"复育万物，既化而生之，有养而成之，事功无已，经而复始"，即是这个系统的各要素"相与一力而并

---

① 黄怀信：《尚书注训》，岳麓书社 2000 年版，第 169 页。
② 桂馥：《说文解字义证》，中华书局 1987 年版，第 269 页。
③ 余治平：《"生生"与"生态"的哲学追问》，载张立文主编《天人之辨——儒家与生态文明》，人民出版社 2013 年版，第 47 页。

功"的结果。周敦颐的《太极图说》也说："二气交感，化生万物，万物生生，而变化无穷焉。"①《吕氏春秋》曰："万物所出，造于太一，化于阴阳。"这些都说明"生生"是阴阳二气相互交感与和合的结果。无须借助上帝或其他拟人化的造物主而是用宇宙天地万物自身的原因来说明"生生"，从而揭示"生生"是天地万物自有的本性和品德，这正是中国哲学的伟大之处。

"生生"就是物的自我创新。"生生"作为一个复合词，前面的"生"可以看作动词，即创造、产生，后面的"生"是名词，是被创造之物。不断创造着的万事万物中，既有非生命物，也有生命物，"生生"是包含生命创造、展现、生长、更新的过程，所以，"'生'是涉及生命创造和生命过程的概念"，是"生命性意义的展现"。"'生'在儒家这里，不单纯是一个纯粹自然哲学的问题，而涉及'自然界对人的生命存在的意义究竟何在的问题'。显然，'生'在儒家这里是作为人与自然联系的纽带而出现的概念。"② 因此说，中国哲学在源头上就有生态哲学的深沉意蕴，是对生命的存在和创造的本源性关切。

（二）"天人合一""人与天一"的博大觉悟

"天人合一"思想是中国哲学的核心理念，甚至有的学者认为乃是整个中国文化的核心理念。它发源于周代，后来不断得到发展和发挥：经过孟子的性天相通观点与董仲舒的人副天数说，到宋代的张载、程颢、程颐而达到成熟。

儒家是经由对"生生"的省察后提出"与天地万物一体"的理念的。生是天地之盛德、大德，生生之谓易，是说天地生养万物，使万物生生不息，这是天地的盛德、大德。《五经正义》孔颖达说："欲明圣人同天地同德，广生万物之意也。"圣人与天地同德，此"德"就是天地的"生生"之德。《易传·象传》强调天地人的统一和相合："夫大人者，与天地合其德，与日月合其明，与四时合其序，与鬼神合其吉凶。先天而天弗为，后天而奉天时。天且弗违，而况于人乎，况于鬼神乎！"圣人与天地同德，就是人要以博大的胸怀与天地之性相合、相通，达到一致、统一，

---

① 周敦颐：《周子通书》（附录《太极图说》），上海古籍出版社 2000 年版，第 48 页。

② 刘学智：《儒道哲学生态观之比较》，载张立文主编《天人之辨——儒家与生态文明》，人民出版社 2013 年版，第 56 页。

事奉天地、日月、四时自然而不违背。这里包含了天人合一的理念。

汉代的董仲舒凭其对人与自然现象的观察,将人与天地万物加以比附,对天人的合一性作了具体的说明,也就是四个方面的论证:一是天是人的曾祖父。"人之为人本于天,天亦人之曾祖父也。"① 人作为天这个曾祖父的后代,自然带有天的遗传基因,与天有一体性。二是人副天数。"天以终岁之数,成人之身,故小节三百六十六,副日数也;大节十二分,副月数也;内有五脏,副五行数也;外有四肢,副四时数也;乍现乍瞑,副昼夜也,乍刚乍柔,副冬夏也。"② 天一年有 366 天,人就有 366 小节骨;天一年有 12 个月,人就有 12 大节;天有金木水火土五行,人有心肝脾肺肾五脏;天有春夏秋冬四时,人有四肢;天有昼与夜,人有醒与睡。天有冬夏,人有刚柔。可见天人一体。三是人的思虑与情感相副。"乍哀乍乐,副阴阳也;心有计虑,副变数也。"③ "人之好恶,化天之暖清;人之喜怒,化天之寒暑;人之受命,化天之四时。人生有喜怒哀乐之答,春夏秋冬之类也。"④ 四是伦理道德与天相副。"人之血气,化天志而仁;人之德行,化天理而义。"⑤ "行有伦理,副天地也。"⑥ 这种从身体到精神、伦理都与自然之天各方面所作的比附,现在看来,是没有科学根据的牵强论证,但其目的是要夯实天人一体性的观念。董仲舒还进一步认为,如果人做了失德的行为,自然之天就会以降下灾害以警告谴责甚至惩罚。"以观天人相与之际,甚可畏也。国家将有失德之败,而天乃先出灾害以遗告之;不知自省,又出怪异以警惧之;尚不知变,而伤败乃至。"⑦

《彖传》说:"大哉乾元,万物资始,乃统天。云行雨施,品物流形。""至哉坤元,万物资生,乃顺承天。坤厚载物,德合无疆。"就是说,万物资始、资生,品物流形,都是因为天地有"生生之德"。如果说在这里表述的还是外在的"合",到了宋明理学,则强调的是天与人在仁

---

① 董仲舒:《为人者天》,苏舆:《春秋繁露义证》卷十一,中华书局 1992 年版。

② 董仲舒:《人副天数》,苏舆:《春秋繁露义证》卷十三,中华书局 1992 年版。

③ 同上。

④ 董仲舒:《为人者天》,苏舆:《春秋繁露义证》卷十一,中华书局 1992 年版。

⑤ 同上。

⑥ 董仲舒:《人副天数》,苏舆:《春秋繁露义证》卷十三,中华书局 1992 年版。

⑦ 司马迁:《董仲舒传》,《史记》卷五六,中华书局 1983 年版。

性相通的内在的"合"。二程就明确地说："天人本无二，不必言合。"①
天人本无二，是因为天人都是一气之流行和一理之贯通。张载也说："感
者性之神，性者感之体。在天在人，其究一也。""乾称父，坤称母；予
兹藐焉，乃混然中处。故天地之塞，吾其体；天地之帅，吾其性。民吾同
胞，物吾与也。""因明致诚，因诚至明，故天人合一。"② 张载十分明确
地表述了基于一气流行的"民胞物与"的天人合一思想。宋明理学家对
生与仁的关系进行了说明，如宋代理学集大成者朱熹首先考察了元与仁的
关系，认为元亨利贞蕴涵和体现着生理，而"元"为初始，有"生意"，
所以"要理会得仁，当就初处看。故元亨利贞，而元为四德之首。就初
生处看，便见得仁"③。所以"仁者，天地生物之心"④。朱熹还把天人合
一的"合"认定为人与自然的"一体"。"盖天地万物本吾一体。吾之心
正，则天地之心亦正矣；吾之气顺，则天地之气亦顺矣，故其效验至于如
此。"⑤ 我的心正和气顺，天地的心也就正、气也就顺，这就验证了天地
万物本吾一体。王阳明是明代心学集大成者，他说："大人者，以天地万
物为一体也，其视天下犹一家，中国犹一人焉。若夫间形骸而分尔我者，
小人矣。大人之能以天地万物为一体也，非意之也，其心之仁本若是，其
与天地万物而为一也。"⑥ 他以大人与小人的区分，以心仁的德性来效验
天地万物与人的一体性，与朱熹的以心正来效验有共同性。

　　天人合一思想是儒家生态哲学的核心理念。而道家也在阐述"道"
的基础上得出"人与天一"的观点。与儒家把"生生"看作天地万物的
本原性不同，道家则把"自然"即道之性视为天地万物的本原性。道家
所说的"自然"就是指天地万物的本然性，即没有人为干扰、未打上人
的主观意志痕迹的本真状态。在老子看来，"自然"是道的根本属性即
"玄德"。事物是依自身的本性而存在，按照自身的规律而变化和发展的。
事物的本真状态就是"静"，"道法自然"，"归根曰静"⑦ 就是返回自然

---

① 《河南程氏遗书》卷六。

② 张载：《正蒙·乾称》，《张载集》。

③ 黎靖德编：《朱子语类》卷九五。

④ 黎靖德编：《朱子语类》卷五。

⑤ 朱熹：《中庸章句》第六册，上海古籍出版社、安徽教育出版社 2010 年版。

⑥ 王阳明：《大学问》，《王文成公全书》卷二六。

⑦ 《老子》第十六章。

的原始天性。庄子将此境界称为"与道合一"和"人与天一",即人与天之本然、本真状态达到一致。关于"人与天一",郭象注:"皆自然。"① 庄子即借仲尼的说法来解释"人与天一":"有人,天也。有天,亦天也。人之不能有天,性也,圣人晏然体逝而终矣。"② 就是说,人与天,都是天为之,人不能违天而只能顺应天,"无以人灭天,无以故灭命"③,就叫"人与天一"。郭象说:"天地以自然为体,而万物必以自然为正。自然者,不为而自然者也。"④ 自然成为道家哲学生态本体观的核心,并由此生发出"人与天一"观念,与以"生"为本体的儒家提出"天人合一",可以说是殊途同归。

而且,古代的哲人强调人必须"与天地合德",故无论是在儒家还是道家,天人合一或人与天一思想并不仅仅是一种人与自然关系的学说,而是一种关于人生理想、关于人的最高觉悟的学说,即在"天人合一"中道德学与生态学实现了统一。"长期流淌在中国人血液里的积善成德、乐善好施、扬善惩恶、因果报应的观念,实际上也都源自一种生态哲学的思维方式,起码都可以直接或间接地与生态哲学的思维方式相关联。在中国人的思想深处,善举与好报、劣行与恶果、当下与未来、个人与社稷天下、局部与整体、小我与大我之间,始终都掩埋着一根已经被生态化的因果红线。于是乎,在中国哲学发展的悠悠历史中,道德学与生态学也被经常整合到一起去,而始终实现你中有我、我中有你式的统一。"⑤ 故当代有些学者提出,中国古代的"天人合一""与天地合德"的观念应该获得全新的阐释。

(三) 遵道贵德法自然的人伦法则

依据"天人合一"的理念,在中国传统哲学中,自然就会认为天人在本质上是一致的,道德原则和自然规律是一致的。

在儒家学说中,包含有这样的观点,即认为天道是一种具有普遍意义

---

① 郭象:《庄子·山木注》,郭庆藩:《庄子集释》,中华书局 1997 年版。

② 《庄子·山木》。

③ 同上。

④ 郭象:《庄子·山木注》,郭庆藩:《庄子集释》,中华书局 1997 年版。

⑤ 余治平:《"生生"与"生态"的哲学追问》,载张立文主编《天人之辨——儒家与生态文明》,人民出版社 2013 年版,第 53 页。

的秩序和法则，自然规律与人类社会的伦理秩序和道德原则具有连续性和一致性。天道表现在万物之性与人性当中，人性若能尽其诚，则可以与天道相合。因此，一方面，儒家提倡人道要遵循天道；另一方面，又认为可从人道来实现天道，认为人的本质就是天的本质，人道就是天道。天道生生，人类社会和秩序、人类的伦理生活是在天地生生不已的运化过程中所产生出来的，是天道生生的结果和最高成就。《易传·序卦》中就阐述了这一具体过程："有天地，然后万物生焉……有天地然后有万物，有万物然后有男女，有男女然后有夫妇，有夫妇然后有父子，有父子然后有君臣，有君臣然后有上下，有上下然后礼义有所措。"这里，一方面阐述了宇宙演化生成万物的过程和顺序，另一方面阐明了人类自身分化出的各种关系。而儒家关于天人关系的思考就是基于这一演化顺序和关系的构想而展开的，即要求人类的伦理道德秩序必须取象效法天地自然运行的秩序与法则。如孔子曰："唯天为大，唯尧则之。"① 在《易传》中这一观念有充分的体现，如其曰："天行健，君子以自强不息。""地势坤，君子以厚德载物。"②

　　孟子提出性善论，并认为人的仁义礼智等道德属性来源于天所赋予的四种善端。但是人若不明白先天善端，就不能做到诚，故孟子说："诚身有道，不明乎善，不诚其身矣。诚者，天之道，思诚者，人之道也。"③他还提出通过思，以达到知天的途径。《中庸》开篇就提出"天命之谓性"，并发挥了孟子关于"诚"与"知诚"的关系和"知性则知天"的思想，并提出了"自诚明"和"自明诚"来达到中庸这一天下之达道的两条途径："自诚明，谓之性，自明诚，谓之教。诚则明矣，明则诚矣。"诚是天道，也是人道，"诚者天之道也，诚之者，人之道也"。天道自诚，"为物不二，则其生物不测"。诚也是人和物的根据。"诚者物之始终，不诚无物。是故君子诚之为贵。"达到诚，才能成己成物，既尽人之性也尽物之性，才能赞天地之化育，与天地参。故《孟子》曰："唯天下致诚，为能尽其性。能尽其性，则能尽人之性。能尽人之性，则能尽物之性。能尽物之性，则可以赞天地之化育。可以赞天地之化育，则可以与天地参也。"对于天地以生物为事的现象，儒家表述为"天地之大德曰生"，或

---

① 《论语·泰伯》。

② 《周易·象传》。

③ 《孟子·离娄上》。

"天地以生物为心"。大德即根本性质，"心"即目的。董仲舒将天拟人化，他所谓"天心"指天的意志。

宋儒扬弃了天有意志情感的说法，他们沿用的"天心"一语，可称为自然目的。他们把董仲舒的目的论改造成自然目的论，并从"生生"而有"理"的自然目的现象中引申出封建道德原则和等级秩序来。如周敦颐认为"诚"是"五常之奉，百行之源"，而诚是天道的表现，"乾道变化，各正性命，诚斯立焉"。诚即实在与有理的统一。自然变化有其条理，这是天道之诚，人的行为合于道德，这是人道之诚。张载说："性与天道云者，易而已矣。"① 性与天道是一样的，即变易。程颐认为："道未始有天人之别，但在天则为天道，在地则为地道，在人则为人道。"② 张载认为："生有先后，所以为天序，小大高下，相并而相形焉，是谓天秩。天之生物也有序，物之既形也有秩。知序然后经正，知秩而后礼行。"③ 人间的等级秩序及体现这种秩序的礼本于自然的秩序。程颐认为："仁者，理也；人，物也。以仁合在人身言之，乃是人之道也。"④ 将宇宙的生生不已的根本原理表现于人的生活，就是仁。他说："天地之大德曰生。天地絪缊，万物化醇。生之谓性。万物之生意最可观，此元者善之长也，斯所谓仁也。"⑤ 朱熹说："盖仁之为道，乃天地生物之心即物而在，情之未发而此体已具，情之既发而其用不穷，诚能体而存之，则众善之源，万行之本，莫不在是。""仁者，爱之理。""仁是体，爱是用。""仁是根，爱是苗。"⑥ 朱熹更进而将天地生物的元、亨、利、贞与仁、义、礼、智明确统一起来，认为道在天地即是元亨利贞四德，在人则为仁义礼智，将封建道德提高到天理的高度。戴震亦说："自人道溯之天道，自人之德性溯之天德，则气化流行，生生不息，仁也；由其生生有自然之条理。观于条理之秩然有序，可以知礼矣；观于条理之截然不可乱，可以知义矣。在天为气化之生生，在人为其生生之心，是乃仁之为德也；在天为

---

① 《正蒙·太和》。

② 《程氏遗书》卷二二上。

③ 《正蒙·动物》。

④ 《外书》卷六。

⑤ 《遗书》卷十一。

⑥ 《仁说》。

气化推行之条理，在人为其心知之通乎条理而不紊，是乃智之为德也。"①强调了仁义礼智皆根于天道之条理。

从上我们可以看出，儒家的做法是把天道人伦化，把人伦天道化。认为人类的伦理纲常不只是存在于社会中，而是自然界本身就具有的性质。如《易传·系辞下》言"天地之大德曰生"，即说天道生生，创造万物，哺育万物，这是天的至上品德。那么圣人也应同与天地同德，广生万物，即要珍惜生命，尽心尽力促使万物生生不息。就要做到与四时合序，辅助万物根据春夏秋冬的生长秩序，让万物得其天时地利而顺利地生长。仁源于生生之理，在人心中实现就成为人性。仁爱是人的根本德性，是人所固有的"天理"，而"天理"的本性则是"常流行生生不息的"。这样，儒家自然就认为"尽己之心"就能"尽物之心"，然后"参天地之化育"，使人自身与自然关系得以和谐发展。

道家更强调天道就是人道，人道要顺从天道。老子提出："孔德之容，惟道是从。"② 就是说，人的最高的德行就是遵从道的本性。这里道出了道家独特的道、德关系。道是天地万物的总根源和运行法则。德则是得，"得物以生谓之德"③。德就是天地万物由道产生并又获得道，或者说是道创造万物的过程中赋予事物的存在根据，也是道在天地万物中的作用和体现。这也叫作"道生之，德蓄之"④。故庄子言："且道者，万物之所由也。庶物失之者死，得之者生。"⑤ 可以说，道与德的关系，是普遍与特殊的关系，道作为具有普遍性的总法则，通过其所产生的各种具有特殊属性的事物中呈现出来，即普遍性通过特殊性表现出来，特殊性中蕴含着普遍性。

老子认为，道是宇宙与天地万物的祖先，天地万物由道产生，并因得道而获得自己的形体和性能。这是天地万物与道的关系的一个方面。另一方面，天地万物经由道产生后，其本性与道是一致的，它们的行为都要遵循道的法则，即把道的法则作为自己行为的规范。道的法则又是什么呢？老子认为，道的法则就是"自然"。他说："域中有四大，而人居其一焉。

---

①　《孟子字义疏证》。

②　《老子》第二十一章。

③　《庄子·天地》。

④　《老子》第五十一章。

⑤　《庄子·天地》。

人法地，地法天，天法道，道法自然。"① 在老子的思想中，道是最高的哲学范畴，宇宙和万物之祖，世界的总根源。但在这里，在宇宙万物之祖的道之上，老子又加上了一个"自然"，并说道遵从与效法自然，即"道法自然"。

这里所说的"自然"，并非是一种实体，而是一种法则。王弼注曰："法，为法则也。人不违地，乃得全安，法地也。地不违天，乃得全载，法天也。天不违道，乃得全覆，法道也。道不违自然，方得其性。法自然者，在方而法方，在圆而法圆，于自然无所违也。自然者，无称之言，穷极之辞也。"② 宋吕惠卿曰："道则自本自根，未有天地，自古以固存，而以无法为法者也。无法也者，自然而已，故曰道法自然。"③ 这些都是要说明：道之上的自然并非实在的主体，而是道所要遵循的法则，即按自然而然的规律办事，道的本性是自然无为。从中也使老子学说的终极目的呈现出来，即"通过天地万物的总根源展示天地万物的总法则。总根源是道，总法则是自然"④。

与道一样，"自然"在老子学说中是个核心范畴和中心观念，也是他所推崇和追求的最高价值。自然的思想贯穿《道德经》全书。在老子对自然的运用和解释中，可以体悟到他所说的自然的含义包括自本自根、自己如此、本来如此、势当如此等意义。⑤ 就是说，宇宙与天地万物的存在和发展有自己的根据与趋势，自然就是事物不需要外界作用而存在和发展的状态，道法自然就是应当让事物按照自己的本来状态而存在，按照自己应然的趋势去发展，不要强加外力去干扰它的存在和发展。而就人而言，即不要用人为的方式去改变事物自然存在和发展的状态与趋势，而是应当维护与顺应事物存在、发展的自然状态和趋势。所以，在老子的《道德经》中，还出现一系列体现自然思想的观念，如"自化""自正""自朴""自富""知常""袭常""抱朴""守拙"等。

---

① 《老子》第二十五章。

② 《诸子集成》第 3 册，第 12 页。

③ 吕惠卿：《道德真经传》卷二，《道藏》第 12 册，第 159 页。

④ 李远国、陈云：《衣养万物——道家道教生态文化论》，四川出版集团巴蜀书社 2009 年版，第 84 页。

⑤ 同上书，第 89 页。

老子说："道大，天大，地大，人亦大。域中有四大，而人居其一焉。"① 老子所说的域中四大都要遵循自然法则。因为道是天地人的始祖，始祖效法自然，作为始祖道的所出天地人也就要效法自然。通过"人法地，地法天，天法道，道法自然"这一逻辑推论，虽然在人与法自然之间经过几个中间环节，老子最终是要论证出作为四大之一的人当然也毫不例外地必须效法自然。因为自然是贯通道、天、地、人之中的，是道、天、地、人都要遵循的根本的也是普遍的规律。老子说："道生之，德畜之，物形之，势成之。是以万物莫不遵道而贵德。道之尊，德之贵，夫莫之命而常自然。"② 道自化生物，德依道蓄物，并不是听从外在的指令而本于自然，因而它们受到尊重和推崇。

老子所说的自然不是指自然界，而是指宇宙的法则。今天我们说的自然界的概念在古代就是天、地。说到人与自然界的关系就是人与天、地的关系，或天人关系。在老子那里，天是没有意志的，它并不是万物的主宰。自然界的天有其法则，就是天道，其次还有人道。老子天人关系的基本思想是，天人之道合一，但不是天依人道，而是人依天道，天道决定人道，人道必须效法天道。他讲天道更根本的目的是说清楚人道，强调人道应当遵循天道。

如前所述，老子的天道最根本的是法自然，自然是最高的天道，是总的法则。在自然这个总法则下，天道又表现为下面一些特性。

一是无私且公正。老子说："天长地久，天地所以能长且久者，以其不自生，故能长久。"③ 河上公注："天地所以独长且久者，以其安静，施不求报。"成玄英注："言天地但施生于万物，不自营己之生也。"唐玄宗疏："天地所以能长久者，以其覆载万物，长育群材，而皆资禀于妙本，不自矜其生成之功用，以是之故，故长能生物。"④ 这些都在说明，天的行为并不是为了自己，而是为了万物的生长，就是说自然界是没有私心的，大公无私故能长久运行。天道无私还表现为对待万物的均等如一的胸怀。老子说："天地相合，以降甘露，民莫之令均。"⑤ 王雱解释说："甘

---

① 《老子》第二十五章。
② 《老子》第五十一章。
③ 《老子》第七章。
④ 《道德真经玄德纂疏》卷二，《道藏》第 13 册，第 374 页。
⑤ 《老子》第三十二章。

露者，阴阳交和所生，自然均被，无使之者，盖道之所感，无所不周故也。"① 甘露是天地相合形成的，人和万物都共同受到了滋润，说明天道是公平的。在道家思想中，包括人在内天下万事万物都是平等的，无所谓贵贱。正如庄子所说："以道观之，物无贵贱；以物观之，自贵而相贱。"② "天地之养也一。"③ "天地与我并生，而万物与我为一。"④ 这就要求人不仅从人的角度看待事物，而要从天道的角度对待事物。人道是包括在天道之中的，世界不是以人为中心，也不以任何一种物为中心，天道之下无中心，各种事物都处在自己应有的位置，虽各有差别，却都按自然本能运行，无贵贱之分，故万物平等，应任其自化。也就是老子说的："道常无为而无不为。侯王若能守之，万物将自化。化而欲作，吾将镇之以无名之朴。镇之以无名之朴，夫将不欲。不欲以静，天下将自正。"⑤

二是利物而无为。老子说："天之道，利而不害。"⑥ 河上公注："天生万物，爱育之令长大，无所伤害也。"王雱曰："天者，群物之宗，常以慈蓄万物，岂有害之之意。"⑦ 这都说的是天生万物、养育万物，是万物的祖宗，对万物慈爱有加，但从来不会伤害万物，连伤害的念头都没有。利而不害，好生恶杀，这就是天道，这就是天道之大德。

与"道法自然"的思想相联系，必然引发出"无为"这一遵守道的自然法则的基本方法和行为原则。而且，按照"天之道利而不害"的法则，也必须为无为，为而不争。道的本性是自然无为，但又能生育万物，即无不为；也正因为道有自然无为、利而不害的本性和公正无私的胸襟，才能成为生育万物的根源。所以"圣人以辅万物之自然而不敢为"⑧。在对于老子无为思想的理解时，人们往往产生一种误区，以为老子主张的无为就是做缩头乌龟，消极地对待困难、束手不策、毫不作为、不敢作为。其实这不是老子无为思想的本意，其真正的含义是不乱为、不妄为、不主

---

① 王雱注：《道德真经集注》卷五，《道藏》第 13 册，第 46 页。

② 《庄子·秋水》。

③ 《庄子·徐无鬼》。

④ 《庄子·齐物论》。

⑤ 《老子》第三十七章。

⑥ 《老子》第三十二章。

⑦ 王雱注：《道德真经集注》卷一〇，《道藏》第 13 册，第 104 页。

⑧ 《老子》第六十四章。

观瞻为，而要法自然，按自然的本性对待事物。"无为"不是"不为"，因为老子同时也是主张"为"的，但他的"为"是"为无为"，即以无为的态度和方式去作为："为而不恃"①，"为而不争"②。通过无为而达到"无不为"，因为"无不为，则无不治"③。无为也是顺应天道，"天之道，不争而善胜，不言而善应，不召而自来，繟然而善谋。天网恢恢，疏而不失"④。天道自然，人道无为。自然无为，就是要人们顺其自然，用现在的话来说，就是要按自然客观规律办事。

　　关于无为就是顺应自然的思想在庄子那里得到进一步的阐发。庄子说："有天道，有人道。无为而尊者，天道也；有为而累者，人道也。"⑤天道是无为的，而人道即人为或有为之道。他不主张有为之人道，而主张人应效仿天之自然无为之道。他还以人类对待牛马的不同态度，说明自然与人为的区别："曰：'何为天？何为人？'北海若曰'牛马四足，是谓天；络马首，穿牛鼻，是谓人。'"⑥牛马生长出四足，非关人的干扰，是自然而然的，这就是天；而络马首，穿牛鼻，是出于人的意志和行为，这就是人为。他不主张这种人为，即反对人将外在的东西强加于事物，因为"天在内，人在外，德在乎天"⑦。天是内在于万物的本性，真正的德行就是顺应自然，故人不应"以人灭天"，"以故灭命"，而应"知天人之行，本乎天，位乎德"，"不以心捐道，不以人助天"⑧。即人要因任自然，不能凭主观意志背道而行，人不能以自己的有意行为去干扰和改变事物的本然状态。

　　成书于战国晚期的《吕氏春秋》和汉初的《淮南子》，也是道家重要著作，在这两部著作中，也都改造和进一步阐发了老庄的自然无为思想。《吕氏春秋》提出"法天地"和"因性任物"的观点。"法天地"就是要行天之道，顺地之理。法天地的结果就是天地人都应当无为而行，而

---

① 《老子》第一章。

② 《老子》第八十一章。

③ 《老子》第三章。

④ 《老子》第七十三章。

⑤ 《庄子·在宥》。

⑥ 《庄子·秋水》。

⑦ 《庄子·秋水》。

⑧ 《庄子·大宗师》。

"无为之道曰胜天"①。这里的"胜"应作"顺"与"任"解，就是要顺应自然，按照天地自然的本性和客观规律去办事。在《吕氏春秋》中，法天地也就是"因性任物"，"性者万物之本也，不可长，不可短，因其固然而然之，此天地之数也"。"变化应来而皆有章，因性任物而莫不宜当。"② 性即万物的本性和变化规律，万物有其固有的本性，万物的变化有其自己的规律，因此要以万物的本性和规律为依据来使用、利用万物，这才没有什么不适宜和不恰当的。《淮南子》也发展了自然无为的思想。《原道训》曰："天下之事不可为，因其自然而推之。"所以必须"修道理之数，因天地之自然"。

从上我们可看出，儒道两家在人道要遵从天道的观点上是一致的，但在如何遵从问题上却各守其志。儒家把"生生"的宇宙过程看成是一个自发的过程，而作为天道之继的人道则是一个自觉的积极有为的过程。人是"天地之心"，能够按照天地之德去自觉地"相天""弘道"，即宏大天地的生生之德。自然过程有不足之处，而通过人的积极有为能够弥补不足，调控自然使之更有条理秩序、更加和谐。特别是儒家认为宇宙的永恒流变过程，同时也是一个不断创造因而变化日新的过程，人类在这个过程中可以发挥主观能动性而有所作为。道家也承认宇宙是一个永恒流变的过程，但认为这个过程纯粹是一种自然无为的运动变化，他们也不承认宇宙流变的过程中具创新进化的趋势，而主张"归根复命"是流变的常则。老子说："万物并作，吾以观其复。夫物芸芸，各复归其根。归根曰静，是谓复命，复命曰常。"③ 他们主张一切因任自然而"为无为"。

（四）天人协调与和合的价值理想

价值观与文化的关系极为密切。它既影响到已有的文化成果的取舍兴废，又影响到新的文化创造的取向和用力的大小。正因为如此，一个文化系统的价值体系不仅在很大程度上是该系统的体系结构的反映，而且在很大程度上规定了该系统的特质和发展演化方向。④ 生态价值观是关于自然

---

① 《吕氏春秋·适音》。

② 《吕氏春秋·贵当》。

③ 《老子》第十六章。

④ 张岱年、程宜山：《中国文化与文化论争》，中国人民大学出版社1990年版，第209—210页。

的价值的观点，它所涉及的核心问题是：人类是宇宙的中心，还是人内在于自然，融合于自然之中。在中国传统文化中，其价值体系也包含许多互相对立、互相冲突的观念，但在关于人与自然的关系问题上，虽然也有以荀子为代表的征服自然说，并产生一定的影响，但没有占主导地位。占主导地位的是以《易传》为代表的天人协调说。这表现在儒家和道家对待天人关系时，虽然各自在表现形式上有很大差别，但都认识到自然的价值，尊重自然的价值，二者在生态价值观上有相通之处。

在儒家的思想中，"天生万物唯人为贵"①。就是说，与自然万物相比，人是最重要、最宝贵的。孔子就表现出这种态度，比如听说马厩被火焚后，他只问"伤人乎"而"不问马"，说明在他的意识中，人比马更宝贵，即更有价值。为什么"人为天下贵?"在孔子看来"好仁者才以尚之"②。就是说，仁在天地之间具有最高的价值，即仁之道德是至上的，而只有人才具有仁义之德。孟子也认同"物之不齐"，人比动物有更高的价值，因为人类天赋有仁义忠信等"天爵"，天赋乐善等"良贵"。荀子不同意先天性善论，但也通过人与万物的比较中论证人具有最高价值。他说："水火有气而无生，草木有生而无知，禽兽有知而无义；人有气有生有知亦且有义，故最为天下贵。"③宋明理学家邵雍也持同样的观点，他认为人是万物之灵，所以价值高于其他物："唯人兼乎万物，而为万物之灵。如禽兽之声，以其类而各得其一，无所不能在人也。推之他事亦莫不然。……人之生真可谓之贵矣。"④程颐也认为，因为人有仁义之性，所以人的价值高于动物的价值。他说："君子所以异于禽兽者，以有仁义之性也。"⑤

儒家虽然认为人的价值高于其他万物的价值，但并不是否定自然的价值。如《易传》提出人要"顺性命之理"，就是强调了自然的价值，并说："立天之道，曰阴与阳；立地之道，曰柔与刚；立人之道，曰仁与义。""兼三才而两之，故易六画而成卦"，天地人是一体的，自然界不是离开人而存在的自在，而是与人相关的，天地人及其内部对立的两方面相

---

① 刘向：《说苑》，卷一七。
② 《论语·里仁》。
③ 《荀子·王制》。
④ 《邵雍·观物外篇》。
⑤ 《程氏遗书》卷二五。

互作用，才显现自然的运动变化规律，即"易六位而成章"①。天道生生的过程也是与人相关联的，自从人产生以后，需要有人的参与。"有天地，然后有万物，有万物，然后有男女，有男女，然后有夫妇。"（《序卦》）这说的是人类是自然界的产物，是自然界的一部分。《易传》又认为，人类虽是自然界的产物，但天人在性质功能上又有所不同。《系辞》说："显诸仁，藏诸用，鼓万物而不与圣人同忧，盛德大业至矣哉!"天地的根本性质是生，这叫"显诸仁"，天地含有生成万物的内在功能，这叫"藏诸用"。天地生成万物是无目的、无意识的，故良莠不齐，善恶并育，不与圣人同其忧虑。《系辞》又说："天地设位，圣人成能。"圣人居于天地之中，具有重要的功能。《易传》中认为圣人功能包括：其一是《象传》所说的"财成天地之道，辅相天地之宜，以左右民"。财成、辅相都是指对自然加以调整。其二是《系辞》所说的"范围天地之化而不过，曲成万物而不遗"。"范围"是指节制、调整。圣人可以调节自然的变化，而委曲成就万物。其三是《文言》所说的"先天而天弗违，后天而奉天时"。《文言》说："夫大人者，与天地合其德，与日月合其明，与四时合其序，与鬼神合其吉凶。先天而天弗违，后天而奉天时，天且弗违，而况于人乎?"这里说的"先天"指人在自然变化之前对自然加以引导，"后天"指人遵循自然的变化。总而言之，国君、圣人、大人在天地间可以发挥自己的能动性，实现调整、引导自然的功能，当然，在这个过程中必须遵循自然规律。②

从这里也可以看出，人之所以比万物更有价值，就在于人可以参与调整、引导自然的变化，以养成万物。人是自然界的一部分，"天地万物一体"，就是说天地万物和人形成一个有机的整体，人是这个有机整体的构成要素之一，而且是最特殊的部分，特殊在于人有智慧、有道德，能以自己的智慧和道德来调整和改造自然，所以人是自然系统中的主导要素。荀子说："天有其时，地有其财，人有其治，夫是之谓能参。舍其所以参，而愿其所参，则惑也。"③ 天地人各有自己的功能，且可以交互作用，故人可以与天地相参。《中庸》即明确提出人可"与天地参"的学说。《中

---

① 《易传·说卦》。

② 张岱年、程宜山：《中国文化与文化论争》，中国人民大学出版社1990年版，第58—59页。

③ 《荀子·天论》。

庸》说："唯天下至诚，为能尽其性。能尽其性，则能尽人之性。能尽人之性，则能尽物之性。能尽物之性，则可以赞天地之化育。可以赞天地之化育，则可以与天地参矣。" 就是说，天地之道至诚而生生不息、生育万物，而人却能够尽量了解自己的本性，也就能了解天地万物的本性，这样就可以赞助（调整、引导）天地的化育万物，就可以与天地并立成为三。孟子即主张："君子之于物也，爱之而弗仁；于民也，仁之而弗亲。亲亲而仁民，仁民而爱物。"① 孟子主张一种有级差的泛爱，但其中隐含着"民胞物与"的意识，并在后来被张载、王守仁等大加发挥了。汉代思想家董仲舒说："天地人，万物之本也。天生之，地养之，人成之。天生之以孝悌，地养之以衣食，人成之以礼乐。三者相为手足，不可一无也。"② 又说："人下长万物，上参天地，故其治乱之故，动静顺逆之气，乃损益阴阳之化，而摇荡四海之内。"③ 人与天地同为万物之本，天地生养万物，人成就万物，因为人具有礼义。天地人相互作用，不可缺一。王符说："天奉诸阳，地本诸阴，人本中和。三才异务，相待而成，各循其道，和气乃臻，机衡乃平。……人行之动天地，譬犹车上御驷马，篷中擢舟船矣。虽为所覆载，然亦在我何所之可。"④ 天地各奉阴阳，人可以起中和作用来统理万物的，通过自己的作为感动天地。人就像车上的驭手和船上的篙手的作用一样，可以影响自然的变化方向。

儒家强调人的价值，同时也不忽视自然的价值，而且在其理想追求中还有一个最高的价值标准。儒家最高的价值标准是"和谐"。"礼之用，和为贵"⑤，"圣人感人心而天下和平"⑥，"圣人耐以天下为一家，以中国为一人"⑦，"致中和，天地位焉，万物育焉"⑧。所谓"和"，就是共处于一个统一体中的不同的事物，可以协调有序、合作互济，共生共荣。即史伯所说："夫和实生物，同则不继，以他平他谓之和。"⑨ 《易传》说：

① 《孟子·尽心上》。
② 《春秋繁露·立元神》。
③ 《春秋繁露．天地阴阳》。
④ 《潜夫论·本训》。
⑤ 《论语·学而》。
⑥ 《易传》。
⑦ 《礼记·礼运》。
⑧ 《中庸》。
⑨ 《国语·郑语》。

"乾道变化，各正性命，保合太和，乃利贞。"天道在运行中规定着万物的性质，保持协调着万物间全面和谐的关系，于是使万物达到有利的中正状态。这里，和成为有利于万物发展的协调机制。荀子也说："万物各得其和以生，保得其养以成。"① "天地合而万物生，阴阳接而变化起，性伪合而天下治。"② 和与合同义，都是万物生长的重要条件和机制。《中庸》则提出："喜怒哀乐之未发谓之中，发而皆中节谓之和。中也者，天下之大本也；和也者，天下之达道也。致中和，天地位焉，万物育焉。"正因为如此，孔子将中庸视为一种最高的道德。中庸就是要反对过与不及，以保持事物的均衡协调。董仲舒也认为中和是确保天地生成，万物各得其位、各循其轨、相互协调的根由和依据。他说："中者，天下之所终始也，而和者，天地之所生成也。夫德莫大于和，而道莫正于中。"③

儒家所追求的"和"，就是人己物我的和谐，就是达到天人协调，以实现"万物并育"而"皆得其宜"。如《中庸》强调要"上律天时，下袭水土"，就是强调要按自然规律办事，以达到"万物并育而不相害，道并行而不相悖"这样一种和谐的宇宙秩序，这是天人合一的最高境界。

如何才能达到"和"？儒家提倡的方法就是"中庸"。"中庸"概念是由孔子首创，后经子思、孟子、荀子等人的发展完善，成为儒家思想中的一个核心概念。孔子认为，尧、舜、禹三代同治，正是与"允执其中""允执厥中"的治国方法紧密联系在一起的。他的"中庸"就是继承"允执其中""允执厥中"的治国安民理念而提出。孔子不仅提出中庸这一概念，而且从理论和实践上对其做了阐释。

孔子所尊崇的先王一脉相传的治国安民之道就是"允执其中"，"允执其中"也是中庸思想的精义所在，因此"允执其中"也就成为孔子实施中庸时坚持的总的原则。中庸就是要反对过与不及，以保持事物的均衡协调。孔子将中庸视为一种最高的道德："中庸之为德也，其至矣乎！"④ "中庸"之所以能成为"至德"——最高的道德，就是因为其能"致中和"。"致中和，天地位焉，万物育焉。"⑤ 求和之道的最重要方法和手段

① 《荀子·天论》。
② 《荀子·礼论》。
③ 《春秋繁露·循天之道》。
④ 《论语·雍也》。
⑤ 《礼记·中庸》。

就在于执中。郑玄注《中庸》时说："名曰'中'者，以其记中和之为用也。庸，用也。"朱熹《四书章句集注》则认为："中者，不偏不倚，无过不及之名。庸，平常也。"中庸之道实际上就是依"中"而行的用"中"之道，就是以"中"为原则求得事物的内在和谐的方法。怎么样才能用"中"呢？据《论语·先进》篇载："子贡问：'师与商也孰贤？'子曰：'师也过，商也不及。'曰：'然则师愈与？'子曰：'过犹不及。'"孔子认为过分和不及都不好，只有"无过无不及"才是最好的。从这样的对话中，可以看出，孔子的思想中，要达到中庸关键在于"不偏不倚""无过不及"，追求中庸正在于坚持"无过无不及"的执中原则。

　　在道家的学说中，追求的也是天人和合的价值境界。比如老子的观点认为，天地、万物、人类皆为道的产物，故三者并无贵贱之分。他说："昔之得一者，天得一以清，地得一以宁，神得一以灵，谷得一以盈，万物得一以为天下贞。其致之，天无以清将恐裂，地无以宁将恐发，神无以灵将恐歇，谷无以盈将竭，万物无以生将恐灭，侯王无以贵高将恐蹶。故贵以贱为本，高以下为基。"① 这里的"一"就是"道"，这里的"得一"即得道，也就是与道合一。天地万物与人都必须与道和合，没有间隔。宇宙天地间最完美的境界就是得一和合。老子还提出"知和曰常"②，即认为人只有顺应自然的本性，遵循自然的规律，才能达到和的境界。有学者统计，老子《道德经》一书中有八处提到"和"字，三处提到"合"字，如"音声相和""和其光""知和曰常""和大怨""冲气以为和"；"天地相合""牝牡之合"等。③ 在道家的思维中，对立的两极相合，才能达到和，如老子所言："万物负阴而抱阳，冲气以为和。"④ 宋人林希逸注曰："万物之生，皆负阴而抱阳之气，以冲虚之理行乎其间，所以为和也。"⑤ 老子又时也将"和"称作"冲"，比如他说："道冲，而用之或不盈。渊兮，似万物之宗。"⑥ 这里的"冲"，就是阴阳之和合，也称"冲

---

① 《老子》第三十九章。

② 《老子》第五十五章。

③ 李远国、陈云：《衣养万物——道家道教生态文化论》，四川出版集团、巴蜀书社2009年版，第117页。

④ 《老子》第四十二章。

⑤ 危大有：《道德真经集义》卷一，《道藏》第13册，第544页。

⑥ 《老子》第四章。

和""中和"。唐玄宗曰: "冲者,中也,是谓大和。"① "言道动出冲和之气,而用生成,有生成之功,曾不盈满。"② 就是说,道是天地万物的本原,其运行变化生成万物始终离不开冲和的作用。《庄子·田之方》也说: "至阴肃肃,至阳赫赫。肃肃出乎天,赫赫发乎地,两者交通成和,而物生焉。"交通就是阴阳往来,成和即负阴抱阳至万物生成。庄子还把人与自然的和谐称为"天乐", "与天和者,谓之天乐"③。所谓"天乐",就是"天地与我并生,而万物与我为一"④ 的境界。

对于如何达到和,道家基于冲和生成万物,冲和是万物的根据这样的原理,认为也要以冲和来解决矛盾,达到和谐。如上所说,冲即中,冲和即中和,就是守中致和。如老子曰: "挫其锐,解其纷,和其光,同其尘。"⑤ 河上公注: "锐,进也。人欲锐精进取功名,当挫止之,法道不自也。解其纷,纷结根也,当念道无为以解释。"宋徽宗曰: "锐则伤,纷则离,挫其锐则不争,解其纷则不乱。和其光,《庄子》所谓光矣而不耀也;同其尘,《庄子》所谓无物委蛇而同其波也。"⑥ 可以看出,老子在处理矛盾关系方面,其方法是挫锐解纷,特别强调要克除过于争强好胜的锐气、过于纠缠不休的心意、过于炫耀嚣张的气焰。这与儒家的"无过"有相通之处。通过挫锐解纷,使矛盾双方的力量实现中和,从而达到和合的状态。

管仲学派也继承老子守中致和的思想,强调和合。《管子·幼官图》曰: "畜之以道,养之以德。畜之以道则民和,养之以德则民合,和合故能习,习故能偕,偕习以悉,莫之能伤也。"⑦ 这里强调人民要有和合的道德畜养,才不能伤害。同时,还必须"请命于天地,知气和,则生物从"⑧。认识和把握气和,是万物和合的基础和关键。《吕氏春秋》也坚持这样的观点,认为: "天地和合,生之大经也。"⑨ 两汉的道家也继承先秦

① 彭耜:《道德真经集注》卷二,《道藏》第 13 册,第 117 页。

② 强思齐:《道德真经玄德纂疏》卷一,《道藏》第 13 册,第 368 页。

③ 《庄子·天道》。

④ 《庄子·齐物论》。

⑤ 《老子》第四章。

⑥ 刘惟永:《道德真经集义》卷九,《道藏》第 14 册,第 177、178 页。

⑦ 《诸子集成》第 6 册,第 54 页。

⑧ 《管子·幼官》,《诸子集成》第 6 册,第 51 页。

⑨ 《吕氏春秋·有始》,《诸子集成》第 8 册,第 140 页。

诸子关于和合思想及守中致和的思想，并将其加以完善。如《淮南子》明确指出和就是阴阳两极的调和、融合："天地之合和，阴阳之陶化，万物皆乘以气者也。"① 并且要求圣人按阴阳调和的法则，在宽与严、柔与刚之间把握分寸以达成和："天地之气，莫大于和。和者，阴阳调，日夜分，而生物。春分而生，秋分而成，生之与成，必得和之精。故圣人之道，宽而栗，严而温，柔而直，猛而仁。太刚则折，太柔则卷，圣人正刚柔之间，乃得道之本。积阴则沉，积阳则飞，阴阳相接，乃能成和。"②

道家和合的思想，概括地说，一是道家认为和合是天地万物生成的最终原因和根据。因为他们认为"一"即单一、同一的东西不能生物，也即事物不能自身产生自身，不能同性产生同性，事物只能由不同性质的事物即对立的两个方面和合而生。故"道曰规，始于一，一而不生，故分为阴阳，阴阳合和而万物生"③。所以特别强调阴阳相接，乃能成和，和而生物。二是道家认为和合也应是人类行为处事的法则和追求的理想境界。社会人群、人体生命、心理平衡等系统，都要以和合为法则，并运用和把握阴阳融合与平衡的规范与分寸，以达成和合。

从上可以知道，儒家主张参与自然、赞天地之化育来实现天人协调与和谐，道家则主张顺应自然、尊重自然的运化方式来达到"人与天一"。儒家认为人可以参与自然的运动变化，且人有对自然加以改造、调节、控制，引导的必要的观点，与道家"法自然"固然有明显区别，但后者也并不排斥人在"法自然"的同时要掌握"阴阳冲和"等一定的方式去自觉地协调人与自然的关系，实现人与自然相和合的"天乐"境界。"这种学说异于西方征服自然说的地方在于：它以为人在自然中处于辅助参赞的地位，人既应改造自然，亦应适应自然，人类活动的目标不是统治自然，而是把自然调整、改造得更符合人类的需要，在此同时，必须注意不破坏自然，让自然界的万物都能生成发展。要而言之，就是比较注重人与自然的和谐。"④

---

① 《诸子集成》第 8 册，第 121 页。

② 《淮南子·氾论训》，《诸子集成》第 8 册，第 213 页。

③ 《淮南子·天文训》，《诸子集成》第 8 册，第 48 页。

④ 张岱年、程宜山：《中国文化与文化论争》，中国人民大学出版社 1990 年版，第 63—64 页。

（五）以时禁发，仁爱与衣养万物的诚明之举

如前所说，在儒家看来，天是一个生生不息的创造本原，人和万物都是天所创造出来的。人和万物都有由天所赋予的本性，故都有价值，但人同时还具有万物所没有的智慧和道德品质。正因为人具有高于万物的这些独特禀赋，因而人能够与天地沟通，能够开发自己的内在德性，以协助万物充分实现其潜能，辅助万物的生长，由此人就可以成为宇宙生生不息的创造过程的参与者和促进者。为了实现这天道赋予的生生之仁，《易传》强调在认识和遵循自然法则的"裁化"之道，而《中庸》和宋明理学则主张通过心性修养来尽人之性、尽物之性的"诚明"之路。这二者又相互补充和完善，从而构成儒家环境管理和自然保护的整个学理基础。① 在此基础上，儒家哲人还在动植物保护、自然环境维护、自然资源利用等方面提出具体要求和措施。

儒家主张"仁民爱物"，对自然万物要爱惜，这是基于人与天地万物为一体，万物共同发育生长而不相害相悖的理念而自然产生的仁爱之心。这在孔子那里就有充分体现。如孔子反对乱杀滥捕的行为，说："钓而不纲，弋不射宿。"② 即鱼可钓，但不能用网把大鱼小鱼都一网打光；不要去射杀已归宿的巢中之鸟。朱熹对此评价说："由此可见仁人之本心矣。"③ 在《孔子集语·论政》记载：孔子弟子宓子不让人取小鱼，即使到手也要把它们放回水里，孔子知道这事后赞扬道："宓子之德至矣。"《孔子世家》记载："丘闻之也，刳胎杀夭，则麒麟不至郊；竭泽涸鱼，则蛟龙不合阴阳；覆巢毁卵，则凤凰不翔。何则，君子讳伤其类也，夫鸟兽之于不义也。尚知辟之，而况乎丘哉。"④ 孔子认识到，如果人类做灭绝生物的事情，致使生物无法继续生存繁衍，人类自己也就不会有好运，甚至会受到报应，遭遇巨大的灾祸。《孟子·梁惠王上》也记载了孟子对齐宣王说的一番话，大意是，孟子听说齐宣王看见有人牵了一头牛准备杀它用来祭宗庙新使用的钟，齐宣王看到牛哆嗦可怜的样子，便要人把它放了。孟子称赞宣王有这种不忍之心，正是仁爱的表现。君子对于飞禽走兽，看见它们活着，便不

---

① 佘正荣：《中国生态伦理传统的诠释与重建》，人民出版社2002年版，第122页。

② 《论语·述而》。

③ 朱熹：《论语集注》。

④ 司马迁：《孔子世家》，《史记》卷四七。

忍心再看见它们死去，听到它们悲鸣哀号，就不忍心再吃它们的肉。这就是不忍心的爱心的体现。对于孟子所说的不忍之心，也就是怵惕恻隐之心，王阳明对此诠释道："是故见孺子之入井，而必有怵惕恻隐之心也，是其仁之与孺子而为一体也。孺子犹同类者也。风鸟兽之哀鸣觳觫，而必有不忍之心焉，是其仁之与鸟兽而为一体也。鸟兽犹有知觉者也。见草木之摧折，而必有悯恤之心焉，是其仁之与草木而为一体也。草木犹有生意者也。见瓦石之毁坏，而必有顾惜之心焉，是其仁之与瓦石之为一体也。是其一体之仁也，虽小人之心亦必有之。是乃根于天命之性，而自然灵昭不昧者也。"① 王阳明在这里非常明确地说明：由于人类是与天地万物为一体的，所以具有根源于天命之性的怵惕恻隐之心，能够包容自然万物共生并育，见鸟兽、草木甚至瓦石受到伤害都会有不忍、悯恤和顾惜的仁爱之心。

在保护动植物、以保证生物资源的可持续利用方面，早在夏朝便制定了古训："早春三月，山林不登斧斤，以成草之长；川泽不入网罟，以成鱼鳖之长。"儒家提出了"取物以顺时"和"以时禁发"的理念。如孟子目睹了齐国牛山植被受到破坏的情景，提出了要按照动植物在时间上的生长特点来利用动植物资源的主张，其要义就是"取物以顺时"。他说："不违农时，谷不可胜食也，数罟不入洿池，鱼鳖不可胜食也。斧斤以时入山林，材木不可胜用也。养生丧死无憾，王道之始也。"② 谷物、鱼鳖和林木都是老百姓养生丧死所需的物质资料，它们的生长繁育有其时序，人类要遵循自然时序，保证其生长繁茂，发育成熟，在此基础上合理利用，人民才能丰衣足食、日用不尽。荀子也认识到人类社会是与自然界相依相存的，需要把社会秩序的管理制度和原则即"群道"推广到人对自然界的利用之中去，以建立起人与自然协同互济的秩序。他说："君者，善群也。群道当，则万物皆得其宜，六畜皆得其长，群生皆得其命。故养长时，则六畜育；杀生时，则草木殖。"③ 他继承和发展了儒家"取物以顺时"和"以时禁发"的理念，提出要建立一种依据生物生长的时间特点，依时采伐林木和猎取生物资源的制度，使万物各得其宜，各得其长，使百姓有足够的食、用、材等必需的自然资源："圣王之制也：草木荣华滋硕之时，罔罟毒药不入山林，不夭其生，不绝其长也。春耕夏耘秋收冬藏四者不失时，故五谷

---

① 王阳明：《大学问》，《王文成公全书》卷二六。

② 《孟子·梁惠王上》。

③ 《荀子·王制》。

不绝，而百姓有余食也；池渊沼川泽，谨其时禁，故鱼鳖优多而百姓有余用也；斩伐养长不失其时，故山林不童而百姓有余材也。"①

  对此，先秦道家也有同样的认识。文子说："食者民之本也，民者国之基也。故人君者，上因天时，下尽地理，中用人力。是以群生以长，万物蕃植，春伐枯槁，夏收百果，秋蓄蔬菜，冬取薪蒸，以为民资。生无乏用，死无传尸。先王之法，不掩群而取夭兆，不涸泽而渔，不焚林而猎。豹未祭兽，置罦不得通于野；獭未祭鱼，网罟不得入于水；鹰隼未击，罗网不得张于皋；草木未落，斤斧不得入于山林；昆虫未蛰，不得以火田；育孕不杀，鷇卵不探；鱼不长尺，不得取；犬豕不期，年不得食。是故万物之发，荒蒸气出。"②"豹未祭兽""獭未祭鱼"等语，是当时确定节令的物候标志。不到一定的节令，不允许采取渔猎行动。

  中华民族还较早就把保护动植物与自然环境的要求制度化、法律化。上古社会就有对自然资源的开发和保护方面的禁令，如"禹之禁""四时之禁""天子之禁""先王之法"等，其中许多禁令还是以帝王的名义规范的。史载："禹之禁：春三月，山林不登斧，以成草木之长；夏三月，川泽不入网罟，以成鱼鳖之长。且以并农力，执成男女之功。夫然则有生而不失其宜，万物不失其性，人不失其事，以成万财。万财既成，放此为人，此谓正德。"③大禹的禁令，是要让所有的生命都能适宜地生长，万物都不失其本性，民众能顺势而为，上天也不会混乱时序。这样才叫正德。施行这样的禁令，"泉深而鱼鳖归之，草木茂而鸟兽归之，称贤使能官，有材而归之，关市平，商贾归之，分地薄敛，农民归之，水性归下，农民归利，王若欲求天下民，先设其利而民自至，譬之若冬日之阳，夏日之阴，不召而民自来，此谓归德"④。大禹的禁令实施的结果就是归德，即万民所向，万物所归。周文王即以为"周之禁令"是为"和德"。"所保所守守之哉，厚德广惠，忠信爱人，君子之行。山林非时不升斤斧，以成草木之长；川泽非时不入网罟，以成鱼鳖之长；不麛不卵，以成鸟兽之长；畋田以时，童不夭胎，马不驰骛，土不失宜。"⑤这里的和德，就是

———————————

 ① 《荀子·王制》。
 ② 《通玄真经》，卷一〇，《道藏》第16册，第721页。
 ③ 马骕《绎史》卷二〇。
 ④ 同上。
 ⑤ 孔晁注：《逸周书·文传解》卷二五。

人与万物和所有生灵的和谐之德。上古社会的保护和合理利用自然资源方面而形成的禁令，后人概括为"先王之法"，即上古的优良规范，成为中华民族的优良传统，且广为流传。

管子曾提出"修火宪，敬山泽林薮积草，夫财之所出，以时禁发焉"①。他既重视道德教化的作用，也强调需要利用法律的强制性力量来维护自然环境，"修火宪"就是要用严厉的强制性惩罚制度来保护山林草木："苟山之见荣者，谨封而为禁，有动封山者，罪死而不赦。有犯令者，左足入，左足断。右足入，右足断。"他说，立春后七十二天内，要"顺山林，禁民斩木，所以爱草木也"②。他还提出了规范一年四季人的行为的"四禁"："春无杀伐，无割大陵，倮大衍，伐大木，斩大山，行大火，诛大臣，收谷赋。夏无遏水，达名川，塞大谷，动土功，射鸟兽。秋政不禁，则奸邪不胜。冬政不禁，则地气不藏。四者俱犯，则阴阳不和，风雨不时，大水漂州流邑，大风漂屋折树，火暴焚地燋草。"③ 形成于秦汉之际的儒家经典《礼记》中的《月令》，是兼采包括道家在内的诸子百家的思想而形成的政令与月令相统一的条令规定，是朝野上下都必须遵守的农事活动和维护生态的管理条例，其中规定了各个月份应做的和应禁止的行为：孟春之月，"天地和同，草木萌动，王命布农事……命祀山林川泽，牺牲毋用牝，禁止伐木，毋覆巢，毋杀孩虫，胎夭飞鸟，毋麛毋卵"④。仲春之月，"毋作大事，以妨农之事。是月也，毋竭川泽，毋漉陂池，毋焚山林"⑤。季春之月，"命司空曰：时雨将降，下水上腾，循行国邑，周视原野，修利堤防，道达沟渎，开通道路，毋有障塞。田猎罝罘，罗网毕翳，餧兽之药，毋出九门。是月也，命野虞无伐桑柘，鸣鸠拂其羽，戴胜降于桑，具曲植蘧筐"⑥。孟夏之月，"毋超土功，毋发大众，毋伐大树……是月也，驱兽毋害五谷，毋大田猎"⑦。季夏之月，"树木方

---

① 《管子·立政》，《诸子集成》第 6 册，第 14 页。

② 《管子·五行》，《诸子集成》第 6 册，第 299 页。

③ 《管子·七臣七子》，《诸子集成》第 6 册，第 355 页。

④ 《月令》，《礼记正义》卷十四，《十三经注疏》，中华书局 1980 年版。

⑤ 《月令》，《礼记正义》卷十五，《十三经注疏》，中华书局 1980 年版。

⑥ 同上。

⑦ 同上。

盛，乃命虞人，入山行木，毋有斩伐"①。到了季秋之月，"草木黄落，乃伐薪为炭"②。季冬之月，"命农记耦耕事，修耒耜，具田器"③。

（六）依正不二：众生平等的佛性智慧

佛教由印度东渐中国后，融进了中华本土儒家和道家的思想，包括吸收"天人合一"观念，形成了自己独特的世界观。中国佛教世界观的独特性，就在于强调人与自然的和谐。它以"缘起论""依正说"来说明人与自然是息息相关的，以众生平等、无情有性来阐述人与自然是平等的，并由此强调人与自然的和谐。

"缘起论"是佛教哲学体系的基础理论和核心观点，佛教就是以它来阐释整个世界万物生灭兴衰的规律。"缘起论"的基本思想是：宇宙中没有不变的实体（即空），宇宙间的一切事物和现象，小至微尘，大至宇宙，一切生灵，包括人类都不是孤立存在的，而是因缘和合而生。所谓"因缘"，就是指事物产生的原因和条件，其中又区分为"内因外缘"：因是直接原因、内在条件，缘则是间接原因、外在条件。事物的生灭就在于因缘的聚散，称之为缘集、缘生、缘灭、缘起。正如《杂阿含经》（卷第二）云："有因有缘集世间，有因有缘世间集；有因有缘灭世间，有因有缘世间灭。"所以，整个世界是瞬息万变的，一切事物都是暂时和相对的（所谓无常无我）；每一事物都由多种因缘而起，即都是因果关系的存在，事物之间互为条件、互相依存，一切事物和现象都只能在整体中方可确定。人与自然万物也是息息相关、相互融合、相互依存。如同一束芦苇，相互依赖方可耸立。天台宗提出了"十界互具""一念三千"的说法。华严宗则认为法界的形成，以一法而成一切法，以一切法而起一法，并提出了著名的"因陀罗网"比喻。④

---

① 《月令》，《礼记正义》卷十六，《十三经注疏》，中华书局1980年版。
② 《月令》，《礼记正义》卷十七，《十三经注疏》，中华书局1980年版。
③ 同上。
④ 因陀罗网是佛教帝释天宫中的一张张撑开来的巨网，巨网上缠有无数宝石。这些宝石熠熠生辉，且互相映发，重重无尽。《华严经》以此来形容缘起论：世界万物互相含摄，互相渗透，彼中有此，此中有彼，一即一切，一切即一，彼此关联，互相包容，圆融无碍，所谓"芥子容须弥，毛孔收刹海"，所谓"一法圆通一切性，一法遍含一切法。一月普现一切水，一切水月一月摄"（永嘉玄觉《证道歌》）。

缘起论的思想，成为佛教自然观的理论基础。正因为人类和社会也不可能是独立自存的，而是与自然休戚相关的，因此人人都要善待和爱护自然，与自然和谐相处。日本学者阿部正雄说："佛教关于人与自然关系的见解可以提供一个精神基础，在此基础上当今人们所面临的紧迫问题之一——环境的毁坏——可以有一个解决方法。作为佛教涅槃之基础的宇宙主义观点并不把自己视为人的附属，更准确地说，是从'宇宙'的立场将人视为自己的一个部分。因此，宇宙主义的观点不仅让人克服与自然的疏离，而且让人与自然和谐相处又不失却其个性。"① 佛教在缘起论基础上，又提出了"依正不二"说。缘起论主张因果报应说，其中"报"分为"正报"和"依报"："正由业力，感报此身，故名正报；既有能依正身，即有所依之土，故国土亦名报也。"（《三藏法数》）"正报"，指的是有情众生的生命主体；"依报"，指众生所依止的生存环境。佛教倡导"依正不二"，认为生命主体与生存环境是相辅相成的同一整体，"天地同根，万物一体，法界同融"，人与花草树木、飞禽走兽相互依存，和谐共处。日本思想家池田大作指出："'依正不二'原理即立足于这种自然观，明确主张人和自然不是相互对立的关系，而是相互依存的。《经藏略义》中'风依天空水依风，大地依水人依地'对生命与环境相互依存的关系作了最好的诠释。如果把主体与环境的关系分开对立起来考察，就不可能掌握双方的真谛。"② 佛教以众生平等论来阐述人与自然的平等。佛教把复杂多样、姿态各异的宇宙万物从是否有"情识"（感情与意识）角度划分成两类：一类是具有生命的东西，称"众生"或"有情"；一类是不具有情识的东西，如草木瓦石、山河大地等。但这种划分并非是用来说明事物之间是不平等的，因为佛教还主张"无情有性"。大乘佛教认为，一切法都是真如佛性的显现，万法皆有佛性。佛性具足的不仅是有情众生，那些大地、山川、草木甚至瓦石等没有情识的事物也具有佛性。天台宗清晰地表达出了这一思想。湛然《金刚锌》曰："我及众生皆有此性故名佛性，其性遍造遍变遍摄。世人不了大教之体，唯云无情不云有性，是故须云无情有性。""真佛体在一切法。"三论宗的吉藏说："若于无所得人，

---

① ［日］阿部正雄：《禅与西方思想》，王雷泉等译，上海译文出版社 1989 年版，第 247 页。

② 转引自曾繁仁《马克思、恩格斯与生态审美观》，《陕西师范大学学报》（哲学社会科学版）2004 年第 5 期。

不但空为佛性，一切草木并是佛性也。"（《大乘玄论》卷三）禅宗亦有此主张。《古尊宿语录》卷九云："天地与我同根，万物与我一体。"《五灯会元》卷十七则曰："不知心境本如如，触目遇缘无障碍。"就是说，佛教众多派别都认可并主张无情有性说，认为佛性是天地万物普遍具有的本性，且无高下之分，大地山川草木瓦石和人一样也具备佛性，所以要爱护大地山石草木。如《楞严经》要求教徒爱护草木，曰："清净比丘及诸菩萨，于歧路行，不踏生草，况以手拔！"

佛教根据因缘说和万物具有佛性的观点，主张众生平等。佛教认为宇宙间的一切众生包括地狱诸鬼、畜生、阿修罗、人、天六道和湿生、化生、卵生、胎生四生，都是平等的。六道四生依据自身的行为业力，彼此相容，相互转化。《心地观经》云："即无始来，一切众生，轮转五道，经百千劫，于多生中互为父母。"《梵网经》亦有云："一切男子是我父，一切女子是我母，我生生无不从之受生，故六道众生皆是我父母。而杀而食者，即杀我父母，亦杀我故身。"六道众生曾相互作为父母，每一众生都曾获得其他众生的恩惠，因此不能杀生，而应该尊重并爱护人以外的其他生命。这样，佛教就以轮回说为基础触目惊心地指出六道众生互为父母，是平等的，无高下尊卑之分，所有生命都有生存的权利，各个生命体之间应相互善待，人与其他生命也是平等的。①

"众生平等"观和"无情有性"说是佛教对于人与自然的关系问题的独特认识，并由此确立了人与自然平等和谐的佛教自然观。追求人与自然的和谐发展正是佛教自然观的重要特点。"它虽立足于宣扬泛神主义的佛性论，但却凸显了人对自然的亲和态度，因而蕴涵了深刻的天人相亲相和的中国传统生态审美智慧。佛教徒对自然环境不苛求、不破坏，而融入其中，成为自然的一部分。"② 以这样的自然观为基础，中国佛教崇尚自然，认为自然是与其追求的本体合一的，并强调人生应如自然一样随缘任运，如禅宗强调吸收自然景物生死随缘、自然流转的精神；中国佛教追求的理想境界是人与自然的和谐一致，如佛教追求的理想世界都是山清水秀、风和日丽、鸟兽众多、林木茂盛、花草芬芳、空气清新的无任何污染的世界，人与优美的自然环境能和谐相处。这种对生态和谐的理想境界的追

① 刘艳芬：《试论中国佛教自然观所蕴涵的生态审美智慧》，《河南大学学报》（社会科学版）2010年第4期。

② 同上。

求，使得佛教徒在日常生活中注意保护环境和维护生态系统。佛教徒爱护生灵，美化环境，奉行素食、不杀生和放生等，建佛寺总爱选择在青山秀水之间。罗尔斯顿说："禅宗在尊重生命方面是值得人们钦佩的。它并不在事实和价值之间、在人类与自然之间标定界限。在西方人看来，自然界并没有内在价值，它通过科学和技术的力量，才逐渐有了其作为工具的价值。自然界不过是一种有待开发的资源。而禅学并不是人类为中心论，并不倾向于利用自然，相反，佛教许诺要惩戒和遏制人类的愿望和欲望，使人类与他们的资源和他们周围的世界相适应。我们知道禅宗懂得如何使万物广泛协调，而不使每一物失去其自身在宇宙中的特殊意义，禅宗知道怎样使生命科学和生命的神圣不可侵犯性相结合。"[1]

---

[1] ［美］H. 罗尔斯顿：《尊重生命：禅宗能帮助我们建立一门环境伦理学吗?》，初晓译，《哲学译丛》1994 年第 5 期。

第八章

文化优势：中国传统生态智慧的
独特魅力和当代价值

中国传统生态智慧博大精深，有着独特魅力和优势，且具有超越时空的普遍价值和时代意义，能为生态文明建设提供深厚的思想源泉和坚实的哲学基础，无论对中国的可持续发展还是对当代世界和人类文明的未来，都有着极为重要的启示意义。

一 中国传统生态智慧的独特魅力与优势

中国传统生态智慧集中表现为"天人合一"论，"天人合一"生态智慧是中华文化对世界文明的独特贡献。"中国文明对人类、社会与自然之间的关系有着深刻的理解"[①]，相比较才能相鉴别，天人合一生态智慧，一是可以在同时态上与西方哲学世界观相比较来发现它的独特优势，二是可以从历时态上看到这一中华古老智慧与当代科学世界观和生态伦理观有许多本质上的一致性，并有其独特优势，从而体味这一古老智慧高超的体悟力。

"从理论角度看，天人合一论，可以看作是宇宙生成论、有机整体论、生命价值论的完成或逻辑结论。"[②] 我们不妨从宇宙生成论、有机整体论、生命价值论以及贯穿其中的综合整体的辩证思维方式等方面来揭示中华传统生态智慧的独特优势与魅力。

---

① ［比］伊·普列高津、［法］伊·斯唐热：《从混沌到有序——人与自然的新对话》，曾庆宏、沈小峰译，上海译文出版社 1987 年版，第 1 页。

② 佘正荣：《中国生态伦理传统的诠释与重建》，人民出版社 2002 年版，第 219 页。

（一）"天道生生"的宇宙创生论的独特魅力与优势

"天道生生"的宇宙创生论，无须借助拟人化的造物主，便构建了宇宙生生不息、万物同源创生流化的演化图式，并且与现代宇宙学、自组织理论、混沌学所揭示的宇宙演化图式有惊人的本质一致性。

中国的道家和儒家，都同样认为世间万物，包括人在内，产生于同一个始源，即有着共同的根源。如在道家那里，道就是天地万物的始源。老子还描述了道创生宇宙万物的过程："道生一，一生二，二生三，三生万物。"① 说的就是宇宙万物都是由道所生。对于作为万物始源的道，是什么样的存在，老子作了很多描述："视之不见，名曰'夷'；听之不闻，名曰'希'；搏之不得，名曰'微'。此三者不可致诘，故混而为一。其上不皦，其下不昧，绳绳兮不可名，复归于无物。是谓无状之状，无物之象，是谓惚恍。迎之不见其首，随之不见其后。"② 道是无形无象、幽深窈冥、似有似无、似皦似昧的难以捉摸的混沌之体。由混元之一中产生出阴阳二气，阴阳二气交合又产生出天地万物和人。在儒家那里，太极是万物的始源。"易有太极，是生两仪。"③ 太极是类似于道的万物的本源，也是万物生成的动力之源。到了宋代，周敦颐吸收道家的思想，进一步精到地阐发了《易传》关于太极创生天地万物的思想。他说："无极而太极，太极动而生阳，动极而静；静而生阴，静极复动。一动一静，互为其根，分阴分阳，两仪立焉。阳变阴合，而生水火木金土，五气顺布，四时行焉。……无极之真，二五之精，妙合而凝，乾道成男，坤道成女。二气交感，化生万物，万物生生而变化无穷焉。"④ 就是说太极是由于自身的动静作用而产生阴阳，而成为创生与动力之源的。

道家和儒家以道或太极为创生之源的观点，其独特性表现如下。

第一，用物质自身的原因说明宇宙与万物的产生，即宇宙是自组织的，排除了上帝创世的外因论。而能实现这一点，就在于作为宇宙的始源的道或太极是一种无形的存在，从无形再到形质的出现，这一过程就是

① 《老子》第四十二章。
② 《老子》第十四章。
③ 《易传·系辞》。
④ 周敦颐：《太极图说》。

"无中生有" 的过程, 也即是老子所说 "天下万物生于有, 有生于无"①
的创生过程。在这个过程中, 在时间顺序上, 无在先, 是第一位的, 有在
后, 是第二位的, 就是说有与无是不对称的。周敦颐所说的 "无极而太
极" 也指出了这种不对称。道的创生, 就是这样一个从无到有、从隐到
显, 从无形到有形即产生万物的过程。其中的无就是道的冲虚不盈即隐的
一面, 其中的有即是道的实有性即显的一面。而西方自古希腊以来长期坚
持的是用实体构成论来解释宇宙的产生。"按照西方传统的实体主义观
点, 存在一开始就是存在的, 它不能从非存在的无中产生, 宇宙没有一个
从无到有的创生过程。……但实体构成论的思想, 必然关涉到作为建筑材
料的宇宙之砖如何运作的动力问题, 这就无法避免上帝的第一推动经常干
预物质世界的困境。……而宇宙生成论则合理地解释了这一过程, 它把创
生性当作宇宙的终极原理, 宇宙的生成是由自身内部原始力量的活动不断
创生新的物质现象、生命现象、社会现象的一个生生不息的过程。"②

　　"有生于无", 这里的无, 并不是一无所有, 而是相对于有形物质来
说的, 是不同于有形物质的存在状态。这在现代宇宙学中也似乎有同样的
看法。现代宇宙学中的大爆炸宇宙学说认为, 宇宙是由大爆炸的方式产生
的, 宇宙在大爆炸以前是什么状态呢? 一些大爆炸宇宙学研究者认为, 在
大爆炸以前宇宙的状态, 就是广义相对论宇宙模型中的 "奇点", 宇宙起
源于这个 "奇点", 在奇点中, 物质和存在形式、结构和特性等迄今在科
学上都不清楚。而不少中国学者引用《老子》所讲的 "无", 认为宇宙的
起点就是 "无", 但这个 "无" 不是 "零", 而是一种存在形式。美国科
学家在什么都没有的高能加速器中, 发现了反粒子, 正粒子与反粒子结
合, 按照爱因斯坦公式, 放出能量, 变成了 "无"。《联合国教科文组织
1998 年世界科学报告摘要: 科学的未来是什么》(上) 中写道: "大爆炸
以前是什么样子? 严格地说, 什么也没有, 就连空间或时间也没有。"
《老子》两千多年前所讲的与这个报告所讲的如此惊人一致, 这绝不是什
么巧合, 而恰恰是中华先哲高度智慧与精湛思辨的展现, 是中国源头文化
的辉煌。

　　按照大爆炸宇宙学的描述, 宇宙演化的过程大致分成以下几个阶段。

---

① 《老子》四十二章。
② 余正荣:《中国生态伦理传统的诠释与重建》, 人民出版社 2002 年版, 第 206—207 页。

（1）基本粒子形成阶段（宇宙年龄在 10^{-4}—1 秒），宇宙是一个逐渐胀大的微小混沌体，有着极高的温度和密度，物质以基本粒子的形式存在。（2）元素起源阶段（1 秒—3 分钟），也叫元素核合成的辐射阶段。（3）实物阶段（大爆炸以后一万年），这个阶段的时间最长，宇宙演化所经历的约二百亿年的时间主要属于这个阶段，迄今我们仍然生活在这个阶段。中国学者罗先汉指出："值得注意的是，如果把宇宙年龄小于 1 秒时的混沌状态称为'道'，则该混沌体经过中微子退耦（'气之始也'）、轻核合成（'质之始也'）和光子退耦（'形之始也'）等几个阶段而变成一个赤热火球，就是'道生一'了。后来，随着原始火球的不断膨胀和冷却，才得以相继产生出众多的星系、恒星、行星以及包括人类在内的天下万物等，则也同老子表达的朴素宇宙生成观是一脉相承的。"[1] 而在儒家的描述中，"无极之真，二五之精，妙合而凝"，说明宇宙的生成是从无序到有序、从底序到高序的过程，这一过程，与现代系统科学所发展出的自组织理论有异曲同工之妙。

老子曾说，道"强为之名曰'大'"。"大"者，无边无际、无所不包也。然后老子对道的运行作了这样的描述："大曰逝，逝曰远，远曰返。"[2] 即是说，无边无际、无所不包的道的运行是周流不息的，周流不息而伸展辽远，伸展辽远后又返回本原。再看现代宇宙学对于宇宙未来演化趋势的研究，宇宙大爆炸理论根据宇宙的质量密度的不同提出了三种可能的模式。第一种模式：如果宇宙的质量密度小于一定的临界密度，宇宙的引力会小于斥力，那么宇宙就会如现在这样一直膨胀下去，即宇宙是开放的、无限的。第二种模式：如果宇宙的质量密度等于临界密度，宇宙也会一直膨胀下去，即宇宙是平坦的、无限的。但随着星系和恒星内部核燃料的耗尽而走向衰亡，宇宙就将变成黑暗的世界。第三种模式：如果宇宙的质量密度大于临界密度，引力会大于斥力，引力吸引将使宇宙停止膨胀而转为收缩，则宇宙是闭合的、有限的。这个过程将是：宇宙膨胀到它的最大体积以后，宇宙会开始收缩，温度又随之回升，并越来越高，最后会恢复到原来的姿态，即原始原子状态。然后在一定条件下原始原子又会发生大爆炸，宇宙又会进行膨胀，膨胀到某一最大体积之后，又会收缩，再

---

① 罗先汉：《天地人系统的复杂性研究》，《系统辩证学学报》2001 年第 4 期。
② 《老子》第二十五章。

次回到原始原子状态。如此循环往复地继续下去，呈现出有生有灭、再生再灭、振荡式或脉动式的演化图式。支持前两种模式的根据是天文学观测：根据观测数据分析，宇宙中存在的所有可见物质，其平均质量密度不足临界密度的十分之一，这表明宇宙要继续并永远膨胀下去。还有，宇宙中大部分能量是由"暗能量"组成，"暗能量"能够产生与引力相反的排斥力，这就使得为什么宇宙会出现加速膨胀的现象问题可以得到说明。但是，另一些观测结果又提醒人们：宇宙中还存在着许多"暗物质"。所谓"暗物质"，就是看不见的物质，包括星际物质、黑洞、中微子等。比如在宇宙中就有数量惊人的中微子，而且它有着静止质量，中微子的质量密度大得惊人，其足能超过临界值而使宇宙由现在的膨胀能在未来转化为收缩，从而形成宇宙的由膨胀到收缩又从收缩到膨胀的永远重复的连续更替。当然，哪一种模式是宇宙演化的未来真实图景，人们正以极大的兴趣关注这方面的观测结果。这里要说的是，第三种模式与老子所说的"大曰逝，逝曰远，远曰返"，又是怎样的巧合呢？在没有天文观测仪器的两千多年前，老子是如何通过对客观世界现象的感悟提出如此宏大的宇宙演化话题的？这里，不又体现出中华文化源头的神奇和魅力吗？

第二，揭示了宇宙未形成之前的混沌状态，与现代混沌理论不谋而合。作为宇宙始源的道是什么状态呢？上面我们已经看到了老子对道的多种描述，道是无形无象、幽深窈冥、似有似无、似曒似昧的难以捉摸的混沌之体。老子又说："道之为物，惟恍惟惚。惚兮恍兮，其中有象；恍兮惚兮，其中有物。窈兮冥兮，其中有精；其精甚真，其中有信。"① 就是说，道的混沌状态中，并不是混乱一片，杂乱无章，其中"有象""有物""有精""有信"，如何理解这其中的"有象""有物""有精""有信"？笔者认为，"有象""有物""有精""有信"，概括地说，就是"有秩"。道的混沌看似无序状态，其中隐藏着秩序，是有序之源。这一描述，与现代混沌理论有惊人的相似性。混沌理论是由美国气象学家洛伦兹、物理学家费根鲍姆、生物学家 R. 梅等人创立的，它揭示了隐藏在混乱现象内部深处的惊人秩序，以及自然万物生长演化的普适规律——这些是以往科学未曾料想到的。何谓"混沌"？"混沌"这个词是指宇宙未形成之时的混乱状态，亦即是宇宙初始的自然状态。但就在这样的混沌之

---

① 《老子》第二十一章。

中，却有秩序在形成，混乱中的复杂系统在被不断完善。混沌不是混乱的、随机的分散，相反，其中却有非常有秩序的模式，只是这种秩序模式较为复杂，混沌其实就是指这种复杂的秩序化。对这种混沌和复杂性的精深探索，使一种原先未知的新的模式、新的结构、新的秩序开始被科学家们发现，人们开始挣脱培根、笛卡儿、牛顿主义的束缚，拒绝机械论而倾向于有机论，从而在科学中呼唤一种奠基于非决定论、非连续性、混沌、复杂性的后现代转换。① 由此 "引导出了一个结论，即一种新的范式是必需的，这种范式在哲学上将会是更加深思熟虑的，在科学上是更复杂的，对伦理学是更敏感的，在生态学上是更健全的。混沌理论的出现，挑战了经典物理学中静止的、可控制的宇宙观，它打破了长期存在于学科之间的樊篱，从而创造了一种学科之间互动的新方式，疏通了自然科学、生命科学和社会科学之间的边界"②。混沌和分形等的发现使现代科学进入了复杂性的新阶段，被认为是科学的新革命。而老子关于道的学说在两千多年前就揭示出宇宙形成之前的混沌状态，并看出其中隐藏的有秩，并以此为出发点描述宇宙的创生和演化，不能不让人感到由衷的叹服。而老子提出的 "大曰逝，逝曰远，远曰返"③ 的循环演化过程，在现代混沌理论中也有揭示：在自然界的演化中，混沌是可以产生有序的，而有序也是可以复归于混沌的，即形成 "混沌—有序—新的混沌—新的有序" 这样一个循环发展过程。现代科学同时也揭示了自然界演化的不可逆性，指明循环不是一个简单回复到原出发点的过程，而是在总体趋势上呈现出不断上升的特征。

（二）"天人合一" 的有机整体论的独特魅力与优势

"天人合一" 的有机整体论，揭示人与万物因为有着共同的生成根源，自身在获得生命动力的同时，又可以与天地及其他事物相互联系、相互作用、相互协调，并能够达到和谐的状态，不同于西方近代科学和哲学的宇宙机械化并强调人与自然的对立的思想，而却与当代的新物理学和生态学的有机整体观的基本精神有一致性。

---

① ［美］C. 格里博格、J. A. 约克编：《混沌对科学和社会的冲击》，杨立、刘巨斌等译，湖南科学技术出版社 2001 年版，第 292 页。

② 吴祥兴：《混沌学导论》，上海科学技术文献出版社 2001 年版，第 19 页。

③ 《老子》第二十五章。

第一，中华文化重整体，则主要侧重于对天、地、人、自然与社会的整体研究，探求宇宙万物生生不息、大化流行的规律。强调"天人合一"，人与天地万物不是敌对关系，而是相互协调、共生同处的关系。

在西方，从古希腊时期一直到近代，都是把某个或几个单体物质或元素看成宇宙之砖，如泰勒斯认为是水、阿那克西米尼认为是气、赫拉克利特认为是火，恩培多克勒则认为宇宙是由水、土、火、气四种元素以不同的比例构成的。提出原子论的留基伯和德谟克利特则认为，万物的本原是原子和虚空。到了近代，形成了机械论的世界观，把自然分解得尽可能小、尽可能简单，而物质的性质就取决于组成它的不可再分的最小微粒（原子）的数量和空间结构，因此注重分析—还原的方法，对象被分析、还原为它的终极组成部分，然后在思维中这些因素被综合起来，重建为一个整体。整个自然界被还原为实体的集合，物质实体又被还原为基本粒子的集合。宇宙被设想成一架由外力（上帝）推动的庞大机器，甚至动物和人都被看成机器。努力运用公理思维对世界各个领域（如数学、天文学、物理学等）进行分门别类的研究，宇宙的各个类别的事物是互不相干的，人与自然也是互不相干、分离对立的。人处于自然之外，是不同于自然的存在者。自然法则被简单地认定为机械的因果必然性，同时夸大必然性而否定偶然性的作用。拉普拉斯则在哲学上把因果律变成为绝对的机械决定论，形成了那个时代的完全决定论。

以西方文化只注重分析、研究部分、强调实体的作用相比，中国文化注重事物的整体研究，强调事物的整体功能。中国传统哲学提出了"道""理""势""气""阴阳"等范畴，就是注重事物的整体研究的体现。"道"是宇宙的本原，天、地、人都由道生成；"阴阳"是道得以产生万物以及万物发展变化的动力。"道"（或"理"）也是自然、社会运作的总规律。作为万物本源以及总规律的"道"（或"理"）是唯一的，所以称为"理一"。各个具体事物之理是这个最高的"理"的体现，所以叫"分殊"。"人之与天地也同，万物之形虽异，其情一也。"① 人类与万物一样，是大自然的产物，也与其他自然物一样，是大自然这一整体的有机组成部分。人与天地万物相比较虽然形状各异，处于不同的类别，但因其与天地万物具有同一的本源，遵从统一的法则，故与天地万物共同组成有

———————

① 《吕氏春秋·情欲》。

机联系的统一整体。由此出发，中国传统文化自然地又将道德论与本体论融合在一起，进一步强化"天人合一""天人感应"等理论。《易传》云："乾，天道也，父道也，君道也。""天尊地卑，乾坤定矣；卑高以陈，贵贱位矣。"由天道引申出地道（自然之道）和人道，这就把天道、地道（自然之道）和人道统一起来，由此构成出一个天人合一的世界图式。"尽其心者，知其性也。知其性，则知天矣。存其心，养其性，所以事天也。夭寿不二，修身以俟之，所以立命也。"① 这是指人之心性与天道是统一的。汉代董仲舒则明确提出"天人之际合而为一"，但董仲舒的天人合一是"人副天数"，不免牵强附会。到了宋代，以张载的《西铭》为重要代表，天人合一思想在理学中达到成熟。《西铭》说："因明致诚，因诚至明，故天人合一。"② 这就将人与自然、人性与天道都融为一体了，一个完整的天人合一观得以构成。此外，天人合一思想还存在于道家等诸子学说中。《老子》云："人法地，地法天，天法道，道法自然。"③ 庄子也提出："不以心捐道，不以人助天"；"其一也一，其不一也一，其一与天为徒，其不一与人为徒。天与人不相胜也，是之谓真人"④。这是道家的天人合一思想。"天人合一思想这一运思模式的深刻含义是，天与人是具有统一法则和变化规律的有机整体，人与天地万物不是敌对关系，而是共生同处的关系，应该和谐相处。"⑤

　　天人合一论还用阴阳五行学说描绘出宇宙这一生命有机体的各个组成部分的有机联系，并以阴阳五行的相互作用来说明宇宙是由于自身的内在原因而不是由外力的强制作用而实现有机协调和有序演化的。阴阳五行学说描绘出了阴阳、五行配四方、四时的宇宙图式。"一阴一阳之谓道"⑥，"万物负阴而抱阳，冲气以为和"⑦。"阴阳者，天地之大理也；四时者，阴阳之大经也；刑德者，四时之合也。刑德合于时则生福，诡则生祸。"⑧

---

　　① 《庄子·尽心上》。

　　② 张载：《正蒙·乾称》，《张载集》。

　　③ 《老子》第二十五章。

　　④ 《庄子·内篇·大宗师》。

　　⑤ 王玉德、邓儒伯、姚伟钧主编：《中国传统文化新编》，华中理工大学出版社1996年版，第28—29页。

　　⑥ 《周易·系辞》。

　　⑦ 《老子》四十二章。

　　⑧ 《管子·四时》。

在宇宙演化的过程中，阴阳是其中的两极性动力，阴阳相反相成氤氲产生出天地，天地相互交合产生万事万物和人类。万物之间又是相互影响、相互作用和相互制约的，其具体表现就是五行的相生相克相互制化。五行学说又是由五方和五材思想发展而来的。如在《尚书·洪范》中，五行被看作事物的动态功能和属性。"五行：一曰水，二曰火，三曰木，四曰土，五曰金。水曰润下，火曰炎上，木曰曲直，金曰从革，土爱稼穑。润下作咸，炎上作苦，曲直作酸，从革作辛，稼穑作甘。"① 在《黄帝内经》和《吕氏春秋》中，由于五行相生相克，形成宇宙万物的协调发展机制。五行相生即为：水生木，木生火，火生土，土生金，金生水。五行相克即表现为：金克木，木克土，土克水，水克火，火克金。五行的相生相克，就是事物既相互依存又相互制约，既推动事物的变化，又进行反馈调节和动态平衡，由此决定着事物的协调发展。"阴阳两极的循环流动和五行的生克制化，使具有多样性的万物的有机联系展现为一种有序的结构和形式，这是中国有机整体论的一个突出特征。它被用来解释广泛的自然现象和社会现象。如中医理论和生态农业理论，就是运用阴阳五行学说的典范。"②

中国古代的天人合一有机整体论描述的宇宙是由各种事物有机结合构成的整体，这一基本思想与现代科学所揭示的宇宙图景具有一致性。到19世纪，自然科学的研究开始从分门别类搜集材料的阶段进入对经验材料进行综合整理和理论概括的阶段，理论自然科学有了一系列重大发现和突破，其中特别是能量守恒与转化定律和电磁场理论的建立，实现了物理学的两次重大综合；而细胞学说和生物进化论的建立，则实现了生物学两次重大综合，揭示了物质运动形式的相互联系与相互转化，使自然的主要过程得到说明，并以近乎系统的形式描绘出一幅自然界联系的清晰图画。恩格斯指出："自然科学本质上是整理材料的科学，是关于过程、关于这些事物的发生和发展以及关于联系——把这些自然过程结合为一个大的整体——的科学。"③ 20世纪初开始发生的科学革命，到相对论、量子力学的建立、分子生物学的发展，进一步动摇了机械论的世界观。到该世纪中叶控制论、信息论、系统论的创立，开始把研究对象作为组织性、复杂性

---

① 《尚书·洪范》。

② 佘正荣：《中国生态伦理传统的诠释与重建》，人民出版社2002年版，第210页。

③ 《马克思恩格斯选集》第4卷，人民出版社1995年版，第245页。

的系统来看待，并从整体上把握其规律性。20 世纪 70 年代前后又相继出现了耗散结构理论、协同学、突变论、超循环理论等自组织理论，以及分形理论和混沌理论，这些都是系统科学所获得的新进展。以这些理论为代表的现代自然科学成果，描绘和展现出的是一幅从基本粒子、原子、分子等微观领域直到宏观天体和宇宙系统自我运动、自组织、自创造的演化发展的图景，深入揭示出自然界真实的本质和规律：系统是自然界的总模型，是自然物质存在的基本形式；整个自然界是一个大系统，自然界中的所有物质又都自成系统，自然界中各种物质客体还互成系统；自然界物质系统中，大系统中有小系统，若干小系统相互联系构成大系统。所有物质系统又与外界环境（处于该系统周围的其他系统）存在着千丝万缕的相互联系和作用；自然系统最主要、最突出的基本特征是整体性，即指系统不是各要素的简单的机械加和，而是由诸要素按一定方式构成的有机集合；系统的性质、功能和运动规律，也不同于构成它的各个要素的性质、功能和运动规律。在物质系统中，其功能是由其自身的结构所决定的，即是在组成该系统的各要素功能的耦合中实现的。耗散结构理论又从系统新结构产生的条件和机制方面，论证了系统进化的可能性。协同学即探讨了系统如何在突变点上，通过内部各子系统之间的协同、竞争而形成新的有序结构。可见，在物质系统中，系统离不开组成它的要素，要素的功能发挥也离不开与系统整体以及其他要素的有机联系和相互作用，而整个系统又不能脱离环境而存在，它必须是开放的，即必须与环境进行物质、能量和信息的交流。

当代生态科学同样揭示出生态系统也是由生命个体、物种、种群和无机环境构成的有机整体，具有显著的整体性。生态系统的整体性表现在两个方面：一是生物与非生物是一个有机的整体；二是生物之间以食物关系构成相互依赖的食物链或食物网。正因为生态系统各个相互关联的部分有机构成一张生命之网，它的复杂结构的产生和维持，依赖于能量的连续传递和流动，其在某一个环节如果出现问题，整个生态系统的生存和稳定也会受到影响；每一个个体也都是这个生命之网上的一个纽结，离开了这个具有能量流动的生命之网，就不会有个体的存在。在上述自然科学中体现的有机整体论给人们以昭示："一物的概念包含着他物的概念，一物的本质由它与他物的各种关系决定，整体决定部分，关系'先于'关系物，生命及其环境构成的复杂关系整体，本质上决定着生物物种的特性。"① 人类生态学也日益具体、深入和全面地揭示了人与自然极为密切而复杂的生态关系：人类与各种生物一样，也是生命之网中的关系物，也与生命之网上的其他生物处于生态联系中，不能脱离生态环境而单独存在，必须与自然和谐共生、协同进化。

总而言之，中国传统的天人合一的有机整体论思想正不断在现代科学中得到有力证明和深化。

第二，天人合一的有机整体论，注重矛盾的对立面的协调和统一，以促进事物的和谐发展。天人合一的有机整体论认为宇宙的一切运动变化的最高目标就是和谐，因此和谐就是宇宙的本来状态，也是天人合一的最高境界。这不同于西方只强调斗争性作用的文化传统，因而对现代西方生态伦理学有重要的启示。

"和"这一哲学范畴，中国古已有之。早在西周末年，周太史史伯就提出："和实生物，同则不继。以他平他谓之和，故能丰长而物生之。"② 后来，齐国大夫晏婴将"和"比拟为厨师把不同材料组合、调和成美味的汤一样。他说："和如羹焉，水、火、醯（醋）、醢（酱）、盐、梅，以烹鱼肉，燀之以薪，宰夫和之，齐之以味，济其不及，以泄其过。"③ 这时所讲的"和"，是指具有对立属性的不同事物之间的相互作用、相互协调，最终达到对立的统一，即和谐。对立面的统一达到和谐，就能产生新的事物，促进事物的和谐发展。在孔子那里，"和"成为处理人际关系的重要原则，使和达到了一个新的高度。他说："君子和而不同，小人同而不和。"④ 孔子主张"仁"，而"仁者爱人"，人与人之间应该相亲相爱、和谐相处，要做到这一点，就要有礼的节制。"礼之用，和为贵。先王之道，斯为美。小大由之。有所不行，知和而和。不以礼节之，亦不可行也。"⑤ 意思是说，礼的作用，贵在和谐的实现。先王之道，以和谐为美，无论处理什么事情，都要遵循和的原则。有的时候放弃和而进行斗争，是因为和谐必须用礼来加以节制。孔子努力要实现的目标就是社会和

① J. B. 卡利科特：《生态学的形而上学含义》，《自然科学哲学问题》1988 年第 4 期。
② 《国语·郑语》。
③ 《左传·昭公二十年》。
④ 《论语·子路》。
⑤ 《论语·学而》。

谐，他认为，"均无贫，和无寡，安无倾"①，即财富平均了，便无所谓贫穷；人际关系和谐了，民众就不会少；上下能够平安相处，政权就不会倾覆。在对外政策方面，要以仁义礼乐的政教去吸引境外的流民（"倍文德以来之"），妥善地安排他们的生活，而不应使用武力征服。孔子的贵和思想，对中华民族"温柔敦厚"、热爱和平的性格特征的形成起了重要的促进作用。老子则认为和是自然与社会的法则，"知和曰常"②，知道了"和"就是懂得了规律。老子主张的"无为而治""小国寡民"的社会理想，也充分体现着"贵和"的精神："我无为而民自化，我好静而民自正，我无事而民自富，我无欲而民自朴。"③ 统治者无为而治，老百姓便能安居乐业。

中国哲人还认为整个宇宙都是和谐发展的。正因为中国传统哲学天人合一的宇宙有机论把天、地、人看成一个有机整体，便产生了相应的宇宙和谐思想。"乾道变化，各正性命，保合大和，乃利贞。首出庶物，万国咸宁。"④ "和"在这里就是宇宙的根本状态。天地絪缊交感，产生万物。天道广大，阳光普照、风雨博施，四季更替，昼夜相交，万物繁衍，天地和谐运行，保持"太和"状态，就能使万物各得其所，使人类都得到安宁。北宋张载对《易传》的"太和"思想加以发挥，认为太和就是道，便赋予了太和以本体论的意义。他说："太和所谓道，中涵浮沉、升降、动静相感之性，是生絪缊相荡、胜负、屈伸之始。其来（始）也几微易简，其究（终）也广大坚固。""有象斯有对，对必反其为；有反斯有仇，仇必和而解。"⑤ "太和"作为世界本体的"道"，其中包含着浮沉、升降、动静等对立统一的性质，使事物发生内微至明、由小到大的变化。事物矛盾着的双方必然产生对立和斗争（"仇"），而斗争的结果是和解。明末清初的王夫之则认为"太和"是最高形态的和："太和，和之至也。……未有形器之先，本无不和；既有形器之后，其和不失，故曰太和。"在万物形成之前的本始状态、宇宙处于对立统一的平衡状态；在事物形成之后，宇宙仍然处于平衡状态，所以称为太和。这样，就把中国古

① 《论语·季氏》。

② 《老子》第五十五章。

③ 《老子》第五十七章。

④ 《易传·彖传》。

⑤ 《正蒙·太和》。

代关于宇宙和谐的思想发展到了极致。①

在西方哲学中，古代哲人们也讲和谐，但没有形成哲学传统，更没有成为哲学的主流话语。而且西方哲人谈和谐时，往往强调对立面的斗争的作用，认为对立面的斗争才能产生和谐。例如被列宁称为"辩证法的奠基人之一"的古希腊哲学家赫拉克利特就认为："互相排斥的东西结合在一起，不同的音调造成最美的和谐；一切都是斗争所产生的。"② "应当知道，战争是普遍的，正义就是斗争，一切都是通过斗争和必然性而产生的。""战争是万物之父，也是万物之王。它使一些人成为神，使一些人成为人，使一些人成为奴隶，使一些人成为自由人。"③ 西方哲学发展到近代，形成了天人二元相分的观念，把自然当成征服的对象，这无不与其哲学源头只强调对立面的斗争的作用的理念有关。而在中国，和谐是统一世界的本来状态，也是一切运动变化的最高目标的观念绵绵传承、源远流长。因此，在中国传统生态智慧中，天人和谐便成为中国哲学的主流话语。

在中国传统的天人合一有机整体论中，强调天人合一是为了实现天人和谐，或者说，天人合一的最高境界就是天人和谐。儒家的天人合一思想强调天地具有生生之德，而人心也本有至善的本性，天人合一即这个至善的本性是天地的生生之德所赋予的。"天以阳生万物，以阴成万物。生，仁也；成，义也。"④ 人通过反身自诚，把人心本有的至善本性开发出来，就能达到天人合一，实现体物不遗、爱物不私、民胞物与、天人和谐。道家的天人合一思想，强调天人合一就是与自然的合一，人与宇宙之道的合一。人要通过体验宇宙演化的过程所表现出来的自然本性，把人的生命融入自然大化之中，依循天道运行的自然法则，发挥天地不私仁的慈爱精神，超越物质功利束缚，辅助万物的生长发育，对万物利而不害，就能实现人与自然的和谐相处。这种状态就是远古"至德之世"的状态："夫至德之世，同与群兽居，族与万物并。"⑤ "当是时也，阴阳合静，鬼神不

---

① 徐长安：《中国传统文化与现代化》，海潮出版社 1997 年版，第 142—144 页。

② 北京大学哲学系外国哲学史教研室编译：《西方哲学原著选读》，商务印书馆 1981 年版，第 23 页。

③ 同上书，第 27 页。

④ 周敦颐：《通书·顺化》。

⑤ 《庄子·马蹄》。

扰，四时得节，万物不伤，群生不夭，人虽有知，无所用之，此之谓一也。"① 这是一幅人与自然万物融洽共生、和谐相处的美丽图画，也是物我两忘，"天地与我并生、万物与我为一"的最高生存境界。

在当代西方，反思人与自然二元对立思想割裂人与自然的有机联系、形成人类中心主义、造成人与自然严重对立的危害，产生了生态伦理学这一新兴学科。生态伦理学通过对人与自然之间道德关系的研究和探索，试图为人类解决生态危机，保护地球家园探索新的价值导向和实现途径。生态伦理学分为现代人类中心主义和非人类中心主义两大流派，它们在人类必须善待自然、保护环境这一目标上是一致的，但在保护自然的出发点和立场上却有着巨大分歧。现代人类中心主义保护生态环境的出发点是为了人类的根本利益、整体利益和长远利益。而非人类中心主义的出发点是保护自然和生态系统本身。如深生态学从整体论立场出发，认为生态系统中的一切事物都是相互联系、相互作用的，人类也只是这个系统中的一个部分。生态系统的完整性对于人类非常重要，因为它决定着人类的生活质量，因此，人类没有权利破坏生态系统的完整性。坚持生态中心论立场的罗尔斯顿则试图通过确立生态系统的内在价值，提出"人类既对那些被创造出来作为生态系统中的内在价值之放置点的动物个体和植物个体负有义务，也对这个设计与保护、再造与改变着生物共同体中的所有成员的生态系统负有义务"②。深生态学和生态中心主义显然是大量吸纳了中华传统生态智慧中的宇宙有机论思想，在不同程度上认同天人合一的理念。然而，现代人类中心主义与非人类中心主义尽管试图突破西方文化中的主客二分、人与自然分裂的文化传统，但它们在出发点和立场上的对立，说明它们并没有完全摆脱这一传统的束缚，依然是有意无意地以主客二分这一惯性思维为前提来讨论问题，所以带有传统文化二元对立思想的痕迹。因此，依然需要中华传统生态智慧中的天人思想来弥补西方理性的不足。

（三）天人关系哲学中所体现的生命价值论的独特魅力与优势

在中国传统天人关系哲学中所体现的生命价值论，即在关于人与自然的价值问题上，儒家和道家都以自己的方式，既强调了人的价值，又认识

---

① 《庄子·马蹄》。

② 杨通进：《环境伦理学的基本理念》，《道德与文明》2000 年第 1 期。

到自然的价值，尊重自然的价值。更重要的是，它们是在天人合一的理论前提和背景下来谈论人与自然的价值的，又将天人和谐设计为人应该追求的最高价值。这是中国传统文化生命价值观的独特之处。

在中国哲人那里，"天道生生"这一宇宙创生过程，是万物与生命的产生过程，也是价值的创造和演进过程。宇宙的同一本原所创造的天地万物，是事实存在，也是价值存在。世界万物的产生和存在有着时空的秩序，也有着价值的秩序，即价值的阶递性演进和差别性存在，老子的"道生一、一生二、二生三、三生万物"，描述的是从混沌之道到阴阳二分，又从阴阳合气产生出万事万物的价值递进过程。而荀子所说的"水火有气而无生，草木有生而无知，禽兽有知而无义；人有气有生有知亦且有义，故最为天下贵"① 即描绘的是由无生命物到有生命的草木、再到有性情的动物、最后到有道德的人类的价值进化图景。

在儒家的思想中，万事万物都有价值，但价值是有差别的，即有高低贵贱之分，"天生万物唯人为贵"②。就是说，与自然万物相比，人是最重要、最宝贵的。之所以"人为天下贵"，是因为只有人才具有仁义道德，而仁在天地之间具有至上的、最高的价值。"君子所以异于禽兽者，以有仁义之性也。"③ 但价值的高低并不导致价值的有无，所以儒家虽然认为人的价值高于其他万物的价值，但并不是否定自然万物的价值。因为天地人是一体的，人不能离开自然界而存在，自然界也不是离开人而成为独立的自在，天地人及其内部对立的两方面相互作用，才显现自然的运动变化规律，即"易六位而成章"④。

在西方传统的价值论中，由于只承认人的价值而否认自然的价值，导致了人类中心主义。在人类中心主义看来，正因为只有人才有价值，因此人在自然万物面前具有至高无上的地位和权力，自然界被当成满足人类需要的工具，为了人的幸福人类可以随心所欲地去占有自然、掠夺自然，对自然资源进行任意的甚至是毁灭性的开发。现代人类中心主义虽然有了更具理性的主张，提倡要合理地利用自然资源和保护自然资源，以使自然界能够长期满足人的需要，但依然认为自然只有实现人的目的的工具价值。

---

① 《荀子·王制》。
② 刘向：《说苑》卷一七。
③ 《程氏遗书》卷二五。
④ 《易传·说卦》。

但在中国传统生态价值论中，虽然主张价值有等级之分，人处在价值阶梯的最高端，人具有最高价值，但却没有导致人类中心主义。因为在中国传统生态价值论中，人具有最高价值是人具有仁义之性，而仁义之性的功能发挥恰恰是用来调节自然的变化，委曲成就万物，即所谓"财成天地之道，辅相天地之宜，以左右民"①。"范围天地之化而不过，曲成万物而不遗。"② 就是说，人的价值的实现，就在于人可"与天地参"，以自己的智慧和道德来调整和改造自然。在这里，人的价值是一种功能价值，即一种维护自然、养成万物的功能意义：人之所以比万物更有价值，也就在于人可以参与调整、引导自然的变化，以养成万物。而且，这种功能价值又被转化为一种赞天地之化育的责任，如王符说："天奉诸阳，地本诸阴，人本中和。三才异务，相待而成，各循其道，和气乃臻，机衡乃平。"③ 天地各奉阴阳，人起中和作用，天地人承担不同的任务和义务，各尽其责，以统理万物。董仲舒也认为天地人是万物之本，在维护和养育自然万物过程中，"三者相为手足，不可一无也"④。充分肯定人在赞育天地中发挥着重要作用，但又不过分夸大人在自然中的地位，《中庸》说人"可以赞天地之化育，则可以与天地参矣"。就是说，人可以赞助（调整、引导）天地的化育万物，就可以与天地并立成为三。在这里，人仅仅是与天地并列的自然系统中的主导因素之一，丝毫没有人类中心主义的意味。"人行之动天地，譬犹车上御驷马，蓬中擢舟船矣。虽为所覆载，然亦在我何所之可。"⑤ 人在天地之奉的阴阳中可以起中和作用来统理万物，感动天地。人的这种作用就像车上的驭手和船上的篙手的作用。而且，儒家强调"赞天地之化育"，所追求的是"万物并育而不相害，道并行而不相悖"这样一种和谐的宇宙秩序，也是儒家所追求的最高价值。"致中和，天地位焉，万物育焉。"⑥ 在这样的价值追求的背景下，万有都纳入价值范畴之中，万物都处于仁义道德的关怀之中。

　　在现代生态伦理学中，存在着人类中心主义与非人类中心主义之争，

---

① 《易传·象传》。

② 《易传·系辞》。

③ 《潜夫论·本训》。

④ 《春秋繁露·立元神》。

⑤ 《潜夫论·本训》。

⑥ 《中庸》。

二者争论的焦点就是自然的主体性和价值问题。非人类中心主义反对人类中心主义否认自然的主体性和自然的价值的观点，承认非人类的自然物和自然过程具有主体性和内在价值。如生物中心主义认为，只要是生命体，无论是有感觉的动物还是无感觉的植物和微生物，都是具有自身目的的中心，是存在自身之善的主体。而生态中心主义则强调大地、生命共同体及至整个生态系统的整体价值。因此，非人类中心主义主张非人类的自然物和生态系统都应是道德关怀的对象。非人类中心主义还反对人类中心主义只从人的利益出发，把自然界看作实现人的利益的工具，把人的利益看成是唯一的、优先的和绝对的思想，而承认生物和自然界也有自身的生存和发展的利益。因此，人类除了关心人类自身的福利，还要关心地球上千百万物种和生态系统的福利。从这里可以看出，其中有一个重要的理论分歧，即主体性问题：是否只有人类才有主体性？自然物和自然界是否有主体性？人类中心主义坚持人是唯一的主体，非人类中心主义即强调除人是主体外，自然也可以成为主体。显然，在中国传统生态智慧中，是不存在人类中心主义的主张的，因为在自然的化育过程中，天地人都是重要的因素，天地人共同作用才促成自然的变化与发展。"天地人，万物之本也。天生之，地养之，人成之。天生之以孝悌，地养之以衣食，人成之以礼乐。三者相为手足，不可一无也。"① "天有其时，地有其财，人有其治，夫是之谓能参。"② 天地人都是万物之本，各有自己的功能，天地人交互作用，才能养成万物，故不能排除天地自然的作用，也就承认了天地自然的主体性。而人之所以可以参赞化育，是因为"天有其时，地有其财"，即天与地提供了条件，人才可以与天地相参，故人的主体性离不开天地自然的主体性。在宇宙创化过程中，天地人共为万物之本和创生的主体，相互作用，才有宇宙的生生不息。

中国儒家的传统生态智慧似乎看起来与非人类中心主义的观点有较多共同点，但非人类中心主义在强调自然、生态系统的主体性和利益时，有意无意地产生了忽视或贬低人的主体地位和利益的倾向，所以遭到持人类中心主义观点学者们的猛烈抨击。而在儒家的传统生态智慧中，人的主体地位始终是得到肯定的，且强调人的特殊的主体地位，即人是宇宙有机整

① 《春秋繁露·立元神》。
② 《荀子·天论》。

体的构成中最特殊的部分，特殊在于人有智慧、有道德，能以自己的智慧和道德来调整和改造自然，所以人是自然系统中的主导要素，这就摆正了人在宇宙中的位置。在利益问题上，中国传统生态智慧一直强调的是天人和合，从来不把人与自然的利益对立起来，所以不存在以谁为中心的问题。《易传》说："乾道变化，各正性命，保合太和，乃利贞。"儒家所追求的"和"，就是人己物我的和谐，"万物并育"而"皆得其宜"，"万物各得其和以生，保得其养以成"①。现代科学的发展似乎印证了这种思想。现代系统论告诉我们，"人—自然"系统具有其他所有系统一样的特征：系统双方是相互依赖、互为条件和相互作用的，其中一方不能脱离另一方而孤立地存在，如果一方脱离了另一方，自己也就会失去存在的条件；系统的任何一个成分不可无限制地发展，否则会损害他方的生存繁荣，如果一方的生存与繁荣以过分损害另一方为代价，那么自己也就失去了生存条件。今天，在学界有不少学者试图走出人类中心主义与非人类中心主义的冲突及其误区，要实现这一目的，或许儒家的生态价值观是值得好好借鉴的思想资源。

（四）与天人合一世界观相联系的系统思维方式的独特魅力与优势

与天人合一有机世界观相联系的系统思维方式，有别于古代希腊和印度的机械性思维，并在现代系统科学的产生和发展中得到印证。更多的人希望从中国古代哲人的思维方式中找到保护生态环境、走出人类困境的途径。

"思维方式是思维主体按一定的概念或经验框架和形式方法来反映和把握客体对象的样式。它既是一个民族在其长期的发展历史中形成的一种长久的、稳定的、普遍的起作用的思维习惯和思维方式以及对事物的审视趋向和公认观点，也是一个民族生产方式和社会政治结构以及意识素质的间接反映，是民族特殊性的重要体现。"② 由于不同的民族有不同的社会实践活动的方式，不同的世界观，各民族也就有着各具特色的思维方式。一个民族的独特思维方式，是这个民族文化的深层凝聚，也集中体现出这个民族的智慧和文化素质，并成为民族文化特殊性的重要标识。思维方式

---

① 《荀子·天论》。

② 王玉德、邓儒伯、姚伟钧主编：《中国传统文化新编》，华中理工大学出版社 1996 年版，第 26 页。

有着统摄性、导向性和渗透性：它作为文化经验框架统摄着这个民族的思维取向；它作为观念形态体现于这个民族的哲学、道德、宗教、艺术、法律、文学等各个精神领域，成为这个民族大众的精神导向。它作为一种思维习惯和审视趋向贯穿、渗透于该民族的政治、经济、军事、外交以及一切日常生产、生活之中，使它们的形态呈现出异于其他民族的特质。同时，思维方式作为文化的深层凝聚，它不仅作为一种观念和思维习惯为该民族世代承延，即具有继承性；而且也不因时代和历史的变迁而轻易导致根本性的改变，即具有稳定性。

中华民族作为一个古老民族，和世界上的其他民族一样，也有着自己独特的思维方式。中国传统思维方式的诸多特点，不同的学者有不同的概括，如有的认为中国传统思维方式具有具体性、内倾性、综合性等特点，有的认为中国传统的思维方式从总体而言有两大特点：一是在思维内容及方法上，其重心和运思的特征是人，是人与人的关系，它所注重的是社会政治伦理问题；二是在思维方式的哲学逻辑上，重辩证逻辑而轻形式逻辑。① 笔者认为，作为最具中国特色、最富独特性的思维方式，是与天人合一有机世界观相对应的系统思维。

所谓系统思维，就是把事物看成是由相互作用的诸要素所构成的有机整体。中国先哲有极高的系统体悟能力，在直觉中体悟到了事物之间的普遍联系，把整个宇宙万事万物看成一个相互关联、相互依赖和相互作用的有机整体。

中国传统哲学的系统性思维首先表现为"阴阳五行妙合"的运思模式。阴阳是宇宙中两个既对立又关联的属性，其中包含着阴阳对峙、阴阳变化、阴阳统一三个原理。如孔子提出"叩其两端"，就是阴阳对峙原理，是一种要求从对立的两极中去把握事物的思维方法。阴阳变化原理，即发展是对立面统一的思想，如《易传》提出"一阴一阳之谓道""刚柔相推而生变化"②，"天地絪缊，万物化醇；男女构精，万物化生"③，其中就包含了发展是对立面统一的思想。又如《老子》中还提出了"反者道之动"的矛盾转化思想。阴阳统一原理，一方面，矛盾双方"分一为

① 王玉德、邓儒伯、姚伟钧主编：《中国传统文化新编》，华中理工大学出版社 1996 年版，第 26 页。

② 《系辞上传》。

③ 《系辞下传》。

二"，"相峙而并立"，另一方面，两者又"合二以一""相倚而不相离"。"合二以一者，为分一为二之所固有。"①

　　阴阳思维把事物看成对立面的统一体，五行思维把事物看成多样性的统一体，体现出朴素的系统思想。早在战国时期就形成了以邹衍为代表的阴阳五行学派，把阴阳与五行融合起来，并进而形成了阴阳五行观念。汉代董仲舒进一步构建了阴阳五行说的理论体系，用"阴阳出入""五行本末"来解释天地万物的相互关系及运行规律。他说："天地之气，合而为一，分为阴阳，判为四时，列为五行。"② 世界万物统一于气。阴阳二气的相互作用、此消彼长，形成"终而复始"的四季变化。由于阴阳分合和五行生克，便产生了宇宙万物。五行本身是一整体，既相生又相克，向外延拓展，就发展为五色、五味、五方、五气、五声、五脏等对应整体。"在五行系统中，每一行都与其他四行发生联系。每一行都是不可或缺的要素，相互联结，内在地熔铸为一体。每一行既生它，又被生，形成生生不已的永恒运动状态；每一行既克它，又被克，产生普通的制约、制衡机制；每一行既生克，又被生克，在总体上就呈现出动态的平衡。这里所包含的相生律、相克律与抑制原则、掩蔽原则、促进原则，至今可用于系统分析过程，在生态科学、环境科学、现代医学等学科中，至今仍有启发作用乃至指导意义。"③ 这样，中国哲人把阴阳和五行妙合为一个大的整体，即宇宙。

　　中国传统哲学的系统性思维还表现在"天人交互作用"的运思模式。"天人交互作用"，即天和人是具有统一法则和变化节奏的有机整体。天人既"合一"又"相分"，它们"交互作用"。中国哲学在阴阳五行妙合思维的框架下，把天和人看成一个相互作用的有机整体。宇宙是一个大系统，在这个大系统中，天和人又各成系统，并包含构成自己的要素。天包括天和地等要素，人（社会）包括社会、家庭、个人等要素，表现系统所具有的层次性。各个系统内部具有一定的结构和秩序，如天地有阴阳之序，国家有君臣之分，家庭有父子、男女之别等。各要素之间相互规定，相互作用，形成一个有机的整体，产生特定的功能。如君有君道，臣有臣道。天地万物（包括人在内）都以天道、天理为最高本体。所以，宇宙

---

① 《周易外传》卷五。

② 《春秋繁露·五行相生》。

③ 马中：《中国哲人的大思路》，陕西人民出版社1993年版，第149页。

万物都服从共同的规律——即"道"或"理"。天和人这两大要素有分有合,"交相胜""还相用",相互斗争,相互依存。

系统性思维必然也是有机性思维。所谓有机性思维,则注重宇宙万物(包括人在内)的有机联系的思维方式。首先,中国传统哲学把人和万物看作宇宙整体的各个组成部分,各自具有不同的等级位置,服从共同的规律,存在着有机的联系。"阴阳五行妙合""天人交互作用"既描绘了宇宙大系统及其组成要素亦即各子系统的结构、层次、功能和秩序,同时也呈现了它们之间的有机联系。其次,中国传统哲学强调"体用不二"。魏晋玄学家首先提出"体用不二"。王弼说:"虽贵无以为用,不能舍无以为体。"[1] 其后隋唐佛家、宋明理学家坚持"体用不二"思想。如天台宗慧思说:"无体为用,名为世谛;用全是体,名为真谛。"[2] 又如朱熹说:"理为体,象为用,而象中有理,是无间也。"[3] 最后,中国传统哲学认为的宇宙的有机联系还表现在宇宙的生生不息的发展变化和平衡、和谐状态之中。"变化者……一阖一辟,谓之变,往来不分谓之通。""日新之谓盛德,生生之谓易。"[4] 宇宙之门的合与开,便有新陈代谢之变。这种变化既是循环往复,也是永恒的发展。创新和反复是宇宙变化永恒的节律。事物的运动变化,还表现出一种平衡、和谐的状态。王夫之认为,万物形成之前,太虚在运动中保持平衡("本无不和")。产生万物以后,整个物质世界仍然在运动中保持平衡("其和不失")。整个物质世界始终处于平衡状态的思想与现代系统论关于运动和平衡的观点十分相似。

李约瑟指出:"当希腊人和印度人很早就仔细地考虑形式逻辑的时候,中国人一直倾向于发展辩证逻辑。与此相应,在希腊人和印度人发展机械原子论的时候,中国人则发展了有机宇宙的哲学。"[5] 古希腊哲人认为,宇宙是由某种或几种物质元素组成的,这些物质元素就是宇宙的本原,从这些本原能够机械地逻辑地推导出整个世界及其秩序。随着形式逻辑的普及,加之这种机械的思维观念与近代力学相结合,至 18 世纪达到

---

[1]《老子注》三十八章。

[2]《大乘止观法门》。

[3]《朱熹文集》卷十四。

[4]《易传·系辞传上》。

[5]［英］李约瑟:《中国科学技术史》第 3 卷,《中国科学技术史》翻译小组译,科学出版社 1978 年版,第 337 页。

顶峰，形成孤立地、静止地因而是片面地看问题的思维方式以及否认事物内部矛盾是事物发展动力的形而上学观点。印度的正统派哲学中的"胜论"继承发展了古代的原子论，认为永恒不灭的原子是世界的本原，它们由于"不可见力"的作用而产生运动。与胜论关系密切的"正理论"（意为"正确地推理"）在类比推理的基础上，提出了"五支论法"的推论方法。这种方法在运用中逐步被改造，加进了亚里士多德三段论式的大前提，更加严密。七世纪时由佛教哲学改造为三支论法。可见，希腊人、印度人的思维都具有机械性特征。而在中国并没有形成与辩证法相对立的形而上学的独立体系。"中国的辩证思维传统是那样强大鲜明，以至形而上学也包含在辩证法之中。""董仲舒因有'天不变，道亦不变'的著名论点而被公认为是形而上学的代表，但董仲舒恰恰全面探讨论证了中国辩证思维的一系列重大范畴，在中国的辩证思维发展史上是一位有重要影响力的人物。"① 中国传统的系统思维方式具有独特的魅力，引起国外许多科学家的高度重视和赞扬。如耗散结构理论的创始人普里高津就曾指出："中国传统的学术思想着重于研究整体性和自发性，研究协调和协同，现代科学的发展更符合中国的哲学思想。"他预言："西方科学和中国文化对整体性、协同性理解的很好结合，将导致新自然哲学和自然观。"当今系统科学的出现及其发展，已经证明普里高津的论断是正确的。许多人还都希望从中国古代哲人的思维方式中找到保护生态环境、走出人类困境的途径。②

二　中国传统生态智慧的当代价值

天人合一的生态智慧博大精深，具有超越时空的普遍价值和时代意义。中国儒家"天地人一体"的思想，通过把人与人之间、人与社会之间的和谐，推广扩充到人与自然之间的和谐。这一有机整体思想为生态文明建设提供了深厚的思想源泉和坚实的哲学基础。特别是在这一思想指导下制定出的许多具体的政策、礼制和法规，也是今天世界性生态环境保护可资借鉴的可贵制度资源，它们无论对中国的可持续发展还是对当代世界

---

① 马中：《中国哲人的大思路》，陕西人民出版社1993年版，第141页。
② 徐长安：《中国传统文化与现代化》，海潮出版社1997年版，第154—160页。

和人类文明的未来，都有着极为重要的启示意义。日本的现代大儒冈田武彦认为："儒学的万物一体论、天人合一论，基于天人共存、人我共存的立场，是一种宽容的具有普遍性的思想，足以帮助免去现代社会的弊病。"①

（一）"天人合一"的整体与和合思维方式的当代价值

"天人合一"的整体与和合思维方式为当代实现人与自然的和谐提供人文精神和价值取向。

中国传统哲学自始至终都是以"天人之辨"即围绕"天人关系"为主线展开的，"天人合一""天人和谐"思想是贯穿于中国思想史和哲学史的主流，成为中国传统文化精神的核心，并提供了一种重整体、重合轻分的和合思维方式。世界就是人与天地或人与万物和合而成的整体，天、地、万事万物都是这个整体的一部分，人也是这个整体的一部分。这种思维方式也承认"天"与"人"之间存在着差别和矛盾，但它强调的是天地人是一个具有某种先验性联系的整体，重视的是天地人之间的协调、和谐、统一，即"天人和谐"。天地人"三才"、人与自然万物之间的协调、和谐、统一，就是"天人合一"思想的人文追求与价值取向，传达出中国传统哲学以"生生之谓易""与万物为一体"的独特思想理念和最高理想信念。"蕴涵于中国文化中的宇宙论、本体论、生态伦理、道德理念以及境界学说之中，为古代中国人处理和协调人与自然、人与人（人与社会）、人与心灵等基本关系提供了本体论根据和方法论原则，呈现出崇高、完美、圆满、超越的价值理想。这就是中国传统哲学与文化的基本特色，特别是中国传统文化与西方文化的本质差异。"②

天人合一的整体与和合思维模式是中华民族的先哲们为世界文明做出的最杰出贡献之一，对于今天我们进行的生态文明建设也有特殊的意义。在当下，"生态文明"的概念有不同的界定，对生态价值的理解也众说纷纭、各持己见，但提倡人类要尊重自然、顺应自然、保护自然、维护生态平衡、强调人与自然生态环境的相互依存、共生共荣、和谐共处，则无疑是生态文明的基本理念和要义，也是生态价值观的基本内涵和要求。从实

---

① 转引自蔡德贵《儒学与 21 世纪》，《国际展望》1993 年第 2 期。
② 罗本琦、方国根：《"天人之辨"视阈下的儒学生态伦理价值》，载张立文主编《天人之辨——儒家与生态文明》，人民出版社 2013 年版，第 109 页。

践层面上讲，要建设生态文明，实现生态价值观的诉求，首要的是确立合乎生态文明的价值理念和思维模式。中国传统的整体与和合的思维模式不失为改造当代业已变形的思维模式的重要思想资源。[①]工业文明突出的是对自然的"斗争"和"征服"的理念，奉行的是"强权""掠夺"的逻辑。虽然中国有着悠久的崇尚和谐的传统，但自近代以来饱受西方列强的掠夺，同时也深受工业文明对自然的"斗争"与"征服"理念的浸淫。在受尽西方列强坚船利炮的欺凌后，国人反思自身落后和贫弱的原因，其中把矛头指向了传统文化，因此掀起了反传统文化的思潮，时间延续百年之久，严重削弱了传统文化在国人心中的地位和影响。在这样的文化荡涤下，传统文化的精华也遭到遗弃，如延续数千年凝聚了中华民族智慧的和合理念和信念，对人们的影响已然甚微，甚或无存，而斗争思维模式成了影响人们思维和行为的主导因素。价值原则和思维方式的失偏，正是人与自然关系发生严重对立的思想根源。因此，生态思维模式的改造，正确的生态价值理念的普及，是当今保护生态环境、推进生态文明建设的重中之重。中国传统的天人和合的思维模式，把人与天看成一个整体，甚至把"人"看成是"天"的一部分，对"天"的损害就等于是对"人"自身的损害，因此不能把"人"与"天"对立起来。现在对自然的斗争思维模式导致了科学主义的极端发展，人们只一味地利用"天"、征服"天"，以至无序地破坏"天"，而不知这样做恰恰也是对人自身的破坏。中华民族天人和合的价值取向和理念信念对当代生态文明建设的特殊意义，就在于为我们纠正斗争思维模式的片面与偏颇，让人们认识到维护自然环境就是"人"对"天"、也是人对自身的一种内在责任，重新确立尊重自然、人与自然和谐共生的价值理念。

（二）"天道生生"的宇宙根源意识和"敬天""畏天"的心理信念的当代价值

中华民族传统的"天道生生""乾父坤母"的宇宙根源意识，"敬天""畏天"的心理信念为当代人消除人类中心主义，建立敬畏自然、顺应自然、保护自然的生态文明意识提供信念和精神基础。

---

① 罗本琦、方国根：《"天人之辨"视阈下的儒学生态伦理价值》，载张立文主编《天人之辨——儒家与生态文明》，人民出版社 2013 年版，第 109 页。

"天道生生"强调天及天道是世界万物的生成根源，万物及其生成根源又共同构成了完整的自然界。中国古代的天具有多种含义，既是自然之天，也有人格神的意味，还有命运之天和意志之天的含义。如在老庄那里，天就是自然，"天法道，道法自然"，天道本然如此，绝非冥冥之中的有意识的主宰者。在孔子那里，虽然有自然之天的说法，但他也提出"君子有三畏：畏天命，畏大人，畏圣人之言"。这里说的天命就是天的意志，是人和社会不能抵御和更易的必然性，与人格神的意义相近。他还把天命之内容归结为仁义道德，即"天生德于予"，仁义道德是天所赋予的正理。所以君子须"知命"，他自己即"五十而知天命"。董仲舒即重在构建道德之天，天意就是仁义，并主张明"天性"，"天性"即"天理"在人身上的表现。在古代中国人那里，"天地"还被看作万物之父母，如张载云："乾称父；坤称母；予兹藐焉，乃混然中处。"[①]"天地"创生万物，又养育万物，人不过是其中之一，所以人应当效法天道。中国的民间祭桌牌位上写的所膜拜的对象顺序是：天、地、君、亲、师。这其中就蕴含着先民对天地生养万物之伟业的崇拜与天地主宰万物之威力的敬畏。《增广贤文》中还表达了中国民间社会关于天意的威严及其无所不在的理念："顺天者存，逆天者亡"；"万事劝人休瞒昧，举头三尺有神明"；"天网恢恢，报应甚速"；等等。总的说来，天是自然之天、人格神之天、命运之天、道德之天的混合体。敬天，其中主要是两方面的含义：一是对天及天道的敬畏，就是敬畏、感激生养和主宰万物的自然之天，二是对"天命""天理"的敬仰，包括对由天所赋予、与天理相统一的人伦道德的敬畏。前者就是对自然的敬畏和感激。古人把乾坤天道视作"父母"，这与今人把大地视作母亲有类似之处和相同的情怀，"乾父坤母"与"大地母亲"是意义相近甚至相同的概念，表达的是对自然的敬，敬的感情成分超过畏。建立正确的自然观，必须依赖深层的精神基础或信念基础。对天、天道、自然怀有敬畏和感激之心，是中华民族的重要传统之一，是埋藏在大众心理深处的信念基础。

在中国传统文化中，作为人之生命中最内在、最深层、最持久、最根本的渴盼与追求的对生命的终极关怀，具有不同于其他民族的独特性，即其不是从宗教的信仰中获得，而是"把生命的终极意义与宇宙的本原'天

---

① 《正蒙·乾称》，《张载集》。

道'相系，人生一切意义和价值的获取都与超越性的'天道'相关，这是人们永恒的精神家园。所以，终极关怀就是去孜孜不倦地寻求生命的大本大原，以超越现实的生活所囿，获得某种心灵的力量和生命的安顿"①。

但是，现代社会发生了巨大的变化，中国传统的敬天畏天即敬畏自然的生命终极关怀受到了极大的冲击。这一方面是因为由农业社会进入工业社会，自然科学技术的发展，人类对自然的探索越来越广泛，也越来越深入，大大丰富了关于自然的知识，神秘主义的思维方式也被科学的理性思维所代替，自然界被"去魅"了；另一方面，增强了人改造自然的力量，建立在农业社会靠天吃饭的存在方式似乎不复存在。人的主体意识大大增强，以为依靠知识这一力量，就能征服自然、战胜自然，因此对自然不再有畏惧心理，自然反而成为征服的对象，就谈不上对其敬仰了。近代以来，科学主义逐渐从西方引入中国，科学知识和教育不断普及，新中国成立后，唯物主义成为主流哲学意识，"天上没有玉皇，海里没有龙王……"对"天"的神秘感自然就会消失，对"天"的敬畏、对"天意"的认可和服从被归入封建迷信的范畴，属于必须破除的领域。"与天斗其乐无穷！与地斗其乐无穷！""人定胜天！"——在如此之类的口号声中，神圣之"天"自然就坍塌了。但这样的结果是，敬畏之心没有了，随之膨胀而起的是人们在自然面前的傲慢自大和人类中心主义，自然、地球家园就成为人们可以任意践踏和破坏的对象。

要实现人与自然的和谐，增强人们与自然的亲和意识，克服人们在自然面前的傲慢自大和人类中心主义，首先是要恢复"敬天""畏天"即敬畏自然的民族心理，"使敬畏自然成为以科学态度善待自然环境的普遍前提"②。当然这种敬畏不是完全建立在传统社会神秘之"天"与"天命""天意"之上，而是要吸收传统文化中"敬天"的本质精华，"传统文化中'敬天'之'天'，其本质就在'生生之道'"。"古人的'敬天'也即是对人类神圣生命的敬畏。现代人要真正获得对大自然的环保态度，与自然和谐相处，即走向现代的'敬天'，就必须恢复人们对天地宇宙具有内在生命力的体认，而且这种自然生命与人的有机生命在本质上也是

① 郑晓江：《重构中华民族生命的终极关怀》，载张立文主编《天人之辨——儒家与生态文明》，人民出版社2013年版，第370页。

② 林乐昌：《论张载的生态伦理观及其天道论基础》，载张立文主编《天人之辨——儒家与生态文明》，人民出版社2013年版，第347—349页。

'一'，这样，人们就可以意识到，自己面对的万物并非一堆'死物'，而是内蕴勃勃生机、有着旺盛生命力的宇宙。尤其重要的是，让人们从敬畏'大生命'的基础——无论是人类的生命还是万物的生命上——重树'敬天爱人'之生命终极关怀。这样，我们就可以做到：当我们没有什么的时候不能没有良知，当我们有什么的时候不能有恶念。"① 其次，传统的神秘意志之天不可取，但对自然的神秘感却是永远破除不了的，因为宇宙是无限的，宇宙的奥秘也是无穷的，我们不可能穷尽它。保持一份对宇宙、自然的神秘和敬畏感，有助于提醒我们在自然面前永远要慎重和谦虚，特别是不能狂妄自大，为所欲为。正如汤一介所说，现在人们只强调"知天"，而"知天"只是为了一味地用来利用"天"、征服"天"，以至无序地破坏"天"，而不知对"天"应有所敬畏，这无疑是科学主义极端发展的表现。"知天"和"畏天"的统一，正是"天人合一"的重要表现。最后，大地依然是我们的衣食之母，我们生存所需的一切，都是取自自然，我们因此要有感恩的胸襟，为自然的生生之道给予了我们生命之躯而感激，为我们从自然中的源源不断之所获而感激，为自然世界的一山一水、一草一木、一动物而感激。有了这样的生命终极关怀，才能提升我们的品质和境界，才能重建我们人生安顿的精神家园。

（三）"仁爱万物""民胞物与"理念的当代价值

"仁爱万物""民胞物与"的理念有益于现代人类对自然态度的根本转变——由敌对转变为亲善、和谐。

近代以来，在西方，随着欧洲文艺复兴运动的兴起，人们崇尚启蒙思想，诉诸工具理性，割裂人与自然的有机联系，只关心人的价值与利益，以一种人类中心、征服自然的扩张心态对待人与自然的关系，导致人与自然陷入一种对抗性关系，其种下的根因后来凸显为西方工业化、现代化进程中的弊端和缺陷。在现实生活中，人们忽视自然系统的有机性，漠视自然存在的价值，只看到自然物的可利用性，对自然过度开发，环境污染、气候变化造成大量物种灭绝，还有大量物种濒临灭绝。在这样的生态危机面前，迫使人们反思并重新调整人与自然的关系。中国传统生态智慧中的

① 郑晓江：《重构中华民族生命的终极关怀》，载张立文主编《天人之辨——儒家与生态文明》，人民出版社2013年版，第382页。

"仁爱万物""民胞物与"的理念对这种反思有重要的启迪意义。

中国传统文化天人合一的基本理念，强调天地人为一体，具有有机统一性。因此人应当将仁爱和友善同样关照到自然万物。如孔子思想的核心是仁，对于仁的含义，他认为是"爱人"①，这是应用于处理人与人的关系的要求。同时，孔子的仁，不仅仅是"爱人"，还要"爱物"。孔子将仁爱之心扩展到对待动物，这方面的言语和表现前有所述。而且，在孔子及其弟子眼里，人与动物的道德情感是相通的，如曾子就说过："鸟之将死，其鸣也哀；人之将死，其言也善。"② 儒家的这一仁爱传统到张载那里，即提出"民胞物与"的观念。"民胞物与"观念的特殊魅力和深刻性在"物与"方面，即把自然万物当成自己的伙伴、朋友，强调了人与自然万物的同类性，在道德上消除了人与自然之间的隔阂，从而使得人类可以将人与人之间要和睦如兄弟的道德要求，可以推及人与自然万物之间，即人与自然万物之间也应当相亲相爱、和睦相处。

"仁爱万物""民胞物与"的生态智慧对于当今人类如何正确处理人与自然的关系具有重要的启示意义。人类与万物都是自然界的组成部分，人类与万物各自都在自然界的演化进程中发挥着自己的作用，也都有各自独特的存在价值。二者本应相依相伴，而人类具有自觉意识，更理应把保护自然万物、维护地球生物圈的完整性视为自己的天职。这就要求端正人类对待自然的态度，从将其视为对立面来"征服"的心态，转变为以自然万物为伙伴、朋友的心态。有了这种对自然及其万物的友善态度和思考方式，人类就能以宽广的胸怀化解人类与自然之间的冲突，积极谋求人类与自然的相互补充、相互依赖，和谐共荣。如果人类能平等地善待作为自己的伙伴的自然万物，将会减慢地球上物种灭绝的步伐，生命就会更加繁荣，人们与居住的自然环境将更加友好，地球就会成为生机盎然的美丽家园。

（四）节用、节欲、知足意识的当代价值

节用、节欲、知足意识为当代人节制欲望、消除现代社会弊病、正确利用和保护自然资源、维护地球家园、重建人与自然的关系有重要启示意义。

20世纪中叶以来，全球性环境危机开始凸显：自然资源逐渐枯竭，

---

① 《论语·颜渊》。

② 《论语·泰伯篇》。

环境污染严重、人口快速增长，耕地大量减少，森林植被缩小，生态失衡，臭氧屏障趋薄，气候异常，自然灾害频发，人与自然的矛盾加剧。工业化和城市化使得人们生活的空间拥挤、环境污浊，威胁人类的健康和生存。随着生态的恶化，人类开始对自身的行为反思，认识到这是商品社会人类过度开发、占有自然资源，一味追求物质性的拥有所致。金钱的拥有和物质的享受成为人生的一切，却忽视了地球自然生命的历史延续性。"消费问题是环境危机问题的核心"①，之所以这样说，是因为消费体现了人与自然关系的基本领域。一方面，消费必然会耗费自然资源；另一方面，消费物质的过程也必然是废物产生的过程。故而消费社会的高消费、奢侈消费已成为环境问题的祸首。

需求不是欲求。消费本是一种自然的生命活动，是对人的健康生存需要的满足。但现代社会消费发生异化，挥霍性、奢侈性、享乐性成为一种"欲求"，甚至把主体欲望作为财富乃至文明的根本动力源，如现代西方有的经济学理论就强调要以刺激人们的消费欲望来刺激经济。正如尼尔·贝尔所说："资本主义社会与众不同的特征是，它所要满足的不是需要，而是欲求，欲求超越了生理本能，进入了心理层次，它因而是无限的需求。"② 这种欲求性心理使消费的增长成为一个永不能满足的无底洞，其结果必然是资源的大量消耗和废弃物的大量排放，引发严重的资源危机和环境危机。在当今世界资源匮乏，环境污染的困境下，这无疑是人类生存和持续发展的大敌。

儒家在天地人一体构架下所指认的人的主体性，与那种把人之主体欲望作为财富乃至文明根本动力的理念不同，儒家十分强调节欲。孔子强调为政者要"节用而爱民"③"惠而不费""欲而不贪"④，孔子还主张为礼用俭，在回答弟子关于礼的本质问题时，他说："礼，与其奢也，宁俭；丧，与其易也，宁戚。"⑤ 在个人生活上，孔子追求的是一种淡泊的生活：

---

① ［美］施里达斯·拉尔夫：《我们的家园——地球》，夏堃堡译，中国环境科学出版社1993年版，第5页。

② ［美］丹尼尔·贝尔：《资本主义的文化矛盾》，赵一凡译，生活·读书·新知三联书店1989年版，第68页。

③ 《论语·学而》。

④ 《论语·尧曰篇》。

⑤ 《论语·八佾》。

"饭疏食，饮水，曲肱而枕之，乐在其中矣。"① 他还十分赞赏生活俭朴的弟子颜回："贤哉回也！一箪食，一瓢饮，在陋巷，人不堪其忧，回也不改其乐。"② 道家也提倡"少私寡欲"，淡泊财富和节制过度有害的物质消费。老子提出了"知足不辱"的思想。他指出："甚爱必大费，多藏必厚亡。知足不辱，知止不殆，可以长久。"③ 强调知道满足才不会遭到侮辱，知道适可而止才不会遭遇危险。他还指出："祸莫大于不知足，咎莫大于欲得。故知足之足，常足矣。"④ 他极力反对那种过度的、极端的和奢侈的追求物质享受的行为，"是以对人去甚、去奢、去泰"⑤。

中国传统的节用、节欲、知足观念包含着对持续发展的社会至为重要的价值观，可以启迪现代人从伦理和价值意义来反思消费，从而引导现代社会人类在生态危机面前建立一种理性的自觉的生活消费观。因为地球上的资源和财富是有限的，而人的物欲追求是无限的，如果人类不懂得自觉地去节制欲望，甚至还要靠刺激人们的物欲来实现经济发展，这就必然对地球上的有限资源造成大量消耗和浪费，进而对环境造成破坏，人类赖以生存的家园就会受到威胁。正如汤因比所说："现代人的贪欲将会把珍贵的资源消耗殆尽，从而剥夺了后代人的生存权。而且贪欲本身就是一个罪恶。它是隐藏于人性内部的动物性的一面。不过，人类身为动物又高于动物，若一味沉溺于贪婪，就失掉了做人的尊严。因此，人类如果要治理污染，继续生存，那就不但不应刺激贪欲，还要抑制贪欲。"⑥ 物质消费是人类赖以生存的基础，但并不意味它是人的生存的唯一。人的生存与动物相区别，更多地表现为一种文化生存和精神生活。基本物质需求满足之后，人的生活的意义和快乐，就在于精神的完满和充实。人应当将物质追求转向对精神生活的崇尚，这更体现人之为人的本性，实现一种属于自身的应然的生命安顿，并能获得一种"诗意的生存"。

---

① 《论语·述而》。

② 《论语·雍也》。

③ 《老子》第四十四章。

④ 《老子》第二十九章。

⑤ 《老子》第二十九章。

⑥ ［英］汤因比、［日］池田大作：《展望二十一世纪》，荀春生、朱继征、陈国栋译，国际文化出版公司 1985 年版，第 56 页。

第九章

时代转换：中国传统生态智慧的创新发展

2014 年 10 月 15 日，习近平在北京主持召开文艺工作座谈会并发表重要讲话时指出："中华优秀传统文化是中华民族的精神命脉，是涵养社会主义核心价值观的重要源泉，也是我们在世界文化激荡中站稳脚跟的坚实根基。要结合新的时代条件传承和弘扬中华优秀传统文化。"① 在其他场合，习近平还强调："提高国家文化软实力，要努力展示中华文化独特魅力。在 5000 多年文明发展进程中，中华民族创造了博大精深的灿烂文化，要使中华民族最基本的文化基因与当代文化相适应、与现代社会相协调，以人们喜闻乐见、具有广泛参与性的方式推广开来，把跨越时空、超越国度、富有永恒魅力、具有当代价值的文化精神弘扬起来，把继承传统优秀文化又弘扬时代精神、立足本国又面向世界的当代中国文化创新成果传播出去。"②

文化的发展是连续性和间断性的统一。强调文化的连续性，就要求注重对传统文化的继承和弘扬；强调文化的间断性，就要求注重对传统文化的批判性继承、转换和创新。中国传统中以天人合一为核心的生态文化对现代生态文明建设具有独特优势和重要的价值，但其也有一定的时代局限性和理论缺陷，必须进行时代转换和创新发展，要在丰富、完善和提升中进行重构。更为重要的是，中国传统生态文化的创新发展、建设中国特色社会主义生态文化，更需要立足我国生态文明建设的伟大实践，不断总结和吸收人民群众的创造性成果和实践经验。

---

① 《习近平主持召开文艺工作座谈会强调：坚持以人民为中心的创作导向》，《人民日报》2014 年 10 月 16 日第 1 版。

② 《习近平主持中共中央政治局第十二次集体学习并发表重要讲话》，《人民日报》2014 年 1 月 1 日第 1 版。

一　文化发展：连续性和间断性的统一

我们在新的历史时期进行文化建设，必须认识到文化发展的一条定律，即文化发展乃是连续性和间断性的统一：一方面，一个时代的人们只能在那个时代既定的历史条件下去创造历史和文化，而不可能从零开始，即抛开世代所创造的已有的历史和文化成果去创造新的历史和文化，这就是文化发展的连续性；另一方面，每一个时代有那一个时代的历史和文化，这一个时代的历史和文化具有自身特有的与其他时代的历史和文化不同的时代内涵，这就是文化发展的间断性。强调文化的连续性，就要求注重对传统文化的继承和弘扬；强调文化的间断性，就要求注重对传统文化的批判性继承、转换和创新，这是肯定中的否定，旨在否定中实现超越。前者是后者的基础，后者是前者的目标指向，二者相辅相成，构成文化发展的一条铁定的定律。发展中国生态文化，推进中国特色社会主义生态文化建设，同样不能违背这一定律。

我们强调文化的连续性，要求注重对传统文化的继承和弘扬，主要是指继承和弘扬优秀传统的文化精神和积极成分，特别是优秀传统文化的核心价值观。中国传统生态文化丰富多彩，中国传统生态思想博大精深，中国传统生态文化精神具有超越时空的普遍价值和时代意义，并对现代社会生活继续发生着积极而深刻的影响，而且是我们在新的历史时期建设中国特色社会主义生态文化的重要前提和基础，我们必须加以珍惜和弘扬。

通常而言，人们对中华传统文化的现实意义和价值加以肯定和强调的同时，也都会揭示其存在的历史局限性，并表明对其实行现代化改造的必要性。但中华传统文化哪些内容需要现代化改造？如何来对其实行现代化改造？达到现代化以后中华传统文化应该呈现什么样子？学术界对这样的问题已做了不少探讨，但却鲜见有实质性的结论。有学者认为，讲传统文化的现代化显得过于笼统，忽视了传统文化的强大生命力的一面。传统文化之所以还能在现代具有应用效力，是因为其具有恒久的生命力。一般来说对其进行现代化改造与转换是必要的，但这不是绝对的。传统的许多经验对现代具有借鉴意义，但未必一定要对其现代化；因文化发展具有连续性，特别是对于传统文化的核心价值内容，将其融入时代和社会有更大的必要性，而未必要现代化。如林毅夫先生曾对中国、中亚以及欧美文化与经济发展作动态比较分析，他认为："文化的先进与落后其实是一个相对的概念，其决定的标准在于经济基础。……文化的绵延不断在于其核心价值的延续不断。"① 也有学者认为，以前我们过多地讲文化的间断性而忽视文化的连续性，因而人为地割断文明发展的历史链条，对于传统文化，过多地采取批判态度而较少考虑将其去粗取精地融入现代文明，造成传统文化的核心价值与现代社会生活相隔离；过多地强调传统文化的价值观有悖于现代经济社会发展要求，而较少尝试将它们两者相结合，致力于文化核心价值与经济社会发展的协调、促进。文化的大繁荣大发展，文化的创新，光有不断决裂、否定或舍弃的勇气是不够的，需要运用"破"与"立"的辩证思维，更要有文化的自觉自信。"传统文化的核心价值是具有普遍价值和意义的，儒家生态伦理特别是儒家的和合思维模式以及与之相适应的生态价值诉求，是传统文化的核心价值之一，是我们当下倡导生态文明建设的可资借鉴的有益资源。我们关注的焦点不应在于将儒家生态伦理的现代化，而是如何使之融入当代文明、融入全球文化。"② 注重传统文化的核心价值的普遍价值和意义，在这方面强调连续性和继承性和与时代相融合，是必要的。特别是在还未来得及对传统文化进行系统转换的情况下，借鉴传统，古为今用，也不是不可为的。但是也要看到，任何时代的人们只能在其所处的那个时代及其既定的历史条件下去创造历史和文化，所以任何时代的文化都具有自身特有的时代内涵和特征，也包括时代的局限性，中国传统的生态文化也是如此。在文明重建的今天，我们要为生态文明建立新的文化形态，就不能简单地将古代的东西拿来就用。我们要批判地继承中国传统生态文化，就要客观地分析其时代局限性，根据新的时代特点和需要，对其进行批判性继承和时代转换，并在创新中弘扬和发展，以实现中国传统生态文化的现代化，使其成为当代中国特色生态文化的有机成分，并在其中彰显民族文化特色。

---

① 林毅夫：《经济发展与中国文化的复兴》，《北京大学学报》（哲学社会科学版）2009 年第 3 期。

② 罗本琦、方国根：《"天人之辨"视阈下的儒学生态伦理价值》，载张立文主编《天人之辨——儒家与生态文明》，人民出版社 2013 年版，第 113—114 页。

二 中国传统生态文化的时代总特征、局限性和在当代面临的挑战

前面，我们分析了以天人合一为基调和核心的中国生态传统文化在道家、儒家中表现的理论形态，以及中国佛教独具特色的生态思想，并从中概括出中国生态伦理传统在理论内容、思维方式、价值取向上的主要内容和基本特征，以及它的独特魅力和时代价值，这主要是从其生态文化精神及其积极意义来说的。对待中国传统生态文化，既有一个科学态度的问题，又有一个研究方法的问题。从态度上来说，我们必须摒弃对中国生态传统文化采取或者全部肯定或者全部否定的简单化做法，而应以实事求是的科学态度，对中国生态伦理传统进行全面的、深入的研究和评价。在研究方法上，即要运用历史唯物主义的历史分析方法，把中国传统生态文化放在它所产生和发展的时代背景中来进行分析，并要看到其局限性和在当代面临的挑战。

（一）中国传统生态文化的时代总特征

以天人合一为核心的中国传统生态文化，是农业文明的产物，且是在人与自然有一定分化，但又分化得不彻底或未完成的状态下所形成的被动适应自然生态系统的观念形态。这就是中国传统生态文化总的时代特征。

人类的原始时代其思维与精神的本质特征是万物有灵、物我不分，这一意念的根本转变必须是人类自我意识的觉醒或飞跃，即必须实现人与自然的分化。人类精神第一次分裂的基本内容正是人与自然的分化，这一历史性转变发生于公元前800年至公元前200年间，即雅斯贝尔斯所称的世界历史的"轴心时代"。"在不同的文明发祥地，人与自然分离的自觉程度不同，精神的觉醒程度也不同。西方文化是人与自然深刻而清晰地分离的典型，在那里，理性精神具体呈现为古希腊理性主义，而宗教意识主要表现为希伯来精神，二者构成西方文化经久不衰的深层内蕴。相比之下，以中国哲学为核心的东方文化则代表着人与自然分化的不彻底或未完成的状态，人与自然的若即若离，对天人合一观念的反复强调，使得中国文化既没有强烈的征服自然的理性冲动，也没有狂热

的宗教意识。"① 中国天人合一的生态文化理念，就是对当时人与自然的分化不彻底，或未完全分化的合一所进行的整体关照，这就使得中国文化成为一种十分强调整体本位的整体主义，人与自然呈现为一个整体。这就是中国农业文明时期的文化模式的总体特征。这种文化模式是对自在的经验文化要素和自然文化要素的自觉认同而形成的，在先秦时就开始确立，并成为民族的精神导向。虽然这种精神导向的思维水平达到了一定的高度，但是，从中国先哲的思维中可以看出，自始至终人和自然是没有真正分离过的。在儒家学说中，人伦与自然是相通相融的，君臣、父子、兄弟、夫妻、朋友之间的伦理纲常，就是在自然形成的血缘关系的基础上形成的，并成为整个社会的基本机理和社会组织原则；在道家学说中，人与自然处于浑然一体的状态，认为人的本真的生存状态就应该是清静、无为、齐物、逍遥。"在这里，固然没有人与自然的分裂和对立的极端倾向，但却存在着另一个问题：人与自然的自在的未分化的和谐无法不经过二者的分离这一中介环节跃升到人与自然的自觉和自为的统一。这是中国传统社会缺少内在驱动力、中国传统文化模式具有超稳定结构的根本原因。"②

（二）中国传统生态文化的历史局限性及其在当代面临的挑战

中国传统中以天人合一为核心的生态文化对现代生态文明建设具有重要的价值。现在，保护环境、保护自然资源的可持续发展，维护自然界生态平衡几乎成为全球共识。中国传统中以天人合一为核心的生态文化在这方面可以提供丰富的思想资源，对人类中心主义为满足人类需求而牺牲自然环境的弊病能起到遏制和矫正的作用，能启迪人们以新的视角来看待人与自然生态系统的关系。中国传统生态文化精神被西方学者概括为"在自然之中生存"的合理生态思维。③ 但也要看到和承认，中国天人合一传统也有一定的理论缺陷与不足。

第一，中国传统价值观以道德为本位，过分强调伦理价值理性而忽视工具理性，但对科学技术的作用则缺乏足够的认识。

---

① 衣俊卿：《文化哲学》，云南人民出版社 2001 年版，第 254—255 页。

② 同上书，第 258 页。

③ 参见［美］彼得·S. 温茨《现代环境伦理》，宋玉波、朱丹琼译，上海人民出版社 2007 年版，"代总序"。

孔子就极其重视伦理道德的作用。"仁"的思想，是孔子的核心价值观，渗透于他的世界观、历史观、人生观、知识论中。"君子无终食之间违仁，造次必于是，颠沛必于是。"① "子罕言利，与命与仁。"② "为政以德。"③ "君子去仁，恶乎成名?"④ 孔子关于"仁"的论述很多，至于自然知识，孔子则谈得很少，甚至表现出不屑的态度，认为"君子不器"⑤。而作为教育家，孔子始终把德育作为首要的教育任务和内容："子以四教；文、行、忠、信。"⑥ 就是说，典制、德行、忠诚、守信是孔子所教的四项内容，后三项都是关乎道德的，而典制与德行也有着密切的联系。在孔子作为基本教材的"六经"（《诗》《书》《礼》《乐》《易》《春秋》）以及"六艺"（礼、乐、射、御、书、数）中，除了算术以外，几乎看不到当时已经取得长足发展的天文、地理、历法、医学以及农艺、园艺、工艺等关乎科学、技术的内容。

孔子重视伦理道德而忽视科学技术的学术特点，对中国儒学乃至中国文化产生了很大的影响。孟子提出"性善论"，荀子提出"性恶论"，出发点不同，但都或强调道德教育的可能性和人的道德自觉性；或强调道德教育的必要性和礼仪知识的灌输，可谓异曲同工，表现的都是明显的人伦本位思想。先秦儒家扬"德"抑"智"的倾向，到荀子时已经十分突出。他对"君臣之义，父子之亲，夫妇之别"高度重视，"日切磋而不舍"⑦。至于对自然界的研究，"不知，无害为君子；知之，无损为小人"⑧。汉代独尊儒学，纲常名教深入人心，伦理型特征进一步强化。魏晋玄学努力调和自然和名教的关系，佛教和道教也都向名教靠拢。到了宋明理学，伦理学与哲学在"理"的基础上统一起来，中国哲学伦理化的原则体系最终形成。道家更是排斥科学技术，甚至将科学技术、发明创造视为破坏人的自然本性，危害国家与社会的罪恶之源："民多利器。国家滋昏；人多技

---

① 《论语·里仁》。

② 《论语·子罕》。

③ 《论语·为政》。

④ 《论语·里仁》。

⑤ 《论语·为政》。

⑥ 《论语·述而》。

⑦ 《荀子·天论》。

⑧ 《荀子·儒效》。

巧，奇物滋起。"① 老子认为，"绝圣去智""绝巧弃利"，就能收到"民利百倍""盗贼无有"的效果。"有机械者必有机事，有机事者必有机心。机心存于胸中，则纯白不备；纯白不备，则神生不定；神生不定者，道之所不载也。"② 老庄看到了科技发展与人类进步相互矛盾的一面，却忽视了两者之间的统一，用道德的眼光全盘否定科学技术。在中国传统社会，对人的评价表现为重德轻才的倾向，人们判断人生价值普遍用的是道德价值，"立德"高于一切，置于"立功""立言"之先，道德上的成就被视为人生最有价值的成就，而知识和才能等被放在次要的、甚至可有可无的地位。这无疑会阻碍自然科学技术的研究和发展，助长愚昧主义。③

第二，中国传统思维方式在哲学逻辑上重辩证逻辑而轻形式逻辑。思维方式是思维主体按一定的概念或经验框架和形式方法来反映和把握客体对象的样式。一个民族的思维方式是影响这个民族发展的心理底层结构，④ 也是这个民族特殊性的重要体现。

中华民族作为一个拥有几千年历史的古老民族，和世界其他民族一样，有着自己特有的思维方式。中国传统的思维方式发轫于先秦，形成于西汉，并经后来历代的不断巩固、强化和完善，而成为一种具有中国特色的思维方式。中国传统的在思维方式、在哲学逻辑上，重辩证逻辑而轻形式逻辑。

在中国古代，本来存在着两种逻辑思维方式，一种是以《墨经》为代表的形式逻辑；另一种是以荀子、《易传》为代表的辩证逻辑。早在先秦，墨家的逻辑思维已达到相当高的水平，后期墨家还建立了一个具有丰富内容的、比较完整的逻辑学体系。墨辩逻辑已经涉及诸如矛盾律、排中律、充足理由律、全称判断（尽）、特称判断（或）、必然判断（必）、周延问题（周）、充分条件（大故）、必要条件（小故）、归纳、类比、论证、反驳等，几乎涵盖了形式逻辑的所有主要问题。故沈有鼎说："其成就不在古希腊、印度逻辑学之下。"⑤ 但由于先秦时期百家争鸣的关注重点一直在政治、伦理问题上，孔、孟、老、庄等都视思辨为无用有害之

---

① 《老子》第五十七章。

② 《庄子·天地》。

③ 徐长安：《中国传统文化与现代化》，海潮出版社 1997 年版，第 91—151 页。

④ 佘正荣：《中国生态伦理传统的诠释与重建》，人民出版社 2002 年版，第 223 页。

⑤ 沈有鼎：《墨家的逻辑学》，中国社会科学出版社 1980 年版，第 90 页。

物，鄙视对抽象概念及思维形式的探讨，这就造成了中国形式逻辑的落后，造成中国古代的学者们喜欢就事论事、只有结论而不作推导的著述风格；中国古代应用技术虽然发达，如在医药、天文、水利、建筑等实践中卓有成就，但缺乏系统的理性的阐明，未能形成严谨的自然知识的逻辑体系——科学理论。这些都与中国传统思维方式的这一缺陷有关。爱因斯坦说过："西方科学和发现是以两个伟大的成就为基础的，那就是：希腊哲学家发明形式逻辑体系，以及通过系统的实验发现有可能找出因果联系。……中国的贤哲没有走上这两步。"[①] 这恐怕就是中国近代未能产生出自己的牛顿、爱因斯坦等理论科学大家，在科学技术落后于西方的一个重要原因。

就中国辩证逻辑思维而言，它具有整体关联、矛盾和谐等主要特点，从而把整个宇宙万事万物看成一个相互联系、相互依赖、紧密相关的和谐的有机整体，在认识论上表现出了丰富的智慧。但这种思维方式也有另一面，使其存在严重的缺陷。首先，这种整体直观过于笼统，限制了主体思维对客观对象的精确分析。主体只满足于对客观世界的总体观察而缺乏对感知材料的分析、整理、抽象、演绎。这种思维还造成中国哲学上出现主客体不分的倾向。对人如何在认识自然、利用自然的基础上做到人与自然和谐相处，也没作认真具体的、实际可操作的探究。其次，人们认识自然的方法大都停留在以个人经验合理外推的水平上，即通过直接的观察，将个人的社会经验或心理感受外推而解释自然现象，甚至把神秘的直觉代替了思维的理性化，主体的主观体验和神秘情感与客体的形象、属性、特征融为一体，为自然现象抹上了浓重的伦理道德的色彩，造成了诸如董仲舒所提出的"天人感应"这样的神秘主义理论，并在后世盛行。这种方法在中医诊治等方面取得了一些成就，但总的来说不是一个科学的方法，且弊端很大。儒、道、玄、佛所共同存在的只重"意会"、不重"言传"的认识论，这无疑影响对认识对象和真理的把握。最后，经学思维方式遏制思维的个性化。经常性的"守一""齐一""归一"思维方式，不利于人的独立性、批判性和创造性，以致形成中国传统思维中的惰性。[②]

第三，过分的因任自然，比较被动消极地顺随自然的变化。在中国的

① 转引自王玉德、邓儒伯、姚伟钧主编《中国传统文化新编》，华中理工大学出版社 1996 年版，第 25 页。

② 同上书，第 31 页。

传统辩证思维方式中，一个非常突出的特征是从事物的对立中把握统一与追求和谐。辩证思维强调事物由对立的双方所生，对立双方还相互依存和转化。《易经》讲"一阴一阳之谓道"，"刚柔相推而生变化"，"天地交而万物通也，上下交而其志同也"。老子讲善恶、美丑、强弱、祸福、有无等，都是共存和互补的。所有事物都有对立的双方，但对立双方是互生与互补的，通过对立双方的互生与互补，事物在运动变化中可以趋向于和谐的结局，因此所有事物都处于宇宙整体的和谐秩序之中。虽然承认对立和冲突的存在，但对立和冲突只是被看成阶段性的暂时状态，或看作达到和谐的手段和条件，即通过对立双方的协调达到最终的和谐，所以中国传统思维偏爱和强调的是和谐和对和谐的追求。如在道家思想中，强调"知和曰常""阴阳曰静"。在儒家思想中，即强调"乾道变化，各正性命，保合太和"。在对和谐的追求中，道家倾向于以道观物，从对立现象的性质中发现其两两相待且彼此相通，万物各依本性、自适其性、一律平等，并在大道本体中可以直接获得统一与和谐。儒家即把宇宙看作等级有序的和谐体系，其中的人类通过效法天地，发挥天赋的仁性参赞化育，就可以达到与宇宙和谐一体的目标。"无论是道家还是儒家，它们对宇宙过程所有和谐关系的追求中，如人本身的和谐、自然自身的和谐、人与社会的和谐，特别是人与自然的和谐，即天人合一，尽管包含着非常合理的因素，但是，由于对和谐的过分强调，因而产生了把和谐当成正常状态，把不和谐当成不正常状态的严重缺陷，忽视了万物之间普遍存在的相互冲突、无序和不和谐的一面。因而在中国传统的辩证思维中，不是积极地利用事物之间的冲突力量去追求和谐，而常常是主张消弭冲突以实现和谐与统一。在人和自然的关系上，就表现为顺应自然本身的和谐，而不是在人与自然的冲突中，利用自然规律，在改造自然和利用自然的活动中建立起新的更高水平的人与自然的和谐关系。"①

当今时代，经过了工业文明浪潮的"洗礼"，人类与自然的分化和对抗已经到了激烈化的程度，全球性的生态危机就是这种分化与对抗的恶果。经过了这种分化和对抗，人类想要与自然达成和解与新的统一，需要一种能够弥合人与自然巨大裂痕的文化，这种文化当然是对工业文明反自然的文化的积极的超越，为人类可持续发展提供精神动力和智力支持。

---

① 佘正荣：《中国生态伦理传统的诠释与重建》，人民出版社 2002 年版，第 231—232 页。

中国传统生态文化是在人与自然未完全分化或分化不彻底的农业文明中产生的，要在新地历史时期发挥作用，除要克服自身的理论和思维方法上的缺陷和不足外，还面临着巨大的挑战。

一是它本身是对人与自然未完全分化或分化不彻底的状况的一种观照，却面临的是后来工业文明所造成的人与自然的分裂状态，从未完全分化到分裂，这是一个巨大的跳跃，它如何承担起对这种分裂的反思，找到分裂的病因，并克服之？

二是它本身是自然经济条件下的观念形态，却面临的是市场经济条件下的人与自然的分裂与对抗，从自然经济到市场经济，这也是一个巨大的跳跃，它如何应对市场经济条件下人与自然关系中所产生的问题？

三是它在人与自然未完全分化的状态下，注重的是对这一状态的肯定和维持，但当代的任务是对旧文明的矫正、新文明的重建，这更是一个巨大的挑战，它如何承担和胜任这一新的使命？

总起来说，它作为农业文明的生态文化，如何在新的文明——生态文明时代发挥作用，如何实现自身的时代转换，即实现自身的现代化，这无疑是一个重大的时代课题。

三　中国传统生态文化的时代转换与创新发展

中国传统生态文化要实现时代转换，就要与生态文明建设新时代相适应，赋予其新的特质；而中国传统生态文化的创新发展，就要在丰富、完善和提升中进行重构；更为重要的是，中国传统生态文化的创新发展、建设中国特色社会主义生态文化，更需要立足我国生态文明建设的伟大实践，不断总结和吸收人民群众的创造性成果和实践经验。

（一）与生态文明建设新时代相适应，赋予传统生态文化以新的特质

在当今时代，人类要实现可持续发展道路，建设生态文明，对生态文化建设也提出了新的要求，需要赋予生态文化以新的特质。

一般认为，自 1962 年美国海洋生物学家蕾切尔·卡逊的著作《寂静的春天》发表后，人类从此开始探索可持续发展道路，至今，可持续发展理论经历了三个阶段、两次飞跃的发展：1960—1970 年兴起第一次绿色浪潮——环境主义浪潮；1980—1990 年是第二次绿色浪潮——弱可持

续浪潮；21 世纪前后到当前可视为第三次绿色浪潮——强可持续浪潮。可持续发展理论的第一次飞跃，实现了由单纯的环保主义运动到理性的可持续发展理论的转变；而第二次飞跃基于生态极限理论、社会公平理论以及当前社会面临的生态危机，提出了发展绿色经济的新理念，体现了当今时代发展的要求。第一，绿色经济新理念提出了新的绿色思想，强调地球关键自然资本的非减发展，人类经济社会发展必须尊重地球边界和自然极限。第二，把公平与效率放到同等重要的位置，甚至更加注重社会公平。可持续发展所要达到的目标是满足所有人的基本需求。第三，强调从追求物质资本的扩展转向追求人类福利的发展阶段，发展理念从"以物为本"转向"以人为本"。从对速度和规模的追求转向对质量和效益的追求。第四，绿色经济还表现在提高人造资本的利用率，维护和扩大自然资本，依靠科技进步和绿色人才的培养来实现资源的高效与永续利用。[①] 可持续发展理论的新发展、生态文明的发展新时代要求赋予生态文化以新的内涵。

首先，要求生态文化有新的特征。文化需要为生命过程提供解释系统，帮助人类对付生存困境做出努力。人用文化来适应环境，同样，也用文化来改造环境，文化是人用来适应和改造环境的一种手段。不同时代的人们面临不同的生存环境，与此相应，人们的社会实践方式和内容也就不同，生态文化的特质也会不同。人类的生态文化在发展过程中，经历了古代经验层面的生态文化和现代科学层面的生态文化，当代需要上升到新的层面——当代哲学与伦理层面的生态文化。当代新的层面的生态文化，是对人类当下危险的生存现状的深刻反思，以实现这一状态的真正改观。这就要求应当区别于经验层面的生态文化和科学层面的生态文化，其表现应该不再是主观经验感受而是对人内在本性的追求，不再是单纯用科学理性来满足物质追求，而应是一种自觉的、主动的对于人自身的关怀和对环境与生态的精神诉求。因此，它应该是新时代的人文精神和科技精神的有机结合，是通过人文的关怀促进人与自然的和谐，来实现人与自然的双重救赎，从而实现可持续发展。

其次，与上点相联系，生态文明的重要特征是人与自然、人与社会以及人类自身的和谐，这也是生态文化的本质所在。生态文明需要从物质、

---

① 谢中起、刘笑：《论高校在生态文化传播中的地位和作用》，《河北科技大学学报》（社会科学版）2014 年第 2 期。

精神、制度层面来建设，而生态文化也要从这些层面进行深层考量。生态文明既要求体制机制、产业结构、科学技术和生产生活方式的转变，又要求哲学、伦理价值等思想观念的变革。生态文化也正应是通过深化其哲学和伦理学内涵，以适应生态文明建设的要求，实现与生态文明的统一。

中华传统生态文化要适应生态文明建设的时代新要求，就必须进行时代转换，就要赋予其生态文明所要求的文化特质。

我们今天的生态文明建设，是在市场经济的背景下进行的。就全球范围来说，市场经济是与资本主义制度相伴生的，二者又是与工业文明相伴生的。工业文明、机器大生产方式，按恩格斯的说法，就是资本主义的文明。正如我们在前面所阐述的，马克思主义生态思想揭示工业文明即资本主义生产方式是环境危机的根源，从中也警示，资本主义条件下市场经济对于生态环境具有负面影响。在我国，在改革开放新时期，也建立了社会主义市场经济体制。市场经济体制与社会主义制度相结合，具有中国特色。但是，在全球化的今天，我国实行市场经济，其中同样会有市场经济共有的规律、特征，要遵循市场经济运行中共同的规则。市场经济强调市场主体意识、自由与公平意识、权利与义务对等意识、民主与法制意识、竞争意识、契约意识、效率意识、开放意识、创新意识、诚信意识等，这也是当今时代的重要精神观念。

中华传统生态文化是自然经济的产物，与市场经济的意识之间存在巨大的质的差异，存在着不适应市场经济的局限性、落后性和保守性。例如，中国文化重群体，轻个体，政治上的"大一统""尚同"思想，难以培养主体意识；伦理观上强调三纲五常、尊崇圣贤，人们用古代圣贤之言和封建礼教指导自己的思维活动，容易养成沿袭传统模式、墨守成规的思维习惯，难以培养主体的创造、革新精神。中国传统思维内倾性的致思趋向，容易造成传统人格中谨小慎微、退避保守的一面，影响到民主意识、竞争意识、创新意识的发育；所以，我们在珍视传统的同时又要超越传统，要通过改造和转换，赋予其适应市场经济的特质，使传统生态文化能适应市场经济条件下生态文明建设。这里所说的"适应"，不是消极地"归顺"市场经济，而是要让生态文化也渗透市场意识，掌握市场经济的规律，运用价值规律和市场的方法达到环境保护的目的，同时要规避市场经济的对环境的负面影响。

（二）吸收现代科学思维、科技理性和外国生态文化成果，在丰富、完善和提升中进行重构

要实现中国传统生态文化的创新发展，就要在丰富、完善和提升中进行重构。

对中华传统生态文化，除了摒弃或改造不适应新时代要求的成分，还要与时俱进，创新发展，即吸收人类文明发展的新成果，在丰富、完善和提升中进行重构。为此，我们至少应在以下几个方面做出努力。

第一，要以马克思主义为指导，提升哲学修养和辩证思维能力，创新思维方式和方法。

马克思主义哲学是崭新的科学世界观，其中又包含着丰富的辩证思维思想。它是批判继承人类思维的优秀成果又在新世界观指导下进行伟大创造的产物，代表了人类哲学思维方式的最高成就，在人类思维发展史上实现了一次最深刻的革命性变革。马克思主义的辩证思维思想从辩证唯物主义和历史唯物主义的立场出发，坚持联系和发展的辩证观，研究对象的客观性、全面性、整体性、把握事物的辩证性，做到了主观与客观的统一。它坚持分析与综合、归纳与演绎、抽象与具体相结合、逻辑与历史相统一的原则，在多样性统一、对立统一中进行思维。它包括形式逻辑又高于形式逻辑，为我们开辟了认识世界和改造世界的正确思维路径。马克思主义的辩证思维是开放式思维。它没有结束思维方式的变革，而是为思维方式的不断发展和更新提供了基础和原则，指明了发展方向。新科技革命中兴起的一系列现代科学思维方法就是马克思主义辩证思维方法的深化、展开和具体化。当代中国的马克思主义者，坚持唯物辩证法的科学方法，要求在实际工作中不断增强战略思维能力、历史思维能力、辩证思维能力、创新思维能力和底线思维能力，是对马克思主义辩证思维理论的新发展。

如前所说，思维方式是一个民族生产方式和社会政治结构以及意识素质的间接反映，是影响这个民族发展的心理底层结构。我们要建设适合生态文明建设需要的、具有中国特色的生态文化，首先要培养民众的生态哲学观，提高思想素养，必须提升中华民族的哲学修养和思维素质，形成科学的思维方式和习惯，以助于形成科学的世界观、宇宙观，提高认识世界和改造世界的能力。这就要以马克思主义的科学世界观和辩证思维思想为

指导，坚持思维方式变革中的科学性、整体性、系统性、开放性。既要珍视传统，如中国传统思维方式的整体性、有机性、系统性、直觉性、模糊性等特征，在当代科技革命中发展出的新理论、新思维方法如系统论、模糊逻辑、"黑箱"理论、直觉和想象方法等之中体现出了新的价值。也要对传统进行完善和革新，要将辩证逻辑与形式逻辑、直觉思维和逻辑思维、道德判断与事实判断、收敛式思维与发散式思维结合起来，以完善和提升我们整个民族的思维方式和思维能力。

第二，吸收现代科学发展新成果来扬弃传统的直观经验知识，建立一种优秀传统人文精神与现代科学精神相融合的生态文化。

现代自然科学的发展，产生了一系列新兴科学，如宇宙学、地球科学、生命科学和一系列复杂性科学，描绘出自然的无机界、生命界和人类社会是一个自发的自组织过程。特别是复杂性科学，包括一般系统论、耗散结构理论、突变理论、协同学、混沌理论、超循环理论等，为建立一个宇宙整体综合、连续统一的自组织的演化图景提供了新的科学理论和方法。非平衡态热力学和普利高津的耗散结构理论为这个宇宙演化图景的描绘提供了基本观点。普利高津认为，我们生存的这个世界中存在的事物都是远离平衡态的开放系统，这个世界本身也是开放的世界。一个远离平衡态的开放系统，与其环境有着物质、能量和信息的交换，在这一交换过程中，系统的总熵等于系统内部的熵产生加上环境中的输入的熵，用公式表示就是：$ds = d_is + d_es$。根据热力学第二定律，系统内部的熵值服从热力学第二定律，总是大于或等于零，而环境中的熵则可正可负，如果从环境中引入的负熵流的绝对值大于系统内部的熵增时，系统的总熵本身就降低了，因为系统从外界环境所获得的负熵，就可以抵消由不可逆过程产生的内熵，使系统的总熵处于一个低熵的状态，即 $ds = d_is + d_es < 0$（$d_es < 0$，且绝对值大于 d_is）。如果这种交换过程继续进行，离平衡态就会越远，系统的有序度就会越高，这时系统必将朝进化的方向发展。这就意味着系统具有自发地组织起来的功能，能够提高系统自身的有序程度。这个系统因其自身有着自催化机制，能对环境的涨落即微小的扰动进行自放大作用，走向巨涨落，由此实现系统的自组织进化。詹奇正是从耗散结构理论找到自然系统的动力学原理，吸纳与融合超循环论、协同学等复杂性科学的最新研究成果，还吸收了东方传统文化中的合理因素，描绘出了宇宙如何通过一系列对称破缺而演化至今的过程，即由原始状态进化出后来的物理化学

系统、生命系统、生态系统乃至社会文化系统。① 系统哲学家拉兹洛即提出了他的广义综合理论的进化范式，这个范式把非平稳态系统理论和突变分叉理论作为基础，结合自组织理论的研究成果，提出一个包括物质进化、生命进化和社会进化的宇宙演进图式。② 这两个进化范式具有过程思维和整体思维的特征，而在中国传统哲学中对宇宙进化的描绘也体现出相似的系统思维特征，但后者所依凭的是直观经验基础上的感悟和猜测。中国朴素的传统系统思维要向现代的系统论思维进化，就需要大力吸收现代系统科学发展的成果。这就要改变传统文化中只重人文伦理而忽视自然科学技术的缺陷，建立一种优秀传统人文精神与现代科学精神相融合的生态文化。

第三，吸收国外生态文化成果，使其成为构建中国特色生态文化体系的思想资源和必要条件。

我们建设中国特色生态文化，还必须继承人类优秀的文化成果，包括吸收国外的生态文化成果，特别是现代西方生态文化成果。现代西方生态文化集中体现在生态伦理当中。而现代生态伦理学肇始于环境危机、生态危机的出现。由于生态问题最早发生在工业较发达的国家，所以作为系统化的现代生态文化思想也首先发轫于西方，且主要表现为生态伦理思想形态。西方生态伦理学作为一门新学科，是在人与自然的关系产生严重危机的背景下产生的，其发展可以分为三个阶段：从19世纪下半叶到20世纪初，是西方生态伦理学的孕育阶段；从20世纪初期到20世纪中叶，是西方生态伦理学的创立阶段。从20世纪中叶到现在，是西方生态伦理学系统发展的阶段。作为处于工业文明向后工业文明转折点上的新学问，"西方生态伦理学从孕育、创立到全面发展，形成了百家争鸣的局面，其学派纷呈，观点迥异。从不同的角度、不同的层次，可以分出不同的学派，其中有许多交叉和重叠。实际的流派主要有：动物解放论生态伦理学、动物权利论生态伦理学、生物中心主义生态伦理学、生态中心主义生态伦理学、自然中心主义生态伦理学、强式人类中心主义生态伦理学、弱式人类中心主义生态伦理学、浅层生态伦理学和深层生态伦理学、个体论生态伦理学、整体论生态伦理学、功利主义生态伦理学、生态公正与环境公正伦

---

① 参见［美］詹奇《自组织的宇宙观》，曾国屏译，中国社会科学出版社1992年版。

② 参见［美］拉兹洛《进化——广义综合理论》，闵家胤译，社会科学文献出版社1988年版。

理学、本土生态伦理学、神学生态伦理学、价值论生态伦理学、生物区位主义生态伦理学、扩展共同体生态伦理学、可持续发展生态伦理学、生态女性主义伦理学、后现代主义生态伦理学、政治生态伦理学、盖娅假说生态伦理学、地球伦理学，等等"①。

　　作为一门新兴的学科，西方生态伦理学以环境学、生态学以及一系列复杂性学科的基本观点和理论为科学依据，吸取西方自身的传统文化精神，也或多或少受到东方传统生态文化思想的影响，不同流派从不同的方面来建构自己的理论体系。但因其产生和发展的历史不长，无论从历史形态还是从理论体系看，都是不成熟的，其思维方式也未完全定型，并有一定的缺陷和片面性特征，具有明显局限性。但西方生态伦理学对现当代生态环境危机进行积极的理论反思和道德考量，反映和总结了西方现当代思想家一百多年来几代学人的学术成果，对现当代西方国家及至全球的环境保护运动都起了巨大的积极作用，肯定也具有一定的合理性和积极意义。作为反映和总结西方学者对生态环境问题和人与自然关系的哲学思考和伦理考量的学术成果，在理论上也已经形成了较为完备的形态，具有丰富的理论思想资源，是人类文明的共同成果。我国的工业化进程晚于西方，关于现代生态问题的研究也晚于西方，且研究处于明显落后状态。因此，我们要以宽广的胸怀和开放的心态，向西方学者学习，对于西方生态伦理学各个流派的思想和观点，都要引进、借鉴，在批判地分析、判断基础上，积极吸纳其合理因素，使其成为我们研究中国特色生态伦理学、构建中国特色生态文化体系的思想资源和必要条件。当然，我们在吸取西方生态伦理学的合理观点的时候，不能生搬硬套，也不能食洋不化，更不能套用西方生态伦理的观点、方法和话语，将其作为模本来阐释中国传统生态伦理思想和构建中国现代生态伦理。反之，中国当代生态伦理的构建要有中国自己的理论观点和话语体系。

　　中国生态伦理传统要实现其由传统形式向现代形式的转换，面临着在创新中重建的任务，就必须以面对未来的眼光，吸收现代科学知识，吸收世界文明成果，既要包容传统的合理成分，又赋予其今日时代精神，由此建立起一种新的生态伦理观。"我们必须重新确立起具有中国特色的生态哲学观，人与自然协同进化的生态世界观，价值理性与工具理性相契合的

---

① 傅华：《生态伦理学探究》，华夏出版社2002年版，第5页。

生态价值观，精神完善与环境关切相结合的生态实践观，建立生态伦理学的基本范畴，确立生态伦理的基本道德原则，建立人类行为中的主要生态规范。只有实现了转换和完成其重建的中国的生态伦理传统，才能作为典型的东方生态伦理范式再生于现代世界文明之中，才能对恢复人与自然的和睦关系，并为建立一个人类未来的绿色文明做出自己的贡献。"①

（三）立足我国生态文明建设的伟大实践，不断总结和吸取人民群众的实践经验

中国传统生态文化的创新发展、建设中国特色社会主义生态文化，更需要立足我国生态文明建设的伟大实践，不断总结和吸取人民群众的创造性成果和实践经验。

保护生态环境、建设生态文明是我们这个时代的主题，也是全国人民的期望，更是全国人民的行动。在生态文明建设的伟大实践中，广大干部群众既继承传统，秉承中华民族"天人合一""道法自然"的生态文化精神，又发挥聪明才智，勇于探索、大胆试验、敢闯新路，创造性地取得生态文明建设的丰硕成果，涌现出了许多人与自然协调发展、共生共荣的成功范例。可以说，这些成果和成功范例，也是中华优秀传统生态文化传承和发展的新形式、新样态。立足我国生态文明建设的伟大实践，总结和吸取人民群众的创造性成果和实践经验，无疑是中华传统生态文化实现时代转换的重要基础，也是构建当代中国特色社会主义生态文化的源头活水。

这里，仅举两个范例。

范例1：

早在20世纪90年代，笔者曾到赣南山区的一户农家的脐橙园参观。脐橙园处在赣南典型的红土山丘上，这里除了满山满坡种上的脐橙林外，还有碾米厂、养猪场、沼气池。碾米厂加工后的谷糠用来养猪，养猪场的猪粪进入沼气池，沼气池产生的沼气用来做饭、点灯，沼液沼渣用来为脐橙施肥。主人还向我们介绍说，很奇特的一点是，沼液喷洒到脐橙树叶面上，还能起到对果树防病治病的作用。

这就是赣南山区的广大农民和科技人员，借鉴各地的经验，结合本地的实际，在长期治山治水治穷的实践中，不断探索农业可持续发展途径，

---

① 佘正荣：《中国生态伦理传统的诠释与重建》，人民出版社2002年版，第16—17页。

创造性地形成的一种具有地方特色的保护生态、脱贫致富的有效形式——"猪—沼—果"生态农业模式。

"猪—沼—果"生态农业模式是"以林草为屏障，养殖业为龙头，以沼气建设为中心，联结果业、粮食、甘蔗、烟叶或渔业等农业生产构成多层良性循环、利用和增殖的农业生态系统"①。它是一种生态经济模式，也是一种循环经济模式。

在这个系统或模式中，将人粪尿、猪粪尿和作物秸秆等农业废弃物放入沼气池，其发酵产生的沼气成为农村生活用能源，可用来做饭和照明；沼液沼渣是优质有机肥，用来给果树、甘蔗、水稻、烟草、蔬菜、白莲、花卉等植物、农作物施肥。用沼渣追肥，用沼液喷果树，可提高结果率、果品品质和单果重量，可增加产量 25% 以上，还能护花保果，即增强果树植株的耐寒能力和抗病能力。沼液还可用于浸种，因其含有可溶性腐殖酸铵和微生物分泌的多种物质，以及丰富的植物所需营养元素，可以催种发芽，刺激和调节种子生长与代谢，还能杀灭害虫，提高种子发芽与成秧率；进行旱床育秧，可用沼肥来替代床土调节剂，此举能提高秧苗素质，促进水稻发育，减少鼠害，且节省投资成本，降低劳动强度，可使亩产增加 15%。沼肥种菜，既可以减少化肥农药用量，还可以增加蔬菜产量20% 以上，是发展无公害蔬菜的有效途径。沼液又能在喂猪或养鱼过程中作为饲料添加剂和生物激素，其可以大大增强猪的食欲，并使饲料的消化吸收效果得到提高。沼气既对农业废弃物进行了清洁处理，又可成为农家烧饭和照明的能源，用沼气代替柴草烧饭，巩固了封山育林成果。沼气的利用，达到优质高效、高产、无污染、少投入多产出、可持续的目的。"猪—沼—果"生态农业模式还可与其他系统耦合，结合各地各户不同实际情况衍生成"猪—沼—鱼""猪—沼—稻""猪—沼—菜""猪—沼—蔗"等多种形式。

"猪—沼—果"生态农业模式具有很好的生态效益。一是保护了森林和植被，减少水土流失。因为用沼气作燃料，减少甚至不再烧柴，避免对林木的乱砍滥伐。一个 6 立方米沼气池的正常产气量用作燃料，一年可节约柴草 2.5 吨，相当于 0.35 公顷林木一年的生长量。二是改良了土壤。据测定，水稻田连续 3 年施用沼肥后，土壤中的微生物增加，且变得十分

①　黄德辉：《浅议猪—沼—果生态农业模式》，《生态经济》2001 年第 11 期。

活跃，有机质含量可提高 16%；土壤的团粒结构也得到改善，保水抗旱性能也显著提高，节约了用水，大大减少了化肥和农药的使用，有利于农田生态环境的改善。三是改善了农民居住环境。沼气池的兴建，促进了农村的改水、改厕工作，改善环境卫生，减少疾病传染，有利于农村形成卫生、文明的生活方式。

"猪—沼—果"生态农业模式也给农民带来了可观的经济效益。一是通过节能可减少农民的燃料和照明的开支，通过施用沼肥可减少购买化肥农药的开支。二是因沼肥的利用较大幅度地提高了农产品产量，改善了农产品品质，增加了农民收入。三是解放了劳动力。使用沼气后农民不再需要靠打柴烧饭，减少了繁重的劳动负担，可以使广大农民有更多的时间去从事其他更有效益的生活和生产活动。①

正因为"猪—沼—果"生态农业模式带来了很好的生态、经济和社会效益，深受农民的欢迎，这一模式在江西全省逐步推广。虽然它一开始是以农户为单元的微循环经济模式，但由于它有持续的活力和广泛的适应能力，可与其他系统耦合，在"山江湖综合开发治理"的各项工程中得到推广普及和应用，如小流域综合治理、红壤丘陵的治理与开发、生态修复工程、农村面污染源的控制、发展绿色农产品、调整产业结构、消灭血吸虫病等。农业部还把这一模式作为发展生态经济的南方模式进行推广。②

范例2：

2014年10月，笔者参观考察了酒泉金锁阳沙漠生物开发有限责任公司（以下简称金锁阳公司）。该公司成立于2012年，是酒泉市唯一一家从事沙漠生物开发研究，进而种植生产锁阳、肉苁蓉等保健中药的企业。

锁阳，又名不老药，野生于沙漠戈壁，严寒冬季仍然旺盛生长。主要产于内蒙古、甘肃、青海、新疆等地。春季采收。《本草纲目》锁阳篇曰："甘、温、无毒。大补阴气，益精血，利大便。润燥养筋，治痿弱。"苁蓉又名大芸，主产于内蒙古自治区的阿拉善盟，中医称其为地精或金笋，是极其名贵的中药材，素有"沙漠人参"之美誉，历史上就被西域各国作为上贡朝廷的珍品。苁蓉入药，由来已久。它甘而性温，咸而质

---

① 黄德辉：《浅议猪—沼—果生态农业模式》，《生态经济》2001年第11期。

② 胡振鹏、胡松涛：《微型循环经济："猪—沼—果"生态农业模式》，《中国井冈山干部学院学报》2005年第3期。

润，具有补阳不燥，温通肾阳补肾虚，补阴不腻，润肠通腹治便秘的特点。锁阳和苁蓉都属寄生草本植物，需寄生于梭梭、红柳、沙拐枣（白刺）、沙棘等荒漠植物根部才能生长。

但目前锁阳、苁蓉主要来自产区农牧民的自由野生采挖，导致野生植物根系裸露枯死、沙漠生态环境恶化。如何改变这种状况，酒泉金锁阳沙漠生物开发有限责任公司探索出通过人工规模化种植，对天然植被形成有效的培育和保护的新路子。该公司在位于酒泉肃州区长沙岭的沙区正在开发建设 15.6 万亩防风固沙林及标准化药材基地，计划在 2012—2021 年投资近 14 亿，营造 10 万亩人工灌木林，以梭梭、红柳、沙棘等旱生植物为主，此后嫁接种植锁阳、苁蓉等药用植物，再将锁阳和苁蓉加工生产出锁阳咖啡、锁阳保健酒、苁蓉茶、苁蓉保健酒等产品。该项目属国家重点扶持的环境保护生态治理项目。

全国优秀企业家、该公司董事长潘竟成先生介绍说，在梭梭、白刺等植物根部接种的苁蓉、锁阳，可以借助寄主的根来为它们吸收、积累养分。苁蓉、锁阳在完成它们的生活周期后，便会软缩腐朽化为腐殖质，这些腐殖质还原回到土壤中，对土壤有改良作用。苁蓉、锁阳腐朽后还会形成松散的坑穴，这些松散的坑穴有利于寄主的落种更新，也有利于降水及地表径流的下渗，这样就为寄主提供了更好的水分和养分条件，达到促进寄主的生长发育、提高荒漠植物防风固沙的效果。这正体现了自然系统中生物物种之间、生物与环境之间相互作用、互利共生的生态学规律。

该公司正是以这一生态学规律为指导，创造性地以沙区生态环境综合治理为切入点，以植被建设为中心，利用人工造林等手段建设大型高标准防护林网体系和科学开发梭梭、红柳，人工接种锁阳、苁蓉工程，以达到控制流沙的蔓延及遏制荒漠化土地的扩展，减少沙尘暴的发生，加快自然荒漠的生态恢复的目的，具有重大的生态效应。同时，也具有很好的社会效益，因为推广种植苁蓉、锁阳是利用原有的沙区，在这些不能作为农用的沙地上发展种植苁蓉、锁阳，不会与农业生产争水夺地。而且在沙地上的灌木丛根部接种苁蓉、锁阳，种植生长快，既可防风固沙又保护农田，可谓一举多得。锁阳、肉苁蓉的深加工利用，对发展区域经济、增加地方财政收入发挥积极的作用。以锁阳、苁蓉等为原料，采用先进生产技术和设备生产的金锁阳、御苁蓉、锁阳咖啡、锁阳养生茶、锁阳不老酒等系列产品营养价值高、保健功效显著，深受广大消费者青睐，并荣获"甘肃省旅游商品（名优产品类及土特产类）双十佳品牌"，产品远销沿海、港、台及东南亚地区。

该公司奉行的正是"道法自然"的传统生态文化精神，始终贯彻遵从自然、维护自然、利用自然、适度开发的原则。摒弃那种对自然大肆改造、一味向自然索取和掠夺的做法，而是在维护自然、繁荣生态中去利用自然，并取得生态、经济、社会等多重效益，用生动的实践创造性地继承和弘扬了中华传统生态文化。

以上列举的两个范例，只是我国生态文明建设实践中众多创造性典型中的有限例子。但从这两个案例中，可以看到民族传统生态文化发展的新样态。这两个典型样板中，都体现了对传统生态文化精神的传承，都是追求"天人和谐""道法自然"的生动体现，但其中又增添了许多新的内涵。

其一，"道法自然"要争取实现"义利双荣"。这里所谓的"义利双荣"，就是既要坚持生态优先，又要做到以人为本；既要打造绿水青山，又要收获金山银山。保护环境，建设生态，一项工程的实施、一种先进模式的施行和推广，光有生态效益和社会效益是不够的，还要有经济效益，增加人民群众的收入，提高人民群众的生活质量。如赣南的"猪—沼—果"生态农业模式，在20世纪末一户"猪—沼—果"模式户，按一个池、10头猪、5亩果计算，每年可增加养猪、果业收入4000元，节约用柴、用电、肥料、农药饲料等支出3000元。[①] 沼气的推广在发展绿色食品中发挥了重要作用，2004年年底，江西全省"猪—沼—果（菜、鱼等）"生态农业示范户34.16万户，作物种植面积9.5万公顷，有效使用绿色食品标志产品数302个；有机食品产品总数98个，列全国第一位；绿色有机食品实现销售收入62.6亿元，出口创汇5411万美元，带动农户十万多户，户均农民增收1700多元。[②] 又如金锁阳公司以科学而合理的方式开发利用肉苁蓉、锁阳，这是一项进行国土整治、开发利用自然资源、完善生态环境的重要项目，也是发展沙地经济、改善人民生活条件，使戈壁沙地边缘人民群众脱贫致富的积极措施。其项目种植、种苗繁殖、采收管理等工程，大部分由当地农户承包完成，预计农民增收4.53亿元

---

① 黄德辉：《浅议猪—沼—果生态农业模式》，《生态经济》2001年第11期。

② 唐安来：《江西：向"绿"看齐》，《人民日报》2005年6月5日。

（工程费）。种植药材净收入 16.56 亿元。两项合计项目区农户预计增收 21.09 亿元。

　　其二，既要有保护自然的理念，也要提高保护和利用自然的科学理论水平与技能，即需要科学技术的有力支撑。如"猪—沼—果"生态农业模式作为一种循环经济，其发展及其推广必须把经济、社会与自然环境看作一个复合系统，统筹考虑、全面协调生产与消费过程中环境保护、资源利用、社会效益等各方面。这就要认识和遵循客观规律，运用系统科学的理论和系统工程的方法，因势利导地构造科学的、更高层次的组织结构和运行机制，追求最好的生态效益和最高的经济社会效益。又如其中沼气的使用，江西在 20 世纪 70 年代就推广过，但因为经济、技术等原因，效果不佳。后来经过多年的努力进行技术创新，研制出强回流高效半球形沼气池池形，并规范设计和标准化施工，具有产气率高、使用维修方便、全年可使用且使用年限久的特点，解决了由于地下水位高沼气池渗水漏气的老大难问题；通过将沼气池子建在牛栏或猪圈底下，筛选低温条件下产气能力强的菌种等措施，解决了冬季产气不足的问题。这样的沼气池受到广大农民的欢迎，为大面积推广奠定了基础。各级政府还通过组织各类培训班培养沼气和种养技术能手，引进推广成熟适用的种养殖技术；组织技术人员加强配套技术研究，进一步探索沼气池内上层沼液循环冲洗人畜粪便的技术和沼液、沼渣的增产机理，拓宽综合利用范围，提高综合效益。

　　酒泉金锁阳沙漠生物开发有限责任公司也是坚持依靠科技进步，在项目建设上，达到布局区域化、沙地开发规模化、灌溉节水化、生产机械化、经营集约化、管理企业化、产品品牌化。如种植沙漠植物采用了专利技术，前期灌溉采用高科技缓释保水剂，在种植过程中埋入植物根系，进行缓慢释放水分，保证植物的需水，遇到天然降水时可重新吸足水量，再次循环释放。又如可调控植被及锁阳、肉苁蓉嫁接专有核心技术运用种子植物第三级系的理论，突出荒漠戈壁地域特色，选用西部抗旱、抗寒的种苗，科学种植管理达到节水、节能、成活率高的效果，做到锁阳、肉苁蓉人工可调控生长的效果。锁阳和苁蓉的深加工即采用了工业化提纯、细胞皱缩等技术。为做到科学治沙，该公司聘请了国家有名的生物学家、植物学家、生态学家、育种学家等全面的智囊团队，经过几年的研究在这个领域取得了多项技术突破，为其治沙项目顺利实施起到了技术保障和支撑作用。

其三，生态建设众多工程和经济模式，都需要着眼长远、追求生态环境效益和经济社会效益，这就离不开政府的支持和政策的引导，还需要法律的保障。江西的"猪—沼—果"生态农业模式发展推广如此之快，得益于政府的引导、中央和地方的财政补贴。各级政府出台了许多优惠政策来扶植种养大户和龙头企业，起到了积极的引导作用。赣州市各级组织设立了生态农业领导小组，统一协调和指导，同时制定了机构资金税费、建池用地、技术承包等一系统优惠政策。金锁阳公司的沙漠生物开发项目也是属于国家重点扶持的环境保护生态治理项目，获得了国家和地方政府的政策支持。

其四，发挥典型的示范导向作用。如江西在"猪—沼—果"生态农业模式的普及中，采取了先实验示范、再推广普及的做法。赣州市建立示范户、示范村、示范乡镇，沼气池建设不断加速。中科院千烟洲、刘家站综合实验基地是国家级实验基地。在江西"山江湖综合开发治理工程"中，针对不同的治理目标，全省建立了9大类26个试验示范基地和127个推广点，用事实来说服、以榜样来带动，调动了广大群众的积极性。各地还建立了一支设计、施工、维修、管理的技术队伍，及时地为农户提供服务。在21世纪初，全省沼气池每年以20—30万户的速率递增。[①]

近些年来，在许多省、地、市还开展了生态文明先行示范区建设行动。在这一行动中，各省、地、市根据党和国家的生态文明建设总体战略布局、大政方针和法律法规，结合本地实际，进行自己的生态文明建设的战略定位，在本行政区域推进生态文明建设先行先试，示范引领，创新体制机制，率先走出了一条绿色循环低碳发展的新路，形成了节约资源和保护环境的空间格局、产业结构、生产方式、生活方式以及可复制、可推广的生态文明建设模式。各地在明确生态文明建设的指导思想和基本原则基础上，按照"五位一体"总体布局，坚持节约优先、保护优先、自然恢复与人为修复相结合的方针，坚持绿色循环低碳发展的基本途径，坚持把深化改革和创新驱动作为基本动力，坚持把培育生态文化作为重要支撑，坚持政府引导与公众参与相结合、市场激励与法治保障相结合、重点突破和整体推进相结合的方式，采取有利于促进人与自然和谐的经济、技术政

---

① 胡振鹏、胡松涛：《微型循环经济："猪—沼—果"生态农业模式》，《中国井冈山干部学院学报》2005年第3期。

策和措施等。各地有共同性的制度和做法大致有以下几个方面。

第一，明确了政府、社会和公众的责任。明确各级人民政府统一领导、组织、协调行政区域内的生态文明建设工作和责任。生态文明建设是全社会的共同责任，鼓励公民、法人和其他组织参与生态文明建设，并保障其享有知情权、参与权和监督权。

第二，加强生态规划建设。编制本行政区域的生态文明先行示范区建设规划和指标体系；组织实施主体功能区规划，建立生态空间规划体系，科学划定生产空间、生活空间和生态空间；严格按照主体功能定位发展，完善开发政策，合理控制开发强度；科学划定生态保护红线，建立严格保护和动态管理制度，确保基本生态功能供给；加强多规融合，推动经济社会发展、城乡、土地利用、生态环境保护等规划"多规合一"。

第三，发展生态经济。包括发展生态产业，推进循环经济的发展，推广使用绿色能源，加强森林、林地、湿地、绿地的规划和建设，建立绿色矿山建设等。

第四，加强环境保护治理。包括加强森林资源保护，加强水生态保护和水污染防治，严守耕地保护红线，实行最严格的耕地、林地保护制度，严防土壤污染，推进大气污染防治和应对气候变化工作，建立本行政区域内的矿山地质环境监测工作体系，加强固体废物污染防治工作，全面推进城乡人居环境一体化综合整治、自然标志物保护，加强历史文化名镇名村、传统村落保护开发等。

第五，提出和强化保障措施，一是建立建设目标责任制，健全经济社会发展评价体系和考核体系。二是加大投入，提供财政保障。三是建立绿色采购制度、自然资源资产产权制度、自然资源资产负债表、生态补偿机制。四是建立生态环境污染公共监测预警机制，建立区域生态文明联动机制。五是建立自然资源资产离任审计制度、领导干部环境保护约谈制度、生态环境损害终身追责制。

第六，推进公众参与和信息公开。明确公众参与范围，推进包括政府信息、公众环境安全信息、企业信息的公开工作；建立和健全举报制度、建立和健全监督员制度；加强生态文化建设和宣传，全面推行生态文明教育，全民动员开展各类生态创建行动。

第七，强化监督机制和法律责任。强化各级人民代表大会及其常务委员会对生态文明建设的监督，各级人民政府生态文明建设机构也加强了对本行政区域生态文明建设工作的监督；加大对环境资源的司法保护力度，支持依法提起环境民事公益诉讼；落实环境监管网格化管理职责，规范监管和监测体系，对环境违法的单位和个人予以信用惩戒；推进综合执法，建立生态建设和环境保护行政执法与刑事司法联动机制。对违背生态文明建设要求、造成环境损害的行为进行严格的责任追究。

列宁说："实践高于（理论的）的认识，因为它不但有着普遍性的品格，而且还有直接现实性的品格。"[1] 无疑，这些生态文明先行示范区建设行动，以及各地广大干部群众的生态创建的实践活动，正在和将会创造出更多更好的生态文明建设的成功经验。这些成功经验不但对促进生态文明建设有重要意义，而且还具有重要的文化价值，即为中华传统生态文化增添新的丰富的内涵，推进传统生态文化实现时代转换和创新发展。

正如黑格尔所说，传统不是一尊凝固不动的雕像，而是一条奔流不息的洪流。我们有理由相信：中华优秀传统生态文化在中国人民生态文明建设的伟大实践中不断传承和发展，一定会在新的时代焕发出新的璀璨光彩。

---

① 列宁：《哲学笔记》，人民出版社 1974 年版，第 230 页。

第十章

系统工程（一）：构建中国特色社会主义
生态文化的思想与话语体系

构建中国特色社会主义生态文化体系是一项复杂的社会系统工程，需要立基于理解人与自然关系的思想原则，形成作用自然的制度体系，强化社会主体自我约束的行为规范体系，培育精神生态、人格生态平衡的社会生态人。

一 马克思主义的"两个和解"统一思想：中国特色 社会主义生态文化建设的思想指南

建构中国特色社会主义生态文化应当坚持以马克思主义关于"两个和解"相统一的思想为理论指南，形成尊重自然、顺应自然、保护自然的思想原则。

(一)"两个和解"统一的思想基础

中国特色社会主义生态文化坚持以人为本，立基于马克思主义关于人与自然和解和人与他人和解相统一的思想。

马克思主义创始人认为，只要有人存在，自然史和人类史就是相互制约的，他们考察了既往文明人与自然关系的发展，特别对工业文明时代人对自然的掠夺进行反思与批判，揭示了资本在追逐利润中对人的剥削与对自然的剥夺的必然性，探讨了人的解放和自然的解放相关性，强调扬弃和超越资本逻辑，实现社会变革，建立能够适应社会发展客观要求的新的社会形态或体制的必要性，提出了人类通过物种关系和社会关系的两次提升，实现"两个和解"，走文明自觉发展道路的思想。马克思主义两个和解的统一奠定了生态文化的思想基础。

1. 人与自然和解

生态文化从人与自然的统一性出发，致力于追求人与自然的和解。人是自然界生物进化的产物，人从自然界分化出来，但并没有逸出自然界，直接地是自然存在物，依然寓于自然之中，并通过与自然界的物质变换而生存于自然之中。

首先，人类自身的生存需要实现人与自然的和解。从生存论的视角看，人作为自然界的一部分深深地植根于对象性存在的现实自然界，人通过与外部自然进行物质、能量、信息的变换而获得生存的物质条件，体现出对人类现实的自然界的依赖；从实践论的视角看，自然界是人的无机的身体。人类借助于工具—技术系统在实践中把天然自然转化为人类现实的自然界，不仅延伸自己的身体，而且丰富发展自然界最美丽的花朵——思维着的意识，成为生存竞争舞台上的强者。人的自身自然生存于外部自然之中，人与自然和解就意味着化解了自身自然与外部自然的对立，奠定了自身自然生存的外部自然基础。

人与自然和解是人类实践长期发展的必然。在人与自然的实践交往关系的不同发展阶段，人对自然经历了臣服顺从、对立冲突和自觉和解的过程。早期刚刚脱离动物界的人们，作为大自然生态食物链上的高级物种，只能依靠拾取现成的自然物谋生，被动地适应周围的具体的自然条件，与自然和谐相处，并且以"像牲畜般地服从自然"作为生存的代价。与之相应的，人们与自然之间的实践交往的范围局限于部落共同体的现实自然界，一个个方圆数十千米或数百千米范围内的人类活动对地球自然整体的破坏、干扰也是极其有限的。随着技术的进步和社会生产力的发展，人类活动对自然的影响日益加剧，人与自然和解也越来越具有紧迫性和必要性。农业生产实现了自然物的增殖，作为生活资料的自然资源具有决定性意义，开发的重点以生物及与其相关水土资源为主；工业化进程使作为劳动资料的自然资源具有越来越重要的意义，各种矿物资源成为扩大生产、创造大量财富的基础；在经济全球化、知识化的当代，自然环境中的交通资源、自然界中的信息资源日益成为重要的自然资源，对于经济发展的重要性日益突出。人们在获得征服自然的节节胜利的同时，正在经受着来自自然界越来越酷烈的报复，在一些地方甚至连饮水、呼吸都成了难题，人类与其环境日益尖锐的对立关系在很大程度上"造成了我们今天的许多矛盾和困难。它们正在对人类未来的世界不可避免地施加着巨大的影响。

如果对其不闻不问，它们几乎肯定会使我们的文明遭到毁灭"①。人类要避免生态危机导致生存危机的降临，亟须实现与自然的和解。

在不同的历史时期，人与自然和解始终是人类全体的共同使命。人们之间交往的发生和发展经历了从共同体、民族国家和全球化的扩展延伸的过程，从而，人们生存活动所依赖的现实的自然环境也经历了一个不断扩张的全球化过程。近代资本主义凭借工具—技术系统的进步，加快了社会生产力的发展，市场经济条件下的人与自然之间的物质变换关系不断突破早期人类活动的地域局限性，生产和消费越来越具有全球性的特点，人类生态足迹已经扩展到整个陆地和海洋，人类活动几乎已经遍及地球表面的每一个角落。人与自然之间交往的范围。原先不同部落共同体相对独立的孤立系统越来越被各方面的密切联系和相互依赖所代替，日益形成的世界联系的总体系和世界交往的总链条使人们拥有着共同的环境、资源与生态，人类的命运已经成为一个相互依存的整体，人与自然和解已经越来越具有全球性的整体特点，需要人类全体共同应对。

2. 人与人的和解

生态文化追求人与自然的和解，坚持把人与人和解作为人与自然和解的前提和条件。

首先，自然史和人类史是相互制约的。根据马克思主义的理解，人类出现以后，一方面，人的生存、社会的发展植根于地球自然之中，没有、也不可能游离于自然之外；另一方面，人类活动成为影响地球自然演化越来越重要的影响因素，不断把天然自然转化为人类现实的自然界。"历史可以从两方面来考察，可以把它划分为自然史和人类史。但是这两方面是密切相连的；只要有人存在，自然史和人类史就彼此相互制约。"② 人类史和自然史的发展演化，通过人类劳动实践形成统一体，人们的社会关系制约着人与自然的关系，人们与自然的实践关系形成并影响着人们的交往关系。人们之间的交往是任何社会实践得以实现的必要前提，从而也是人与自然相互作用得以实现的必要前提。"人们在生产中不仅仅同自然界发生关系，他们如果不以一定的方式结合起来共同活动和互相交换其活动，便不能进行生产。为了进行生产，人们便发生一定的联系和关系；只有在

---

① ［美］威廉·福格特：《生存之路》，张子美译，商务印书馆1981年版，第144—145页。
② 《马克思恩格斯全集》第3卷，人民出版社1960年版，第20页。

这些社会联系和社会关系的范围内，才会有对自然界的关系，才会有生产。"①

其次，人与人的对立是造成人与自然对立的重要社会因素。在市场经济条件下，内在于资本主义生产方式之中的资本逻辑，通过对自然资源的疯狂掠夺来实现追逐利润的目的，成为导致当代生态危机的主要社会根源。在资本主义发展早期，一味强化征服自然力，强行加剧城乡分离，造成自然物质循环链的割裂，土壤肥力流失，人类生存环境恶化。马克思主义创始人剖析了资本逻辑的内在要求导致了自然异化和劳动异化等外在结果，深刻批判了资本主义制度及其生产方式对高额利润的追求而不顾一切地掠夺自然的罪恶。当今时代，全球化浪潮席卷着我们的星球，然而，同一个地球上的人类分别生活于不同的、独立的主权国家，为了各自的利益需要，国家之间通过外交、旅游、贸易和战争相互联系，相互影响。人们总是把自己的家园和自己的国家联系起来，但是一个不争的事实是：人类拥有一个共同的家园，分属不同国家的地球人生活在同一个生物圈中，生活在同一个地球村中。资本追求利润造成了利益集团之间的对立对抗，推动着生产无序、无情地向外扩张，破坏了人类共同自然的生态平衡，人类生活足迹逐年加重，地球生命力指数不断下降，环境污染、生态恶化、资源枯竭，足以警示人们，人与自然的"两极对立"已经达到了极其危险的程度。

最后，人与自然和解必然以人与人的和解为前提和基础。文明发展进程中与自然的对抗并非完全不可避免，人类完全有可能化解同自然生态发生的"对抗"，在与自然的和谐中求得进步和发展。但前提是必须消除人与人之间的对立，实现人与人的和解。马克思强调，只有在现代公有制条件下，消除人们之间的对立状态，消除城乡对立状态，人与自然进行物质变换过程中消除"新陈代谢断裂"、消除"自然异化"，才能最终实现人与自然的和解。现代宇宙科学的发展极大拓展了人类关于宇宙星空的认知，但是，人们还没有发现其他存在生命的天体。人类拥有一个地球，人类仅仅拥有一个地球，人类与其他生物同属一个地球家庭，是其生动的写照。地球自然是一个多元素构成的复杂系统，沙土、岩石、大气、水、动物、植物、微生物等构成一个相互作用、相互依存的系统。地球自然系统

---

① 《马克思恩格斯全集》第 6 卷，人民出版社 1995 年版，第 486 页。

的整体功能孕育了生命，容纳了千百万种生命有机体，并在物种进化中实现了伟大的变革，人类诞生于这个伟大的变革，催生了自然界最美丽的花朵——意识。地球是生命的摇篮，人类的母亲，地球上的物种进化与其物理化学环境的演化进程紧密地联系在一起，构成不可复制、独一无二的进化过程，生命的生存进化依赖于整个地球自然系统。全球性生态环境问题的出现表明整个地球生态系统已经失去了其固有的积极平衡。恢复地球生态环境的积极平衡，从认识的层面需要应用系统整体的观点剖析人类生产和生活方式对生态环境的影响，从实践的层面需要协调人类行动，共同应对生态环境的危机。"社会是人同自然界的完成了本质的统一，是自然界的真正复活，是人的实现了的自然主义和自然界的实现了的人道主义。"①人类现实的社会存在离不开地球自然，人类现实的自然界具有社会历史的特征，人与人的和解和人与自然的和解互为前提和基础。

3. 人的两次提升

"人类与自然的和解"是"人类本身的和解"的自然基础，"人类本身的和解"则是"人类与自然的和解"的社会前提，两个和解只有在人类历史发展中，通过人的长期努力逐步加以实现。从人与自然关系的历史视角看，人类社会总是通过一系列文化与环境的挑战和应战而发展。恩格斯在其未完成的著作《自然辩证法》中，对人类历史发展进行宏观的理论抽象，指出人类社会将实现从必然王国即人们处在"一直统治着历史的客观的异己的力量"的控制之下，向自由王国即人们"完全自觉地自己创造自己的历史"的过渡。恩格斯认为，"一般生产曾经在物种关系方面把人从其余的动物中提升出来"②，人类的出现标志着自己在物种关系方面从动物中提升出来；人类在社会发展的历史过渡时期将进一步"从社会关系方面把自己从动物中提升出来"③，实现从自然界的第二次提升，最终揖别狭义的动物界而驾驭自然界。人类只有从社会关系方面把自己从动物中提升出来，才能克服以往的社会关系异化，从而遵循社会运行发展的规律，有意识地自己创造自己的历史，实现人的活动规律和客观规律的统一、重合，合理地调节人类与自然的相互关系，真正实现社会和自然的两个和解。

---

① 《马克思恩格斯全集》第 42 卷，人民出版社 1979 年版，第 122 页。

② 《马克思恩格斯选集》第 3 卷，人民出版社 1972 年版，第 458 页。

③ 同上。

4. 人的自然主义与自然的人道主义完美的结合

恩格斯通过解读人与自然关系历史，提出"文明是一个对抗的过程，这个过程以其至今为止的形式使土壤贫瘠，使森林荒芜，使土壤不能产生其最初的产品，并使气候恶化"①。马克思在 1869 年 3 月 25 日给恩格斯的信中写道："……文明，如果它是自发的发展，而不是自觉的，则留给自己的只是荒漠。"② 马克思主义创始人告诫后人：现代文明发展的出路在于我们能否吸取历史上某些古代民族的教训，化解文明过程中的人与自然的对抗，走文明自觉发展的道路，避免出现"文明人跨过地球表面，在他们足迹所过之处，留下一片荒漠"的悲剧。

人类的生态智慧源远流长，马克思主义关于自然的人道主义和人的自然主义统一的理念是生态文化的内在本质。马克思认为，劳动是人与自然之间联系的中介，人通过劳动调整、控制人和自然之间的物质变换，实现与自然内在的统一。人类通过劳动控制与自然界之间物质循环的良性互动而实现与自然界和解，一方面表现为"自然界向人的生成"，即人通过物质生产活动，"把整个自然界——首先作为人的直接的生活资料，其次作为人的生命活动的对象和工具——变成人的无机的身体"③，"不仅使自然物发生形式变化，同时他还在自然物中实现自己的目的"④。另一方面表现为人的自然化，人通过社会生产劳动认识、掌握和同化各种自然力，"人向自然界的融化"，在自然系统的演化之中广泛运用各种自然物的属性来丰富和充实自己的生命活动，激发自己内在潜力，提升自己的活动能力。

马克思在对近代环境污染的分析中蕴涵了可持续发展的观念，他总是结合对自然环境的影响来评价劳动和生产力发展，他认为倘若忽视自然力持续利用、自然物持续发展，劳动便是有害的劳动。"劳动本身，不仅在目前的条件下，而且一般只要它的目的仅仅在于增加财富，它就是有害的、造孽的。"⑤ 人类作用自然的劳动应当受自然界的客观规律制约，劳动实践如果随心所欲、违背客观规律，不仅不能达到自己的预期目标，反

---

① 恩格斯：《自然辩证法》，人民出版社 1984 年版，第 311 页。
② 《马克思恩格斯选集》第 1 卷，人民出版社 1995 年版，第 256 页。
③ 马克思：《1844 年经济学哲学手稿》，人民出版社 2000 年版，第 56 页。
④ 《马克思恩格斯全集》第 23 卷，人民出版社 1972 年版，第 202 页。
⑤ 《马克思恩格斯全集》第 42 卷，人民出版社 1979 年版，第 55 页。

而会导致生态环境系统的破坏，从而使自己受到自然界的"报复"。"不以伟大的自然规律为依据的人类计划，只会带来灾难。"① 因此，"我们不要过分陶醉于我们对自然界的胜利。对于每一次这样的胜利，自然界都报复了我们……我们对自然界的整个统治，是在于我们比其他一切动物，能够正确认识和运用自然规律"②。近代以来，以经济的增长为唯一目标的发展模式，通过耗用大量不可再生资源、不断加速物质经济增长，付出了损害环境和耗竭资源的沉重代价，这种经济增长背后隐藏着巨大的经济性浪费——经济增长中的挥霍性因素，这种不可持续的经济发展模式所带来的益处远远小于其损失。

摆正人与自然的关系，恢复人的"类"特性，遵循自然规律，按客观规律办事，这也只有到了共产主义，才能真正得到实现。共产主义"是人向自身，向社会的（即人的）人的复归，这种复归是完全的，自觉的而且保存了以往发展的全部财富的……它是人和自然之间，人和人之间的矛盾的真正解决，是存在和本质、对象化和自我确证、自由和必然、个体和类之间的斗争的真正解决"③。在现代公有制的社会里做到真正的劳动，人才有可能完成同自然界本质的统一，才能实现自然界的真正复活，也只有这种社会才能最终实现人的类自由，获得人的全面的解放发展，实现人的自然主义与自然的人道主义完美的结合。马克思主义创始人对人与自然之间，人和人之间矛盾的真正解决方案的设想，透射出他们对整个人类的终极命运的一种关怀，这应当成为生态文化构建的思想基点和归宿点。

总之，马克思主义在人类社会实践的历史发展中理解人类现实的自然界，提供了一种深刻的哲学视野；对人类与地球生态系统关系的人文关怀，体现着马克思主义哲学求真、求善、求美的科学世界观；实现人的解放和自然的解放的统一，确立了马克思主义哲学的价值追求。马克思主义生态哲学思想为构建生态文化体系提供了价值论与方法论的指导，将给予现实人以激励、导向和规范。

---

① 《马克思恩格斯全集》第 31 卷，人民出版社 1998 年版，第 251 页。
② 《马克思恩格斯选集》第 3 卷，人民出版社 1979 年版，第 517 页。
③ 《马克思恩格斯全集》第 42 卷，人民出版社 1979 年版，第 120 页。

（二）尊重、顺应、保护自然的思想原则

自然是人类文明的根基，协调人与自然的关系是人类自身生存的必然要求，中国特色社会主义生态文化应当坚持尊重、顺应、保护自然的思想原则。

1. 尊重自然

首先，尊重自然凝结着人类的生存智慧。人类生存所依赖的空气、水和土地都是大自然的馈赠，作为人类食物来源的绝大多数动植物物种也是自然进化的产物。在原始文明时代，人们通过采集和渔猎活动直接获取自然物为食物来源，其生存的条件主要依赖于盲目的自然力。人们作为生态食物链的高级物种，臣服于大自然，既感恩于大自然的馈赠，又对自然的力量心存恐惧，对自然的尊重隐含在对自然的崇拜之中。

农业文明时代，人类通过农耕和畜牧活动以利用和强化自然过程，利用自然的生物水土资源实现自然物的增殖，人类的生存初步摆脱了对自然的完全依赖。但是，农耕畜牧活动的成果不仅取决于人力资源的投入，而且取决于气候条件、水土资源。农耕生产受到自然资源制约而具有"靠天吃饭"的特征，决定了农业文明时代人类尊重自然的基本态度。

工具—技术系统进步奠定了工业文明的物质基础，高度发达的生产力强化了人们控制、改造和驾驭自然过程的力量。机器大工业生产不仅基本上摆脱了对自然条件的直接依赖，而且生产出一系列并不存在于自然状态下的产品，谱写了一曲工业文明"征服自然""控制自然"的主旋律，因而，征服和占有似乎就成了人们对待自然的基本态度。人们把知识和力量融为一体，创造了神奇的生产力，同时通过对自然的无情征服、疯狂掠夺而付出环境污染、生态破坏、资源枯竭等沉重的代价。20世纪下半叶以来愈演愈烈的全球性生态环境问题传达着这样的信息：人类所继承的生物圈和他所创造的技术圈业已失去了平衡，自然的惩罚使人类由于面临生存、发展的危机而处在历史转折点上。作为人类生活的两个世界——生物圈和技术圈之间的深刻矛盾恰恰是人类自己造成的，引起陷入生存困境的人们的反思，批判以往把地球自然作为征服和控制对象的狂妄，强调尊重自然对文明的延续和发展的必要性。

其次，尊重自然就是尊重人类自己的命运。人是自然生态系统的一个重要组成部分，其命运与地球自然生态系统中其他生命的命运休戚相关，

"必须与其他生物共同分享我们的地球"。其一，借助日益完善的工具——技术系统，人类可以主动利用自然力以减轻对自然的依赖，但是，却无法改变人类的生存依赖地球自然这一生存的基本前提。其二，人类对自然造成的破坏性后果最终会伤害到人类自己，当人们破坏生态系统的基本功能，大规模地毁灭物种，毁灭其他物种的栖息地，实际上就是毁灭自己生存的基础。实际上，人类对自然的伤害就是对自己的伤害。对自然的不尊重就是对自己的不尊重，必须选择尊重自然、不伤害自然，就是选择尊重自己、不想伤害自己。

尊重自然以认识自然系统整体性为基础，尊重并维护自然的完整性与稳定性，维护生态系统的平衡，保护生物多样性。自然系统的各个部分是相互联系的有机整体，对自然系统的组成部分的任意干扰都可能引起系统的失衡，造成难以弥补的伤害。尊重自然的系统整体性表明人类道德关怀的对象随着历史的发展而逐渐扩展。在最早的部落和氏族社会，只有本部落、本氏族的人才是人们的道德关怀对象，而其他部落和氏族的人在人们看来只是一种物品或财产，对他们的任意处置乃至杀害都不会受到道德的约束和谴责。人们的道德随着文明的发展而进步，道德关怀的对象逐渐扩展到了民族、国家乃至整个人类。生态文化认可人与自然的合作伙伴关系，对自然应心存感激，赋予自然以平等地位，把尊重自然作为处理人与自然关系的基本准则，应当把整个自然界作为道德关怀的对象。

最后，尊重自然是人类对自然规律认识的升华。从古代直到中世纪，人们考察自然的方式主要是整体式的，即对自然现象和过程进行一般性的思考。先哲们面对大千世界形形色色不断变化的万事万物，静观默想世界构成的始基、万物的本原以及万物具有的共性。在有限经验的基础上，通过猜测和臆想构建起关于自然界的整体模式，把万物的本原归于火、水、气等具体的物质，而不是单独研究个别实体。整体式探索企图一次性地认识所有的事物，不能具体地认识事物，不能获得关于自然界的知识，不能准确地解释自然现象，对自然的尊重难免带有盲目的成分而转换为神秘的臣服。

近代自然科学的崛起弘扬了人类的理性，牛顿力学在解释宇宙与地球自然现象取得了巨大成功，激发了人类对自我的高度自信。人们似乎可以凭借科学和理性的力量，把握自然界一切组成部分的相互关系，用一个通用的公式来描述从原子分子到天体、从无机物到生命等各种物体的运动，对未来宇宙发展演化如同对过去一样了如指掌；人们似乎已经揭示了上帝创世的奥秘，并且赋予自己以自然界主人的地位。作为自然界的主人，人们忽视了自然的系统整体性、历史延续性，把自然看成可以任意分解、为人所用的物件。人类彻底改变了以往对自然的谦卑态度，赋予自我支配自然的权利，一味征服自然却不懂得尊重自然。

诚然，人类意识是地球自然界达到自我认识之最美丽的花朵。人类的认识总是对认识所及的周围环境的认识，"我们只可能有以地球为中心的物理学、化学、生物学、气象学等等"①。人类"思维的至上性是在一系列非常不至上地思维着的人们中实现的"②。对于人类认识而言，不可认识的自在之物是不存在的，诚如恩格斯所言，人类的认识在长期发展中"是至上的，是能够认识现存世界的，只要足够长久地延续下去"③。但是，受到认识能力、认识条件与认识对象的限制，人类在特定的历史时代对自然界的认识总是有局限性的，甚至是错误的。因此，人类必须清醒认识到理性的局限性，认识到对自然认识的不完善性，以悟性作为理性的必要补充，对地球自然的系统整体性与历史发展性保持一种谦虚的态度，充分尊重自然、遵循自然的规律。

2. 顺应自然

人类文明植根于对象性存在的现实自然界，发展于开发、利用自然的社会实践，生存与环境的统一是人类社会实践的应有之义。尊重自然意味着人类在利用和改造自然时要顺应自然，遵循自然的基本规律是开发自然必须遵循的前提。

首先，顺应自然，才能实现实践活动的社会目的。

满足需求、谋求发展是人们作用自然的实践活动直接的社会目的。刚刚诞生于动物界的人类，工具简陋、社会生产力低下，尽管面对着异常强大的、外在的自然力，他们艰难地与庞大的自然界抗争，通过采集狩猎的方式拾取现成的自然物以满足自身生存的需要。"在启蒙时代，人类就不能在生产和消费所带来的尽情享乐中寻找他们的人生目的和意义，人的需要和欲望、梦想和追求，都囿于对物质利益的追求之中了。"④ 一方面，

---

① 《马克思恩格斯选集》第 3 卷，人民出版社 1995 年版，第 559 页。

② 同上书，第 554 页。

③ 同上。

④ ［美］里夫金、霍华德：《熵：一种新的世界观》，吕明、袁舟译，上海译文出版社 1987年版，第 22 页。

早期人类在生存的压力下，几乎无暇顾及其作用自然的行为可能引起的负面影响、消极后果；另一方面，早期人类仅仅是生态食物链上的高级物种，拥有相对丰富的自然资源，其行为对周围自然系统的干扰与影响毕竟有限。

人类在实践中逐渐推进工具—技术系统的进步，获得了日益强大的控制、支配自然力的现实力量，提升了人在自然界中的地位，形成了人与自然之间本质上的新关系。农业生产方式开启了对动物、植物与水土资源的开发利用，实现了自然物的增殖，改变了人对自然的依附地位。但是，农业生产的长期发展对于表土资源的过度消耗也造成了地域性的生态环境恶化，导致曾经灿烂的文明失去表土资源的支撑而突然消失在地平线下。工业化进程全面开发、利用作为劳动资料的自然资源，创造了神奇的生产力，创造了大量财富，把地球自然几乎都纳入社会历史进程，不仅改变了社会的面貌，而且改变了地表自然界的面貌。工业化大生产在资本逻辑支配下的无节制增长，激发人的进攻性特质，驱动人类对自然进行肆无忌惮的征服与掠夺，人类所创造的技术圈已然成为人类所依赖的生物圈的破坏性力量。"只要当今这种组织形式的现代工业文明带着强大的技术力量作为一个整体继续遵循着这种思维模式前进，鼓励人们为短期利益、局部利益而去操纵自然界，榨取自然界，那么，这种无坚不摧的力量将继续其摧毁地球的进程而不以任何人的所作所为而转移。"①

人类对地球自然的摧毁也就是对人类未来的摧毁，如果任由技术圈日益强大的力量不加约束地征服自然、破坏自然，地球生命力指数的急剧下降将使人类丧失赖以生存的自然基础而失去未来。在人类历史发展的转折点上，建设生态文化，改变人对自然的理解，形成顺应自然的思想原则，消除人类征服自然、破坏自然的精神动力，将引导人们化解文明进程中与自然的对立与对抗，走向可持续发展的未来。

人们在与自然的物质变换过程中应当遵循自然的规律、顺应自然，在顺应自然中转变人与自然物质变换的模式，以实现人类与自然和谐共处、协同发展的双重目的。一方面，顺应自然不应当影响满足人的社会需求的目标，推动人类与自然的物质变换是满足人们不断增长的社会需求的前提

---

① ［美］阿尔·戈尔：《濒临失衡的地球》，陈嘉映等译，中央编译出版社1997年版，第237页。

和基础，即使面对日益严重的全球性生态环境问题，我们也不能因噎废食，以顺应自然为由，鼓动人们返回原始社会，重新沦为大自然生态食物链的高级物种，原始采集狩猎的生产方式是无法满足地球人的需求的。另一方面，顺应自然强调在经济社会发展中实现人与自然的积极平衡的理想目标，人与自然交换活动应当遵循而不是违背自然界的客观规律，活动的结果应当有利于维护而不是破坏地球自然系统的整体性、复杂性，促使纳入社会历史进程的人类现实的自然界能够沿着有序化方向进化、发展，使作为"自然存在物"及"社会存在物"的人与其赖以生存的自然环境之间达到和谐。

其次，顺应自然赋予地球自然的基础性地位。

顺应自然赋予自然资源与环境容量在人与自然关系中的基础地位。人是自然界的一部分，诞生于地球生命的进化过程，生存于地球自然之中，地球是唯一适合人类生存的场所，作为人类现实自然界的主体，对于人类多数而言具有不可超越性。人类生存与发展的基础在于地球环境与资源，顺应自然作为人类维护生态平衡和净化生存环境的必然要求，构成协调人与自然关系应该包含的基本内容。

顺应自然明确表达地球自然对于人类生存的极端重要性，目的就在于"使人民在良好生态环境中生产生活，实现经济社会永续发展"。尽管人类实际上是自然界特殊的一部分，在自然界中处于优先地位，但是，人类非凡的生存能力深深植根于周围自然环境，人类的生存离不开与自然的物质、能量、信息的交换，人类与地球自然有着共同的命运。

人类赋予地球自然的基础性地位，就应当以地球生物圈的健康生存的需要来约束和限制人类对待自然的行为。人们只有致力于建立人与自然的积极平衡关系，才能引导人类从与自然的对立走向和谐，奠定人类整体持久生存与发展的外部自然基础。我们应当摒弃把自然理解成生产原料、视环境为排放废弃物场所的错误观念，改变以浪费自然资源、破坏生态环境为代价的片面追求经济增长的物质资料生产模式。同时，我们在反思、批判传统工业文明存在的反自然的本质、传统人类中心主义的狂妄与独断，不能无视人类生存的需要、自身的利益，如果为保护地球生物圈的健康、顺应自然而采取以人类自我为敌的极端自然主义，理论上必然陷入困境，实践上则完全是不可行的。

最后，顺应自然与利用自然是辩证统一的。

生态文化是人的文化，其出发点和最终归宿在于营造有利于人类生存与发展的文化氛围。因此，顺应自然和利用自然是辩证统一的，不能违背以人为本的宗旨。马克思主义认为，"全部人类历史的第一个前提无疑是有生命的个人的存在"①，顺应自然不仅是认识问题，而且是人类社会实践必须遵循的课题，在顺应自然的前提下作用自然，实现人与自然的物质变换，是其应有之义。

顺应自然首先体现在物质生活资料的生产中实现人与自然的积极平衡。人们"为了生活，首先就需要吃、喝、住、穿以及其他一切东西"②，天然自然所能够提供的现成生活资料远远无法满足当代人的生存与发展需求。在生存的压力下，人们追求生存的自然本性可能导致"必须重新开始争取必需品的斗争，全部陈腐污浊的东西又要死灰复燃"③，其中包括不择手段地榨取自然，从自然中获取生存必需品。因此，通过作用自然提升物质变换的水平，创造了消除贫困、化解人类基本物质需求方面的挑战的必要条件，避免了人们为了短暂的生存需求而付出昂贵的环境代价，成为顺应自然的基本前提。

1987年，"世界环境与发展委员会"发表了《我们共同的未来》的报告。报告深刻指出，在过去，我们关心的是经济发展对生态环境带来的影响，而现在，我们正迫切地感到生态的压力对经济发展所带来的重大影响。因此，我们需要有一条新的发展道路，这条道路不是一条仅能在若干年内、在若干地方支持人类进步的道路，而是一直到遥远的未来都能支持全球人类进步的道路。④ 报告把人们从单纯考虑环境保护的习惯性思路引导到把环境保护与人类发展切实结合起来，生动地体现了顺应自然与作用自然辩证关系的精髓，实现了人类有关环境与发展思想的重要飞跃。

3. 保护自然

首先，保护自然就是保护人类的当下和未来。

从人与自然的关系看，人从自然界分化产生出来，"就像牲畜一样慑

---

① 《马克思恩格斯选集》第1卷，人民出版社1995年版，第67页。

② 同上。

③ 同上书，第86页。

④ 世界环境与发展委员会：《我们共同的未来》，http://wenku.baidu.com/view/d670574fe518964bcf847c91.html? from=search。

服于自然界"①，人类发展的历史就是借助工具技术系统的进步，不断加强对自然力的利用以抗拒自然压力的历史，一方面不断冲破地域的束缚，以获得更加广阔的生存空间，另一方面不断发掘各种自然资源以获得更加丰裕的生产生活资料。如果说农业文明时代取得了开发利用自然的初步成功，却在这个星球上留下一串串荒漠化的足迹，"文明人走过地球表面，在他们足迹所过之处，留下一片荒漠"②，那么可以说工业文明创造的神奇生产力造成了全球范围内人与自然的对立与对抗。20世纪下半叶以来，在经济增长、人口增加的双重压力下，尽管环境保护事业发展迅速，全球性生态环境问题却愈演愈烈，对人类的生存与发展构成了严重的威胁。21世纪初，科学家忧心忡忡地警告世人：人类活动正在加剧对自然的侵蚀，成为导致地球上第六次物种大灭绝的主导因素。处于生物链顶端的人类或许正在成为地球上最濒危的动物，难逃其他物种所面临的厄运。

　　人类的生存依赖于地球自然，需要保护地球自然。1972年，在斯德哥尔摩召开了第一次全球环境保护会议，作为会议背景材料，《只有一个地球》出版，该书全面阐述了当时全球面临的环境问题，在人类史上第一次呼唤出一个最响亮的口号：只有一个地球。作者明确指出地球环境是人类的福祉，"在这个宇宙中，只有一个地球在独自孕育着全部生命体系。地球的整个体系由一个巨大的能量来赋予活力。这种能量通过最精密的调节而供给了人类。……难道人类的全部才智、勇气和宽容不应当都倾注给它，使它免于退化和破坏吗？我们难道不明白，只有这样，人类自身才能继续生存下去吗？"③"我们已经进入了人类进化的全球性阶段，每个人显然有两个家园，一个是自己的祖国，另一个就是地球这个行星。"④保护地球自然就是保护人自己的"无机身体"，归根到底是为了保护人类的当下和未来。

　　其次，保护地球自然是人类的使命。

　　人类作为地球生态正向演替创建中出现的有文化的生物种，源于动物

---

① 《马克思恩格斯选集》第1卷，人民出版社1995年版，第35页。

② ［美］卡特、戴尔：《表土与人类文明》，庄嫒、鱼姗玲等译，中国环境科学出版社1987年版，第7页。

③ ［美］B.沃德、L.杜博斯：《只有一个地球》，国外公害资料编译组译，石油化学工业出版社1976年版，第16页。

④ 同上。

界，高于动物界，是唯一能够认识自然规律，预测未来可能发生的大自然的"报复"，主动创造"文化范式"揭示自然对人的"越限"行为的强制关系，主动协调人与自然关系的物种。善待自然、保护生态环境，人类责无旁贷，绝不能把责任推给不会主动表明自己意志的自然界。

确立人的主导地位。人类作为地球自然的长子，既是生态环境的受益者，又是生态环境灾难的受害者，对于推动文明发展的转型，化解生态环境灾难负有历史担当，人类是唯一能够创造使用工具以开发利用自然力的物种，拥有协调人与自然系统的力量。确立人化解全球性生态环境问题的主导作用，不仅有必要，而且有可能。"人在伦理学中包括人—环境系统的伦理方面的中心地位绝不意味着侵害或压抑自然界。相反，人和他的需要成为伦理学体系的中心，反映人作为智慧的体现者在维护、组织和发展自然界本身方面、在对抗惰性物质熵化方面的指导作用"①。

提升自然对人类生存的支撑能力。一方面，地球是人类现实的自然界的主体，通过资源的循环利用、新资源的开发、资源的深度加工等途径努力提升地表自然的支撑力，实现自然产出的最大化，使有限的地球资源得到充分有效的利用；另一方面，通过发展航天航空技术，加速人类对地球空间的超越，使人类获得更加广阔的生存空间，减轻人类生存对其现实的自然界的压力。发端于20世纪中叶的空间时代似乎提供了人类社会超越地球空间局限的可能性，实现从"社会—地球"系统向"社会—宇宙系统"过渡，或许可以成为摆脱地球环境压力与生态灾难的现实途径。"在可以预见的将来，人类为了保证自己在自然环境中的前进运动、进步和扩展，必须抵制日益增长的自然界的反抗、克服这种反抗。地球空间和资源的局限性，迫使人们在地球上寻找完善生活设施的新方法，开发宇宙天体使之成为适宜生产和生活的地点。"②

最后，敬畏自然是保护自然的必要补充。

人类与自然的物质变换具有特定的社会目的性，有力地促进社会进步、文明发展，并且使自己从动物界提升出来。"如果说动物不断地影响它周围的环境，那么，这是无意地发生的，而且对于动物本身来说是偶然的事情，但是人离开动物愈远，他们对自然界的作用就带有经过思考的、

---

① ［苏］什科连科：《哲学、生态学、宇航学》，范习新译，辽宁人民出版社1988年版，第23页。

② 同上。

有计划的、向着一定的和事先知道的目标前进的特征。"① 人们通过物质变换改变自然界，在自然界上打下自己意志的印记，改变自然界、支配自然界来为自己的目的服务。但是，实践的社会后果往往南辕北辙，破坏了人类赖以生存的外部自然，侵蚀了人类生存的自然基础，危及了自然与人类自身的生存。早在 19 世纪，恩格斯就告诫人们，对于我们取得的改造自然界的胜利"不要过分陶醉"②。

　　21 世纪人类保护自然的使命要求我们对自然心怀敬畏之心。大千世界浩瀚宇宙人类不知的东西太多了，自然系统的唯一性，自然规律铁的必然性，自然破坏后果的灾难性，"人们在复杂现象上的知识太有限，以至于根本无法为匆匆做出启示性结论的做法进行辩护"③。

　　首先，敬畏自然的系统整体性，不要任意肢解自然。一方面，理解、尊重地球自然的系统整体性，确立生态系统是一个生命共同体的理念，认识自然生态各个要素的相互联系、相互作用，统筹考虑山水林田湖的综合治理，河流流域上下游的系统修复，地上地下、陆地海洋的整体保护，增强生态系统循环能力，维护生态平衡；另一方面，不要任意干扰破坏地球自然系统的整体性，滥施斧锯于草木，滥施刀枪于禽兽，滥施机械于山水，滥放烟雾于天空。

　　其次，敬畏自然的内在规律性，不要任意干扰自然的进程。对于自然界不知的东西，对于人类作用自然的行为后果的不确定性，首先要存一个敬畏之心，体现出人类对自然历史演化及其固有规律的尊敬，对人类任意干预自然行为的后果心存畏惧。"从所出现的一系列问题来看，自然界的机遇性不仅看起来像是被统治性，而且事实上已经成了'被统治性'。科学在 20 世纪的发展历程及其在原则方面的不确定性和或然性已经充分证实了这一点。人们的物质活动在改变自然界的同时也使自然界的发展本身呈现出一种不确定性。"④ 20 世纪 90 年代，我国水利界出现两个标志性事件：黄河断流，内陆河流如黑河、塔里木河出现断流。钱正英开始反思："我们多年来一直强调治河、用水，黄河领域的开发历史有两千年以上。

---

① 《马克思恩格斯选集》第 3 卷，人民出版社 1995 年版，第 516 页。

② 同上书，第 517 页。

③ ［美］詹姆斯·奥康纳：《自然的理由——生态学马克思主义研究》，唐正东、臧佩洪译，南京大学出版社 2003 年版，第 224 页。

④ 同上书，第 9 页。

难道断流才是我们治河、用水的最终结局？"① 20世纪50—60年代，我国水利事业的指导思想是一边强调治河，一边强调水利为农业生产服务；到60年代后期，伴随着工业和城市的发展，我们的指导思想变成了水利不仅要为农业生产服务，而且要为工业和城市发展服务，为国民经济建设服务。现在这种思想依然是我国水利工作的基本思路。钱正英思索：每一条河流都有其水文功能、地质功能和生态功能，人类究竟应该以多大的力度来开发与利用河流呢？在调查中，钱正英发现：塔里木河大西海子水库蓄水之日，就是下游断流之时；石羊河上的红崖山水库建成之日，也就是下游断流之时。她强调修水库开发利用水资源要防止片面性，要通过水库合理配置水资源，使人与自然和谐共处。通过调查洪水治理恶性循环，她在国内第一次提出人类要与洪水和谐共处的观点。②

最后，敬畏人工自然物，不能任意加以损毁。在生产力高度发达的现代，人们干扰、控制和征服自然的力量已经大大加强，已经改变了文明早期形成的以自然为主宰、以人类为仆人的不平等的关系，狂妄地以征服自然、支配自然为己任。在资本主义制度下，人类现实的自然界被商品化，成为资本追逐金钱的附庸，带给自然保护的危害不容低估："它不是作为一种商品生产出来，却被当作一种商品来对待。"③ 消费品作为人与自然进行物质、能量、信息交换的物质结晶，其内在的使用价值，具有满足人类生存与发展特定需要的功能。在消费社会，消费品被赋予了符号象征意义，在很大程度上成为人们身份的印证、标榜社会地位的手段，其使用价值方面的功能对于价值的实现已经被无限弱化了。"我们庞大而多产的经济……要求我们使消费成为我们的生活方式，要求我们把购买和使用货物变成宗教仪式，要求我们从中寻找我们的精神满足和自我满足……我们需要消费东西，用前所未有的速度去烧掉、穿坏、更换或扔掉。"④

消费品作为人工自然物，既是劳动的结晶，更是以天然自然物为来

---

① 《一个"老水利"的思索——访原水利部长钱正英院士》，《科技日报》2005年12月12日第1版。

② 同上。

③ ［美］詹姆斯·奥康纳：《自然的理由——生态学马克思主义研究》，唐正东、臧佩洪译，南京大学出版社2003年版，第229页。

④ ［美］艾伦·杜宁：《多少算够——消费社会与地球未来》，毕聿译，吉林人民出版社1997年版，第5页。

源，过度消费必然以对资源的掠夺性开发为基础，对生态环境的干扰破坏为结局。由于人类认识的局限性，行为后果对自然影响的不确定性，我们需要亲近自然、感激自然，敬畏作为产品的人工自然物，珍惜各种消费品，使消费欲望统一于合理的物质需求的满足，形成合理消费方式。

二　现代西方生态文化：中国特色社会主义生态文化建设可借鉴的思想资源

在人与自然的关系问题上，西方工业文明的文化坚持的是人类中心主义的价值观念，坚持征服自然、战胜自然的思想。西方文化中的这种人类中心主义价值观念与征服自然、战胜自然的思想源远流长，可以追溯到古希腊和罗马哲学观念的影响，以及基督教教会从其犹太教起源上所继承的那些观念，这些观念隐含着一系列对人与自然关系的思想，即人是凌驾于自然之上的，人类是被放置在一个支配自然界其他部分的位置上，有统治自然界的权力，自然界的其他部分从属于人类；人与自然是处于对立状态的；人要在征服自然、战胜自然的斗争中才能求得生存。这些思想观念影响深远，在很大程度上铸造了西方文化在人与自然关系上的基本态度。尽管还有另外一种观念，认为人类对于守护自然世界有责任，但是，它只是一种非主流的观念。

自工业革命以来，随着人们改造自然的能力的增强，其对自然的影响也就不断加大，并带来了一系列环境问题：森林和耕地减少、土地退化和沙漠化、水土与大气污染、物种灭绝、臭氧层破坏、温室效应等。这些由于人类自己的行为造成的人类生存环境的恶化，威胁着当代全球所有国家、地区和人民的利益，也威胁到后代人和整个人类的未来的生存发展，涉及地球生命维持系统的持续发展。面对如此严重的生态环境危机，一些敏锐的思想家开始对人类的行为进行反思，对近代以来西方占主导地位的人统治和主宰自然的思想提出了疑问，认为需要重新认识和调整人与自然的关系，现代西方生态文化便应运而生。

现代西方生态文化的基本观念主要通过环境伦理学（又称生态伦理学）表现出来。环境伦理学正是通过对人与自然之间道德关系的研究和探索，把人类的道德关怀扩展到整个生态环境领域，从而为人类保护地球家园、解决生态危机提供了新的价值导向和理论指导。

19 世纪下半叶到 20 世纪初，是西方环境伦理学的孕育阶段。1923 年法国著名学者阿尔贝特·施韦泽发表《文明的哲学——文化与伦理学》，首次提出创立环境伦理学的主张。1949 年，美国著名的环境保护主义者奥尔多·利奥波特的《沙乡年鉴》一书出版，它被公认是一部系统的环境伦理学著作，标志着环境伦理学正式成为一门相对独立的学科。此后，环境伦理问题成为西方伦理学界研究的热点。经过半个多世纪的发展，西方环境伦理学学派纷呈，百家争鸣，而各种观点相互竞争，也使得环境伦理学有了较为全面、系统的发展。从不同的层面、不同的角度，可以分出很多不同的学派。但如果以伦理价值主体为宗旨，学术界比较一致的观点是，可以把西方环境伦理学的诸多学派归纳或概括为人类中心主义和非人类中心主义两大类。

（一）人类中心主义的基本理念

人类中心主义的价值观，是指以人类的价值为尺度来解释和对待整个世界的一种观点，它是工业文明时代关于人与自然关系的主导观念。环境伦理学通常所理解的人类中心主义有传统与现代之分。传统人类中心主义是一种以人为宇宙中心的观点，它把人看成大自然唯一具有内在价值的存在物，认为人必然是构成一切价值的尺度，而自然及其存在物不具有内在价值而只有工具价值。因而，生态实践的出发点和归宿只能是人的利益。从伦理的角度看，人对自然并不存在直接的道德义务。这样，人类中心主义就自然地把自然及其存在物从人的道德关怀领域中排除出去。这种观点根植于工业文明内部的基本价值观念，它意味着人的中心地位的高扬，包含着把大自然仅仅视为对象性的存在，人类可以随意支配、主宰自然的思想，以及通过对自然的征服来满足人类日益增长的需求的主张。它主要表现为：集团利己主义、代际利己主义、人类主宰论、粗鄙的物质主义和庸俗的消费主义、科学万能论和盲目的乐观主义。因此，在当代，人类中心主义往往被看成一种有缺陷的伦理观念，被认为是现代生态危机的罪魁祸首，特别是激进的环境保护主义者猛烈抨击的首当其冲的对象。

正是基于传统人类中心主义的缺陷，一些思想家才试图用一种比较温和的人类中心主义来解释和说明，意欲能够在人类中心主义的价值观伦理框架中使环境问题得到完满的解决。这种思想被称为现代人类中心主义。它的代表人物主要有美国环境伦理学家诺顿（B. Norton）和植物学家墨迪

(W. Murdy) 等人。他们认为基于人类利益能为保护自然环境的行为提供有力的证据。现代人类中心主义并不一味地排斥非人类存在的内在价值，他们或承认非人类存在的内在价值，或通过消解内在价值来坚持人类中心主义。这样，现代人类中心主义大多能从一种开明的自我利益观出发，将以人为中心的伦理学向外延伸，不仅按照人的"利益平等"原则将道德关怀延伸到子孙后代，而且还依据为了人类利益的原则，将人类道德关怀延伸到非人类存在物。因此，它与传统意义上的人类中心主义已有所不同：虽然它的价值观依然是功利性的，但依据的不再是传统的狭义的价值即市场价值观念，而是一种广义的价值观念；它主张环境与生态保护行为的选择取决于环境的直接使用价值、间接使用价值、选择价值和存在价值。这种价值伦理观经过了弱人类中心主义者的修正以后，以一种现代的形式出现，赢得了功利主义环境保护者与资源经济学家的欢迎。①

人类中心主义的环境伦理观虽然有许多的表现形式，但其基本观点却是相同的，概括起来主要有以下几点。

第一，"人类中心主义"是一种价值论，是人类为了寻找、确立自己在自然界中的优越地位、维护自身利益而在历史上形成和发展起来的一种理论假设。这是人类中心主义者立论的基本假设。

第二，人类的整体利益和长远利益是人类保护自然环境的出发点和归宿点，是促进人类保护自然行为的依据，也是评价人与自然关系的根本尺度。这是人类中心主义者的基本信念。

第三，在人与自然的关系上，人是主体，自然是客体；人处于主导地位，不仅对自然有开发和利用的权利，而且对自然有管理和维护的责任及义务。这是人类中心主义者社会实践的基本原则。

第四，人的主体地位，意味着人类拥有运用理性的力量和科学技术的手段改造自然和保护自然以实现自己的目的和理想的能力，意味着人类对自己的能力的无比自信和自豪。这是人类中心主义的基本信念。②

进入 20 世纪 70 年代以后，人类中心主义的环境价值观受到越来越多学者的批判和诘难，作为对人类中心主义的反思甚至反叛，各种非人类中心主义的价值观迅速崛起，并从历史和经验、理论和实践层面，指出人类

---

① 徐嵩龄主编：《环境伦理学进展——评论与阐释》，社会科学文献出版社 1999 年版，第426 页。

② 傅华：《生态伦理学探究》，华夏出版社 2002 年版，第 15—16 页。

中心主义自身所存在的困境和缺陷。

其一，人类的理性是有限的，知识是不完备的，根本不可能完全知道自然界的事物对人类的影响和作用，也许我们今天认为毫无用处的自然存在物，将来就是一种新的资源。如果我们由于目前无法确认它的价值而将其毁灭，这难道不是对后代的犯罪？从人的利益出发对待自然，把危害人类生存的物种毁灭，将来又会产生什么影响，这些我们现在无法预料，总之人的理性不可能顾全到人类的整体利益和长远利益。其二，人所具有的特殊属性不应视为人类高于其他动物且有权获得道德关怀的根据。人类中心论者认为正是因为人类具有其他动物不具有的特性，道德才与人有关而与其他存在物无关。但像胎儿、婴儿、智障人士等具有的特征动物都具有，为什么他们有权获得道德关怀，而具有这些能力的动物就没有资格获得道德关怀呢？肤色、种族、智商不应作为是否获得道德关怀的根据，同样，腿的数量、皮肤上的绒毛、骨骼结构等的差异，也不是决定一个存在物是否获得道德关怀的理由。其三，从历史角度看，道德关怀的对象范围正在不断扩大，从原始部落道德对象只限于本部落的成员到现代扩大到了包括所有种族的整个人类，而且目前正在向动植物扩大，为什么它就不会突破生物的范围，扩大到地球上所有存在物呢？非人类中心主义者认为这是一种必然的趋势，理性、道德自治力和自我意识并不是获得道德关怀的必要条件。既然我们能对婴儿、智障人士和诸如公司、社团、国家等组织指定或选定一个代理人捍卫他（它）们的正当权利，为什么我们就不能把这种"代理人"扩展到非人类存在物身上来维护它们的道德权益呢？

当然，许多人类中心主义者，尤其是现代人类中心主义者，针对这些批评也进行了辩护和回应，阐释了现代人类中心主义所存在的价值合理性。

（二）非人类中心主义的基本理念

非人类中心主义是包容广泛的当代环境主义思潮的总称，其基本特点是：拒绝人类中心主义，主张以自然为中心看待自然事物的价值，确定人与自然的道德关系；认为人与自然是平等的主体关系；自然是作为人的另一极而存在因而具有被道德关心的理由；自然价值和自然权利是自然成为道德顾客的内在依据。它包括多种形态，这里主要介绍动物解放/动物权利论、生物平等主义、生态整体主义的基本观点。

1. 动物解放/动物权利论

辛格（P. Singer）是澳大利亚哲学家、当代世界动物保护运动的核心人物，著有动物解放论的经典著作《动物解放》。以他为代表的动物解放论从功利主义伦理学出发，认为把动物排除在道德考虑之外与早先把黑人和妇女排除在外同出一辙。他称之为"种别主义"或"物种歧视主义"（speciesism），把它与"种族主义"（racism）和"性别主义"（sexism）相提并论。他指出，正如基于种族和性别的差异而否认黑人和妇女具有平等的道德地位在道德上是错误的一样，基于物种的差异而否认动物具有平等的道德地位同样是不正确的。因此，应当把"平等地关心所有当事人的利益"这一伦理原则扩展应用到动物身上去。在功利主义看来，凡能带来快乐的行为就是善的行为，凡带来痛苦的行为就是恶的行为。动物也能感受苦乐，因此，我们必须要把动物的苦乐也纳入我们的"道德计算"中来。痛苦就是痛苦，不管它是发生在人身上还是发生在动物身上；带来痛苦的行为永远是不道德的行为，不管痛苦的承受者是人还是动物。因此，我们有义务停止我们那些给动物带来痛苦的行为。

由于不同动物（包括人）的利益有时会发生冲突，因而动物解放论提出了协调不同动物的利益冲突的"种际正义原则"，即在解决动物物种之间的利益冲突时，必须要考虑两个因素：发生冲突的各种利益的重要程度（是基本利益还是非基本利益）和其利益发生冲突的各方的心理复杂程度。种际正义原则的基本要求是：一个动物的基本利益优先于另一动物的非基本利益，心理较为复杂的动物的利益优先于心理较为简单的动物的类似利益。

以美国哲学家雷根（T. Regan）为代表的动物权利论从康德的道义论伦理学出发，认为我们之所以要保护动物，是由于动物和人一样，拥有不可侵犯的权利。权利的基础是"天赋价值"；而人之所以拥有天赋价值，是由于人是有生命、有意识的生命主体：拥有期望、偏好、感觉、记忆、认同感和实现自己意愿的能力，拥有一种伴随着愉快和痛苦的生活以及独立于他人的功用性的个体幸福状态。然而，成为生命主体的这些特征，动物（至少是心理较为复杂的哺乳类动物）也具有。因而，动物也拥有值得我们予以尊重的天赋价值。这种价值赋予了它们一种道德权利，即获得尊重的权利。这种权利决定了我们不能把它们仅仅当作促进我们的福利的工具来对待，就像我们不能以这种方式来对待其他人那样。

　　动物解放/动物权利论无疑是对传统的道德观念和生活习惯的巨大挑战。雷根明确指出，动物权利运动是人权运动的一个部分。辛格亦认为，动物的解放是解放事业的继续；动物解放运动比起任何其他的解放运动，都更需要人类发挥利他的精神。

　　2. 生物平等主义

　　从关心人的福利到关心动物的福利，这是提升人的道德境界的有效途径，但是，许多环境伦理学家仍然认为，动物解放/动物权利论的道德视野还不够宽阔，对动物之外的生命还缺乏必要的道德关怀，因而他们决心继续扩展伦理关怀的范围，使之容纳所有的生命。史怀泽（A. Schweitzer）的敬畏生命的伦理理念和泰勒（P. Taylor）的尊重大自然的伦理思想从两个不同的角度阐释了生物平等主义的基本精神。

　　史怀泽是法国著名哲学家，他在《文明的哲学——文化与伦理学》一书中提出了敬畏生命的伦理学思想。敬畏生命的基本要求是：像敬畏自己的生命意志那样敬畏所有的生命意志，满怀同情地对待生存于自己之外的所有生命意志。善的本质是保持生命、促进生命，使可发展的生命实现其最高的价值；恶的本质是毁灭生命、伤害生命，阻碍生命的发展。一个人，只有当他把所有的生命都视为神圣的，把植物和动物视为他的同胞，并尽其所能去帮助所有需要帮助的生命的时候，他才是有道德的。当然，人的生命也值得敬畏。为了维持人的生命，我们有时确实得杀死其他生命。但是，我们只有在不可避免的情况下，才可伤害或牺牲某些生命，而且要带着责任感和良知意识做出这种选择。敬畏生命的伦理可以帮助我们意识到这种选择所包含着的伦理意涵和道德责任，它可以使我们避免随意地、粗心大意地、麻木不仁地伤害和毁灭其他生命。

　　泰勒是美国哲学家，他在《尊重自然界：一种生态伦理的理论》一书中，继承和发挥了史怀泽的生态伦理学思想。他的尊重大自然的伦理学认为，人只是地球生物共同体的一个成员，他与其他生物是密不可分的；人类和其他物种一样，都是一个相互依赖的体统的有机构成要素；每一个有机体都是生命的目的中心；人并非天生就比其他生物优越。对人的优越性观念的抛弃，就是对物种平等观念的接受。因此，所有的物种都是平等的，都拥有同等的天赋价值；而一个有机体一旦被视为拥有天赋价值，那么，人们对它所采取的唯一合适的态度就只能是尊重。所谓尊重大自然，就是把所有的生命都视为拥有同等的天赋价值和相同的道德地位的实体，它们都有权获得同等的关心和照顾。

为了使"尊重大自然"这一终极性的伦理态度具有可操作性，泰勒还提出了四条环境伦理规范以及与这四条规范相应的环境伦理美德：不作恶的原则——关照的美德；不干涉的原则——敬重和公正的美德；忠诚原则——诚信的美德；补偿正义原则——公平和平等的美德。我们有尊重其他生命的义务，也有尊重人的义务；人的福利与其他生命的福利常常发生冲突。为此，泰勒提出了五条化解这种义务冲突的伦理原则：自卫原则、对称原则、最小错误原则、分配正义原则和补偿正义原则。

3. 生态整体主义

生物平等主义虽然关心个体，但却否认生物共同体的实在性，否认人对物种本身和生态系统负有直接的道德义务，这与现代生态学对生物之间的相互联系、相互依存以及由生物和无生物组成的生态系统的重视和强调是不协调的。受现代生态学的启发，生态整体主义认为，一种恰当的环境伦理学必须从道德上关心无生命的生态系统、自然过程以及其他自然存在物。环境伦理学必须是整体主义的，即它不仅要承认存在于自然客体之间的关系，而且要把物种和生态系统这类生态"整体"视为拥有直接的道德地位的道德顾客。据此，生态整体主义从不同角度（即大地伦理学、深层生态学和自然价值论、盖娅假说）阐发了保护生态系统的伦理理由。

美国生态主义者利奥波德（A. Leopold）是生态整体主义的开创者。他的《沙乡年鉴》一书被当代环境主义者誉为"圣书"，他提出的大地伦理学的宗旨是要扩展道德共同体的边界，使之包括土壤、水、植物和动物，或由它们组成的整体：大地，并把人的角色从大地共同体的征服者改变成大地共同体的普通成员与普通公民。这意味着，人不仅要尊重共同体中的其他伙伴，而且要尊重共同体本身。这是由于，人不仅生活在社会共同体中，也生活在大地共同体中；而人只要生活在一个共同体中，他就有义务尊重共同体中的其他成员和共同体本身。这种义务的基础就是：共同体成员之间因长期生活在一起而形成的情感和休戚与共的"命运意识"。

因此，道德情感是大地伦理学的一个重要基础。利奥波德明确指出：不能想象，在没有对大地的热爱、尊重、敬佩以及高度评价它的价值的情况下，能够有一种对大地的伦理关系。当然，大地伦理学又不仅仅是一个情感问题。大地伦理的进化不仅是一个感情发展过程，也是一个精神发展过程。当伦理的边界从个人推广到共同体时，它的精神内容也增加了。大地伦理学的这个新的精神内容就是："一件事情，当它有助于保护生命共同体的完整、稳定和美丽时，它就是正确的；反之，它就是错误的。"因此，大地伦理学把生物共同体的完整、稳定和美丽视为最高的善，把共同体本身视为确定其构成部分的相对价值的标准，视为裁定各个部分的相互冲突的要求的尺度。

由挪威哲学家内斯（A. Naess）开创的深层生态学包括两个基本的伦理规范：第一，每一种生命形式都拥有生存和发展的权利；若无充足理由，我们没有任何权利毁灭其他生命。第二，随着人们的成熟，他们将能够与其他生命同甘共苦。前一规范即生物圈平等主义，后一规范即自我实现论。

深层生态学的生物圈平等主义与生物平等主义的基本精神是大致相通的，它的独特贡献是自我实现论。深层生态学所理解的"自我"是与大自然融为一体的"大我"（Self，以大写字母开头），而不是狭隘的"自我"（self，以小写字母开头）或本我（ego）。自我实现的过程，也就是逐渐扩展自我认同的对象范围的过程。通过这个过程，我们将体会并认识到，我们只是更大的整体的一部分，我们作为人和人的本性，是由我们与他人以及自然界中其他存在物的关系所决定的。因此，自我实现的过程，也就是把自我理解并扩展为大我的过程，缩小自我与其他存在物的疏离感的过程，把其他存在物的利益看作自我的利益的过程。

以美国哲学家罗尔斯顿（H. Rolston）为代表的自然价值论把人们对大自然所负有的道德义务建立在大自然所具有的客观价值的基础之上。在自然价值论看来，价值就是自然物身上所具有的那些创造性属性，这些属性使得自然物不仅极力通过对环境的主动适应来求得自己的生存和发展，而且它们彼此之间相互依赖、相互竞争的协同进化也使得大自然本身的复杂性和创造性得到增加，使得生命朝着多样化和精致化的方向进化。价值是进化的生态系统内在地具有的属性；大自然不仅创造出了各种各样的价值，而且创造出了具有评价能力的人。

生态系统是价值存在的一个单元：一个具有包容力的重要的生存单元，没有它，有机体就不可能生存。共同体比个体更重要，因为它们相对来说存在的时间较为持久。共同体的美丽、完整和稳定包括了对个性的持续不断的选择。因此，生态系统所拥有的不仅仅是工具价值和内在价值，它更拥有系统价值。这种价值并不完全浓缩在个体身上，也不是部分价值的总和，它弥漫在整个生态系统中。由于生态系统本身也具有价值——一种超越了工具价值和内在价值的系统价值，因而，我们既对那些被创造出来作为生态系统中的内在价值之放置点的动物个体和植物个体负有义务，也对这个设计与保护、再造与改变着生物共同体中的所有成员的生态系统负有义务。①

英国大气学家拉伍洛克（J. E. Lovelock）提出一种生态学，以盖娅来命名，称之为"盖娅假说"。盖娅是古希腊神话中的大地女神，其他许多神都是她的后代。"盖娅假说"生态伦理学认为，地球大气圈以下的表面覆盖着一个生命系统，土壤、岩石圈表层以及整个生命界，被生产和转化的地球过程连续地替换，总起来构成一个自形成的网络；在这个网络中，生命系统和非生命系统复杂地交织着，并被不同尺度的巨大反馈回路所调节。"盖娅假说"复活了地球母亲的观念，并赋予其现代意义，因而是一种新的地球系统观。

西方非人类中心主义各个学派具体观点各不相同，甚至存在许多理论分歧，但在以下一些基本方面观点是一致的。

第一，他们都主张应当把伦理学的视野从人扩大到一切生命和自然界，人应当关怀它周围的所有人和所有生物的生命，给予需要它的人以真正人道的帮助，给予所有生物以道德的关怀。

第二，他们都认为生命和自然不仅有外在价值，而且具有内在价值。正因为如此，人类必须确认它们在一种自然状态中持续存在的权利，不仅把它们视为对人类有用的工具，而且应当把它们视为一种活的存在。

第三，他们都强调人类在生态系统中的特殊作用。人类的生物本性和文化本性，决定了人类既是地球生态系统中的普通成员，又是地球生态系统的信息观察者和保持生态平衡的道德代理人，能肩负起地球上生命的重托和希望。这是地球生物圈赋予人类的责任和义务，也是人类不可推卸的历史使命。

非人类中心主义也遭受到各方面的诘难，特别是其企图通过放弃人类的主体地位来求得人与自然的和谐，被认为是一种悖谬：主张自然生态的价值高于人类的价值，自然生态成为价值主体和伦理主体，要求人类为了自然生态平衡而放弃自己的主体地位，放弃认识和改造自然的实践活动，

---

① 杨通进：《环境伦理学的基本理念》，《道德与文明》2000 年第 1 期。

这样就走进了为保护自然而保护自然的误区。①

总起来说，现代人类中心主义与非人类中心主义的环境伦理观各有其合理的理论成分，但各自也都存在理论缺陷。现在，也出现了企图整合并超越两派理论而形成新的环境伦理视角的观点。

如前所说，由于生态问题最早发生在工业较发达的国家，所以作为系统化的现代生态文化思想也首先发轫于西方。虽然无论从历史形态还是从理论体系看，西方环境生态伦理学都有一定的缺陷和片面性特征，但西方生态文化对现当代西方国家及至全球的环境保护运动都起了巨大的积极作用，肯定也具有一定的合理性和积极意义。汲取西方生态文化营养，它们在生态理念、研究方法和手法上对于我们会有诸多的启发。我们要以宽广的胸怀和开放的心态，对于西方生态伦理学各个流派的思想和观点，都要引进、借鉴，在批判地分析、判断基础上，积极吸纳其合理因素，使其成为我们研究中国特色生态伦理学、构建中国特色生态文化体系的思想资源和必要条件。但同时也应该看到，任何外来文化对于中国文化产生的影响，都必须经历与中国本土文化的碰撞、交锋、融合等阶段，必然会存在一个与原有文化资源的相互筛选、融会的过程。我们在吸取西方生态文化的合理观点的时候，要注意避免陷入唯西方是从的虚无主义境地。同时，不能生搬硬套，更不能套用西方生态伦理的观点、方法和话语，将其作为模本来阐释中国传统生态伦理思想和构建中国现代生态伦理。反之，中国当代生态伦理的构建要有中国自己的理论观点和话语体系，来体现本土文化的强盛生命力和文化养料，从而创造出更加富有民族特色的生态文化。

三 转换与创新：构建中国特色社会主义 生态文化的话语体系

"当今全球生态治理仍处于'西强东弱'的话语体系格局之下……中华民族建设生态文明的'中国实践'已经起航，打造'源于中国，属于世界'的生态文明话语体系，提升生态文明建设的国际话语权和影响力，是'中国实践'的历史责任。"② 生态文明话语体系的构建，应着眼

① 傅华：《生态伦理学探究》，华夏出版社 2002 年版，第 32—37 页。
② 华启和：《生态文明话语权三题》，《理论导刊》2015 年第 7 期。

于生态文化话语体系的构建。在很大程度上可以说，中国特色社会主义生态文化的话语体系根植于中国生态文化传统，但并不是中国生态文化传统的简单复归，而是其创造性转化和创新性发展。因为只有实现了转化和完成其重建的中国生态文化传统，才能作为典型的东方生态文化范式再生于现代世界文明之中，才能对恢复人与自然的和睦关系，并为建立一个人类未来的绿色文明做出自己的贡献。为此，我们应积极挖掘中国生态文化传统的精髓，力图将其与现代人的生存境遇和思维方式相契合，形成既适合中国又适合现代，还有益于全球的生态文化话语体系。大体说来，我们可以从以下三个层面对中国生态文化传统进行创造性转化和创新性发展，推动构建中国特色社会主义生态文化的话语体系。

（一）从"天人合一"到"人与自然是生命共同体"的生态世界观

中国文化传统相比西方文化的最大优势就是注重"浑然一体"的整体和谐，反对二元分裂。"天人合一"思想则是这种"浑然一体"整体和谐的集中表现。受时代条件的限制，中国文化传统中的"天人合一"思想倾向于关注人的生存和发展境遇。也就是说，"天人合一"的逻辑起点是人不为善，必遭天谴（自然的报复）；核心要旨是维护人的生存根基，即为了使人不遭"天谴"（自然的报复），必须"谨慎行事"。这种话语逻辑在人们普遍"敬畏天命"的中国传统社会比较容易被接受，但对于科学与人文交相辉映的现当代，显得有些"不合时宜"。况且，历史上，"天人合一"有着诸多起源与流变，"天"之所指亦有不同，其含义与我们今天所理解的自然亦有偏差。我国著名哲学家冯友兰先生就主张将"天"作两种理解：即"自然"意义的"天"（自然）与"上帝"意义的"天"（神灵）。从这两种意义的"天"出发的"天人合一"思想都存在一定的局限性。

首先，就自然意义的天而言，将"天人合一"直接作为中国特色社会主义生态文化建设的话语体系是有一定局限性的。"天人合一"的实现途径是人对自然的"无奈"依顺。中国古代落后的社会生产力和科学技术水平限制了人们的认识水平，致使人们习惯于以"天意"解释自然现象和自然规律，也就形成了敬畏、崇拜自然的传统生态文明观。这种传统的生态文明观主张对自然的消极依顺，倡导"顺应天道""无为而治"，倡导人们屈从甚至依附于自然。由此看来，"天人合一"思想并不鼓励充分认识自然及其运行规律，继而在尊重自然规律的基础上改造自然，而是把自然置于一种"高深"的、"神秘"的"不可触及"的至尊地位。显然，这样的"天人合一"是貌合神离的，"天"与"人"并没有真正"合一"。因为，在这样的情境下，人仰视自然，自然俯视人，人与自然的地位严重不平等。人与自然在地位上无法实现平等，也就不可能真正"合一"，不可能真正和谐。

其次，就"上帝"意义的天而言，将"天人合一"直接作为中国特色社会主义生态文化建设的话语体系更是有缺陷的。因为，在很大程度上，中国文化传统中的"天人合一"思想带有较为浓重的政治统治色彩。一方面，完全剔除自然的因素，"天"往往被视为神灵，在现实社会则是中国古代统治者的代名词，"天人合一"往往充当为统治阶级作辩护的工具以及支撑其统治地位合法性的思想依据，因为统治者往往以"天子""替天行道"自诩。另一方面，中国古代的统治者也将保护生态环境作为一项治国策略。但是，在生态环境保护方面所推行的"圣王之制"仍然没有脱离帝王"统御之术"的本质，换言之，其本质仍然是维护其统治地位。建立在封建帝王治世之道基础上，以维护统治阶级的统治地位为目的的"天人合一"显然与现代生态精神存在一定的背离，也有违中国特色社会主义生态文化建设的题中之义。

由此可见，需要在传统"天人合一"思想与现代人与自然和谐思想之间搭建一座足够将二者交会融合的桥梁。2016 年，习近平在《关于〈中共中央关于全面深化改革若干重大问题的决定〉的说明》中指出："山水林田湖是一个生命共同体，人的命脉在田，田的命脉在水，水的命脉在山，山的命脉在土，土的命脉在树。"[1] 党的十九大报告中，习近平进一步深刻指出，"人与自然是生命共同体"[2]。这就为我们提供了一条生态世界观转变的新路向：由"天人合一"转向"人与自然是生命共同体"。

首先，"人与自然是生命共同体"旗帜鲜明地表达了人与自然之间的辩证统一关系，将人的命运与自然的命运真正统一起来。"人与自然是生命共同体"将人与自然之间的平等地位及其依存关系刻画得淋漓尽致。

---

① 《习近平系列重要讲话读本》，人民出版社 2016 年版，第 4 页。

② 习近平：《决胜全面建成小康社会 夺取新时代中国特色社会主义伟大胜利——在中国共产党第十九次全国代表大会上的报告》，人民出版社 2017 年版，第 50 页。

在"人与自然是生命共同体"的思想逻辑下，人与自然并不是独立的，而是休戚与共、协同进化的，人的生命与自然的生命是交织在一起的。也就是说，自然充满生命，生命充满自然，自然的生命就是人的生命。故而习近平指出，我们要"像保护眼睛一样保护生态环境，像对待生命一样对待生态环境"①。"人与自然是生命共同体"将人与自然和谐统一的意蕴表述得简洁、精准而易于理解，因而也利于实践。

其次，"人与自然是生命共同体"的生态世界观将国家命运与人民幸福统一起来。习近平《在海南考察工作结束时的讲话》中强调："对人的生存来说，金山银山固然重要，但绿水青山是人民幸福生活的重要内容，是金钱不能代替的。你挣到了钱，但空气、饮用水不合格，哪有什么幸福可言。"② 党的十八大报告深刻指出："建设生态文明，关系人民福祉，关乎民族未来。"③ 党的十九大进一步指出："我们要建设的现代化，既要创造更多物质财富和精神财富以满足人民日益增长的美好生活需要，也要提供更多优质生态产品以满足人民日益增长的优美生态环境需要。"④ 可以说，"人与自然是生命共同体"是新时代中国特色社会主义生态文化建设的重要价值参照。中国特色社会主义生态文化建设绝不是单纯的国家意志，而是对公众生态利益诉求的有力回应，其根本目的是建设美丽中国，真正实现国家富强、民族振兴和人民幸福。从这一意义上说，"人与自然是生命共同体"充分展示了保护生态环境的国家意志和人民意愿的高度统一。

"人与自然是生命共同体"是"天人合一"世界观在社会主义生态文明时代的"深层转化"与"系统升级"，倡导人与自然"平等对话"、互促互进、和谐共生，将国家富强、民族振兴与人民幸福深度融合，是中国特色社会主义生态文化在生态世界观层面最富中国文化特质的话语表达。

---

① 《习近平谈治国理政》第 2 卷，外文出版社 2017 年版，第 395 页。

② 《习近平关于全面建成小康社会论述摘编》，中央文献出版社 2016 年版，第 163 页。

③ 《习近平谈治国理政》，外文出版社 2014 年版，第 208 页。

④ 习近平：《决胜全面建成小康社会　夺取新时代中国特色社会主义伟大胜利——在中国共产党第十九次全国代表大会上的报告》，人民出版社 2017 年版，第 50 页。

（二）从"天人和合"到"人与自然和谐"的生态价值观

如果说中国生态文化传统可以用一句话概括的话，那么"万物并育而不相害，道并行而不相悖"最合适不过。如果说中国生态文化传统可以用两个字概括的话，那么"和合"再合适不过。儒家倡导"和而不同"，道家主张"阴阳互促"，佛家追求"众生平等"，皆是包罗万象的"和合"。也就是说，这种"和合"思想并不单单指涉人际，而是延展到人与自然之间，即寻求"天人和合"。不过，"天人和合"毕竟形成于传统社会，那时人们的生态意识带有较大的朦胧色彩，对于人与自然的关系认识得还不够深刻，在很大程度上停留在视自然为"大地之母"的层次上，把人与自然的关系更多地与"盘古开天辟地""女娲补天"之类的"英雄神话"联系在一起，"自然崇拜"的色彩较浓厚。从根本上说，中国传统社会对于自然的态度保持着浓厚的价值理性，工具理性尚未得到充分激发。从这一意义上讲，中国生态文化传统中的"天人和合"侧重关注价值理性，工具理性缺失，故而并未形成完整的生态价值观。

具体说来，"天人合和"所蕴含的人与自然和谐思想充分肯定自然的"至尊"地位和"强大"力量，对人的需求和利益则在很大程度上持消极压制的态度。也就是说，人的正常合理的利益和需求、人的自由与个性在"天人合和"思想的压制下得不到满足。这与"仓廪实而知礼节，衣食足而知荣辱"所蕴含的哲理存在较大偏差。在物质需求和自由个性长期受压制的情况下却将人与自然的和谐寄托于人的精神境界的提高，这显然不符合社会发展规律。客观地说，人的发展建基于人的多样化需求的满足和提升。自然对于人的意义和价值并不仅仅是满足基本的生存需要，还应为拓展人的多样化的、多层次的需求提供生产生活资料，以促进人的自由全面发展。为实现人与自然的和谐而忽视、压制人的多样化需求，妨碍人的自由全面发展是不足取的。更何况，以牺牲人的合理需求为代价而换来的所谓人与自然的和谐本身就违背了和谐的本质和初衷，也与"万物并育而不相害，道并行而不相悖"相背离。

2004 年，我们党将"人与自然和谐相处"作为构建社会主义和谐社会的目标之一，经由社会建设的视角拉开了"天人和合"思想向现代转化的序幕。党的十九大将"坚持人与自然和谐共生"作为中国特色社会主义的基本方略，标志着"天人和合"思想的大尺度现代转化。这也就为我们构建中国特色社会主义生态文化的话语体系提供了一个新思路：从"天人和合"到"人与自然和谐"转变。

如前所述，自然对于人而言，不应该只是"敬畏"的"至尊"，不应该为了维持人与自然的和谐而压抑人的合理需求和自由个性。保守畏缩、消极无为并不是实现人与自然和谐的正确"打开"方式。党的十九大报告中提到，"人类只有遵循自然规律才能有效防止在开发利用自然上走上弯路"①，这实际上暗含着人类利用自然，实现自身需求的正当性和"合法性"。事实上，从我们党的执政理念来看，无论是"人与自然和谐相处"还是"人与自然和谐共生"，都不主张限制人的合理需求以及压制人的个性和自由，而是主张价值理性与工具理性相契合，反对保守压抑，倡导积极进取，在与自然的良性互动中满足人民日益增长的多样化需求。例如，中国共产党把人民对美好生活的向往作为自己的奋斗目标。又如，党的十九大报告进一步指出："我们要在继续推动发展的基础上，着力解决好发展不平衡不充分问题，大力提升发展质量和效益，更好满足人民在经济、政治、文化、社会、生态等方面日益增长的需要，更好推动人的全面发展、社会全面进步。"② 再有，中国特色社会主义的最终归宿也是实现每个人的自由而全面的发展。因此，实现"天人和合"话语表达式向"人与自然和谐"话语表达式的转化是彰显中国智慧的必然选择。

（三）从"敬畏自然"到尊重、顺应、保护自然的生态实践观

中国是一个充满敬畏感的国度，因此中国文化向来不乏"敬畏传统"，儒家的"畏天命"，道家的"畏天道"，佛家的"畏宇宙""畏生命""畏虚空"等，无一例外地体现着中国文化传统的稳重豁达。无论儒家、道家还是释家，都深刻明白认识的有限性要求人类对自己并不熟知的外在世界始终保有一份"敬畏之心"，这也是我们与西方文化过分强调主观能动性的重要区别。但是，如今看来，中国生态文化传统中的"敬畏自然"观念对于中国特色社会主义生态文化建设而言具有一定的局限性。

首先，"敬畏自然"容易忽视对客观自然规律的把握。在"天人感应"的影响下，中国古代习惯于将生态问题片面地归因于人类的错误，

---

① 习近平：《决胜全面建成小康社会　夺取新时代中国特色社会主义伟大胜利——在中国共产党第十九次全国代表大会上的报告》，人民出版社 2017 年版，第 50 页。

② 同上书，第 11—12 页。

从而容易导致生态环境应对方式的偏差。在"敬畏自然"观念的影响下，人们往往将生态问题指向人为因素，认为是"天谴"，不利于生态问题的有效应对。客观地说，生态问题尤其是自然灾害有时候确实是"人祸"，但也有时候源自自然本身的内在规律，比如干旱、暴雨、台风、火山地震等。"敬畏自然"的观念使人习惯从自身方面寻找原因，而忽视对自然规律的把握，从而不利于预防那些非人为的生态灾难。

其次，"敬畏自然"观念容易导致人的主动性的消解。在"敬畏自然"的影响下，中国古代人将生态问题（那时更多地体现为自然灾害）归因于上天的惩罚，从而灾害来临时，人们往往消极等待自然的宽恕，而非主动采取行动应对灾害。正是这种"敬畏自然"的观念使得自然成为人的主宰，人在很大程度上沦为自然的奴隶，人在自然面前无能为力。对自然的敬畏使得人在灾害面前畏首畏尾，踌躇不前，主观能动性受到极大限制。

由以上可见，从历史的逻辑来看，"敬畏自然"的潜在思维方式容易演变成现实的危害，在生态保护的实践中表现出无能为力的心理态度以及消极无为的行动状态，从而导致人类生态实践的偏差。古代人习惯在遭到"自然的报复"前祈求上天的护佑，在遭到"自然的报复"后诉诸神明的宽恕便是生态实践偏差的代表性例证。

再者，排除历史局限性，仅从修辞学的角度来看，"敬畏自然"的表达方式也不适合现代话语体系。一则"敬畏"二字在人们理解的过程中很容易遮盖"敬"，而放大"畏"，降低人们在合适的范围内改造自然的信心和勇气。二则"敬畏自然"侧重理念、心理、情感层面，本身"折射"出一定的"不作为责任感"，也就是说，人们对待"敬畏自然"的态度更多地表现在不破坏自然（不作为责任），而缺乏保护自然的积极实践（作为责任）。

一言以蔽之，"敬畏自然"的话语表达式在潜移默化中拉大了人与自然之间的距离，对自然的"敬畏"悄然放大了自然的力量而忽视甚至贬低了人的主观能动性，从而阻碍人们认识和把握自然规律，阻滞人们将"敬畏自然"的观念转化为自觉的生态实践，抑或将人们的生态实践引向与生态环境保护并不关联的错误方向，从而导致生态实践结果的偏差。在生态危机成为世界公害，生态文明建设成为全球共识的今天，"敬畏自然"的话语表达式亟待完善。

　　党的十八大报告明确提出"必须树立尊重自然、顺应自然、保护自然的生态文明理念",将尊重自然规律与主动保护自然结合起来,鼓励公众在尊重自然规律的前提下充分发挥主观能动性,自觉投身于节约资源和保护环境的生态文明建设具体实践中。"尊重自然、顺应自然、保护自然"既强调精神层面对自然的"尊重",又强调实践层面对自然的主动认识与保护,将主观意义的精神完善与客观意义的环境关切融为一体,展现了人类对待自然的态度的正确性和完整性。以"尊重自然、顺应自然、保护自然"的话语表达式替换"敬畏自然"的话语表达式势在必行。"尊重自然、顺应自然、保护自然"就是"敬畏自然"的现代中国生态文化新话语。

　　以"天人合一""天人和合""敬畏自然"为代表的中国生态文化传统有其产生的历史必然性。从根本上说,是中国传统社会总体上"靠天吃饭"的自给自足的农耕经济造就了人对自然的强烈依赖性以及人们对保护自然的共通性。这也是人与自然和谐能够在中国传统社会"绵延不绝"的最重要因素。客观地说,这些思想所体现的生态智慧具有历史局限性,具有为阶级统治辩护的功能以及唯心色彩,但并不能以此遮盖其智慧瑰宝的声誉,否定其在人类思想史中的璀璨光芒。相反,它们是中国特色社会主义生态文化话语体系的智慧来源。

　　但是,"天人合一""天人和合""敬畏自然"等话语表达式已经不能适应现代社会生态文明建设的要求,自然也就不能不加"雕琢"、毫无改进地纳入中国特色社会主义生态文化的话语体系。构建中国特色社会主义生态文化的话语体系,应实现"天人合一""天人和合""敬畏自然"等中国传统生态文化的话语表达式在国内和国际两个层面的现代转化。在国内层面,将"天人合一""天人和合""敬畏自然"等中国传统生态文化的话语表达式与当代中国特色社会主义生态文化建设的具体实践相结合,既保留中国传统生态文化的特质,又汇聚中国现代生态文化的精神,助推当代中国特色社会主义生态文化建设;在国际层面,将"天人合一""天人和合""敬畏自然"等中国传统生态文化的话语表达式与当代世界生态文化建设的具体实践和要求相融合,使中国特色社会主义生态文化建设方案成为可供世界各国生态文化建设借鉴的智慧选择。简言之,"天人合一""天人和合""敬畏自然"等中国传统生态文化要成为中国特色社会主义生态文化的话语体系,一方面必须使之能够为当代中国人民所认可和接受，从而有效解决中国的生态环境问题；另一方面，也必须使之能够为世界人民所认可和接受，从而有效解决世界的生态环境问题。也唯有如此，构建起来的中国特色社会主义生态文化的话语体系才能于世界民族之林"屹立不倒"。

"人与自然是生命共同体"的生态世界观、"人与自然和谐"的生态价值观、"尊重自然、顺应自然、保护自然"的生态实践观均是在中国特色社会主义生态文明建设的具体实践中对中国生态文化传统以及世界生态文化建设实践经验的扬弃中形成的。这些合乎中国、合乎世界、合乎时代的生态世界观、生态价值观、生态实践观将合力支撑起中国特色社会主义生态文化的话语体系，为世界文明发展做贡献。"人与自然是生命共同体"的生态世界观、"人与自然和谐"的生态价值观、"尊重自然、顺应自然、保护自然"的生态实践观既保留了中华生态文化的特质，又吸收借鉴了世界各国的生态文化精髓，体现了始于中国、面向世界的博大胸怀。"人与自然是生命共同体""人与自然和谐""尊重自然、顺应自然、保护自然"的话语表达式站在世界的高度，也即以构建人类命运共同体的立场，对自然生态的关切突破了中国的国界，延展到人类命运共同体的整体存续，丝毫没有任何"话语霸权"的痕迹，真正印证了中国特色社会主义生态文化的话语体系既是中国的，也是世界的。

最后，需要特别指出的是，构建中国特色社会主义生态文化的话语体系不仅要注重作为整体的中华民族的文化传统的提炼与吸收，还应注重整合凝结作为个体（或部分）的各民族、各地区的文化传统。中国特色社会主义生态文化的话语体系既要体现"大一统"的中国文化整体特色，又要彰显"多元化"的民族（地方）文化个性特征，也即协调好中华民族"大一统"与各民族发展"多元一统"之间的关系，使中华民族"大一统"与各民族发展"多元一统"交融并存，互促互进。

第十一章

系统工程（二）：构建中国特色社会主义生态文化制度体系

党的十八大报告首次明确提出"生态文明制度建设"，而且将生态文明制度建设作为党和国家的重要方略。党的十八届三中全会通过了《中共中央关于全面深化改革若干重大问题的决定》，该决定第一次明确提出"建设生态文明，必须建立系统完整的生态文明制度体系"①，并对生态文明制度体系作了详细的规定，提出要实行最严格的源头保护制度、损害赔偿制度、责任追究制度，完善环境治理和生态修复制度，用制度保护生态环境。

生态文明制度是生态文化制度的组成部分。

在我国，推进生态文化与生态文明制度化建设，已经成为全面深化改革的有机组成部分，成为完善和健全中国特色社会主义制度的重要内容。生态文化与生态文明制度建设有利于"五位一体"的现代化建设，有利于全面推进中国特色社会主义事业，有利于经济社会全面、协调、可持续发展，有利于推进国家治理体系和治理能力的现代化。因此，必须科学地规划生态文化制度体系构建的顶层设计，确立生态文化制度建设的基本框架和路径，以促进生态文明建设，推动我国迈进社会主义生态文明新时代。

一　生态文化制度概述

（一）生态文化制度的内涵

关于"制度"一词，政治学与经济学的理解大体相同。政治学范畴

---

① 《中共中央关于全面深化改革若干重大问题的决定》，《求是》2013 年第 22 期。

中的制度概念内涵较为宽泛，包括具有实体性质的组织机构、正式的法律规章规范和非正式的规则、共识或风俗惯例等，因此形成了不同的理论学派，诸如社会制度主义、历史制度主义、规范制度主义和理性选择制度主义等。"概括地说，制度可以大致界定为关涉某一政策议题或领域的实体性组织机构、正式性法律规章和不太正式的规则、共识或风俗惯例的总称。"① 这是较为广义的制度界定。制度经济学和新制度经济学对"制度"的理解形成了几种不同的观点，有学者认为制度就是"组织"；也有学者认为制度就是"规则"；还有的学者认为，制度既是"组织"，又是"规则"。新制度经济学中较多的学者倾向于制度就是"规则"的观点。美国新制度经济学派代表人物之一道格拉斯·C.诺斯认为："制度是一个社会的游戏规则，更规范地说，它们是为决定人们的相互关系而人为设定的一些制约。"② 丹尼尔·W.布罗姆利认为，对制度的理解应集中在如下意义上，"即确定个人、企业、家庭和其他决策单位做出行动路线选择集的规则和行为准则"③。西方新制度经济学的观点还认为，作为"规则"的制度包括正式制度和非正式制度。前者主要包括界定经济主体的责任规则、惩罚规则和度量衡规则等；后者主要包括价值信念、伦理规范、道德观念、风俗习惯和意识形态等。

把制度分为正式制度和非正式制度两种表现形式，主要是从"硬""软"两方面研究制度问题，正式制度是"硬"的方面，即宏观政治层面的硬性规定。非正式的制度是"软"的方面，即人们的价值理念、伦理道德及风俗习惯等软实力。

按照广义的制度界定，生态文化制度当然也就可以大致界定为涉及生态文化建设和生态文明建设政策或领域的实体性组织机构、正式性法律规章和不太正式的规则、共识或风俗惯例的总称。

笔者在这里所指的"制度"主要是从"规则"的层面上来理解。通常人们也较多的是狭义地理解制度这一概念，即主要是从体制机制、法律、规章、政策、规则、共识或风俗惯例意义上来理解。因此这里我们也主要是从狭义上来谈论生态文化的制度建设问题。

生态文化制度的本质是生态文化的制度化。工业文明需要转型升级，

---

① 郇庆治：《论我国生态文明建设中的制度创新》，《学习论坛》2013 年第 8 期。

② 转引自沈满洪《生态文明制度的构建和优化选择》，《环境经济》2012 年第 12 期。

③ 同上。

其深层原因是作为这种文明形态内在机理的主导性文化模式的危机即文化危机。处在危机中的文化模式必然会被具有新特质的文化模式所取代，这就是文化的革新。生态文化的形成和发展就是这种革新了的文化模式。生态文化与其他革新性意蕴的理念一样，必须落实并立基于社会体制或社会制度的建构和保障之上。因此，生态文化建设的最重要体现是当代社会文明的制度框架的变革或重构。"而我们经常听说和使用的制度化可以理解为对某一政策议题或领域进行管制的某种制度形态体现，以及这种制度形态的不断实体化、权威化'升格'。换句话说，某一政策议题或领域的制度化是一个'从无（形）到有（形）'和'从弱（权）到强（权）'的不断发展过程。"① 在构建生态文化制度建设领域，有学者认为目前构建生态文化体制建设需要加强政府政策、社会舆论及市场等领域的生态文化导向机制，并通过政策、利益和激励的生态文化驱动机制，普及生态意识并强化生态道德，倡导人与自然和谐的生态文化价值观，且基于生态文化的法律、道德及制度的约束机制用以规范人们及社会团体的行为，并完善生态文化体制建设，实现人与自然的协调发展。② 也有学者结合当代语境，认为在人类自觉、主动地推进文化建设的实践活动及过程中，强化生态文化建设机制中的知识供应机制、物质驱动机制、社会参与机制、社会评价机制及制度保障机制，从整体性和系统科学的观点协同各机制间的相互关系并进行优化分析，以完善生态文化建设的社会机制。③ 因此，以这两大路径为基础分析研究生态文化建设机制以促进制度建设发展的观点得到学术界的普遍认同。④ 学者们从不同的维度对生态文化制度体系进行论述，归纳起来主要有两种。一是从生态文明建设及生态文化研究参与主体及其实践角度研究，提出应针对政府、市场、机构及公众不同的主体形成不同的制度体系。二是从生态文明构建本质及生态文化导向角度研究，提出生态文化制度不仅只是由环境保护制度构成的，而且是由环境问题而引发的反思，即政治、经济、文化、社会、生态等要融合发展的制度构建或制度系统。

---

① 郇庆治：《论我国生态文明建设中的制度创新》，《学习论坛》2013 年第 8 期。

② 蔡登谷：《生态文化体系建设的内容》，《中国林业》2007 年第 7 期。

③ 张保伟：《生态文化建设机制及其优化分析》，《理论与改革》2011 年第 1 期。

④ 参见康晓彤《我国生态文化制度建设研究概况和发展趋势》，《吉林广播电视大学学报》2015 年第 12 期。

（二）生态文化制度与生态文明制度的关系

生态文化制度与生态文明制度是两个难以区分的概念，很多学者在论述生态文化制度时实际上讨论的就是生态文明制度。

"生态文明制度就是关于推进生态文明建设的行为规则，是关于推进生态文化建设、生态产业发展、生态消费行为、生态环境保护、生态资源开发、生态科技创新等一系列制度的总称。就生态文明制度而言，正式制度包括环境法律、环境规章、环境政策等；非正式制度包括环境意识、环境观念、环境风俗、环境习惯、环境伦理等。"① 所谓生态文明制度就是指保护生态环境所依靠的制度，是在全球化视野下以法律约束和各国约定范围内制定或形成的一切有利于保护和推进生态文明建设的战略与各种规则的总和，生态文明制度应该包括两个不同但又密切相关的层次，即环境法律、规则约束等层面的制度和环境意识、行为观念等层面的制度。

生态文化制度与生态文明制度是密切相关的。当我们把生态文化从其广义来说当作一种生活方式来理解时，生态文明制度包含在生态文化的生活方式之中，是生态文化生活方式的组成部分，是这种生活方式的制度体现和保障。当我们把生态文化从其狭义理解，即将其作为一种价值观体系时，生态文明制度就是生态文化的制度化，生态文明制度贯穿和渗透的就是生态文化的价值理念。如果把制度分为正式制度和非正式制度两种表现形式，即所谓"硬""软"两方面，"硬"的方面即宏观政治层面的硬性规定，就是人们一般认为的生态文明制度，"软"的方面即人们的价值理念、伦理道德及风俗习惯等软实力，直接呈现的就是生态文化观念本身。

生态文明制度与生态文化制度也是相互渗透的，有着共同的价值观基础和价值追求。生态文明与生态文化研究在国内外引起人们关注，都是源于对生态环境问题的思考和对工业文明的批判，以及对人与自然是生命共同体的共识的不断增强。生态文明和生态文化都是历史发展的产物，这两大制度的研究都是人类共同面对的大课题。在人与自然关系的矛盾的解决方面，生态文明制度与生态文化制度有着惊人的相似路径，在制度建构的初衷上都渗透着呼吁保护全球生态系统和寻求人类的共同治理。1992 年，在联合国环境与发展大会上签订了《21 世纪议程》，这不仅是全球生态保

---

① 沈满洪：《生态文明制度的构建和优化选择》，《环境经济》2012 年第 12 期。

护史上的一件标志性的大事件，更是人类生态文化研究史上的一个里程碑式的跨越，是生态文明与生态文化相互渗透及其制度化的必然结果。① 生态文明制度和生态文化制度在促进人与自然和谐方面也不谋而合，它们都强调在共同价值观的基础上凝聚全社会力量，增强生态意识和生态文明建设的自觉性，促进人与自然的共生共荣、和谐发展。

（三） 生态文化制度建设的重大意义

生态文化制度是促进生态文明建设的核心价值、动力支撑、理念创新的制度规约，对于公众的生态文化培育、解决好发展中的生态环境问题、全面推动和促进社会的生态转型与构建人与自然生命共同体具有重要的意义。

1. 生态文化制度建设具有价值导向作用

生态文明制度建立的价值基础是"人与自然的和谐"，将自然提升到人与自然平等的主体地位。生态文明制度行为导向是"尊重自然、顺应自然和保护自然"。生态文明制度是在对工业文明的反思基础上建立起来的，其经济学基础是对以亚当·斯密为代表的西方经济学家提出的"理性经济人"假设的批判，其目标是追求经济效益、社会效益、环境效益的统一，并争取达到三者综合效益最大化。生态文明制度的本质是要改变"人类中心主义"和"片面追求经济效益最大化"的价值取向及其制度安排，是从体制、机制、政策、法规等正式制度层面和道德、观念、习俗、惯例等非正式制度层面发挥生态文明制度对生态文明建设的引导力、规范力，促进资源节约和环境友好生产方式、生活方式在全社会推广。

生态文化制度在发展的总体框架上具有价值引导作用，规定并影响着生态文明建设发展的大方向。生态文化理念和生态行为实践是紧密相连的，政府通过建立一系列体现生态文化价值理念的政策、法规等制度以大力弘扬生态文化，能够正确引导实现国家科学发展、绿色发展、可持续发展的战略目标，明确国家和社会"为什么人发展"及"如何发展"的问题，引导政治、经济、文化、社会等领域的新时代建设生态文明的要求。

生态文化制度还起到引导公众培养生态素养的作用。生态文化建设的

---

① 徐月欣、李明桓:《生态文明建设的法律制度构建》,《中国石油大学胜利学院学报》2014 年第 3 期。

重要基础是公众的集体参与意识，而这种意识的培养需要从增强全民的生态文化自觉抓起，即需要通过生态文化制度的规范和引导作用，促使参与主体遵守生态文化准则和信念，使全体公众自觉、主动地付诸生态文明建设的实践，共同投入到与整个人类命运息息相关的生态文明建设事业中，一起保护足以影响每个人都赖以生存的生态环境。生态文化制度是在对自然系统及其规律的科学认识和正确把握基础上建立起来的，可以促成公众自觉遵守自然规律特别是生态规律，以实现社会系统和自然生态系统动态平衡与协调发展。

2. 生态文化制度具有行为约束力

制度作为行为规则，是用来约束人们思想行为的规范和准则，具有较强的制约力量。生态文化制度本质上是一种调节人与社会、人与自然之间的关系的规范准则。生态意识的培养和生态价值观的养成，必须通过政治层面的政策体系支持、法律法规支持、协调管理机制、公众参与机制、社会评价机制等的制度保障措施才能得以更好地实现。无论是政府制定的正式的规章还是约定俗成的非正式制度，都有不同程度的强制性和约束力。"一方面，生态文化的制度体系可以引导、推动先进的生态文化。另一方面，生态文化的制度体系也可以规制和约束旧的、落后的生态文化，打击反生态文化的现象，使整个社会的生态环境和自然资源置于制度的保障中。"[①] 生态文化制度建设的主要内容包括制度的建立和完善、制度的落实和执行、有关行为的激励与惩罚，以及预期的形成和定性。通过这四个环节，将尊重自然、顺应自然、保护自然的生态文明理念真正落到实处。

3. 生态文化制度建设对生态文明建设具有推动作用

生态文化制度体系的建立，是国家和政府对生态文化建设的宣示和倡导，并且可以全面推动和促进社会的生态化转型。具有系统性、完整性、科学性的人与自然和谐关系的制度体系，为生态文明建设的落实提供了坚实保障，从而形成全社会共建生态文明的稳固持续的行为模式。就我国而言，在"五位一体"的中国特色社会主义事业总体布局中，要发挥生态文化制度为生态文明、美丽中国建设和中华民族永续发展提供坚实保障和有力支撑的作用，而且还要发挥生态文化制度对其他领域制度的辐射作用

---

① 李晓菊：《我国生态文化建设的制度缺失及其构建》，《福建行政学院学报》2013 年第 5 期。

和引领作用。从根本上说，生态文化的制度水平决定了生态文明的建设水平。只有将生态文明建设的一系列理念、政策、规定和做法上升到制度水平，形成牢固的制度体系，并在实践中形成强有力的激励效应，才能切实保证生态文明建设形成良性的持续发展，才能切实保证生态文明新时代、"美丽中国"的理想逐步变成现实。

4. 生态文化制度建设有利于推进国家治理体系和治理能力的现代化

在国家治理中，具有根本性、持续性和全局性意义的是制度建设。国家治理体系和能力现代化的重要组成部分与核心标志，就要看有没有形成系统完备、科学规范、运行有效的制度体系。作为人类社会在长期与大自然相处过程中形成的理念、政策、做法的生态文化制度，其层次和水平标志着人类治理艺术和技巧的成熟程度，它关系到全人类、全社会、各民族和各国家整体利益的实现状况和政权运作是否科学和稳定。生态文化制度建设有赖于一个国家物质文明、精神文明、政治文明、社会文明和生态文明整体水平的提高。建设生态文化制度必须按照系统性要求进行，依据生态系统内在的高度多样性和复杂性规律，建立完整的制度体系。制度是否具有系统性、完整性和先进性，是生态文明水平的重要体现，也正是国家治理体系和治理能力现代化的彰显。① 就我国而言，从国家治理体系和治理能力现代化的高度，定位生态文化制度体系建设，以实现全面深化改革的总目标，是完善和发展中国特色社会主义制度的重要抓手。或者说，不断推进生态文化制度化建设，就是全面深化改革的有机组成部分，成为完善和健全社会主义制度的重要内容，有利于全面推进中国特色社会主义事业，有利于经济社会全面、协调、可持续发展，有利于推进国家治理体系和治理能力的现代化。

二　中国特色社会主义生态文化制度体系的主要内容框架

关于生态文化制度体系的内容，不同的学者所持观点不同。学界对于生态文化制度体系内容的看法大体集中在横向、纵向和约束力三个层面。横向层面，赵成、于萍认为生态文化制度体系存在着环保、政治法律管

---

① 课题组：《建立生态文明制度体系研究》，《中国行政管理》2015 年第 3 期。

理、经济科技、文化、社会生活五层维度，且从其制度构成的层级结构看，则存在着双层结构即核心制度体系与支撑制度体系。① 纵向层面，郇庆治参照中国特色社会主义法律体系根本法、基本法、一般法的层级构建思路，提出生态文明（生态文化）制度体系应包括根本制度、基本制度和具体制度，并做出了概括。② 根本制度③就是那些以一种最具权威性和机构实体化程度最高的形式规定与规范着人、社会与自然之间和谐共生目标以及相应的社会与个体行为要求的（社会主义）生态文明制度。基本制度④就是那些具有高度权威性和较高机构实体化程度并综合性体现与规范着人、社会与自然之间和谐共生目标以及相应的社会与个体行为要求的（社会主义）生态文明制度。具体制度⑤是指根本制度和基本制度之下或与之相关的或者机构实体化程度相对较低的体现与规范着人、社会与自然之间和谐共生目标以及相应的社会与个体行为要求的（社会主义）生态文明制度。约束力层面，沈满洪从制度的约束力或者"软硬"程度来看，认为生态文明（生态文化）制度体系由别无选择的强制性制度、权衡利弊的选择性制度和公民自觉的引领性制度组成。⑥

　　笔者认为，将以上三种观点反映的横向、纵向以及约束力三个层面的内容叠加起来就构成了中国特色社会主义生态文化制度体系的基本框架。也就是说，中国特色社会主义生态文化制度体系的框架至少应包括横向、纵向以及约束力这三个基本层面。当然，这三个层面彼此依存，不能严格割裂开来。约束力层面的内容寓于横纵向层面之中，纵向层面的内容又寓于横向层面之中，既不能脱离横纵向层面来谈约束力层面，也不能脱离横

---

　　① 赵成、于萍：《生态文明制度体系建设的路径选择》，《哈尔滨工业大学学报》（社会科学版）2016 年第 5 期。

　　② 郇庆治：《论我国生态文明建设中的制度创新》，《学习论坛》2013 年第 8 期。

　　③ 具体到一个现代民族国家，尤其是指由社会主义国家中生态文明政策议题或领域主要立法、执法和司法制度所组成的生态文明国家或环境国家体制，负责（社会主义）生态文明建设基本目标、总体规划、重要法规与重大政策的制定与贯彻落实。

　　④ 具体到一个现代民族国家，它们至少应包括生态文明水准测评制度、经济社会发展绿色评价制度、国土空间开发规划与保护制度、自然资源开发与节约制度、生态环境保护制度等。

　　⑤ 比如耕地保护制度、水资源管理制度、资源有偿使用制度和生态补偿制度、节能减排相关制度、新能源开发激励制度、生态环境保护责任追究和环境损害赔偿制度等。

　　⑥ 沈满洪：《生态文明制度建设：一个研究框架》，《中共浙江省委党校学报》2016 年第 1 期。

向层面来谈纵向层面。只是对于横向层面的具体内容，笔者的看法与赵成、于萍的观点略有不同。进一步说来，笔者认为，中国特色社会主义生态文化制度体系在纵向层面应包括根本制度、基本制度和具体制度；在约束力层面，应包括强制性制度、选择性制度和引领性制度；在横向层面，应包括生态经济制度、生态政治制度、生态文化制度以及生态社会制度。

笔者认为，在横向层面，将中国特色社会主义生态文化制度体系的重要组成部分归为中国特色社会主义生态经济制度、生态政治制度、生态文化制度和生态社会制度，既是由文化本身的丰富内涵决定的，也是由中国特色社会主义生态文化在整个中国特色社会主义总体布局中的地位和作用决定的。首先，文化本身就体现在经济、政治、社会生活的方方面面，文化建设不应该局限于与经济建设、政治建设、社会建设等方面相并列或者严格地从经济建设、政治建设、社会建设等方面剥离出来的独立范畴。其次，中国特色社会主义生态文化是一个系统而全面的范畴，其指涉的范围涵盖中国特色社会主义总体布局的方方面面。关于这一点，党的十八大报告经由生态文明建设与经济建设、政治建设、文化建设、社会建设融合的视角向我们充分展示了中国特色社会主义生态文化建设在中国特色社会主义总体布局全面推进中的"全面贯穿"地位。因此，中国特色社会主义生态文化制度体系应从"大文化"的意义处着眼和入手。基于以上两点，笔者认为，中国特色社会主义生态文化制度体系从横向上看应涵盖生态经济制度、生态政治制度、生态文化制度（与经济、政治等并列的"小文化"意义）以及生态社会制度。以下着重从笔者所认为的横向层面探讨中国特色社会主义生态文化制度体系的内容，适当兼顾纵向层面和约束力层面。

（一）中国特色社会主义生态经济制度

生态的破坏在很大程度上源于人类的经济生活。任何形式的关乎保护生态的言论和文化都不能回避对人类社会经济生活的评价，尤其是对经济发展方式的深度考量与审慎抉择。在很大程度上可以说，经济发展方式的优劣直接决定着生态文化建设的成效。而经济制度对经济发展方式起着重要的规约和引导作用。甚至可以说，在一般意义上，就现实性而言，有什么样的经济制度就会有什么样的经济发展方式与之相适应。实践证明，经济制度本身的生态化程度，直接关系着一国生态文明建设的效果。自然地，中国特色社会主义经济制度的生态化程度，也直接关系着中国特色社会主义生态文明建设的效果。因此，中国特色社会主义生态文化制度体系应当将中国特色社会主义生态经济制度置于最基础、最重要的地位，而从经济基础决定上层建筑的理论出发也应当如此。

"应该承认，迄今为止，人类文明发展过程中最为成熟的社会制度就是经济制度……但现代经济学的方法论前提是存在着严重缺陷的：从生产、销售到消费的经济活动过程都没有充分考虑到物质性经济要素流动所导致的生态环境影响，而社会发展名义下的经济增长在相当程度上进一步加剧了这种消极性生态环境影响，至少在一种现代资本主义制度下的理论逻辑是如此。"[①] 从根本上说，生态危机产生的根源就在于经济发展方式长期受资本的驱使，在于经济制度长期将生态要素排除在外。社会和谐是中国特色社会主义的本质属性，摆脱资本逻辑，实现每个人的自由而全面发展是中国特色社会主义的最终归宿，也是中国特色社会主义经济的应然指向。因此，中国特色社会主义经济制度不应该局限于单纯地关注经济增长，而应该充分考量支撑经济增长的社会、生态成本的权重，须知中国特色社会主义经济制度不应是唯经济论的单向度制度，而应是关注经济发展、环境保护及社会和谐的多向度制度。换言之，中国特色社会主义经济制度应该是一种植入了生态价值观的生态经济制度，它关注的焦点不应是经济的数量型增长，而是质量型改进，这也是中国经济发展面临的新常态。

（二）中国特色社会主义生态政治制度

"环境问题的产生与政治有关；环境问题的解决与政治有关；环境问题可引发政治动荡；今天，环境问题日益政治化。"[②] 当今世界，生态危机席卷全球，生态问题已经在越来越广泛的范围内演变为一项重大的政治问题。究其原因，大体有三个：一是生态问题会触动政治的核心因子（权力），二是政治因素是生态问题的重要根源，三是政治手段是解决生态问题的必要手段。政治对生态问题的重要影响在历史上并不少见。例如，古代帝王大兴土木而导致开山辟地，环境恶化；又如，新中国成立初

---

① 郇庆治：《论我国生态文明建设中的制度创新》，《学习论坛》2013 年第 8 期。

② 肖显静：《生态政治何以可能》，《科学技术与辩证法》2000 年第 6 期。

期的"大跃进""大炼钢铁"也给生态环境造成了无法弥补的损失；再如，西方发达资本主义国家向广大发展中国家"转嫁"生态危机的决策大大加重了发展中国家的生态负担。

"从表观上看，生态环境问题似乎是由生态环境发生了不利于人类生存和发展的变化引起的，与政治的关系不大。其实，如果我们分析这种生态环境变化的起因，就会发现，人类目前所面临的生态环境危机是由人类在一定的制度框架下进行的社会活动所引起的。有什么样的制度框架，就有什么样的物质生产和人口生产，也就有什么样的环境影响。当今世界范围的生态危机是与政府的政治决策紧密联系在一起的，决策的科学与否，对环境影响极大。"[①] 生态问题要得到有效解决，必须将政治要素置于极端重要的地位。这也促使我们在努力走向社会主义生态文明新时代的征程中认真思考和审慎抉择中国特色社会主义政治制度的新航向。工业文明主导下，世界各国的政治制度忽视对生态环境问题的预防和关注，排除了生态要素的政治权力运行大大加剧了生态危机的严峻程度。而生态危机产生后，对生态问题解决的力度和效度直接影响着民心向背和国家的长治久安，给执政者的执政合法性带来极大挑战。中国特色社会主义新时代的人民不再仅仅崇尚物质和精神生活，优美生态环境成为人人向往的美好生活需要。因此，新时代征程中的中国特色社会主义政治制度新的前进航向就是将生态价值观植入中国特色社会主义政治制度，构建中国特色社会主义生态政治制度。

（三）中国特色社会主义生态文化制度

中国特色社会主义生态文化制度（"小文化"意义）是中国特色社会主义生态文化制度体系（"大文化"意义）的重中之重。"小文化"意义的中国特色社会主义生态文化制度有着超越其"小文化"界限，展现其"大文化"意义的中国特色社会主义生态文化制度功能，进而对整个中国特色社会主义生态文化制度体系起价值引领作用。换言之，中国特色社会主义生态文化制度构建的成效关系整个中国特色社会主义生态文化制度体系构建的成效。中国特色社会主义生态文化制度致力于培育和塑造生态公

---

① 张晓琴：《生态政治：解决生态危机的根本途径》，《南京林业大学学报》（人文社会科学版）2004 年第 4 期。

民，为培育和塑造生态公民提供价值观层面的制度引导。

如果从约束力的层面看，"小文化"意义的中国特色社会主义生态文化制度应该是一种公民自觉的引领性制度。"公民自觉的引领性制度是指管理者通过对各种经济主体的道德教育并使之转化为内心信念从而实现生态文明建设目标的政策手段，如环境教育制度、环境自治制度等。这是一种基于个人素养的非正式制度安排，是通过社会风尚、伦理道德等软约束，激发人们内心信念来实施一定的行为，从而达到一定的目标的制度安排。"① 因此，中国特色社会主义生态文化制度主要以教育、传播及舆论等道德教化途径将生态价值观内化为公众稳定的内心信念，虽然其约束力不具有强制性，很难在社会经济政治各现实领域快速发挥作用，但其一旦转化为公众稳定的内心信念，将会变成一股强大的社会力量，指引着中国特色社会主义生态文化建设的前进航向。如此说来，中国特色社会主义生态文化制度是中国特色社会主义生态文化制度体系的内核，也是其重中之重。

（四）中国特色社会主义生态社会制度

社会制度是协调利益关系，优化社会结构的重要制度保障，是保障和改善民生，维持社会和谐稳定不可或缺的关键。长期以来，受发展阶段及与之相适应的社会主要矛盾的限制，社会制度主要关注收入分配、教育公平、医疗卫生、社会保障等物质和精神生活的传统领域。而对一些新的领域，如生态环境领域的关注度不够。缺失生态价值理念的社会制度一方面加剧了生态危机，另一方面也产生了严重的社会危机。时至今日，人们生存环境的恶化正在引起甚至已经引起严重的生存危机，社会矛盾和冲突因此加剧，严重威胁社会的和谐稳定。也就是说，当今世界，生态危机已经毫无悬念地向社会危机转变，使以保障和改善民生为重点的社会建设和社会治理的要求提高到前所未有的高度，也对社会制度建设提出了前所未有的高要求。

由此可见，中国特色社会主义社会制度应该致力于全面协调社会成员的经济利益、社会利益和生态利益，将维护社会成员的经济利益、社会利

---

① 沈满洪：《生态文明制度建设：一个研究框架》，《中共浙江省委党校学报》2016年第1期。

益和生态利益有机统一起来。实际上,党的十九大报告经由社会主要矛盾变化的视角向我们指明了中国特色社会主义社会制度的生态化抉择。"中国特色社会主义进入新时代,我国社会主要矛盾已经转化为人民日益增长的美好生活需要和不平衡不充分的发展之间的矛盾。"① 中国特色社会主义新时代,对优美生态环境的需要成为人民美好生活需要的重要组成部分,生态问题已经成为一项极端重要的民生问题。"正因为严重的生态环境成为民生之患、民心之痛,使得优美生态环境需要成为人民美好生活需要的短板领域。"② 中国特色社会主义社会制度应努力弥补制约人民过上美好生活的生态环境短板。这是中国特色社会主义新时代对中国特色社会主义社会制度提出的新要求。因此,中国特色社会主义社会制度应该是吸收了生态价值观的生态社会制度。

三　中国特色社会主义生态文化制度体系构建的基本路径

从中国特色社会主义生态文化制度体系的内容出发,中国特色社会主义生态文化制度体系的构建应从横向、纵向和约束力三个层面着手,在横向层面构建中国特色社会主义生态经济制度、生态政治制度、生态文化制度以及生态社会制度;在纵向层面构建中国特色社会主义生态文化根本制度、基本制度以及具体制度;在约束力层面构建中国特色社会主义生态文化强制性制度、选择性制度以及引领性制度。由于纵向层面的根本制度、基本制度和具体制度以及约束力层面的强制性制度、选择性制度、引领性制度以横向层面的生态经济制度、生态政治制度、生态文化制度、生态社会制度为载体,贯穿于包括经济建设、政治建设、文化建设、社会建设以及生态文明建设在内的完整的中国特色社会主义制度体系之中。加之关于纵向层面的根本制度、基本制度、具体制度以及约束力层面的强制性制度、选择性制度、引领性制度已有学者进行了较为详尽的阐述,故而笔者仍然选取横向层面的中国特色社会主义生态经济制度、生态政治制度、生态文化制度以及生态社会制度的构建为重点进行路径探索。当然,这并不

---

① 习近平:《决胜全面建成小康社会　夺取新时代中国特色社会主义伟大胜利——在中国共产党第十九次全国代表大会上的报告》,人民出版社 2017 年版,第 11 页。

② 《党的十九大报告辅导读本》,人民出版社 2017 年版,第 379 页。

代表忽视纵向层面和约束力层面的中国特色社会主义生态文化制度体系的构建，而是将这两个层面潜移默化地寓于横向层面的中国特色社会主义生态文化制度体系的构建之中。因此，以下从横向层面的视角，以一种较为"模糊"的综合分析方法探索中国特色社会主义生态文化制度体系各组成部分的基本构建路径。

（一）构建中国特色社会主义生态经济制度

构建中国特色社会主义生态经济制度的核心和关键是进一步深化社会主义市场经济体制改革，实现社会主义市场经济体制的生态革命。也就是说，构建中国特色社会主义生态经济制度最核心的是构建中国特色社会主义生态市场制度，把经济发展的道路引导到维护可持续发展的生态根基上。

"生态市场经济是一种特殊的制度安排。这种制度是以生态文明为指导的，其运行基础仍然是市场机制，但它体现了一种新的文明、新的制度、新的行为规范等。"[1] 简单地说，生态市场经济制度有别于传统的市场经济制度，它将经济法则与生态法则融合起来，致力于实现经济规律与生态规律相协调，经济成本与社会、生态成本相衔接，使市场经济既实现经济效益，又兼顾社会和生态效益。

"今日的全球经济是受市场力量所左右，并非受生态学原理所制约。"[2] 市场力量按照资本的逻辑运行，市场主体以追求经济利益最大化为目标，不会主动关注人与自然的关系。迄今为止，世界范围内的市场经济体制和运行机制在本质上仍未摆脱经济利益至上的束缚，生态效益长期让位于经济效益。在传统的市场经济运行过程中，自然资源和生态环境是没有市场价格和不需要经济主体对其买单的准公共产品，容易造成生态负外部性或大量"公地悲剧"。今天的生态危机在很大程度上是由世界各国盛行的市场经济尤其是资本主义主导下的自由主义市场经济造成的。虽然我国的社会主义市场经济体制突出了国家宏观调控对市场失灵的应对，在一定程度上避免了市场机制对生态环境的负外部效应，但生态与经济相脱离，人与自然不和谐的状态并未实现根本转变。也就是说，我国的市场经

---

① 杨文进、杨柳青：《论市场经济向生态市场经济的蜕变》，《中国地质大学学报》（社会科学版）2013年第3期。

② ［美］莱斯特·R. 布朗：《生态经济》，林自新等译，东方出版社2002年版，第84页。

济运行必须致力于彻底实现经济规律与生态规律相协调，经济成本与社会、生态成本相衔接。由此可见，构建中国特色社会主义生态经济制度，当务之急是构建中国特色社会主义生态市场制度。

构建中国特色社会主义生态市场制度，最根本的是将经济成本、社会成本和生态成本共同纳入成本核算体系，使经济效益、社会效益和生态效益实现有机统一和最佳结合。具体而言，应建立充分体现生态价值，反映生态学原理的市场价格机制、生态有偿使用制度和生态赔偿制度，将"经济人"利益与"自然人"利益统一起来。市场经济条件下，市场主体在本质上是趋利的"经济人"，其追求的利益通常建立在消耗大量生态资源，对生态环境造成破坏和污染，损害公共生态利益的基础上。作为生态破坏和环境污染的主体原本应该成为承担生态责任的主体，却因为生态环境的"廉价"甚至免费而"幸免于责"。而作为要求保障自身生态利益的"自然人"却在无形中成了恶化的生态环境的"承受者"。由于市场机制自动调节的经济主体很难自觉关注公共生态利益，中国特色社会主义市场制度必须是致力于避免生态"公地悲剧"的生态市场制度，通过明确市场经济运行过程中的资源有偿、环境有价、排污收费、生态补偿等体现生态利益的规则来确保"自然人"的生态利益不被"经济人"的经济利益所侵犯。由此也可看出，中国特色社会主义生态经济制度暂时不能寄希望于经济主体自觉关注公共生态利益，故应以强制性制度和选择性制度为主。

构建中国特色社会主义生态市场制度只是中国特色社会主义生态经济制度构建中的一个方面，而不是全部。我们需要做的是构建包括中国特色社会主义生态市场制度在内的系统完整的中国特色社会主义生态经济制度。构建系统完整的中国特色社会主义生态经济制度应坚持的根本原则是适应我国国情，反映社会主义基本经济制度，体现社会主义经济的本质。

（二）构建中国特色社会主义生态政治制度

构建中国特色社会主义生态政治制度，推动中国特色社会主义生态政治变革是新时代我国社会主要矛盾变化的必然选择和最终归宿，也是适应国际政治日益生态化的必然要求。构建中国特色社会主义生态政治制度，最重要的是以生态价值观引领中国特色社会主义政治制度建设。

当前，中国特色社会主义生态政治变革面临着一定的现实困境，比如，政府生态保护与企业经济发展矛盾凸显，政府与市场对环保资源配置失灵；政府环保机构职能重叠而权责不明，缺乏生态政治建设环境政策体制；政府生态治理行动制约因素较多，政府环保部门独立权威性不足；生态环保及其治理缺乏可操作手段，难以发挥生态环保及治理的最高效能；政府主导型的生态政治建设变革，凸显社会普通公众参与机制不足；① 等等。这一系列困境的突破，必须冲破传统的政治学思维阈限，从生态政治学思维出发，将生态价值观贯穿整个中国特色社会主义生态政治制度构建的全过程。

构建中国特色社会主义生态政治制度，必须严格明确政府的生态主体责任。世界各国的实践均表明，政府行为在生态文化建设中的作用举足轻重，对于应对生态危机以及引导公众重视生态问题具有良好的示范效应。中国特色社会主义的显著特点则决定了中国特色社会主义生态文化建设的"政府主导"性质。因此，制定生态化的政府行为规范，明确政府的生态主体责任，使政府权力在符合生态学原理的框架下运行，进一步提高中国特色社会主义新时代的政府公信力，应成为构建中国特色社会主义生态政治制度的首要任务。

构建中国特色社会主义生态政治制度，必须努力促推政绩观的生态转向。GDP 至上的传统政绩观给我们带来诸多不可弥补的生态问题，也让我们在生态文明建设中走了不少弯路。综观改革开放四十年来的发展，我们在富起来的同时也付出了令人沉痛的生态代价，这与传统政绩观长期未得到根除有着莫大的关联。中国特色社会主义新时代，我们党深化了对自身执政规律的认识，将人民对美好生活的向往作为自己的奋斗目标，把满足人民对优美生态环境的需要作为重要的执政目标。这在客观上向政府实现政绩观的生态转向提出了严格要求。

构建中国特色社会主义生态政治制度，必须大力支持公众的生态政治参与，充分发挥政府科学主导与人民有效参与的合力。政府主导与人民参与相统一是中国特色社会主义理论与实践的题中应有之义。但是，就现实的情形，从根本上说，我国的生态文化建设还属于"政府主导型"，在普遍意义上，公众在生态环境问题的解决上对政府产生了"重度依赖"，在很多情况下都持"事不关己高高挂起"的心理态度。现实表明，一国公

---

① 夏静雷：《中国特色社会主义生态政治变革研究》，《科学社会主义》2016 年第 5 期。

众的有效生态政治参与程度越高，其生态文明建设成就越显著。因此，中国特色社会主义生态政治制度应鼓励、支持、引导公众进行广泛且有效的生态政治参与。

此外，构建中国特色社会主义生态政治制度还应科学把握别无选择的强制性制度、权衡利弊的选择性制度以及公民自觉的引领性制度的应用范围及其所占比例。强制性制度应主要用于约束公共权力的运行，将权力关进制度的牢笼，避免因公共权力的滥用而对生态环境造成更大破坏。选择性制度应主要用于优化公共政策的选择，对在生态文化建设中取得一定成效的政府部门及其辖区实行实实在在的政策倾斜和奖励。引领性制度主要用于激发公众自觉参与生态政治，以实际行动维护自身及公共环境权益。针对政府的生态政治制度应该侧重强制性制度和选择性制度，针对公众的生态政治制度应该以引领性制度为主，适当应用选择性制度，比如，对于公众的有效生态政治参与进行奖励等。

（三）构建中国特色社会主义生态文化制度

中国特色社会主义生态文化制度的主要功能在于塑造生态价值观，而生态价值观在全社会牢固树立，对于中国特色社会主义生态经济制度、生态政治制度、生态社会制度的构建大有裨益。或者索性说，中国特色社会主义生态文化制度的构建，对于中国特色社会主义生态经济制度、生态政治制度、生态社会制度等中国特色社会主义生态文化体系重要组成部分的构建具有价值引领作用。在这个意义上可以说，中国特色社会主义生态文化制度在整个中国特色社会主义生态文化制度体系中居于核心地位，引领着整个中国特色社会主义生态文化制度体系的发展完善。因此，应该以一种系统而严谨的态度来构建中国特色社会主义生态文化制度，使得经由中国特色社会主义生态文化制度引领下而形成的生态价值观发挥其指引中国特色社会主义生态经济制度、生态政治制度、生态社会制度有效构建的强大价值功能。

如前所述，中国特色社会主义生态文化制度相对于生态经济制度、生态政治制度和生态社会制度所具有的约束力而言，是一种基于公众自觉的选择性制度或者"软"规则。制度演进的历史规律告诉我们，越是"软"的制度安排越是需要掌握构建的"艺术"，需要更多地考虑历史文化因素和社会心理要素的影响，也就是民众的认可度和接受度。就目前的现实而言，中国特色社会主义生态文化远未成为主流文化，尚未化为全民的共识与实践。究其原因，可谓众说纷纭，但导致这一问题的深层次根源在于：我国学者较多地采用了西方的话语体系来研究生态文化的理论与实践问题，而这种由西方文化中移植来的理论框架、基本范畴，缺少介入我国现实的文化基础和社会心理基础。对我国民众而言，未融入中国文化特色的生态文化是陌生的，甚至可能是怪异的，很难激起民众的共鸣，未融入中国文化特色的生态文化建设也是不可能成功的。因此，构建中国特色社会主义生态文化制度，最重要的是融入符合民众心理认同的历史文化要素，使之成为一种"亲民"的制度。

实现中国特色社会主义生态文化制度"亲民化"，关键是将"大传统"（整体意义的中国生态文化传统）与"小传统"（个体意义的各民族、各地区的生态文化传统）结合起来，将国情、社情、民情结合起来。首先，将"因地制宜"与"因人制宜"结合起来。比如，针对汉族的生态文化制度与针对少数民族的生态文化制度应有所区分，针对东部发达地区的生态文化制度与针对中西部欠发达地区的生态文化制度应有所区分，针对城市居民的生态文化制度与针对农村居民的生态文化制度应有所区分，等等。其次，标准的制定应该恰如其分，切忌定得过高或者过低。若生态文化制度对公众的要求定得过高，容易挫伤其主动参与生态文化建设的积极性；反之，若生态文化制度对公众的要求定得过低，则不利于生态文化建设的深入推进。再有，实现中国特色社会主义生态文化制度还必须注重运用公众喜闻乐见、乐于接受的语言形式，避免因文字晦涩难懂而"挑战"公众的理解能力，从而在一定程度上阻滞中国特色社会主义生态文化建设的实践进程。

此外，需要特别指出的是，构建中国特色社会主义生态文化制度还必须牢牢把握两个关键点：其一，必须坚持马克思主义指导思想，特别是坚持科学发展观和习近平新时代中国特色社会主义思想的指导地位；其二，必须努力营造"政府为主导、企业为主体、社会组织和公众共同参与"的生态文化建设氛围。总之，构建中国特色社会主义生态文化制度应充分考虑其实施环境和实施效果。

（四）构建中国特色社会主义生态社会制度

构建中国特色社会主义生态社会制度，实现中国特色社会主义社会制度的生态化,应以新时代我国社会主要矛盾的变化为参照,以满足涵盖优美生态环境需要的人民美好生活需要为根本目的,在促进经济利益、社会利益、生态利益的全面协调中进一步保障和改善民生。

在迈入社会主义生态文明新时代的征程中,人们长久以来的注重物质财富的生产生活方式正在悄然发生变化,在优美生态环境中生产生活,进一步提升生产生活品质成为人们的热切期盼。在这种情况下,社会利益结构深刻调整,人们的生态利益诉求日益凸显,一些地方、一些领域因生态利益冲突而导致的社会矛盾冲突不断,甚至比因经济利益、社会利益而导致的社会矛盾还要复杂,严重阻滞社会主义和谐社会的构建。基于此,将生态价值观融入中国特色社会主义社会制度构建的全过程,实现中国特色社会主义社会制度的生态化,为协调社会主义生态文明建设中的利益矛盾与冲突提供制度保障迫在眉睫。

构建中国特色社会主义生态社会制度,须建立新的利益分配机制。新的利益分配机制应将生态利益纳入社会分配体系,建立生态化的利益分配机制。例如,老挝的自然保护区生态旅游收入分配经验值得借鉴。为改善偷猎和走私野生动物状况,实现经济发展与环境保护的双赢,老挝野生动物保护协会在老挝南尔国家保护区设计了一个生态旅游项目,与周边村庄制定了明确的收入分配合约,合约由保护区、周边村庄居民和地方政府三方共同签订,将生态旅游获得的收益直接分配给周边村民,并将分成额度与游客观察到的野生动物数量及动物的珍稀程度挂钩。此外,合约还明确规定,村民若触犯野生动物保护法规,就削减其所在村的分成,违法者本人及其家庭成员均视为违约,终止享受分成。其项目实施的四年里,村民的偷猎行为减少,游客观察到的野生动物的数量增加。我国在保护旅游区的野生动物、自然资源和生态环境方面,也可引入类似生态化的利益分配机制。实际上,《陆生野生动物保护条例》第六章第十二条就规定了对保护野生动物的行为给予奖励,这也是一种生态化的利益分配方式。但这对于激发调动公众共同参与自然生态环境保护的实践还不够。或许我们可以在下一步试着学习老挝的经验,将保护环境的受益面扩大,让更多公众感受到生态利益转化为实实在在的经济利益的幸福感。

构建中国特色社会主义生态社会制度,须建立新的利益协调机制。新的利益协调机制需协调好经济利益与社会利益、生态利益的关系,尤其注重维护公众的生态利益。与社会利益和生态利益相比,经济利益是转瞬即逝的短期利益。忽视社会利益和生态利益，一味追求经济利益，一旦突破环境和社会可承受的边界，将促使利润、自然资源和人类社区"三重底线"的协同互动，最终不是协同发展，而是共同覆灭。构建中国特色社会主义生态社会制度，充分发挥其利益协调作用，最根本的是引导社会成员在将生态利益转化为自身需求的同时，主动承担相应的生态责任，或者说，应该在承担责任的前提下实现生态利益。大体说来，中国特色社会主义生态社会制度下的利益协调机制构建可从以下四个方面着手。一是建立生态化的利益引导机制，引导人们正确看待和处理经济社会利益与生态利益的关系。二是建立生态化的利益约束机制，通过生态法律法规约束人们的经济社会行为，维护社会公共生态利益。三是建立生态化的利益调节机制，通过征收排污税等政策措施对环境破坏行为进行"惩戒"，促进生态公平。四是建立生态利益补偿机制，勒令生态破坏者对受害公众进行生态补偿，对于无法确定破坏者的，由政府予以补偿。

　　构建中国特色社会主义生态社会制度并不是为了"惩戒"，而是引导和协调。从这个意义上而言，中国特色社会主义生态社会制度倾向于权衡利弊的选择性制度。因此，构建中国特色社会主义生态社会制度应避免"暴力"因素，增加"柔性"因素，尽力使因生态利益造成的矛盾和冲突在相对"欢乐祥和"的氛围中得以化解。

　　概而言之，在中国特色社会主义生态文化制度体系构建的内容和基本路径的探索中，笔者以横向层面的内容展开论述，但在字里行间也尽力在纵向层面和约束力层面增加笔墨，以澄清中国特色社会主义生态文化制度体系是内容丰富而层级分明的。但是，正如上文所说，无论是横向层面将中国特色社会主义生态文化制度体系分为中国特色社会主义经济制度、政治制度、文化制度、社会制度，还是纵向层面将中国特色社会主义生态文化制度体系分为中国特色社会主义生态文化根本制度、基本制度、具体制度以及约束力层面将中国特色社会主义生态文化制度体系分为中国特色社会主义强制性制度、选择性制度、引领性制度，都只是一种划分方法或理解方式，三种划分方法或理解方式并不冲突。比如，中国特色社会主义生态政治制度是从横向层面来划分的，但在具体的构建实践中，也会体现纵向层面和约束力层面的规定。此外，中国特色社会主义生态文化制度体系的构建，最重要的是要"名副其实"，是"中国特色"＋"社会主义"＋"生态文化"三合一的。

第十二章

系统工程（三）：构建中国特色社会主义生态文化的行为规范体系

　　文明的转型是一项艰巨的社会任务，在长期的进化过程中，人类作为地球生物圈特殊的智慧生命，已经成为地球自然进化的主导因素，必须承担起与这种主导地位相适应的责任。生态文明建设以人类社会的生存和发展为落脚点，突出了人类协调人与自然关系的责任，我们要以科学发展观和习近平新时代生态文明思想为指导，坚持走中国特色新型工业化道路，在继承工业文明成果的过程中超越工业文明，实现生态文明的自觉发展。生态文明建设者肩负着双重任务，既要消除前人造成的环境祸害，又要为后人留下一个美好的环境，至少不要进一步祸害环境。中国特色社会主义生态文明的自觉发展离不开中国特色社会主义生态文化行为规范体系的自觉构建。政府、企业、公众应当合力担当起时代赋予的生态责任，考察、处理、解决我们所面临的生态环境问题，履行协调人与自然关系的应有职责。换言之，我们应"构建政府为主导、企业为主体、社会组织和公众共同参与的环境治理体系，汇聚各种力量、形成最大合力"[①]。唯有将政府的绿色领导（发展）方式、企业的绿色生产方式和公众的绿色生活方式结合起来，方能构建起完整的中国特色社会主义生态文化行为规范体系。

一　构建生态自觉的政府行为规范

　　政府主导是中国特色社会主义的显著特点和优势。作为中国特色社会

---

　　① 习近平：《决胜全面建成小康社会　夺取新时代中国特色社会主义伟大胜利——在中国共产党第十九次全国代表大会上的报告》，人民出版社 2017 年版，第 51 页。

主义事业重要维度的生态文化建设，自然应该充分发挥政府的良好示范效应。也就是说，作为政府，应该率先自觉遵循与自身生态责任相适应的行为规范，成为生态文化建设实践的主导者、示范者、引领者，在生态文化建设领域树立良好的政府形象，在社会主义生态文明时代提高政府公信力，以实际行动带动企业和公众积极参与中国特色社会主义生态文化建设，营造全民共治的美丽中国建设氛围。

（一）坚持绿色发展

不同的时代具有不同的发展观，或者说社会主要矛盾不同，发展观也应有所不同。改革开放初期的贫弱时期，我国的发展观主要指向经济增长，因而产业结构集中在高污染、高耗能产业，给生态环境造成了巨大压力。经过改革开放四十年的快速发展，我国已进入中国特色社会主义新时代，社会主要矛盾发生了转化。党的十九大报告指出："我国社会的主要矛盾已经转化为人民日益增长的美好需要和不平衡不充分的发展之间的矛盾。"[1] 同时，报告还指出，人民美好生活需要不仅仅对物质文化生活提出了更高要求，而且包括环境在内的多方面需求日益增长。"正因为严重的生态环境成为民生之患、民心之痛，使得优美生态环境需要成为人民美好生活需要的短板领域。"[2] 事实证明，受发展阶段的限制，改革初期的经济增长型发展观乃是权宜之计，并非长久之策。早在 2016 年 8 月，习近平就积极回应了这个问题。他说："现在，我们已经到了必须加大生态环境保护建设力度的时候了，也到了有能力做好这件事情的时候了。"[3] 今时今日，在社会主义生态文明建设新时代，我国政府必须积极推动传统发展方式向新时代绿色发展方式的转型。作为绿色发展的主导者、示范者和引领者，政府应该自觉树立生态政绩观，努力构建生态服务型政府，以绿色领导方式推动绿色发展方式的形成。

在中国特色社会主义新时代，无论是中央政府还是地方政府，都应该自觉树立正确的政绩观。在社会主义生态文明建设新时代，树立正确的政绩观就是树立生态政绩观。早在 2012 年，在党的十八大，我们党就深刻

---

① 习近平：《决胜全面建成小康社会　夺取新时代中国特色社会主义伟大胜利——在中国共产党第十九次全国代表大会上的报告》，人民出版社 2017 年版，第 11 页。

② 《党的十九大报告辅导读本》，人民出版社 2017 年版，第 379 页。

③ 《习近平谈治国理政》第 2 卷，外文出版社 2017 年版，第 392 页。

认识到："建设生态文明，关乎人民福祉，关系民族未来。"① 习近平多次强调，"环境就是民生，青山就是美丽，蓝天也是幸福"②，"良好生态环境是最公平的公共产品，是最普惠的民生福祉"③。这是对新时代为谁创造政绩和怎样创造政绩的正确而深刻的回答。党的十七大以来，我国政府积极改变经济发展方式，促进经济发展与环境保护之间的协调，有力推动了社会主义生态文明建设。但是，有的领导干部依然徘徊在经济发展与环境保护之间，在 GDP 数字和生态环境之间难以取舍，甚至在政绩考核与职务升迁的"关键"时刻，依然习惯于将经济职能视为刚性职能，将经济增长等同于政府职能的全部。尽管我国决策层在十年前就将"绿色国民经济核算"纳入政绩考核，但依然未动摇 GDP 在一些地方官员心中的根本考核标准地位，将 GDP 增长奉为"升迁宝典"的不在少数。要根本扭转这一局面，需彻底纠偏传统政绩观。习近平强调："要建立责任追究制度，对那些不顾生态环境盲目决策、造成严重后果的人，必须追究其责任，而且应该终身追究。"④ 这实际上给各级政府官员戴上了"紧箍咒"，给生态政绩观的树立提供了刚性的制度保障。

　　社会主义生态文明建设新时代，现代政府应自觉实现从服务型政府向生态服务型政府转变。生态服务型政府，既不同于一般的服务型政府，也有别于一般的生态型政府，而是服务型政府与生态型政府的紧密结合。生态服务型政府将以人为本思想和生态文明理念融合起来，在尊重自然、顺应自然、保护自然和服务人民的整体框架下履行政府职能，以服务人民和保护自然为根本宗旨。可以说，建设生态服务型政府既是践行生态政绩观的重要现实表现，也是推进中国特色社会主义生态文化建设的根本路径之一。建设生态服务型政府，最核心的是变革政府管理理念，促进政府职能的生态化转向。党的十九大报告深刻指出："我们要建设的现代化，既要创造更多物质财富和精神财富以满足人民日益增长的美好生活需要，也要提供更多优质生态产品以满足人民日益增长的优美生态环境需要。"⑤ 政

---

① 《习近平谈治国理政》，外文出版社 2014 年版，第 208 页。

② 《环境就是民生，青山就是美丽，蓝天也是幸福》，《中国青年报》2015 年 3 月 7 日。

③ 《习近平关于全面建成小康社会论述摘编》，中央文献出版社 2016 年版，第 163 页。

④ 《习近平谈治国理政》，外文出版社 2014 年版，第 210 页。

⑤ 习近平：《决胜全面建成小康社会　夺取新时代中国特色社会主义伟大胜利——在中国共产党第十九次全国代表大会上的报告》，人民出版社 2017 年版，第 50 页。

府应该适应生态文明时代的要求，由传统偏重经济和政治的管理理念和政府职能向"生态服务管理"转变，促进政府行政能力向"生态行政服务能力"转变。大体说来，生态服务型政府建设应着重解决好这样几个问题：（1）充分发挥市场监管职能，助力市场完善生态产品供给方式和运行机制，确保优质生态产品的市场供给；（2）坚持"保护优先，自然恢复为主"的原则，将自然恢复与人工治理相结合，积极改善生态环境，满足人民日益增长的优美生态环境需要；（3）向社会提供与生态环境密切相关的公共政策和精神产品，尤其是恰当的生态政策和普遍的生态教育产品；（4）建立健全生态危机的事前预警和事后处理机制。

（二）实施生态政治

人们对生态危机的根源及解决策略的讨论从未停止过，经济、技术、文化、政治等因素受到不同程度的重视。经济方案更是长久以来居于生态危机解决策略选择中的中心位置。实际上，政治方案在生态文明理念在全社会牢固树立前具有更为根本、更为有效的作用。政治的力量由于天然地带有最高的权威，居于社会的顶层，对于生态问题的解决具有"立竿见影"的效果，是现阶段解决生态危机的根本途径。况且，"环境问题的产生与政治有关；环境问题的解决与政治有关；环境问题可引发政治动荡；今天，环境问题日益政治化"[①]。基于此，社会主义的中国更需要从政治的高度出发，做好政治上层建筑的顶层设计，为中国特色社会主义生态文化建设提供有力的政治保障。

其一，鼓励公众参与生态政治。公众参与生态政治是一国生态文化建设的重要推动力量。公众参与生态政治，有助于政府掌握生态领域的真实民意，提高政府决策的科学性，有助于减少公众和政府之间因信息不对称造成的摩擦和冲突，更有助于形成全民保护生态环境的良好氛围，从根本上推动生态文化建设。我国生态文化建设的起步较晚，加之长期的"政府主导型"环保工作模式，公众在一定程度上形成了"政府依赖型"的环保思维模式，在生态政治的自觉参与度（含广度和深度）上与西方发达国家仍然存在较大差距。这是我国生态文化建设的一大阻滞因素。政府应下大力气鼓励、推动公众有序、有效的生态政治参与。在新时代，政府

---

① 肖显静：《生态政治何以可能》，《科学技术与辩证法》2000 年第 6 期。

在鼓励、推动公众参与生态政治方面应努力做到以下几方面：（1）充分重视社会团体、民间组织的生态保护诉求，扩大社会团体、民间组织在生态文化建设中的影响力；（2）鼓励公众从参与生态保护宣传教育等"常规性"事务扩大到参与政府的生态文化建设决策"重大事务"中来；（3）鼓励公众从以事后监督为主的生态政治参与模式转变为事前"关注"、事中"跟踪"和事后监督合一的生态政治参与模式；（4）鼓励、推动公众生态政治参与从"口号型"向"实践型"转变。

其二，完善生态文明制度体系。邓小平有句名言被中国法学界奉为经典：人是靠不住的，还是制度靠得住。虽然中华文化传统推崇人性善论，但是关系人民福祉、关乎民族未来的生态环境不得不让我们谨慎行事。毕竟，良好的生态环境是中华民族乃至世界文明得以持续存在和永续发展的根基。在生态保护成为一项必须严肃以待的重大问题之时，在全民生态自觉尚未形成之际，我们应有吸收西方人性恶论的勇气，设计针对全社会的最严密的制度牢笼，最大限度预防、遏制和坚决严惩破坏生态环境的行为。需要特别指出的是，由于各级政府主导国家或各地区总体发展方向，企业处于经济发展一线，是最容易因政治经济利益对生态环境造成致命破坏的主体，故应把制度的牢笼重点对准政府和企业。当然，在生态危机日益凸显的今天，加强制度对于普通民众的日常行为规约，帮助他们树立生态自觉意识也应该提上中国特色社会主义生态文化建设的议事日程。总之，正如习近平总书记所言："推动绿色发展，建设生态文明，重在建章立制，用最严格的制度、最严密的法治保护生态环境。"① "针对生态文明体制改革相对滞后的情况，党中央专门制定了《生态文明体制改革总体方案》，搭建了生态文明制度体系的顶层设计，设计了改革路线图……自然资源资产产权制度改革已经展开，主体功能区制度逐步健全，空间规划体系改革试点全面启动，资源总量管理和全面节约制度不断强化，资源有偿使用和生态补偿制度改革持续推进，环境治理体系改革力度明显加大，环境治理和生态保护市场体系加快建立，生态文明绩效评价考核和责任追究制度全面建立。编制自然资产负债表、领导干部自然资源资产离任审计、党政领导干部生态环境损害责任追究、生态环境损害赔偿制度、国家生态文明试验区、国家公园等改革试点进展顺利。新修订一批法律法规，

①《习近平谈治国理政》第 2 卷，外文出版社 2017 年版，第 396 页。

法律制度不断完善。"①

其三，积极参与全球生态治理。在生态危机席卷全球的今天，人类命运共同体思维日渐深入人心，建设绿色家园成为全人类的共同梦想。"当前，我国日益走近世界舞台的中央，越来越多的国家希望我们能够为解决事关人类发展与安全的重大问题发挥更大作用。必须着力解决突出环境问题，合理承担国际责任和义务，与世界各国共同应对全球环境挑战，增强我国在全球环境治理体系中的话语权和影响力，成为全球生态文明建设的重要参与者、贡献者、引领者，让良好生态环境成为展现我国良好形象的发力点。"② 换言之，我们"要积极参与全球环境治理的规则构建，承担并履行好同发展中大国相适应的国际责任"③。也就是说，作为发展中大国，我们不仅要投身全球生态治理的具体行动中，更要确立自己在其中的国际话语权，积极成为全球生态治理的规则制定者、实践引领者和智慧方案的贡献者。目前，"我国已批准加入 30 多项与生态环境有关的多国公约或协定书，引导应对气候变化国际合作，在全球环境治理中的引领作用日益凸显"④。

（三）加强生态教育

联合国环境与发展大会于 1992 年通过的《21 世纪议程》明确指出："教育是促进可持续发展和提高人们解决环境与发展问题能力的关键，教育对于改变人们的态度是不可缺的……对于培养生态意识，对于培养符合可持续发展和公众有效参与决策的价值观与态度、技术和行为是必不可少的。"⑤ 从根本上说，生态文化建设是一场价值观的变革实践。教育则是价值观变革最重要的推动力量。因此，加强生态教育理当成为生态文化建设的重要途径。习近平总书记强调："要加强生态文明宣传教育，强化公民环境意识，推动形成节约适度、绿色低碳、文明健康的生活方式和消费

---

① 《党的十九大报告辅导读本》，人民出版社 2017 年版，第 372 页。

② 同上书，第 380 页。

③ 同上书，第 383 页。

④ 同上。

⑤ 联合国环境与发展大会：《21 世纪议程》，http：//www. un. org/chinese/events/wssd/chap36. htm。

方式，形成全社会共同参与的良好风尚。"① 2016 年 12 月，教育部学校规划建设发展中心发出《中国绿色校园发展倡议》，强调以绿色发展引领教育风尚。作为中国特色社会主义生态文化建设主导者的政府同时也应是生态教育的主导者、推动者和践行者。在加强生态教育的实践中，我国政府必须明确教育的目的、教育的主体和教育的对象。

首先，生态教育应以生态知识的掌握和生态自觉意识的形成为目的。系统的生态教育，其目的和任务应包括两个层面：一是促成生态科学知识的把握，二是促成生态自觉意识的形成。这两个层面互促互进，缺一不可。一方面，缺乏对生态科学知识的把握，生态自觉意识再强也只能停留在较低级别或较低层次的生态实践中；另一方面，若生态自觉意识"不在场"，生态科学知识再丰富也只能是"摆花瓶，做样子"。历史和现实一再证明，唯有生态知识的掌握与生态自觉意识的形成同时"在场"，生态文化建设方能取得实质性、突破性进展。

其次，生态教育的主体应是政府—学校—社会三位一体。由于学校天然地是教育场所，教育是其天职，因此在很长一段时期，生态教育的主要任务落在学校的肩上。但是，生态文化建设需要每一个中国人的共同努力。很显然，将生态教育的任务仅仅局限于学校是不够的，毕竟学校教育的受众面相对狭窄（主要针对学生）。况且，即便是作为学校生态教育客体的学生，也在很大程度上受政府行为、家庭环境和社会氛围的影响，仅仅靠学校的生态教育远远不够。因此，政府应积极发挥自身主导作用，使自身同学校、社会（含各类媒体）建立联动机制，共同承担生态教育的责任。

最后，生态教育的对象应是全体社会成员。《中国生态文化发展纲要（2016—2020）》明确指出，"到 2020 年，生态文明教育普及率由 2015年的 80% 提高到 85%，积极培育生态文化，将生态价值观、生态道德观、生态发展观、生态消费观、生态政绩观等生态文明核心理念，纳入社会主义主流价值观，成为国家意识和时尚追求"，同时强调"全方位、多领域，系统化、常态化，推进生态文化宣传教育"。中国特色社会主义生态文化建设是全体中国人民共同参与的文化实践。故而生态教育应面向全体社会成员，在全社会塑造生态人格，培育生态公民。作为经济欠发达的贫

---

① 《习近平谈治国理政》第 2 卷，外文出版社 2017 年版，第 396 页。

困山区、著名的革命老区，四川省广元市早在 2010 年就确定 8 月 27 日为广元低碳日，是全国首个地方设立低碳日的城市，也是西部唯一接受联合国邀请，参加德班气候变化大会的城市。广元市所取得的生态文化建设成就与政府加强对公众的生态教育分不开。近年来，广元市通过硬件和软件双管齐下，充分利用地理特征和地方文化特色，在全市营造生态文化氛围，培育公众的生态文化意识。例如，在硬件上，加快绿色廊道建设，沿南河、嘉陵江建设绿色廊道环线，形成自行车、步行通道，在提升居民休闲环境的同时，改善城市交通环境。四川省唯一一个国家级湿地公园——南河湿地公园常年免费对市民开放。在软件上，从市区到县区都设立了文化站。市政府通过采购文艺剧目下乡，以快板、小品等丰富多样的形式，宣传生态理念。在农业园区、旅游景区植入生态文化墙、生态文化长廊，长效宣传生态文化。①

在具体的生态教育中，政府还应充分意识到，针对不同的人群，还应当有所侧重，应把政府公务员、企业负责人和青少年作为生态教育的重点对象。这是因为：（1）政府是中国特色社会主义生态文化建设的主导者和引领者，作为政府职能的践履者，政府公务员必须率先接受生态教育；（2）企业是生态环境问题的主要制造者，因而必然成为生态环境保护的主要实践者，其负责人必须走在生态教育的前列；（3）青少年肩负着建设美丽中国的历史使命，其生态意识和行为直接关系着国家的前途和命运，必须作为生态教育的重点对象。

（四）开展生态合作

生态文化建设是一项艰巨的系统工程，不能仅靠一国一族一区一城一企单打独斗，而要积极开展各责任主体之间的联动合作：推动国与国之间、国家内部中央与地方之间和各地方政府之间以及政府与企业等其他社会组织之间的生态合作。目前我国学界对生态合作的主张主要集中在国与国之间的合作（即国际合作上），对各种形式的国内合作则鲜有提及。作为一个有着悠久历史的多民族、多人口且地域广袤的特殊国家，国内合作应摆在更加基础、更加优先的地位。因此，这里着重探讨国内的政府内部、地方政府之间以及地方政府与企业、学校及环保社会组织之间的国内

---

① 参见《依托古城历史　打造生态文化》，《中国环境报》2016 年 3 月 9 日。

生态合作。

　　政府内部的合作尤其是地方政府之间的合作是生态文化建设的关键。中央政府与地方政府之间、地方政府与地方政府之间的府际合作构成了政府内部合作的完整内容。但是，由于"我国的行政体制结构决定了各级地方政府既是中央政府生态政策由设计转为实践的贯彻者和执行者，也是具有主观能动性的自利兼独立的地方环境事务治理主体，堪为生态治理的中流砥柱"①，故而从根本上说，地方政府之间的合作是政府内部合作的"主场"，其合作程度和效果不仅大大影响各地方政府自身的生态治理效果，还直接影响着中央生态政策的贯彻效果。因此，各地方政府应主动寻求与其他地方政府之间的生态合作，主动分享自身生态文化建设经验，充分吸收借鉴有益于本地生态文化建设的成果，对于某些"复杂领域"，可以开展地方共治，即合作的地方政府双方或多方共同进行生态治理。例如，自 2000 年以来，京津冀就开启了以水资源的供给—消费和水源涵养、风沙源治理和大气污染源控制与治理为主要对象的生态合作进程。2017年 2 月，环保部通报京津冀 PM2.5 浓度比 2013 年下降 39.6%，全面实现空气质量改善目标，并指出空气质量的好转得益于近年来京津冀不断加强协调合作，协防共治大气污染。近年来，京津冀进一步打破行政区划界限，联防联控环境污染，推进流域生态补偿，加快构筑生态屏障，生态共建共享不断加强。例如，国家"大气十条"发布以来，京津冀连同周边城市完成以电代煤、气带煤 470 多万户；2017 年清理整顿涉气"散乱污"企业 6.2 万余家。又如，京冀两地联合编制了密云水库上游生态清洁小流域建设规划，双方共同筹措资金，建设规划完成后，可治理水土流失面积600 平方千米。再如，京津冀三地携手建设生态环境支撑区，依托造林绿化重点工程大规模推进国土绿化。2017 年，京津保平原生态过渡带完成造林绿化 81 万亩，宝廊沧与京津绿屏相连、绿廊相通一体化生态格局逐渐形成。②值得特别指出的是，各地方政府应结合本地历史文化、地理环境、民族特色、风土人情、经济发展状况、教育技术水平等因素寻求最适合本地生态文化建设的合作伙伴。例如，具有相似历史文化的地区之间、各少数民族聚居地之间、具有相似地理环境特征的地区之间、具有相似地

---

① 程雨燕：《地方政府生态治理合作之欧盟借鉴——以广东省促进型立法为例》，《南京工业大学学报》（社会科学版）2013 年第 3 期。

② 参见《京津冀联手协作　三地生态共建共享》，《河北日报》2018 年 3 月 1 日。

域文化的地区之间、具有相似风俗习惯的地区之间、经济发展水平相当的地区之间、教育水平相当的地区之间以及地理位置临近的地区之间可形成生态文化建设的合作伙伴。

政府与企业之间的合作是生态文化建设的重点。传统意义上，政府和企业往往容易形成"合谋"关系（即政府与企业合力追求经济的数字型增长）或"竞争"关系（政府追求公共利益最大化为目标，企业追求经济利益最大化）。但是，在生态环境问题日趋严峻的今天，政府与企业必须从"合谋"与"竞争"关系中挣脱出来，建立良性合作关系，成为最大的深度合作者，共同推动中国特色社会主义生态文化建设。政府与企业建立合作关系应改变传统的由政府单方强制施行的生态管制理念，形成政府与企业双方在生态文化建设目标设定、政策执行、环境保护与生态责任监督等方面的战略伙伴关系。在此过程中，政府和企业的目标在无数次的"交流对话"与互促互进中得到最大限度的融合。此外，利用各种措施帮助企业提高生态管理能力，改善生态基础设施，增强企业的"绿色生产能力"，助力企业实现生产方式的生态转向，以及与企业共同研发先进的生态科学技术也是政府与企业的重要合作方式。

政府与学校的合作是生态文化建设的关键。学校是政府推行生态政策的重要依托，是生态教育的主阵地，占据平台优势和理念优势的高等学校更应该成为政府生态决策的"智囊团"。因此，各级政府应加强同各级各类学校的合作，一方面发挥各级各类学校的"育人"功能，将党和国家在生态文化建设方面的大政方针纳入日常的教育教学中，在幼儿、中小学生及大学生中建立连贯的生态科学知识和生态自觉意识教育体系；另一方面发挥高等学校尤其是其中的生态环境研究机构和生态环境学者、生态技术研究者在政府生态决策中的"智囊"作用以及生态技术研究者的技术改进作用。在生态教育方面，各级政府应下大力气制定一套系统完整的贯穿于各教育层次的生态教育规划，以供学校具体参考使用。在生态决策与技术改进方面，各级政府应在政策上鼓励高等学校积极参与政府生态决策，不断研发新的有益于环境保护的生态技术。

政府与环保社会组织之间的合作是生态文化建设的新动力。环保社会组织也称民间环保组织（ENGO），是指由热心环保事业的人士组成的致力于开展环境保护实践与提供环境服务的公益性非政府组织。环保社会组织的组成人员中不乏生态环境学者、生态技术研究者、科学家和法学学者等知识精英，他们不仅学识渊博，见解深刻，生态自觉意识强，而且充分关切环保事业的发展，并在社会中享有较高的威望。当下，生态环境问题成为一项重大的民生问题，各级政府对公众生态意识的觉醒充满了期待，同时也不乏焦虑。环保社会组织的公益性及"民间性"决定了其与公众的心理距离较短，一方面能够掌握民众在生态环境方面的真实诉求，另一方面在唤醒公众生态意识方面具有天然的优势。政府联合环保社会组织共同发起生态文化建设的倡议，共同商讨生态文化建设的路径措施，有助于弥补"集体行动"的困境。不过，总体而言，我国环保社会组织的作用还未得到充分发挥，需要在与政府的合作中走向成熟与完善。同时，政府应帮助环保社会组织建立联盟，搭建平台：（1）搭建信息沟通交流平台，实现信息互通、协同合作和资源共享；（2）搭建项目合作开展平台，整合有效资源，推动项目落实；（3）搭建能力强化平台，组织开展培训，提升环境业务水平；（4）搭建争取政府支持的平台，增进沟通协调，建立社会支持网络。

构建中国特色社会主义生态文化的政府行为规范体系并非一朝一夕之事，也没有一劳永逸的方案。各级政府必须深切明白，任何一个可供选择的方案都应作为一件不断加以"雕琢"的艺术品，在永无止境的"打磨"中逼近成功的彼岸。政府职能所到之处，不应局限于上述领域，还应按照《中共中央、国务院关于加快推进生态文明建设的意见》和《中国生态文化发展纲要（2016—2020）》的总体要求，加强生态文化传承与创新发展，推进生态文化产业发展，尤其应积极推进生态文化发展的重大行动，诸如着力打造生态文化城镇，深化"全国生态文化村"创建活动，加强生态文化现代媒体传播体系和平台建设，拓展生态文化创建传播体验活动，弘扬林业时代精神，树立林业生态楷模，延展"一带一路"生态文化合作交流，等等。

二　构建生态自觉的企业行为规范

在市场经济条件下，企业作为资本运行最重要的经济组织，是实现人与自然之间物质、能量、信息变换的主体，其生产经营活动创造满足人类需求的物质财富，也改变了人类现实的自然环境。一方面，企业的生产经营活动离不开自然界的原材料与能源，其产品的产出总是以自然资源的消耗为代价；其生产过程造成大量的资源转化为废弃物排放到周围环境而成为环境最主要的污染源。另一方面，与其他社会组织、社会活动主体比较，企业作为一类社会组织，实现价值增值是其追求的目标，更多地享有利用和处置社会共有的自然资源的权利，从而成为最容易产生环境污染、生态破坏的部门。"企业既是污染物质的主要生产者，又是污染物质的主要排放者，是资源破坏的最主要来源。"① 因此，企业作为市场经济的主体，应当自觉担负起更大份额的生态文化建设者和生态文明践行者责任。

（一）坚持绿色生产

所谓绿色生产，是指将生态文化理念贯穿于生产的全过程，以保护生态环境为基本原则，节能、降耗、减排减污，最终创造绿色产品以供绿色消费。企业作为"天生"的营利性组织，在相当长的历史时期都片面追求自身经济利益，忽视支撑其生存和发展的生态根基。大多数企业之所以对生态环境造成极大破坏，主要是由于其奉行经济驱动主导下的传统高能耗、高污染、高排放的粗放型生产方式。社会主义生态文明建设新时代要求企业主动适应生态文化建设的要求，自觉摒弃传统生产方式，践行绿色生产方式，从根本上推动中国特色社会主义生态文化建设。企业生产方式"绿色化"，最核心的是改变以牺牲资源、环境，威胁社会公共环境权益为代价的传统生产方式，走"科技含量高、经济效益好、资源消耗低、环境污染少、人力资源得到充分发挥"的新型工业化道路，致力于从源头到产出整个生产过程全面实现"绿色化"。

其一，生产源头绿色化。企业要实现绿色生产，生产源头绿色化是基础。生产源头绿色化应从生产资料绿色化、劳动者绿色化和发展绿色产业三个层面着手。首先，任何企业在选择或安排生产资料的过程中，都应该充分考虑人口、资源、环境的承载力，尽最大的努力减轻人力、物力和生态力的消耗，具体来说：（1）避免选择稀缺的、不可再生资源，优先选择资源利用率高而对环境污染小的可再生能源资源；（2）大力引进先进的生态技术设备和工具，淘汰传统能耗型设备和工具；（3）节约集约用地，避免因土地浪费和粗放利用导致"高地耗"。其次，企业应致力于选择那些具有生态科学知识和生态自觉意识的劳动者参与直接生产，或对劳

---

① 林兴发：《企业生态文化的培育》，《华东经济管理》2006年第7期。

动者进行生态科学和生态意识培训,科学考核通过后上岗,并设立劳动者生态绩效考核规章制度。最后,企业生产源头绿色化甚至是企业整个生产全过程的绿色化都应落脚于调整产业结构,发展绿色产业的战略选择,如发展新能源产业、文化产业、服务业等。

其二,生产过程绿色化。企业要实现绿色生产,单有生产源头的绿色化还不够,因为生产资料绿色化、劳动者绿色化和产业抉择绿色化并不能充分实现绿色生产。长期以来,企业尤其是传统工业企业在生产过程中不仅制造了大量废弃物,而且输出大量粉尘、水雾、油烟、噪声等,这些生产"垃圾"排放到大气、水和人群中,严重损害生态环境和人体健康,成为社会公害。生产"垃圾"的大量输出,在很大程度上是由于企业忽视对生产过程的环境监控和废物处理。因此,生产过程的绿色化是实现企业生产绿色化的关键。而要实现生产过程的绿色化,必须在生产流程、关键技术和生产工艺上下功夫,同时以严格的生态标准监督每一个生产环节,尤其应利用生产过程协同资源化处理废弃物技术,变废为宝,将废弃物"消灭"在生产过程中,做到在每一轮生产中将资源消耗和环境污染降到最低。

其三,产出绿色化。企业要实现绿色生产,产出绿色化是必然选择。党的十九大报告强调:"要提供更多优质生态产品以满足人民日益增长的优美生态环境需要。"① 这意味着中国特色社会主义新时代要求企业生产生态产品,以满足人民日益增长的优美生态环境需要。企业产出绿色化,从根本上说就是实现产品绿色化,指的是企业向消费者输出的产品和服务是生态产品,具备生态属性和生态品质。"所谓生态属性,主要指工业化生产提供的产品和服务不会破坏生态、污染环境。所谓生态品质,要求规模化标准化生产提供的产品和服务,不会危害包括人类在内的生命共同体成员的健康和生命。"② 由此可见,企业若不能实现产出绿色化,不具备生态属性的产品和服务,必然引起继生产环节之后的新一轮生活领域的生态环境污染和破坏,同时遭受生产和生活领域"攻击"的生态环境无疑是雪上加霜。另外,不具备生态品质的产品和服务直接侵害包括人类在内的生命共同体成员的健康和生命,给自然生态造成毁灭性灾难。因此,企

---

① 习近平:《决胜全面建成小康社会　夺取新时代中国特色社会主义伟大胜利——在中国共产党第十九次全国代表大会上的报告》,人民出版社 2017 年版,第 50 页。

② 潘家华:《提供生态产品　增殖生态红利》,《经济参考报》2017 年 10 月 23 日。

业产出绿色化至关重要。

（二）培育生态文化

虽然我们一直强调政府主导下的制度因素对于环境保护的重要作用，但从现行状况来看，制度因素更多地体现在事后的惩罚性制约上。在这种情况下，制度的手所到之处便是一个已经遭到破坏的生态环境。况且，现有的制度并不能遏制新的环境问题的出现。因此，外在的约束不如企业内在的自省和自觉。如此说来，企业能否一以贯之地坚持绿色生产，文化中"绿色成分"的多少是重要因素之一。企业生态文化的构建应当成为生态文明时代企业发展过程中的一个重要环节，甚至应成为与经济发展同等重要的追寻目标。企业生态文化要求企业在生产过程中自觉处理好经济发展与环境保护的关系，不能以牺牲环境为代价换取经济的发展和利润的提高。企业生态文化应摒弃以自我为中心的传统发展观，在增进生产的同时对生态环境及人类整体利益给予充分关切。

其一，树立企业与自然和谐的生态发展观。社会主义生态文明建设新时代的企业必须深切明白，企业的发展建基于自然生态系统的平衡与和谐。自然生态与企业之间"唇齿相依"，"唇亡齿寒"。工业文明主导下的企业发展观的缺陷早已暴露无遗：资源的短缺、能源的枯竭、环境的恶化在我们的身后步步紧逼。时代一次次向我们敲响警钟：时至今日，任何试图以资源环境为代价的企业发展方式都是不可持续的。生态文明时代，企业要得以持续生存和发展，必须拥有大尺度的前瞻意识和远程眼光，充分意识到没有资源和环境的支撑，企业发展就如同无源之水、无本之木。况且，优美生态环境已经成为人民美好生活需要的重要组成分。任何污染和破坏生态环境的行为都将成为新时代中国特色社会主义人民的公敌，也将自然成为党和政府"法治"治国之重器矛头所向。可以说，自然的呼声、人民的呼声、制度的鞭策以及企业自身的生存困境共同向企业发出了最后通牒：与自然和谐发展。

其二，树立自觉保护环境的生态义务观。物质资源和环境资源是地球自然对人类的馈赠，是生产的基础和前提。市场经济条件下单纯追求经济利益的企业，往往不顾及自然生态及社会对其生产活动的承受性，必然产生外部经济效应或者外部不经济效应，在运行中浪费了自然资源，导致环境污染，造成社会公害。长期以来，企业在生产经营活动中，近乎无偿占有天然资源，凭借工具—技术的进步，不断增大对地球自然的物质资源和能源资源的开发强度；近乎无偿使用环境资源，把废弃物大量地排放到环境中去，超越了生态环境的净化能力。企业把本应承担的生态责任外部化，推给他人和社会，甚至推给了未来的人类，从而成为生态环境问题的主要制造者。解决经济增长中资源过度消耗，环境污染严重等问题，企业必须承担起应有的生态社会责任。尽管承担生态社会责任可能加大企业成本，短期内影响企业的经济效益，但这是生态文明建设中企业生存与发展的必然选择。身负重任的企业，应当以生态责任的严峻挑战为契机，转变以往资源依赖型、环境污染型的生产方式，通过企业的自我提升，达到经济效益、环境效益、社会效益的统一。

其三，树立兼顾公众环境利益的生态正义观。以盈利为目的是企业的"天性"。但是，企业不能为了盈利而无视作为社会公共利益的公众环境利益。如前所述，长期以来，我们都未曾根本破解"企业污染，民众受害，政府买单"的生态治理困局。企业不应该为了追求自身利益而不惜牺牲公众环境利益。社会主义生态文明建设新时代的企业应该明白，作为经济活动的直接受益者和责任者，应该把兼顾民生福祉列入发展规划。企业是由人组成的，企业树立生态正义观等同于企业人树立生态正义观。一方面，从代内正义出发，企业发展应兼顾当代其他人的利益。资源和环境的承载力是有限的，一些人大量索取、肆意破坏，另一些人的生存和发展就会受到限制。更何况，从企业自身的长远发展来看，大量索取资源、肆意破坏环境也是不可取的。另一方面，从代际正义出发，企业发展应兼顾包括企业人自身后代在内的人类子孙后代整体的未来利益。

其四，树立关注人类命运的生态质量观。企业最初将产品质量指向技术层面，以产品的自然属性为参照系，关注产品性能，奉行技术质量观。随着社会经济水平的提高以及买方市场的逐步推进，人们对于产品的需求日益多样化，对产品质量的要求已经不再局限于产品性能，还关注产品的形式、工艺、外观设计等。于是，企业生产开始以社会需求为参照系，关注产品的社会价值，产品的社会质量观形成。随着生态危机的加剧，生态文明理念日益深入人心，产品的生态质量观备受推崇。至此，产品质量观经历了技术质量观、社会质量观和生态质量观三个阶段。三个阶段呈依次递进的关系，技术质量观为初级阶段，社会质量观阶段高于技术质量观阶段，生态质量观阶段高于社会质量观阶段。当然，这并不意味着三个阶段独立存在。相反，在社会质量观阶段，技术质量观与社会质量观并存；在生态质量观阶段，技术质量观、社会质量观、生态质量观并存。当今和未来的时代是生态质量观时代，企业应着眼于人类整体生态利益，将技术质量观（性能好）、社会质量观（社会需求高）与生态质量观（安全环保）兼容，生产出兼具强大使用价值、社会价值和生态价值的产品。

（三）承担生态责任

企业作为最重要的物质生产部门，在创造丰富的物质产品的同时，也造成了严重的生态污染和破坏，成为生态环境的最大破坏者。根据"谁开发谁保护，谁污染谁治理"的原则，企业对生态环境问题负有不可推卸的责任。2017 年年底，中共中央办公厅、国务院办公厅印发了《生态环境损害赔偿制度改革方案》，对 2015 年印发的《生态环境损害赔偿制度改革试点方案》进行了完善，规定 2018 年 1 月 1 日起在全国试行生态环境损害赔偿制度，进一步确立了损害担责原则，明确规定由造成生态环境损害者承担赔偿责任，并负责修复受损环境。企业这个最有可能造成并加剧环境污染和破坏的行为主体等于被套上了生态环境损害赔偿的"紧箍咒"。若企业对生态环境造成破坏，则依法担责，如此，企业的生态责任通过制度得到进一步强化。但是，尽管如此，"企业污染、群众受害、政府买单"的困局依然没有根本破解。因为，若要根本破解这一困局，仅靠外在的制度约束是不够的，必须有内在的自觉才行。再者，人民对优美生态环境的需要以及企业自身对生态环境的依赖都要求企业主动承担生态责任，规避生态风险。鉴于此，企业必须以勇担生态责任为己任，树立"像保护眼睛一样保护生态环境，像对待生命一样对待生态环境"[①] 的生态责任观。

其一，事前积极预防。保护生态环境的最佳策略是预防，将污染与破坏行动扼杀在摇篮里。因而，事前预防环境污染和破坏是企业履行生态责任的最佳选择，也是衡量现代企业社会责任感的最有力标准。企业针对保护生态环境的事前预防应重点指向为绿色生产做充分的准备。生产资料绿色化、劳动者绿色化和发展绿色产业有机结合是事前积极预防的重中之重。企业应尽最大努力在事前积极预防上下功夫，最大限度减轻事中控制

---

① 《习近平谈治国理政》，外文出版社 2014 年版，第 208 页。

和事后治理的压力。

其二，事中主动控制。保护生态环境，事前的积极预防是最佳策略，但并不意味着经过事前的积极预防就能万事大吉。作为企业，也不应将保护生态环境仅仅局限在事前的积极预防上，须知在具体的生产过程中对可能导致生态环境问题的项目和环节采取放任的态度，其结果往往更具灾难性。任何妄图以事前的积极预防替代或者排除自身在事中主动控制的责任都是不允许的。何况即便是经过事前的积极预防，事中若控制不当，仍会对生产环境造成不小的压力。生产过程绿色化和产出绿色化是事中主动控制的重点。

其三，事后自觉治理。尽管事前预防、事中控制是生态环境保护的重中之重，经过了事前的积极预防和事中的主动控制，产生生态环境问题的概率已大大减小，但并不意味着生态破坏值降为零。面对已经产生的生态问题，或者经预测确定将产生的生态问题，企业应该主动为自己的破坏行为买单，而不是消极等待着制度的"强制执行"。尤其对于破坏行为已经完成，但破坏效果还未被政府和民众意识到的"将来时"生态问题，企业更应提前采取措施减轻破坏效果，尽最大努力将破坏效果拦截在生态恶化之前。

事前积极预防、事中主动控制与事后自觉治理三环节是一条完整的生态环境保护链条。三环节中的任何一个环节都不容忽视。事前积极预防是第一道防线，事后主动控制是中心环节，事后自觉治理是最后一道防线。只有事前积极预防，事中主动控制的压力才能降到最低；只有事前积极预防，事中主动控制的压力降到最低，事后自觉治理才能取得最佳的效果，企业在整个生态环境保护过程中才不至于"手忙脚乱"甚至徒劳无功。因此，企业自觉承担生态责任应将事前积极预防、事中主动控制与事后自觉治理三环节统一起来，通过追求每一个环节的最大值发挥企业生态责任的最大效能，从而为中国特色社会主义文化建设做贡献。茅台集团堪称积极承担生态责任的企业典范。早在21世纪初，茅台集团就提出了"绿色茅台"理念，并投入大量资金用于厂区环境治理，还投入巨资推进茅台镇环境治理工程。此外，茅台集团在实施老产区技改和技改扩能项目中，始终坚持环保先行。其中，力度最大的当属建设循环经济园区。作为国家第二批循环经济建设重点项目，茅台循环经济科技示范园坛厂园区的建设对白酒行业内固废利用、产业链的延伸、现代农业产业结构的调整都具有较大示范带动作用。坛厂循环经济科技示范园的一个主要功能，就是将企业生产扩能后产生的几十万吨酒糟，进行循环再利用，以保护茅台酒产区的独特环境，把酿造茅台酒产生的酒糟转化成有机肥。这些被转化而来的有机肥料，被用来生产有机高粱。有机高粱则用来酿造茅台酒，从而实现了经济效益与环境效益的有机统一。①

三　构建生态自觉的公众行为规范

"生态文明建设在当代中国的兴起，是中国共产党不断深化对共产党执政规律、社会主义建设规律和人类社会发展规律认识的结果。中国特色社会主义生态文明建设，固然需要在党和政府的领导下进行，但是更离不开公众的参与。"② 习近平对此有深刻的阐述："生态文明建设同每个人息息相关，每个人都应该做践行者、推动者。"③ 因此，归根结底而言，社会公众才是中国特色社会主义生态文化建设的主力军和最终决定力量。但是，我们必须深刻认识到，构建生态自觉的公众行为规范并非"摆花瓶，做样子"，而应成为一项全体人民共同参与的神圣庄严的使命和行动。作为公众中的个体，必须首先成为美丽中国的共建者和共治者，才能成为最终的共享者，须知没有共建与共治，共享也就成了无源之水，无本之木。

（一）坚持绿色生活

中国特色社会主义生态文化建设的根本途径是让生态文明理念成为每一个中国人日常生活的价值引领和实践指导。只有全体中国人民都将生态文明理念落实到日常行为中，美丽中国梦的实现才有深厚的群众基础。近年来我国公众在生态文明建设方面达成了共识，但是对于以生态文明理念为核心的生态文化建设的集中关注仍停留在政策、学术层面以及占社会少数的民间环保组织和环保人士的行动中。在一定程度上可以说，生态文化既未内化为公众的核心价值观，更未固化为公众自愿遵循的日常行为准则。从元初意义而言，生态文化价值脱胎于公众的日常生活实践。因此，

① 参见《企业良知　担当生态责任共绘美丽中国——以贵州茅台生态实践为观照视角》，《中国青年报》2013年9月9日。

② 胡凌艳：《当代中国生态文明建设中的公众参与研究》，博士学位论文，华侨大学，2016年。

③ 《习近平谈治国理政》第2卷，外文出版社2017年版，第396页。

生态文化建设理应回到公众的日常生活实践中，生态文化建设的日常生活化是中国特色社会主义生态文化的必然选择。作为公众，推进生态文化建设的日常生活化，最根本的是坚持绿色生活方式。2015 年，环保部印发《关于加快推动生活方式绿色化的实施意见》，明确提出力争到 2020 年公众绿色生活方式基本养成，最终全社会实现生活方式和消费模式向勤俭节约、绿色低碳、文明健康的方向转变。党的十九大报告也提出："倡导简约适度、绿色低碳的生活方式。"①

"所谓绿色生活方式是一种按照社会生活生态化的要求，培育支持生态系统的生产能力和生活能力，创建有利于生态环境和子孙后代可持续发展的环保型的生活方式。"② 生活方式有狭义和广义之分。狭义的生活方式则特指人们日常生活活动的方式和形式，如衣、食、住、行、用、娱乐等日常消费生活方式和支配闲暇时间的方式。广义的生活方式包括劳动方式、精神文化生活方式、社会交往方式和家庭生活方式等。无论是狭义的生活方式还是广义的生活方式都与生态环境密切相关。绿色生活方式要求人们在日常生活活动的狭义层面和劳动、精神文化生活、社会交往、家庭生活的广义层面都以绿色文化理念为指导，确立绿色生存观和绿色幸福观，全面贯彻共建、共治、共享理念，在充分享受绿色发展成果的同时积极践履绿色生活责任。具体而言，我们应着重从以下两个层面着手坚持绿色生活。

其一，践行绿色物质生活。工业文明主导下的物质消费主义和物质享乐主义使得生活领域成为与生产领域旗鼓相当的重大生态污染源。在物质消费和物质享乐主义的影响下，奢侈消费、超前消费和过度消费、攀比之风仍然盛行于社会。盲目过分追求奢侈品、高档品牌服装、豪华住房、豪华大排量汽车、豪华喜/丧宴等屡见不鲜。这些奢侈效应和品牌效应加剧了我国水、电、煤、油、地等资源的紧张，给资源和环境带来极大压力，也加剧了当代人及子孙后代的生存和发展危机。因此，我们应彻底摒弃物质消费主义和享乐主义，实现物质生活绿色化，自觉践行绿色消费、绿色出行和绿色居住。目前，我国在绿色出行方面已取得可喜成绩，全国各大中小城市均已推行共享单车并成为众多城市的"时尚"名片。由共享经

① 习近平：《决胜全面建成小康社会　夺取新时代中国特色社会主义伟大胜利——在中国共产党第十九次全国代表大会上的报告》，人民出版社 2017 年版，第 51 页。

② 胡雪艳、郭立宏：《引导培育绿色生活方式》，《光明日报》2016 年 5 月 3 日。

济支撑的共享单车在低碳出行的环保理念引领下，有效解决了交通拥堵和"最后一千米"的出行难题，不仅方便了公众的工作和生活，而且有助于人们的身心健康。台湾"巨大"集团董事长刘金标用骑单车的经历告诉人们，骑单车于人、于己、于社会、于环境的巨大好处，被冠以"自行车传道士"的美名。刘金标以 73 岁高龄环台湾岛骑行 927 千米；2009 年又以 75 岁高龄，完成从北京到上海 1668 千米的骑行壮举。《梦想的骑点——跟着标哥"京骑沪动"》一书写的就是刘金标从北京骑行到上海的传奇故事。[①] 刘金标以"年迈"之躯远途骑行数千千米，鼓励了无数年轻人以单车远足的形式践行绿色物质生活方式。如今，单车远足在各个年龄段的公众中已成为一种新的时尚。

其二，追求绿色精神生活。我们不应仅仅将绿色生活局限于物质生活层面，而应扩展、上升到精神层面。党的十九大报告指出："满足人民过上美好生活的新期待，必须提供丰富的精神食粮。"[②] 从某种意义上讲，美好的生活应该是一种内涵丰富且具有创造性的生活，精神的价值高于物质的价值，只有摆脱并超越了物质性需求的纠缠而获得精神性需求之满足的人的生活，才可能成为一种创造性生活。因为越高层次的生活越有利于人的健康、幸福和全面发展，越接近和符合美好生活的真谛。人们的生活与消费紧密相连。从消费学和生态学的角度来看，消费需求层次愈高，消费行为对生态环境的"负"作用愈小。很显然，就现有文明程度和技术发展水平而言，物质消费以及由此催生的物质生产的扩大不可能不产生生态环境问题。一方面，物质消费本身带来的消费型污染在生活领域给生态环境造成极大压力；另一方面，物质消费需求促使生产者扩大物质生产，又在生产领域加剧生态环境的恶化。因此，在一定意义上讲，物质消费对生态环境的污染和破坏远远高于精神消费。因此，我们在满足基本物质生活需要的前提下，尽可能多地将消费需求转向精神领域。当然，这里所涉精神生活特指有利于人的身心健康的、有利于增进人民福祉的"高尚"方面，排除低俗、庸俗、媚俗的方面，故而我们称之为"绿色精神生活"。

---

① 参见《生态文化的重音应落在何处》，《中国环境报》2013 年 3 月 14 日。

② 习近平：《决胜全面建成小康社会 夺取新时代中国特色社会主义伟大胜利——在中国共产党第十九次全国代表大会上的报告》，人民出版社 2017 年版，第 43—44 页。

（二）建设生态家庭

社会公众是生态文化的主要践行者。而社会公众中的每一个具体的人又来源于每一个具体的家庭。因为作为个体的人一般都具体栖居在家庭这一社会基本单元中。"家庭是社会的细胞，是构成社会的基本单位。人的各种行为及其关系（包括伦理关系）的形成也都是以家庭行为及其关系为基础的。"① 因此，以家庭为基本单位进行生态文化建设，对于增强公众的生态文化认知，提升公众的生态文化自觉具有最广泛的社会意义。我国的家庭伦理具有有益于生态文化建设的三大特点和优势：一是注重家庭和家族延续；二是注重长幼伦常；三是兼具亲密无间与平等自由。这三大特点和优势对于家庭生态伦理观的养成具有重要价值。首先，由于注重家庭和家族延续，家庭中的每一代人都由衷关心子孙后代的生存境遇，从而也就容易接受福泽千秋万代的生态文化。其次，由于注重长幼伦常，年长者的生态文化实践对于年幼者而言具有强大的示范效应。最后，由于兼具亲密无间与平等自由，使得家庭成员之间容易实现交流和交融，在互促互进中将生态文明理念纳入家庭伦理。如此一来，很容易找到将生态家庭—生态社区—生态社会有序耦合的途径，构建起个体生态文化向社会生态文化顺利过渡的桥梁。因此，公众应自觉发挥家庭的作用，以家庭为基本单位努力建设生态文化。

作为居民和家庭，应该充分意识到建设生态文明和美丽中国的重要性和紧迫性，意识到家庭生态文化既惠及"小我"，也惠及"大我"，只有成就"大我"才能最终成就"小我"。每一个家庭成员都应该从自己和自己所处的家庭做起，以实际行动从家庭生活领域打开一扇生态文化建设的"天窗"，进而辐射到每一个家庭成员的学习、工作和公共生活领域，从社会的各个领域推动生态文化建设。（1）作为家庭中的每一代父辈都应秉持"道德传家，十代以上；富贵传家，不过三代"，把生态文化建设作为家庭伦理道德建设的根本内容，树立生态文化建设"功在当代，利在千秋"的行动理念和教育理念，把维护子孙后代的生存和发展根基作为家风世代薪火相传，积极响应党的十九大"为保护生态环境做出我们这

---

① 赵成、于萍：《马克思主义生态文明建设研究》，中国社会科学出版社 2016 年版，第261 页。

代人的努力"的号召。（2）作为家庭中的每一代"幼辈"都应将父辈对
于生态环境保护的言传身教内化于心，外化于行，将保护环境的良好家风
作为永不褪色的善举持续接力下去，须知"积善之家，必有余庆；积不
善之家，必有余殃"，从小做起，从小事做起，为日后撑起德善之家做好
充分的准备。（3）作为每一个家庭成员，都应为家庭的世代相传贡献自
己的生态智慧，在全社会各领域以思想、技术和行动全力支持、积极参与
中国特色社会主义生态文化建设，牢固树立生态文化建设的家国情怀，以
美丽中国建设为家庭使命和家庭"荣耀"，将家庭生态文化建设作为中国
特色社会主义生态文化建设的重要阵地。

（三）参与生态政治

当前，我国公众参与生态政治的积极性明显提高，在一定程度上倒逼
政府的生态治理改革，对我国的生态文化建设起到了一定的促进作用。但
总体而言，我国公众生态政治参与还存在参与水平不高，盲目参与，无序
化参与，参与深度不足，参与的组织化程度不高[1]等问题，这些问题的存
在不仅不利于我国的生态文化建设，甚至有时会对政府生态治理造成一定
程度的干扰和阻碍。对这些问题的解决固然需要政府在政策和制度法规上
给予充分支持，但更需要公众自身自觉提升参与水平。实践表明，我国公
众参与生态政治的程度和水平不高的现实在很大程度上是因为公众自身的
主体性缺乏，而公众自身主体性缺乏又与公众自身的参与冷漠、知识缺乏
和法律、道德素养欠缺有莫大的关联。为此，作为公众，应该在以下三方
面着力，通过每一个具备高度生态政治参与素养的个体汇聚成一个具备高
度生态政治参与能力的发达的"生态民众集团"，以集体的力量推动中国
特色社会主义生态文化建设，助力中国特色社会主义生态文明目标的
实现。

一是提升生态政治参与意识。生态政治的宗旨是促进生态改善。可以
说，公众参与生态政治是应对生态环境问题的最有效途径。近年来，我国
政府出台了一系列鼓励公众参与生态政治的政策法规，公众的生态政治参
与意识得到一定程度的觉醒，但是总体而言，我国公众表现出较强的生态

---

① 胡凌艳：《当代中国生态文明建设中的公众参与研究》，博士学位论文，华侨大学，
2016年。

政治冷漠。我国公众中习惯将生态问题的根源归咎于市场，将环境保护的责任交付于政府的仍然不在少数。究其原因，最根本的是生态责任意识缺乏。因为缺乏生态责任意识，很大一部分公众即便是参与生态政治，也是基于邻避效应，"各人自扫门前雪，不管他人瓦上霜"，只关心自己而不顾他人和集体的利益。如此说来，公众生态参与意识的提升应着眼于提升生态责任意识，摒弃将生态责任全部推脱给市场和政府的狭隘观念，树立"唯共建共治方能共享"的前瞻意识和远程眼光。

二是学习生态科学文化知识。"生态政治是在通晓生态学的基础上，将人类放到自然生态系统的背景中，改造传统的政治知识及实践框架，以适应环境保护和人类社会发展的需要，保持生态平衡。因此，生态政治接受了现代环境哲学、环境科技、环境经济学的先进思想……"① 因此，生态政治参与要求公众具备一定的生态科学文化素质，掌握更多的生态科学文化知识。如前所述，唯有生态知识的掌握与生态自觉意识的形成同时"在场"，生态文化建设方能取得实质性、突破性进展。在此，我们要说，公众唯有掌握一定的生态科学文化知识，才能确保其生态政治参与的高效性，从而避免其生态政治参与的低效甚至无效。就拿公众普遍关注的转基因食品而言，假如公众了解转基因科学知识，就不至于造成转基因食品有毒、转基因作物中的外来基因会"传染扩散"到其他物种、转基因污染破坏环境等恐慌，也可避免因"无谓"的忧虑而造成一定的政治失序。因此，公众应在政府的引导下自觉学习生态科学文化知识，避免无谓的"政治消耗"。

三是提高生态法律素养。国家鼓励公民的有序政治参与，也就是说，公民的政治参与必须在坚持中国共产党领导以及遵循宪法和法律赋予的规则和程序中进行，不得造成政治失序和混乱。毋庸置疑，公众的生态政治参与也必须是有序的。然而，有序的生态政治参与有赖于公众生态法律素养的提高。公众生态法律素养的形成得益于其对生态法律的熟悉和把握程度。很难想象公众对生态法律知之甚少却能够实现有序的生态政治参与。为实现有序的生态政治参与，公众应从如下方面逐步提高自身的生态法律素养：（1）懂法——理解和把握我国的生态法律制度，尤其应理解和把握生态政治参与的规则和程序；（2）守法——在我国宪法和法律规定的

① 肖显静：《生态政治何以可能》，《科学技术与辩证法》2000 年第 6 期。

框架下合法地参与生态政治；（3）用法——运用生态法律制度审视我国的生态环境问题，运用法律武器维护公共环境利益和公民环境权益。

概而言之，中国特色社会主义生态文化建设是一项艰巨的系统工程，必须在全社会架构起政府—企业—公众"勠力同心、砥砺前行"的生动局面。唯有如此，中国特色社会主义生态文化建设才能取得成效。必须指出的是，中国特色社会主义生态文化行为规范体系的构建，必须紧紧围绕中国的政治、经济、文化、社会以及生态文明建设的具体实际来进行，而中国的政治、经济、文化、社会以及生态文明建设的具体实际又应具体化为国家层面、社会层面和公民个人层面的具体实际。也就是说，唯有将国情、社情、民情充分结合，方能构建起切实有效的中国特色社会主义生态文化的行为规范体系。

生态文化是人类在长期认识和探索自然界的基础上，从大自然整体出发，在实践的活动中认知、协调人与自然关系的生存智慧的结晶。当代中国特色社会主义生态文化建设，坚持先进文化的前进方向，传承弘扬中华优秀传统生态智慧的基因，深深扎根于中国当代生态文明建设伟大实践，构建中国特色社会主义生态文化体系，探索摆脱生态危机、走文明自觉发展之路，实现人与人的和解和人与自然的和解，对于我们今天建设"美丽中国"，率先实现文明向自觉发展的转型，对于中华民族伟大复兴的"中国梦"的实现，具有重大的理论和实践意义。

中国特色社会主义生态文化建设，任重而道远！

参考文献

一　著作类

《马克思恩格斯全集》第 1 卷，人民出版社 1995 年版。

《马克思恩格斯全集》第 3 卷，人民出版社 2002 年版。

《马克思恩格斯全集》第 42 卷，人民出版社 1979 年版。

《马克思恩格斯全集》第 44 卷，人民出版社 2001 年版。

《马克思恩格斯全集》第 46 卷，人民出版社 2003 年版。

《马克思恩格斯选集》第 1、2、3、4 卷，人民出版社 1995 年版。

马克思：《1844 年经济学哲学手稿》，人民出版社 1972 年版。

恩格斯：《自然辩证法》，人民出版社 1971 年版。

《邓小平文选》第 3 卷，人民出版社 1994 年版。

《江泽民文选》第 3 卷，人民出版社 2006 年版。

《习近平谈治国理政》第 1 卷，外文出版社 2018 年版。

《习近平谈治国理政》第 2 卷，外文出版社 2017 年版。

［法］阿尔贝特·史怀泽：《敬畏生命》，陈泽环译，上海社会科学院出版社 1992 年版。

［美］阿尔温·托夫勒：《第三次浪潮》，朱志焱等译，生活·读书·新知三联书店 1984 年版。

［日］阿部正雄：《禅与西方思想》，王雷泉等译，上海译文出版社 1989 年版。

［英］阿诺德·汤因比：《人类与大地母亲：一部叙事体世界历史》，徐波等译，上海世纪出版集团 2012 年版。

［法］埃德加·莫林、安娜·布里吉特·凯恩：《地球祖国》，马胜利译，生活·读书·新知三联书店 1997 年版。

［德］奥斯瓦尔德·斯宾格勒：《西方的没落》，齐世荣等译，商务印

书馆 1963 年版。

[美] 彼得·S. 温茨：《现代环境伦理》，宋玉波、朱丹琼译，人民出版社 2007 年版。

[美] C. 恩伯、M. 恩伯：《文化的变异》，杜杉杉译，辽宁人民出版社 1988 年版。

[美] 大卫·格里芬编：《后现代科学》，马季方译，中央编译出版社 1995 年版。

[美] E. 拉兹洛：《用系统论的观点看世界》，闵家胤译，中国社会科学出版社 1985 年版。

[美] 凡尼尔·贝尔：《资本主义的文化矛盾》，赵一凡等译，生活·读书·新知三联书店 1989 年版。

[美] 霍尔姆斯·罗尔斯顿：《哲学走向荒野》，刘耳、叶平译，吉林人民出版社 2000 年版。

[美] 克利福德·格尔茨：《文化的解释》，韩莉译，译林出版社 2002 年版。

[美] 拉兹洛：《进化——广义综合理论》，闵家胤译，社会科学文献出版社 1988 年版。

[英] 李约瑟：《中国科学技术史》第 3 卷，《中国科学技术史》翻译小组译，科学出版社 1978 年版。

[英] 迈克·费瑟斯通：《消费文化与后现代主义》，刘精明译，译林出版社 2000 年版。

[英] 米·凯尔顿：《环境决定论与文化理论》，袁同凯、周建新译，民族出版社 2007 年版。

[英] 奈杰尔·拉波特、乔安娜·奥弗林：《社会文化人类学的关键概念》，鲍雯妍、张亚辉译，华夏出版社 2005 年版。

[美] 施里达·斯拉尔夫：《我们的家园——地球》，夏堃堡译，中国环境科学出版社，1993 年版。

[英] 汤因比、[日] 池田大作：《展望二十一世纪》，荀春生、朱继征、陈国栋译，国际文化出版公司 1985 年版。

[英] 汤因比：《历史研究》，曹末风译，上海人民出版社 1997 年版。

[德] 雅斯贝尔斯：《历史的起源和目标》，魏楚雄、俞新天译，华夏出版社 1989 年版。

〔比〕伊·普列高津、〔法〕伊·斯唐热：《从混沌到有序——人与自然的新对话》，曾庆宏、沈小峰译，上海译文出版社1987年版。

〔美〕约翰·贝拉米·福斯特：《生态危机与资本主义》，耿建新、宋兴无译，上海译文出版社2006年版。

〔美〕詹奇：《自组织的宇宙观》，曾国屏译，中国社会科学出版社1992年版。

本书课题组：《中国特色社会主义文化发展道路》，中央文献出版社2013年版。

蔡拓等著：《当代全球问题》，天津人民出版社1994年版。

陈华文：《文化学概论》，上海文艺出版社2001年版。

陈敏豪：《生态：文化与文明前景》，武汉出版社1995年版。

陈序经：《文化学概观》，岳麓书社2010年版。

褚良才：《易经·风水·建筑》，学林出版社2003年版。

戴震：《孟子字义疏证》，中华书局1961年版。

费孝通：《费孝通文化随笔》，群言出版社2000年版。

费孝通：《文化与文化自觉》，群言出版社2010年版。

冯秀珍：《客家文化大观》，经济日报出版社2003年版。

冯友兰：《中国哲学史》，中华书局1961年版。

傅华：《生态伦理学探究》，华夏出版社2002年版。

傅铿：《文化：人类的镜子——西方文化理论导引》，上海人民出版社1990年版。

谷应声译注：《吕氏春秋白话今译》，中国书店出版社1992年版。

郭庆藩：《庄子集释》，中华书局1997年版。

韩永贤：《周易探源》，中国华侨出版公司1990年版。

何怀宏主编：《生态伦理——精神资源与哲学基础》，河北大学出版社2002年版。

何兆武：《文化漫谈》，中国人民大学出版社2004年版。

胡适：《胡适选集》，天津人民出版社1991年版。

胡潇：《文化现象》，湖南出版社1991年版。

黄怀信：《尚书注训》，岳麓书社2000年版。

黄凯锋：《变量共生、组合创新与意识形态——多维视野下的中国特色社会主义文化》，学林出版社2012年版。

罗勇等主编：《客家文化特质与客家精神研究》，黑龙江人民出版社2006年版。

崔灿等主编：《客家与中原文化国际学术研讨会论文集》，中州古籍出版社2003年版。

黎靖德编：《朱子语类》，中华书局1986年版。

李培超：《自然的伦理尊严》，江西人民出版社2001年版。

李双译注：《孟子白话今译》，中国书店出版社1992年版。

李远国、陈云：《衣养万物——道家道教生态文化论》，四川出版集团巴蜀书社2009年版。

罗荣渠主编：《从"西化"到现代化》，北京大学出版社1990年版。

罗勇主编：《赣州客家世界国际学术研讨会论文集》，人民日报出版社2004年版。

马中：《中国哲人的大思路》，陕西人民出版社1993年版。

南怀瑾：《论语别裁》，复旦大学出版社2002年版。

钱穆：《文化学大义》，九州出版社2012年版。

任继愈译注：《老子新译》，上海古籍出版社1985年版。

任永堂：《人类文化的绿色革命》，黑龙江人民出版社2000年版。

佘正荣：《中国生态伦理传统的诠释与重建》，人民出版社2002年版。

沈有鼎：《墨家的逻辑学》，中国社会科学出版社1980年版。

《十三经注疏》，中华书局1980年版。

苏舆：《春秋繁露义证》，中华书局1992年版。

《王文成公全书》，中华书局2015年版。

王琴：《筑牢中华民族精神支柱——建设社会主义核心价值体系研究》，人民出版社2010年版。

王森译注：《荀子白话今译》，中国书店出版社1992年版。

王玉德、邓儒伯、姚伟钧：《中国传统文化新编》，华中理工大学出版社1996年版。

吴龙辉等译注：《墨子白话今译》，中国书店出版社1992年版。

吴祥兴：《混沌学导论》，上海科学技术文献出版社2001年版。

徐长安：《中国传统文化与现代化》，海潮出版社1997年版。

徐洪兴主编：《二十世纪哲学经典文本——中国哲学卷》，复旦大学出版社1999年版。

[日] 岩佐茂:《环境的思想》,韩立新等译,中央编译出版社 1997 年版。

杨通进、高予远:《现代文明的生态转向》,重庆出版社 2007 年版。

衣俊卿:《文化哲学》,云南人民出版社 2001 年版。

余谋昌:《生态文化论》,河北教育出版社 2000 年版。

余谋昌:《文化新世纪——生态文化的理论阐释》,东北林业大学出版社 1996 年版。

《张载集》,中华书局 1978 年版。

张岱年:《中国伦理思想研究》,江苏教育出版社 2005 年版。

张岱年:《中国哲学大纲》,江苏教育出版社 2005 年版。

张岱年、程宜山:《中国文化与文化论争》,中国人民大学出版社 1990 年版。

张立文:《朱熹思想研究》,中国社会科学出版社 2001 年版。

中共中央文献研究室:《十六大以来重要文献选编》,中央文献出版社 2009 年版。

中共中央宣传部:《习近平总书记系列重要讲话读本》,学习出版社、人民出版社 2016 年版。

中央党校科社教研室:《文明与文化:国外百科辞书条目选译》,求实出版社 1982 年版。

周敦颐:《太极图说》,上海古籍出版社 2000 年版。

朱熹:《中庸章句第六册》,上海古籍出版社、安徽教育出版社 2010 年版。

庄锡昌等:《多维视野中的文化理论》,浙江人民出版 1987 年版。

Andre Gorz, *Critique of Economic Reason*, Translated by Gillian Handyside and Chris Turner, Verso, Lodon New York, 1989.

Andre Gorz, *Ecology as Politics*, Translated by Patsy Vigderman and Jonathan Cloud, South End Press, 1980.

Ben Agger, *Western Marxism – An Introduction*, California: Good year Publishing Company Inc, 1979.

Danish, *Cleaner Production Assessment in Dairy Processing*, United Nations Publication, 2000.

Foster J. Bellamy, *Ecology against Capitalism*, New York: Monthly

Review press, 2002.

Holmes Rolston, *Value in Nature and the Nature of Value*, Cambridge: Cambridge University Press, 1994.

John Bellamy Foster, *Marx's Ecology: Materialism and Nature*, New York: Monthly Review Press, 2000.

John Passmore, *Man's Responsibility for Nature*, New York: Ecological Problems and Western Traditions, 1974.

John Passmore, *Man's Responsibility for Nature*, New York: Ecological Problems and Western Traditions, 1974.

Judith Shapiro, *Mao's against Nature: Politics and the Environment in Revolutionary China*, Cambridge: Cambridge University Press, 2001.

J. B. Callicolt, *Earth's Insights*, California: University of California press, 1994.

J. B. Foster, *Marx's Ecology*, Monthly Review Press, 2000.

J. G. Roederer, *Information and its role in nature*, Springer Berlin Heidelberg, 2005.

Lemire. Eugene (ed.), *The unpublished Lectures of William Morris*, Detroit: Wayne State University Press, 1969.

Mickibben Bil, *The End of Nature*, New York: Random House, 1989.

Montreal and Kingston, *Canadian Centre for Management Development*, Mc Gill-Queen's University Press, 1998.

P. W. Taylor, *Respect for Nature*, Princeton university press, 1986.

P. W. Tayor, *Respect for Nature*, Princeton University Pyess, 1986.

William Leiss, *The Domination of Nature*, New York: George Braziller Inc, 1972.

二 论文类

白庚胜:《民间文化传承论》,《河南大学学报》(社会科学版) 2007 年第 1 期。

蔡德贵:《儒学与 21 世纪》,《国际展望》1993 年第 2 期。

陈璐:《试析生态文化的内涵及创建》,《广西社会科学》2011 年第 4 期。

陈寿朋：《浅析生态文明的基本内涵》，《人民日报》2008 年 1 月 8 日。

陈曙光：《改革开放 30 年来马克思主义大众化的反思》，《武汉理工大学学报》（社会科学版）2008 年第 4 期。

陈学明：《马克思主义与生态文明建设》，《文汇报》2010 年 2 月 22 日。

陈永敬：《传统文化与生态文化耦合机制研究》，《高教学刊》2016 年第 4 期。

单孝红：《民生视阈下的中国特色社会主义生态文明建设》，《湖南社会科学》2013 年第 2 期。

费孝通：《重建社会学与人类学的回顾和体会》，《中国社会科学》2000 年第 1 期。

[美] H. 罗尔斯顿：《尊重生命：禅宗能帮助我们建立一门环境伦理学吗?》，初晓译，《哲学译丛》1994 年第 5 期。

郝立新：《中国特色社会主义的公正理念》，《光明日报》2013 年 5 月 4 日。

胡小玉：《中国特色社会主义文化发展道路：生态文化建设道路》，《新余学院学报》2016 年第 4 期。

胡振鹏、胡松涛：《微型循环经济："猪—沼—果"生态农业模式》，《中国井冈山干部学院学报》2005 年第 3 期。

黄德辉：《浅议猪—沼—果生态农业模式》，《生态经济》2001 年第 11 期。

竟辉、田贵平：《论马克思主义视域下的我国生态文化建设》，《重庆邮电大学学报》（社会科学版）2013 年第 5 期。

[美] 柯布、[中] 刘昀献：《中国是当今世界最有可能实现生态文明的地方——著名建设性后现代思想家柯布教授访谈录》，《中国浦东干部学院学报》2010 年第 5 期。

赖章盛：《关于生态文明社会形态的哲学思考》，《云南民族大学学报》（哲学社会科学版）2009 年第 5 期。

赖章盛、吴丹：《社会主义核心价值观的生态理念》，《兰台世界》2015 年第 31 期。

李辉罗：《当代中国马克思主义大众化的文化维度》，《马克思主义与现实》2011 年第 5 期。

李惠娟：《客家移民与文化的变迁》，《华南农业大学学报》（社会科学版）2004 年第 2 期。

林毅夫：《经济发展与中国文化的复兴》，《北京大学学报》（哲学社会科学版）2009 年第 3 期。

刘耳：《西方当代环境哲学概观》，《自然辩证法研究》2000 年第 12 期。

刘沛林：《风水模式的地理学评价》，《人文地理》1996 年第 3 期。

刘限，王春年：《环境伦理学——一门新兴交叉性学科》，《河北师范大学学报》（哲学社会科学版）2003 年第 6 期。

刘艳芬：《试论中国佛教自然观所蕴涵的生态审美智慧》，《河南大学学报》（社会科学版）2010 年第 4 期。

卢风：《论生态文化与生态价值观》，《清华大学学报》（哲学社会科学版）2008 年第 1 期。

罗先汉：《天地人系统的复杂性研究》，《系统辩证学学报》2001 年第 4 期。

毛勒堂：《分配正义：建设生态文明不可或缺的伦理之维》，《云南师范大学学报》2008 年第 3 期。

潘岳：《论社会主义生态文明》，《绿叶》2006 年第 10 期。

钱穆：《中国文化对人类未来可有的贡献》，《中国文化》1991 年第 4 期。

邱耕田：《三个文明的协调推进：中国可持续发展的基础》，《福建论坛》1997 年第 3 期。

佘正荣：《环境道德的客体与环境正义》，载《首届中国环境哲学大会年会论文集》，2003。

佘正荣：《生态世界观与现代科学的发展》，《科学技术与辩证法》1996 年第 6 期。

孙谦：《十七大以来当代中国马克思主义大众化研究综述》，《社会主义研究》2009 年 4 期。

王丹：《论生态文化的现实意义》，《北京化工大学学报》（社会科学版）2012 年第 4 期。

王学泰：《传统与小传统》，《社会科学论坛》2000 年第 8 期。

祥龙：《平等与公平、正义、公正比较》，《文史哲》2004 年第 4 期。

谢中起、刘笑：《论高校在生态文化传播中的地位和作用》，《河北科技大学学报》（社会科学版）2014 年第 2 期。

徐艳芳：《文化产业与生态文明建设》，《光明日报》2013 年 10 月 5 日。

杨通进：《环境伦理学的基本理念》，《道德与文明》2000 年第 1 期。

叶红云、张学成：《马克思主义与中国文化发展的当代阐释——"北京大学马克思主义与中国文化发展学术研讨会"综述》，《马克思主义研究》2010 年第 7 期。

［美］伊犬林·舍克：《伦理学的新领域——伦理与环境》，肖巍译，《价值探讨》1988 年第 4 期。

余达忠：《生态文化的形成、价值观及其体系架构》，《三明学院学报》2010 年第 1 期。

余谋昌：《从生态伦理到生态文明》，《马克思主义与现实》2009 年第 2 期。

余谋昌：《生态文化：21 世纪人类新文化》，《新视野》2003 年第 4 期。

余谋昌：《生态文化是一种新文化》，《长白学刊》2005 年第 1 期。

俞可平：《科学发展观与生态文明》，《马克思主义与现实》2005 年第 4 期。

原丽江、朝克：《中国传统文化中生态思想资源现代转化的可能性思考》，《理论学刊》2009 年第 9 期。

曾繁仁：《马克思、恩格斯与生态审美观》，《陕西师范大学学报》（哲学社会科学版）2004 年第 5 期。

曾建平：《生态伦理：解读人与自然关系的新范式》，《天津社会科学》2003 年第 3 期。

张锦智：《多元化背景下社会主义核心价值体系研究——基于大传统小传统的视角分析》，《理论界》2012 年第 6 期。

张静蓉：《文化创新及其实现机制》，《中共杭州市委党校学报》2003 年第 1 期。

张树俊：《论民间文化价值取向与提升》，《包头职业技术学院学报》2010 年第 1 期。

张孝德：《世界生态文明建设的希望在中国——第七届生态文明国际论坛观点综述》，《国家行政学院学报》2013 年第 5 期。

郑杭生：《论社会建设与"软实力"的培育——一种"大传统"和"小传统"的社会学视野》，《社会科学战线》2008 年第 10 期。

钟俊昆：《从客家祠堂庆典仪式看民间文化的传承价值与机制》，《民俗研究》2015 年第 5 期。

Amazon Town, "Energy and the Evolution of Culture", *American Anthropologist*, vol. 5, 2005.

Arne Naess, "the Shallow and the Deep", *Long-Range Ecological Movement*, Inquiry 16 (Spring 1973).

A. Rutter, M. Newmann, "The Potential of Community Service to Enhence Civic Responsibility", *Social Education*, 1989 (6).

Carme Melo-Escrihuela, "Promoting Ecological Citizenship: Rights, Duties and Political Agency", *ACME: An international E-Journal for Critical Geographies*, 2008, 7 (2).

Demetrakis z. Dwmwtrious, "Connell's Concept of Hegemonic Masculinity: a Critique", *Theory and Society*, 30, 2001.

Derek Bell, "Liberal environmental citizenship", *Environmental politicss*, 2005, 14 (2).

European Federation of Green Parties, "The Guiding Principles of the Federation of Green Parties", *Brussel: Information Office EP-BEL*, 1993, Sec I. 1.

Graham smith, "Green citizenship and the Social Economy", *Environmental Politics*, 2005, 14 (2).

Harberl H, Erb Darl-Heinz, Kransmannf, "How to Calculate and Interpret Ecological Footprints for Long Periods of Time: the Case of Austria 1926—1995", *Ecological Economics*, 2001, 38 (1).

Homi Bhabha K, "The Commitment to Theory", *New Formations*, 5, 1998.

J. B. Foster, "Marx's Ecology in Historical Perspective", *International Socialism Journal*, 2000 (96).

Paul Ekins, "The Sustainable Consumer Society: A Contradiction in Terms?" *International Environmental Affairs*, Fall 1991.

后 记

　　本书是 2013 年国家社会科学基金项目"中国特色社会主义文化发展中的生态文化建设研究"（项目编号：13BKS039）的最终成果。

　　近年来，中国共产党将中国特色社会主义文化的发展、繁荣以及生态文明建设上升到前所未有的战略高度，同时，对生态文明建设战略任务的阐述更加深刻，并呼吁全体人民"更加自觉地珍爱自然，更加积极地保护生态，努力走向社会主义生态文明新时代"。如何在中国特色社会主义文化的主导下，构建具有中国特色的社会主义生态文化，并使生态文化、生态文明意识化为全民的共识与实践，以推动生态文明建设，是走向社会主义生态文明新时代进程中的新课题。但当我们选择并承担这一课题进行研究时，才发现其难度甚大，涉及的广度和深度也都是当初未曾预料的，加之我们的学术水平和研究能力有限，尽管付出了很大努力，耗时近 4年，不足之处依然在所难免。因此，谨请各位方家和广大读者多多批评指教。

　　本书由课题组负责人赖章盛教授提出初步写作大纲，经由课题组全体成员讨论加以完善。本书的写作具体分工如下：第一章、第二章、第五章、第六章、第七章、第八章、第九章、第十章第一、二部分、第十一章第一部分由赖章盛教授撰写，第三章、第四章、第十章第三部分、第十一章第二、三部分、第十二章由胡小玉博士撰写。

　　本课题的研究得到厦门大学陈墀成教授的指点和帮助，本书的出版得到中国社会科学出版社领导的大力支持，梁剑琴女士为此书的付梓付出了辛勤劳动，在此一并向他们表示衷心的感谢！

作 者

2018 年 6 月 12 日